Dietmar Molthagen und Lorenz Korgel (Hg.)

Handbuch für die kommunale Auseinandersetzung mit dem Rechtsextremismus

FRIEDRICH
EBERT
STIFTUNG

Forum Berlin

Impressum

ISBN: 978-3-86872-107-2

Herausgegeben von Dietmar Molthagen
und Lorenz Korgel,
im Auftrag der Friedrich-Ebert-Stiftung,
Forum Berlin,
Hiroshimastraße 17,
10785 Berlin

Lektorat
Barbara Hoffmann

Fotos
Umschlag: Gegen Vergessen – Für Demokra-
tie e. V., Peter Himsel, Maurice Reisinger
Innen: AKUBIZ Pirna e. V.: S. 174; Claudia
Bihler: S. 46; Flickr: nullsummenspieler S. 341,
SurfGuard S. 288; Gegen Vergessen – Für
Demokratie e. V.: S. 8, S. 108, S. 268; Helena
Radman: S. 60; Peter Himsel: S. 301, S. 306,
S. 313, S. 326; Stefan Hippel: S. 144; Holger
Kulick: S. 3, S. 133, S. 208; MBR – Mobile
Beratung gegen Rechtsextremismus Berlin:
S. 160; Marek Peters: S. 28, S. 76, S.182,
S. 224; Karl Piberhofer / fotomemex: S. 250;
Maurice Reisinger: S. 14, S. 21, S. 38, S. 55,
S. 85, S. 92, S. 192, S. 236, S. 257; Stadt
Jena: S. 39, S. 43; Stadt Verden: S. 29

Gestaltung
Meintrup, Grafik Design

Druck
Druckerei J. Humburg GmbH Berlin

Inhalt

1. Rechtsextremismus in der Kommune – eine Einführung

2. Der Umgang mit rechtsextremen Straf- und Gewalttaten

3. Rechtsextremismus und öffentlicher Raum

4. Rechtsextremes Handeln in der Kommune

5. Prävention gegen Rechtsextremismus in der Kommune

Anhang

1

Rechtsextremismus in der Kommune – eine Einführung

Einleitung: Ein Handbuch für die kommunale Auseinandersetzung mit dem Rechtsextremismus

Dietmar Molthagen, Lorenz Korgel

Auf die Kommune kommt es an! Dies ist die Grundüberzeugung der Autorinnen und Autoren des vorliegenden Handbuchs. Die Auseinandersetzung mit dem Rechtsextremismus muss hauptsächlich in Kommunen geführt werden. Denn einerseits sind rechtsextreme Personen und Organisationen immer in einem konkreten Umfeld aktiv und haben ihre kommunalen Aktivitäten in den vergangenen Jahren ausgeweitet. Andererseits gibt es aber auch zahlreiche kommunale Aktionsbündnisse, Initiativen und Projekte, die gegen Rechtsextremismus und für ein demokratisches und tolerantes Miteinander eintreten.

Die Aktiven in kommunaler Politik, Verwaltung und Zivilgesellschaft zu stärken, ist Ziel dieses Buchs. Da kommunale Akteure immer wieder vor ähnlichen Herausforderungen stehen, versammelt es erfolgreiche Praxisbeispiele, zeigt juristische Handlungsmöglichkeiten auf und stellt wichtige Informationen zusammen. Die praxisorientierten Kapitel wollen Ideen und Erfahrungen weitergeben, zum eigenen Weiterdenken anregen und Mut machen, aktiv an einem demokratie- und menschenrechtsorientierten Gemeinwesen mitzuarbeiten.

„Die Auseinandersetzung mit dem Rechtsextremismus muss jeweils vor Ort und zwar lokalspezifisch geführt werden." Diese Aussage zieht sich durch viele Beiträge dieses Handbuchs. Denn ebenso wenig wie es in Deutschland „den" Rechtsextremismus gibt, kann es „die" Gegenstrategie geben. Ein wichtiger Schritt, um eine kommunal passende Form der Auseinandersetzung mit dem Rechtsextremismus zu finden, ist daher die Analyse der Ausgangslage vor Ort. Dies umfasst sowohl die Problemwahrnehmung in Bezug auf den Rechtsextremismus als auch eine Vergegenwärtigung von Stärken, Ressourcen und Potenzialen der Kommune.

Ausgehend von dieser kommunalen Situationsanalyse können dann Maßnahmen entwickelt und umgesetzt werden. Speziell dabei will das vorliegende Buch unterstützen. Aufgeteilt in verschiedene Erscheinungsformen des Rechtsextremismus stellen die Autorinnen und Autoren kommunale Handlungsmöglichkeiten dar. Die Artikel sind dabei sämtlich praxisorientiert geschrieben und durch zahlreiche Beispiele erfolgreicher kommunaler Aktionen angereichert. Somit hoffen Herausgeber und Autor/innen, kommunale Denk- und Diskussionsprozesse über die je eigene Auseinandersetzung mit dem Rechtsextremismus anzuregen und um neue Ideen bereichern zu können.

Das Handbuch legt einen Schwerpunkt auf repressive Strategien. Es ist damit eine Ergänzung zum „Lern- und Arbeitsbuch gegen Rechtsextremismus – Handeln für Demokratie (Molthagen et al. 2008), das ebenfalls im Rahmen des Projekts „Auseinandersetzung mit dem Rechtsextremismus" im Forum Berlin der Friedrich-Ebert-Stiftung entstanden ist. Das Lern- und Arbeitsbuch enthält Anregungen für die politische Bildungsarbeit zur Auseinandersetzung mit dem Rechtsextremismus, jeweils mit konkreten Seminarvorschlägen und Materialien auf CD-Rom. Aufgrund dieser umfassenden Beschäftigung mit Möglichkeiten der Bildungsarbeit wird dieser Aspekt der Beschäftigung mit dem Thema Rechtsextremismus hier ausgespart. Im vorliegenden Buch werden nunmehr Möglichkeiten aufgezeigt und erklärt, rechtsextremen Personen oder Organisationen Entfaltungsspielräume zu nehmen bzw. den Druck auf die rechtsextreme Szene aufrechtzuerhalten. Dies betrifft etwa Fragen der Besetzung öffentlicher Räume, den Umgang mit rechtsextremen Demonstrationen, Engagement von Funktionären der rechtsextremen Szene in der Zivilgesellschaft sowie den Umgang mit rechtsextremen Vertreter/innen in Kreistagen, Stadt- oder Gemeinderäten (Kapitel 3 und 4). Die juristischen Aspekte dieser Auseinandersetzung mit dem Rechtsextremismus werden in den Artikeln jeweils ausgeführt.

Repression ist fraglos niemals allein eine zielführende Strategie gegen Rechtsextremismus, weil sie immer nur die Symptome trifft, nicht aber deren Ursachen. Dennoch stößt eine Auseinandersetzung mit dem Rechtsextremismus ohne repressives Instrumentarium schnell an seine Grenzen. Schließlich stellen Personen und Organisationen der extremen Rechten die Grundlagen unseres Zusammenleben in Frage: die auf einer unantastbaren Menschenwürde aufbauenden Menschenrechte und die parlamentarische Demokratie. Damit verlässt die extreme Rechte den Boden des Grundgesetzes und den Grundkonsens, auf dem der Wettstreit um die besten politischen Ideen ausgetragen wird. Rechtsextreme Politikkonzepte sind dagegen untrennbar mit Zielen verbunden, die in Gewalt und (Staats-)Terror münden. Diese Selbstausgrenzung der extremen Rechten fordert den Rechtsstaat und die demokratischen Institutionen zur Gegenwehr heraus. Dass diese im Rahmen des rechtsstaatlich zulässigen und unter Berücksichtigung von Grundrechten auch für Mitglieder der rechtsextremen Szene erfolgen muss, ist für Demokratinnen und Demokraten selbstverständlich.

Rassistische, antisemitische und fremdenfeindliche Gewalt ist ein weiterer wichtiger Grund für die Auseinandersetzung mit Rechtsextremismus auf kommunaler Ebene. Meldungen über Angriffe auf Menschen mit dunkler Hautfarbe, Punker oder „Linke" mögen einem bei der morgendlichen Zeitungslektüre abstrakt erscheinen. In den Ortschaften, Städten und Stadtvierteln haben sie eine ganz konkrete Wirkung. Traumatisierte Opfer und Verunsicherungen bei überforderten und bisweilen auch empathielosen Bürgerinnen und Bürgern müssen dabei genauso bearbeitet werden wie die schädliche Wirkung auf das demokratische Klima in den betroffenen Kommunen insgesamt. Die offiziellen Zahlen des Bundesinnenministeriums weisen für 2008 eine Zunahme rechtsextrem motivierter Gewalttaten von 5,6 % auf 1.113 Fälle auf (Quelle: Pressemitteilung des Bundesinnenministeriums vom 20.4.2009). Das sind durchschnittlich drei Gewalttaten an jedem Tag. Viele Gemeinwesen und Regionen sind also, wenn auch in unterschiedlichen Ausmaßen, betroffen – in allen Teilen Deutschlands. Deswegen widmen wir der großen Herausforderung für Kommunen durch rechte Gewalt ein eigenes Kapitel, das aus verschiedenen Perspektiven Vorschläge für einen kommunalen Umgang mit rechtsextremen Gewalttaten unterbreitet (Kapitel 2).

Die Erfahrung zeigt, dass in vielen Kommunen Handlungsmöglichkeiten gegenüber rechtsextremen Aktivitäten noch nicht oder nur teilweise bekannt sind. So fasst der vorliegende Band vielfache Praxiserfahrungen aus dem gesamten Bundesgebiet zusammen. Neben den erwähnten repressiven Optionen werden aber auch in diesem Band präventive Strategien vorgestellt (Kapitel 5). Denn nur eine Mischung verschiedener Maßnahmen kann zu einer nachhaltig erfolgreichen kommunalen Strategie gegen Rechtsextremismus werden – und neben den Symptomen auch Ursachen rechtsextremen Denkens und Handelns bearbeiten. Neben die Abwehr rechtsextremen Dominanzstrebens sollte eine Gemeinwesenentwicklung treten, die positive Erfahrungen mit individuellen Mitbestimmungsmöglichkeiten bietet, das interkulturelle Zusammenleben in den Blick nimmt und gestaltet sowie die öffentliche Sensibilität für das Thema Rechtsextremismus und den Wert der Demokratie schärft.

Vieles hat sich in den vergangenen Jahren in der Auseinandersetzung mit dem Rechtsextremismus verbessert. In zahlreichen lokalen Projekten arbeiten engagierte Bürgerinnen und Bürger gegen Rechtsextremismus und für Demokratie und Menschenrechte – in vielen Fällen gefördert durch die von der rot-grünen Bundesregierung eingeführten Bundesprogramme, die von der aktuellen Bundesregierung fortgeführt werden. Es haben sich in den neuen und zunehmend auch in den alten Bundesländern Strukturen zur Auseinandersetzung mit dem Rechtsextremismus etabliert. Zudem ist eine gestiegene Sensibilität gegenüber rechtsextremen Aktivitäten zu beobachten, nicht zuletzt in kommunalen Verwaltungen und politischen Gremien. Demonstrationen oder Proteste gegen rechtsextreme Aktivitäten an vielen Orten des gesamten Bundesgebiets sind dafür ebenso ein sichtbares Zeichen wie kommunale Leitbilder für ein demokratisches Miteinander und Maßnahmen zur Förderung eines gelingenden Zusammenlebens in Vielfalt. Hinzu kommt, dass Einstellungsuntersuchungen einen leichten Rückgang bei der Zustimmung zu rechtsextremen Einstellungen wie etwa Ausländerfeindlichkeit ergeben (Decker, Brähler 2008: 35; Heitmeyer, Mansel 2008: 24). Wir stehen also nicht mehr am Anfang der Auseinandersetzung mit dem Rechtsextremismus.

Gleichzeitig ist jedoch der rechtsextremen Szene und insbesondere der NPD an einigen Orten die angestrebte lokale Verankerung gelungen. Die Mitgliederzahlen steigen in Regionen mit hoher NPD-Aktivität – bundesweit sind sie erfreulicherweise leicht rückläufig – und punktuelle kommunale Wahlerfolge gelingen trotz der zahlreichen internen Probleme der NPD. Insbesondere dort, wo demokratische zivilgesellschaftliche, aber auch staatliche und parteipolitische Strukturen schlecht ausgebildet sind, gibt es für Rechtsextremisten die Chance, in Angebotslücken zu stoßen und sich dort festzusetzen. Dies zeigt, dass Rechtsextremismus eine Herausforderung für die Gesellschaft in Deutschland bleibt. Die Hoffnung, das Problem könne sich irgendwann von selbst erledigen, teilen die Herausgeber dieses Bandes nicht. Vielmehr ist gerade in Kommunen eine aktive Auseinandersetzung gefordert. Denn auf dieser Ebene des politischen Systems geschehen rechtsextreme Aktivitäten und zwingen Politiker/innen, Verwaltungsmitarbeiter/innen und Bürger/innen zur Reaktion, gerade hier sind präventive Strategien aufgrund der vergleichsweise unmittelbaren Sichtbarkeit von Ergebnissen sinnvoll.

Die Auseinandersetzung mit dem Problem Rechtsextremismus ist alternativlos. Die oftmals leidvolle Erfahrung insbesondere in den neuen Bundesländern der 1990er-Jahre hat gezeigt, dass der Versuch, Rechtsextremismus zu ignorieren, in aller Regel zu einer Verschärfung des Problems führt. Wenn aber die Auseinandersetzung geführt wird, wenn Politik, Verwaltung und Bevölkerung sich über unverzichtbare demokratische Grundsätze des Zusammenlebens einigen und gemeinsam gegen die diese Grundsätze infrage stellenden rechtsextreme Bewegung vorgehen, kann am Ende die Demokratie sogar gestärkt aus dieser Konfrontation hervorgehen.

Wenn dieses Buch an dem einen oder anderen Ort Anregungen geben kann, die Auseinandersetzung mit dem Rechtsextremismus zu beginnen, fortzuführen oder zu verstärken, wenn es Verantwortungsträger/innen und Bürger/innen zu einer Aktion gegen Rechtsextremismus oder einem Projekt für Demokratie und Menschenrechte inspiriert, hat es seinen Zweck erfüllt.

Mai 2009

Dietmar Molthagen,
Lorenz Korgel

Literatur

Oliver Decker; Elmar Brähler: Bewegung in der Mitte. Rechtsextreme Einstellungen in Deutschland 2008. Im Auftrag der Friedrich-Ebert-Stiftung. Berlin 2008.

Wilhelm Heitmeyer; Jürgen Mansel: Gesellschaftliche Entwicklung und Gruppenbezogene Menschenfeindlichkeit: Unübersichtliche Perspektiven. In: Wilhelm Heitmeyer (Hg.): Deutsche Zustände. Folge 6. Frankfurt/Main 2008, S. 13-35.

Dietmar Molthagen; Andreas Klärner; Lorenz Korgel; Bettina Pauli; Martin Ziegenhagen (Hg.): Lern- und Arbeitsbuch gegen Rechtsextremismus – Handeln für Demokratie. Bonn 2008.

Die Problemstellung: Rechtsextremismus in der Kommune

Rainer Strobl, Olaf Lobermeier

Einführung

In der alten Bundesrepublik gab es zunächst die Hoffnung, dass mit dem Aussterben der Funktionäre und Mitläufer des Dritten Reiches auch das rechtsextreme Gedankengut aussterben würde. Diese Hoffnung musste spätestens Mitte der 1980er-Jahre aufgegeben werden. Vielmehr begannen extreme Rechte nach dem Fall der Mauer auch auf dem Gebiet der ehemaligen DDR erfolgreich zu agieren. Ferner entwickelte die rechtsextremen Szene Angebote, die für bestimmte Jugendliche durchaus attraktiv sind. In den letzten Jahren ist es daher insgesamt zu einer Verjüngung der rechtsextremen Szene gekommen. Hierauf hat insbesondere der NPD-Vorsitzende Udo Voigt reagiert. Voigt öffnete die NPD für Kameradschaften und Cliquen aus dem ganz rechten Spektrum. Da von diesen Gruppierungen erhebliche Gefahren ausgehen, wurde neben der seit langem praktizierten Ausgrenzungsstrategie auch ein Verbotsverfahren gegen die NPD angestrengt, was aber bekanntlich 2003 vor dem Bundesverfassungsgericht scheiterte. Trotzdem haben die vielfältigen Aktivitäten demokratischer Akteure wie auch der gesamte öffentliche Diskurs die rechtsextremen Parteien und Organisationen in den letzten Jahren durchaus unter Druck gesetzt. Allerdings ist auch zu beobachten, dass sich die rechtsextreme Szene der gesellschaftlichen Ausgrenzung zunehmend durch eine „Graswurzelstrategie" entzieht. Nach dieser Strategie wird zunächst eine Verankerung in den Kommunen angestrebt, um dann eine Etablierung auf den nächst höheren politischen Ebenen zu erreichen.

In den Kommunen muss daher auch in Zukunft damit gerechnet werden, dass Personen aus dem rechtsextremen Spektrum aktiv werden. Tritt dieser Fall ein, dann fürchten kommunale Vertreter häufig zunächst um den guten Ruf ihres Ortes. Dass die Angst vor stigmatisierender Berichterstattung nicht unbegründet ist, zeigen verschiedene Beispiele medialer Überreaktionen. So spekulierte das amerikanische TIME-Magazine Ende der 1990er-Jahre beispielsweise über die Entsendung von UN-Friedenstruppen in eine brandenburgische Kleinstadt, die sich übrigens sehr engagiert und konstruktiv mit dem Rechtsextremismusproblem auseinandersetzt. Das oftmals aufgeregte Medienecho auf rechtsextreme Aktivitäten kann sogar strategisch eingesetzt werden wie im Fall eines Geschäftsmannes aus einem Dorf im Hunsrück, der eine Immobilie offenbar aus Rache an die NPD verkaufte, weil die Gemeinde ihm seine bissige Hündin weggenommen hatte.

Die hier angedeuteten reflexartigen Reaktionen auf rechtsextremistische Erscheinungen lassen sich auch als Ausdruck der Sehnsucht nach einer homogenen humanistisch-orientierten Gemeinschaft deuten, in der bestimmte Einstellungen und Verhaltensweisen gar nicht erst auftreten. Diese Sehnsucht mag uns zwar sympathisch sein, sie lässt sich jedoch schlecht mit einer offenen pluralistischen Gesellschaft vereinbaren. Gerade wenn eine Gesellschaft auf Geheimpolizei und Bespitzelung aller Lebensbereiche verzichtet, ist mit abweichenden Meinungen und Verhaltensweisen zu rechnen. Wenn Vielfalt in diesem Sinne ernst genommen und nicht zu einem multikulturellen Ringelpiez verkitscht wird, müssen auch ihre Schattenseiten in einem gewissen Umfang in Kauf genommen werden. So hatte der französische Soziologe Émile Durkheim bereits Ende des 19. Jahrhunderts die provozierende These aufgestellt, dass das Verbrechen normal ist, weil es zur menschlichen Natur gehört, Regeln zu übertreten. Durkheim hatte dem Verbrechen sogar eine positive Seite abgewonnen, weil dadurch die gesellschaftlichen Normen wieder verstärkt ins Bewusstsein rücken. Ähnliches gilt für rechtsextreme Einstellungen und Verhaltensweisen. Auch diese können bei allen von ihnen ausgehenden Gefahren und Bedrohungen im Idealfall einen positiven Diskurs über zentrale demokratische Werte stimulieren. Wenngleich also ein gewisses Maß an Rechtsextremismus in einer pluralistischen Gesellschaft als normal anzusehen ist, muss trotzdem sorgsam darauf geachtet werden, dass rechtsextreme Bestrebungen kein pathologisches Ausmaß erreichen und etwa die politisch-kulturelle Vorherrschaft in einer Kommune erlangen. Dies gilt insbesondere dann, wenn rechtsextremistische Erscheinungen sich nicht nur auf die politische Einstellungsdimension beziehen, sondern in menschenverachtenden Hassverbrechen münden, die immer auch einen Anschlag auf die Grundwerte der demokratischen Gesellschaft darstellen.

Strategien der Rechtsextremisten in der Kommune

Ein zentrales Ziel rechtsextremer Akteure ist die oben bereits angesprochene kulturelle Hegemonie in einer Kommune. Dabei dienen zunehmend reale Probleme als Einfallstor für rechtsextreme Aktivitäten. So initiierte die NPD in einer kleinen Gemeinde der Sächsischen Schweiz einen Bürgerentscheid gegen eine unpopuläre Gemeindefusion, bei dem 93 Prozent der wahlberechtigten Einwohner für die Selbstständigkeit der Gemeinde votierten. Die Auswahl der Kommunen, in denen die NPD solcherart lokale Initiativen und Kampagnen beginnt, folgt durchaus strategischem Kalkül: Bürgerferne oder mitgliederschwache Parteien, Kirchen und Gewerkschaften und unsichere oder ignorante Behörden sind in diesem Zusammenhang ein Zeichen für schwache Abwehrkräfte der demokratischen Gesellschaft. Rechtsextreme Aktivisten versuchen daher vermehrt, in solchen Gemeinden die Vorherrschaft zu erlangen, in denen diese Probleme auftreten.

Mittlerweile verfolgen die Rechtsextremisten zu diesem Zweck eine Doppelstrategie, die sowohl Elemente von sozialem Engagement als auch Einschüchterung und Gewalt beinhaltet. Die grundlegenden Überlegungen hierzu finden sich in dem Aufsatz „Revolutionärer Weg konkret: Schafft befreite Zonen!", der in der Zeitschrift „Vorderste Front" (Ausgabe 2 vom Juni 1991) des „Nationaldemokratischen Hochschulbunds" (NHB) veröffentlicht wurde. Dort wird unter anderem gefordert, durch hilfsbereites und soziales Handeln das Wohlwollen bei der Mehrheit in der Bevölkerung zu erlangen:

„Alten Leuten kann man beim Ausfüllen von Formularen helfen, sie beim Einkauf unterstützen, man kann Babysitter bei arbeitenden Ehepaaren oder allein stehenden Müttern spielen, man kann den Garten in Ordnung bringen, die Straßen sauber und durch regelmäßige Nachtpatrouillen sicher halten. Man kann gegen den Zuzug eines Supermarkts, die Vertreibung alteingesessener Mieter durch Miethaie, die Schließung des kleinen Eckladens, den Aufmarsch von Scheinasylanten und anderen Lichtgestalten oder den Bau einer Autobahn durch das Wohnviertel protestieren und agitieren. Man muss so handeln, dass man in einem Meer der Sympathie schwimmt, dass die ‚normalen' Bewohner für uns ‚die Hand ins Feuer legen'."

Toralf Staud hat diesen Teil der Strategie einmal unter der Überschrift „Die netten Nazis von nebenan" beschrieben (Toralf Staud: Modernisierter Rechtsextremismus? Köln 2005). Rechtsextreme Funktionäre bieten Schulleitern in ihrer Rolle als besorgte Eltern an, bei Problemen mit der Unterrichtsversorgung gern behilflich zu sein. Schulpflichtigen Kindern bietet man Nachhilfe an und Jugendliche werden über Musik- und Freizeitangebote besonders dort, wo solche Angebote kaum noch vorhanden sind, in die rechtsextreme Gedanken-welt eingeführt. Dabei bedienen die rechtsextremen Aktivisten real vorhandene Wünsche und Sehnsüchte nach Zugehörigkeit und Gemeinschaft, die in einer immer komplexeren und individualistischeren Gesellschaft in immer größerem Umfang unerfüllt bleiben. Unterstützend versucht man durch den Kauf von Immobilien eine feste Verankerung in der Kommune sicherzustellen.

Daneben gibt es aber auch die andere, gewalttätige Seite. Hierzu heißt es in dem bereits erwähnten Aufsatz des NHB: „Wir müssen Freiräume schaffen, in denen WIR faktisch die Macht ausüben, in denen WIR sanktionsfähig sind, d. h. WIR bestrafen Abweichler und Feinde, WIR unterstützen Kampfgefähr-tinnen und -gefährten [...]. Befreite Zonen sind sowohl Aufmarsch- als auch Rückzugsgebiete für die Nationalisten Deutschlands."

Das aggressive Vorgehen der Rechtsextremisten beginnt mit Einschüchterungen, die schon im Zusammenhang mit der so genannten Wortergreifungsstrategie zu beobachten sind. Ziel ist es dabei, Veranstaltungen inhaltlich zu bestimmen. Da-rüber hinaus ist mit dem Patrouillieren durch eine Straße in paramilitärischer oder rechtsextremer Kluft bereits eine massivere Gewaltandrohung verbunden. Der Endpunkt sind schließlich brutale Gewaltakte, die zum Teil mit einer verharmlo-senden Sprache verschleiert werden. Jemanden brutal zusammentreten, selbst wenn er schon wehrlos am Boden liegt, nennt man in der Szene „Stiefeltanz", und jemandem die Rippen brechen heißt zum Beispiel „Klavierspielen".

Dem Rechtsextremismus entgegentreten und die demokratische Kultur stärken

Trotz dieser erschreckenden Formen rechtsextremer Gewalt möchten wir die These aufrechterhalten, dass einzelne Vorkommnisse wie andere Normabwei-chungen und Verbrechen zur Normalität einer pluralistischen Gesellschaft gehö-ren. Eine Gesellschaft ohne sichtbare Normverletzungen wäre eine totalitäre Ge-sellschaft. Solange in einer Kommune auf derartige Normverletzungen sowohl strafrechtlich als auch mit moralisch geleitetem Widerstand und der Betreuung der Opfer reagiert wird, so dass demokratische Werte und Normen wieder ver-stärkt ins Bewusstsein treten, muss man sich um den Gesamtzustand des Gemein-wesens trotz einzelner Übergriffe und Gewalttaten keine Sorgen machen.

Nun besteht die Strategie der Rechtsextremisten ja vor allem darin, in solchen Kommunen aktiv zu werden, in denen die Abwehrkräfte schwach sind, weil es zu wenige Menschen gibt, die sich in Parteien, Gewerkschaften, Kirchen oder zivilgesellschaftlichen Initiativen engagieren. In solchen Kommunen sind die Reaktionen auf rechtsextremistische Aktivitäten dann häufig diffus und mutlos. Auch wenn dieses Phänomen dann gern von den Medien aufgegriffen wird, handelt es sich doch eher um ein Symptom. Das eigentliche Problem liegt tiefer. Es besteht in tatsächlichen Defiziten und Mängeln, die von rechtsextremen Akteuren bewusst oder unbewusst ausgenutzt werden. Zu diesen Defiziten gehören die oben schon angesprochenen schwachen gesellschaftlichen Institutionen, eine fehlende Einbindung der Mehrheit der Bevölkerung in demokratische Diskurse und Prozesse sowie die Normalität fremdenfeindlicher, rassistischer oder antisemitischer Einstellungen und Sprüche. Aber auch Defizite auf anderen Ebenen wie zum Beispiel fehlende oder unattraktive Freizeitangebote für junge Menschen können zum Problem Rechtsextremismus beitragen, weil es den Rechtsextremisten dadurch leicht gemacht wird, Interesse für ihre Angebote zu wecken.

Die Aktivitäten von Rechtsextremisten sind deshalb eine doppelte Herausforderung für jede Kommune. Zum einen ist eine überzeugende Reaktion auf die Infragestellung der demokratischen Kultur durch Provokationen und Übergriffe erforderlich. Denn demokratische Werte und Normen bleiben in einer Kommune nur dann verhaltenssteuernd, wenn die allgemeine Geltung dieser Werte und Normen im Alltag bekräftigt wird. Es muss deutlich werden, dass das Festhalten an den demokratischen Prinzipien in der Kommune erwartbar ist und nicht auf irgendwelchen individuellen Eigenheiten beruht. Durch ein Gelingen dieser Verdeutlichung werden die verletzten Normen auch dann bestätigt, wenn der Schaden nicht wieder gut zu machen ist. Dies ist die Voraussetzung dafür, dass es nicht zu einem Verblassen der demokratischen Prinzipien und einer damit verbundenen Veränderung der sozialen Ordnung kommt.

Die andere Herausforderung der Kommunen durch Rechtsextremisten besteht darin, dass es diesen häufig tatsächlich gelingt, für bestimmte Zielgruppen attraktive Angebote zu machen. Offenbar sind die vorhandenen Angebote für diese Gruppen so unattraktiv, dass sie sich lieber mit Rechtsextremisten einlassen. Falls dieses Problem in größerem Umfang auftritt, ist darin ein Alarmzeichen für die Kommune zu sehen. Dabei wird sich eine nachhaltige Verbesserung nur dann einstellen, wenn es gelingt, auch die bisher vernachlässigten oder ausgegrenzten Gruppen zumindest teilweise einzubinden, sofern menschenfeindliche Aktivitäten eine solche Einbindung nicht unmöglich erscheinen lassen.

In diesem Zusammenhang definieren wir „demokratische Kultur" als eine Form der Herstellung von Entscheidungen (z. B. über ein Konzert auf dem Marktplatz), bei der es darum geht, im Rahmen von grundlegenden Rechten

(Grundrechte, Menschenrechte) und wechselseitigem Respekt möglichst alle Betroffenen (Partizipation) mit ihren unterschiedlichen Forderungen und Bedürfnissen (Pluralismus) in einen Diskussions- und Meinungsbildungsprozess (Kommunikation) einzubeziehen. So verstanden geht es im Zusammenhang mit demokratischer Kultur um gemeinsame Entscheidungen über das Leben in einer Kommune unter Berücksichtigung von grundlegenden Rechten sowie der Beachtung von Forderungen und Bedürfnissen der Bürger. Demokratische Kultur ist folglich unter anderem auch darauf gerichtet, Menschen aus sozialen oder religiösen Minderheiten mit Achtung und Toleranz zu begegnen. Sie erschöpft sich aber nicht darin, sondern bedeutet vielmehr, dass diejenigen, die von wichtigen Entscheidungen betroffen sind, in den Prozess der Entscheidungsfindung einbezogen werden. Eine so verstandene demokratische Kultur stellt unserer Ansicht nach eine überzeugende Alternative zu den vordergründigen Erklärungs- und Begründungsmustern fremdenfeindlicher und rassistischer Diskurse dar. Sie ist die Grundlage für die Entwicklung eines humanen Lebensumfeldes mit attraktiven Angeboten für verschiedenste gesellschaftliche Gruppen. Wie schon gesagt, geht es dabei letztlich immer um die Frage „Wie wollen wir in unserer Stadt oder in unserer Gemeinde leben?" Die Stärkung und Weiterentwicklung einer demokratischen Kultur sollte daher eine Daueraufgabe in jedem demokratischen Gemeinwesen sein und nicht erst einsetzen, wenn Rechtsextremisten aktiv werden.

Sowohl für diese Daueraufgabe als auch für überzeugende Reaktionen auf rechtsextremistische Normverletzungen ist die Einbeziehung eines möglichst großen Spektrums an demokratischen Kräften und Institutionen unabdingbar. Wie ist dabei vorzugehen? Unsere Untersuchungen in verschiedenen Kommunen zeigen, dass es so gut wie immer Menschen gibt, die bereit sind, sich hier zu engagieren. Es kommt nun darauf an, dass es diese Vorreiter schaffen, möglichst viele Akteure aus unterschiedlichen gesellschaftlichen Gruppen und Institutionen mit ins Boot zu holen. Ein konfrontatives Vorgehen, mit dem man bestimmte demokratische Kräfte vor den Kopf stößt, hat sich nach unseren Erfahrungen nicht bewährt. Wir plädieren deshalb für ein moderierendes Vorgehen und eine positive Zielsetzung, mit der sich möglichst viele identifizieren können. Ein „Bündnis gegen Rechts" stößt vielleicht schon bei konservativen Kräften auf Vorbehalte, die sich zu Recht an der Gleichsetzung von „rechts" und „rechtsextrem" stoßen. Zudem suggeriert dieser Titel, dass es einzig und allein um die Reaktion auf die Vorgaben der rechtsextremen Akteure geht, von deren Handeln man das eigene Tun dann abhängig macht. Der wichtigere Aspekt, der auch in der Zielsetzung zum Ausdruck kommen sollte, ist aber die Stärkung der demokratischen Kultur. Deshalb können sich einem Bündnis für demokratische Kultur in der Regel mehr Menschen anschließen als einem Bündnis

„gegen Rechts". Mitunter besteht jedoch die Gefahr, dass die Ausrichtung der Aktivitäten zu unverbindlich wird und das Problem des Rechtsextremismus zu stark in den Hintergrund rückt. Um dem zu begegnen, kann es empfehlenswert sein, beide Aspekte der Strategie explizit zu betonen. So signalisiert das Motto „Für demokratische Kultur – gegen Rechtsextremismus in der Kommune" sowohl das Eintreten für demokratische Werte und Prinzipien als auch die Reaktion auf rechtsextremistische Aktivitäten. Entscheidend ist, dass durch die Einbeziehung eines positiven Aspekts mehr Ressourcen verfügbar und ein breiterer Konsens erreichbar werden, als wenn es um ein bloßes Reagieren geht. Unter dieser Voraussetzung wird man dann eher in der Lage sein, in der Kommune gestalterisch zu wirken und attraktive Angebote ins Leben zu rufen.

Zehn Punkte für eine kommunale Auseinandersetzung mit dem Rechtsextremismus

Unsere These ist folglich, dass überzeugende Reaktionen auf rechtsextreme Aktivitäten und die Stärkung der demokratischen Kultur eine breite Vernetzung erfordern. Auf der Grundlage verschiedener Untersuchungen können wir zehn Punkte benennen, die für eine erfolgreiche Vernetzung wichtig sind:

1. *Ressourcen für dauerhaftes Engagement*

2. *Positive Ausrichtung*

3. *Langfristige Orientierung*

4. *Arbeitsteilung*

5. *Moderierendes Vorgehen*

6. *Formale Regeln*

7. *Integration*

8. *Sichtbare Aktivität*

9. *Politischer Grundkonsens*

10. *Kultur der Anerkennung*

1. Ressourcen für ein dauerhaftes Engagement.

Für den Aufbau und die Aufrechterhaltung eines Netzwerks bedarf es Personen, die zu einem dauerhaften Engagement bereit sind. Denn für ein funktionierendes Netzwerk ist eine laufende Beziehungsarbeit in Form ständiger Austauschakte erforderlich. Hinzu kommt die Weiterleitung von Informationen, die Planung von Projekten, die Koordinierung von Aktivitäten usw. Erfahrungsgemäß besteht die Gefahr, dass Netzwerke nach einer gewissen Zeit wieder einschlafen oder ihre Ziele aus dem Blick verlieren. Daher müssen Personen immer wieder motiviert werden und für ihr Engagement Anerkennung erfahren. Schon diese Beziehungsarbeit kann in größeren Netzwerken so aufwendig werden, dass sie mit ehrenamtlichen Kräften nicht mehr zu bewältigen ist. Entsprechend sollte erwogen werden, für diese Arbeit auch professionelle Kräfte einzusetzen, wie es beispielsweise im Rahmen des Bundesprogramms Civitas mit den vom Bund geförderten so genannten Netzwerkstellen geschehen ist.

2. Langfristige Orientierung

Erfolgreiche Vernetzungsarbeit braucht Zeit, weil zunächst Vertrauen aufgebaut werden muss. Man kann davon ausgehen, dass es mindestens zwei Jahre dauert, bis eine solide Vertrauensbasis zwischen Personen aus unterschiedlichen Institutionen besteht. Hierbei ist es sinnvoll, eine integrierte Strategie zu entwickeln, die darauf ausgelegt ist, die Beteiligten dauerhaft einzubinden. Der Begriff „Integrierte Strategie" meint in diesem Zusammenhang eine strukturierte Vorgehensweise, bei der nicht im Sinne eines „blinden Aktionismus" gehandelt wird, so dass verschiedene Aktivitäten relativ zusammenhanglos nebeneinander her laufen, sondern dass man sich Ziele setzt und nur solche Aktivitäten vorhält, die auch geeignet sind, die angestrebten Ziele zu erreichen. Dies gelingt am besten durch eine aktive Einbindung und Verantwortungsübernahme seitens der beteiligten Akteure. Im Hinblick auf die Mit- und Weiterarbeit in Netzwerken sollten aber auch solche Elemente berücksichtigt werden, die den Interessen und Bedürfnissen der Teilnehmer entgegenkommen, obwohl sie vielleicht mit dem unmittelbaren Anliegen nicht immer in einem direkten Zusammenhang stehen. Die soziologische Bewegungsforschung spricht in diesem Zusammenhang von der Ausweitung und der Überbrückung des Rahmens, in dem die eigentlichen Aktivitäten stattfinden.

So kann etwa die gemeinsame Planung und Durchführung eines Stadt(teil)festes für das gegenseitige Kennen lernen und den Aufbau von Vertrauensbeziehungen sehr wertvoll sein, ohne dass das Stadt(teil)fest eindeutig in den thematischen Rahmen eines „Kampfes gegen Rechtsextremismus" hineinpassen muss. Die Beteiligten sollten ferner erkennen, dass sie durch die Netzwerkarbeit neue Handlungsoptionen gewinnen und dass die Mitarbeit einen persönlichen Gewinn darstellt, denn die Entscheidung zum Engagement bzw. zur Mitwirkung hängt im Wesentlichen von der persönlichen Zufriedenheit ab. Dabei kann man davon ausgehen, dass sich immer dann Zufriedenheit einstellt, wenn die durch das Engagement erhaltenen Anreize größer sind als die Beiträge, die man dafür leisten muss. Für ein dauerhaftes Engagement muss die Anreiz-Beitragsbilanz folglich positiv sein. Da wir es in kommunalen Netzwerkzusammenhängen weniger mit ökonomischen Anreizen zu tun haben, liegen die Anreizmomente eher im Bereich der Gewinnung und Erweiterung sozialen Kapitals (neue Kontakte, Verfestigung von Beziehungen) oder aber im Bereich der Anerkennung bzw. im Aufbau eines guten Rufs.

3. Moderierendes Vorgehen

Ein moderierendes Vorgehen ist für einen erfolgreichen Netzwerkaufbau von größter Bedeutung. Ein solches Vorgehen ist häufig nicht unumstritten, weil einige Akteure – zum Teil auch aus eigener Betroffenheit – eher konfrontativ vorgehen möchten oder die Zusammenarbeit mit bestimmten Personen aus ideologischen Gründen ablehnen. Trotzdem gibt es hierzu aus unserer Sicht keine Alternative, wenn es nicht nur um die eigene moralische Selbstvergewisserung, sondern um die Gestaltung der Kommune im Sinne demokratischer Werte und Normen geht. Erfahrungsgemäß kann es für ausgewählte Aktivitätsphasen sinnvoll sein, mit externen, angesehenen und kompetenten Personen zusammenzuarbeiten. So hat beispielsweise ein externer Moderator zum einen die Einhaltung von Zielen im Blick, kann aber auch Aufgaben verteilen und gegebenenfalls steuernd eingreifen, wenn Aufgaben nicht erledigt werden oder die Art des Engagements in eine problematische Richtung abdriftet.

4. Integration

Wenn man die Erkenntnis ernst nimmt, dass Rechtsextremismus ein gesamtgesellschaftliches Problem ist, dann muss es darum gehen, möglichst alle demokratischen Kräfte für eine erfolgreiche Auseinandersetzung zu bündeln. Gerade wenn man den gesellschaftlichen Pluralismus ernst nimmt, kann man es sich nicht leisten, einzelne Gruppen – sofern sie nicht gegen grundlegende demokratische Werte agieren – bei der Frage „Wie wollen wir in unserer Stadt oder in unserer Gemeinde leben?" auszugrenzen. Dass man es in kommunalen Zusammenhängen nicht mit herrschaftsfreien Räumen zu tun, in denen sich das bessere Argument immer durchsetzt, dürfte jedem klar sein. Dennoch gibt es zu einem „dialogischen Prinzip" keine Alternative, weil der gegenseitige Respekt vor Menschen mit anderen Werten oder anderen politischen Ansichten nur über die Anerkennung als gleichwertiger Gesprächspartner erfolgen kann. Es gilt das von Martin Buber aufgestellte Prinzip: „Es kommt auf nichts anderes an, als dass jedem von zwei Menschen der andere als dieser bestimmte Andere widerfährt, jeder von beiden des andern ebenso gewahr wird und eben daher sich zu ihm verhält, wobei er den andern nicht als sein Objekt betrachtet und behandelt, sondern als seinen Partner in einem Lebensvorgang."

5. Politischer Grundkonsens

Die Integration unterschiedlicher demokratischer Kräfte ist aber nur möglich, wenn der gemeinsame Rahmen breit genug ist und die Mitarbeit nicht an zu viele Voraussetzungen geknüpft wird. Als gemeinsamer Fixpunkt können in diesem Zusammenhang allgemein anerkannte Werte wie die Unveräußerlichkeit der Menschenwürde dienen. Darüber hinaus ist eine deutliche Vorstellung von den Mindeststandards eines demokratischen Zusammenlebens eine wichtige Kooperationsgrundlage. Diesen Standards muss dann aber auch die Arbeit innerhalb des Netzwerks folgen.

6. Positive Ausrichtung

Im Allgemeinen eröffnet eine positive Ausrichtung mehr Kooperationsmöglichkeiten als eine negative, was vor allem auf die größere Spannweite und Flexibilität positiver Zielsetzungen zurückzuführen ist. Aber positive Zielformulierungen sind auch von daher attraktiv, als dass sie die Beteiligten auf die Lösung eines Problems hinlenken und nicht auf der Ebene der Analyse verharren. Eine kritische Bestandsaufnahme der Lage vor Ort ist für ein erfolgreiches Handeln unabdingbar und auch die Frage, welche Ursachen einem Problem überhaupt zugrunde liegen könnten. Beide Voraussetzungen bilden die Basis für die Entwicklung angemessener und realistischer Wirkungsziele. Unter Wirkungszielen verstehen wir solche Ziele, die im Hinblick auf die zu erreichenden Zielgruppen auf unterschiedlichen Abstraktionsniveaus Bilder von positiv formulierten Veränderungszuständen auslösen.

7. Arbeitsteilung

Während Informationsaustausch und allgemeine Absprachen durchaus in großer Runde möglich sind, erfolgt die praktische Durchführung beschlossener
Maßnahmen zweckmäßigerweise in Kleingruppen.

8. Formale Regeln

Ohne die Einhaltung einiger formaler Regeln ist eine dauerhafte und effektive
Zusammenarbeit schwer vorstellbar. Hierzu gehören neben der Einhaltung von
Tagesordnungen und Zeitplänen insbesondere auch die Protokollierung von
Beschlüssen sowie die Kontrolle ihrer Umsetzung. Als formalisierten Akt kann
man aber auch die Ausformulierung und Dokumentation eines Aktivitätsfahr-
plans mit Zielen und möglichen Maßnahmen ansehen. Erst ein Mindestmaß an
Dokumentation von bisher Erreichtem und eine entsprechende Reflexion bilden die Grundlage, um entscheiden zu können, ob der eingeschlagene Weg
weitergegangen werden soll oder ob gegebenenfalls Neujustierungen vorgenommen werden müssen. In diesem Zusammenhang ist es wichtig, auch kleine
Erfolge zu dokumentieren und zu würdigen. Anderenfalls verfällt eine Gruppe
schnell in eine Art Lethargie, weil ein Gefühl der Ohnmacht das weitere Engagement schnell in Frage stellt.

9. Sichtbare Aktivität

Das Eintreten der eingebundenen Akteure für eine demokratische Kultur muss
auch in der Kommune sichtbar werden. Ein wichtiger Aspekt ist in diesem Zusammenhang die Öffentlichkeitsarbeit. Symbolische Akte wie Ratsbeschlüsse
bieten einen strukturellen Rahmen, um etwa die Bedeutsamkeit einer integrierten Strategie für eine Kommune angemessen zu würdigen. Ein solcher
Rahmen ist insbesondere in der Außenwirkung für diejenigen hilfreich, die sich
als „Unentschlossene" noch nicht zwischen einer eher demokratischen oder
einer eher extremistischen Orientierung entschieden haben.

10. Kultur der Anerkennung, Erfolgserlebnisse und Spaß

Dauerhaftes Engagement ist nur dann zu erwarten, wenn es als emotional be-
friedigend und bereichernd erlebt wird. In diesem Zusammenhang ist eine positive und wertschätzende Grundhaltung besonders wichtig. Darüber hinaus

sollten Erfolge gebührend herausgestellt und gefeiert werden, so dass Engagement auch Spaß macht.

Rechtsextremismus in der Kommune ist unbestreitbar ein ernsthaftes Problem, weil menschenfeindliche Entwicklungen immer auch eine Infragestellung der demokratischen Grundordnung beinhalten. Letztendlich gibt es für Kommunen aber keine Alternative zu einer konstruktiven Auseinandersetzung mit den Erscheinungen des Rechtsextremismus. Über das Tempo und die methodische Herangehensweise sollte jede Kommune allerdings selbst entscheiden. Da es mittlerweile einige gute Beispiele dafür gibt, wie Kommunen über den „Kampf gegen Rechtsextremismus" zu „Entwicklern demokratischerer Gemeinwesen" geworden sind, ist es durchaus legitim, sich bei dieser Aufgabe Unterstützung zu suchen und aus den Erfahrungen anderer für das eigene Vorgehen zu lernen.

Kommunale Handlungsmöglichkeiten zur Auseinandersetzung mit dem Rechtsextremismus:
Interview mit Lutz Brockmann, Bürgermeister von Verden/Aller

Welche Herausforderungen bestehen in Verden in Bezug auf Rechtsextremismus?

Lutz Brockmann, Bürgermeister von Verden/Aller

In Verden haben wir seit mehreren Jahren ein Problem durch bundesweit aktive Neonazis, die in der Region Kampagnen und Aktivitäten durchführen. Unter anderem hat der bekannte Neonazi Jürgen Rieger in der Nähe von Verden den „Heisenhof" für die rechtsextreme Szene ersteigert. Sowohl im Stadtrat wie im Kreistag gibt es aktuell einen NPD-Vertreter und bei Wahlen einen überdurchschnittlichen Anteil rechtsextremer Stimmen.

Seit vielen Jahren gibt es das „Verdener Bündnis gegen Rechtsextremismus, für Demokratie und Toleranz". Dieses Bürger-Bündnis gehört seit 2004 dem städtischen Präventionsrat an und ist inzwischen ein wichtiger Partner der Stadtverwaltung im Engagement für die Demokratie und die Menschenrechte.

Gibt es in Ihrer Stadt erfolgreiche Praxisbeispiele für die Auseinandersetzung mit dem Rechtsextremismus?

Lassen Sie mich drei Beispiele schildern:

Anfang 2005 erhielt die Stadt die Anmeldung eines landesweiten Neonazi-Aufmarsches in Verden. Es folgte mein Aufruf als Bürgermeister, an diesem

Tag mitten in der Stadt einen Aktionstag für die Demokratie zu feiern und die Lebensfreude der demokratischen Kultur zu zeigen. Diese Idee fand Zustimmung bei allen vier demokratischen Parteien, die damals im Stadtrat vertreten waren. Innerhalb von zwei, drei Tagen hatten sich mehrere hundert Gruppen gemeldet, die sagten: Wir sind dabei. Wir haben am 2. April 2005 bei bestem Wetter in der gesamten Altstadt und Fußgängerzone mit 1 000 aktiven Teilnehmern ein solches Fest gefeiert. Vom Kindergarten bis zum Seniorenheim, vom Sportverein bis zur Kreisjägerschaft waren alle dabei, die ganze Breite der demokratischen Gesellschaft, die man sich vorstellen kann. Es kamen über 5 000 Besucher zum Aktionstag. Es gab trotzdem die NPD-Demonstration außerhalb der Altstadt. Schüler und Schülerinnen haben eine Gegendemonstration veranstaltet und erhielten die Unterstützung vieler Erwachsener.

Wir haben damals gelernt, dass wir Vielfalt im Protest zulassen können, solange er gewaltfrei ist; wir haben gelernt, dass wir viele Gruppen erreichen können. Und da ist auch ein bisschen Stolz entstanden, sowie der Slogan „Verden ist bunt – Nie wieder Faschismus".

Diese erfolgreiche Aktion war eine wichtige Basis als im Herbst 2005 die Gefahr entstand, dass Jürgen Rieger auch unsere Stadthalle ersteigert. Der Investor und Eigentümer der Stadthalle war in Insolvenz, die Zwangsversteigerung drohte und Rieger teilte dem beauftragten Makler sein Kaufinteresse mit. Innerhalb weniger Wochen haben wir in Verden mit breiter Unterstützung aller wichtigen gesellschaftlichen Akteure die Spendenkampagne „Rettet die Stadthalle für Alle" gestartet und einen neuen gemeinnützigen Trägerverein gegründet. Mit einer Spendensumme von 230.000 € konnten der Trägerverein, unterstützt mit einer Bürgschaft der Stadt, die Stadthalle kaufen, und zwar zum Preis eines amtlichen Wertgutachtens.

Zur Kommunalwahl 2006 haben das Verdener Bündnis und die vier demokratischen Parteien eine vorbildliche Aktion durchgeführt: „Ja zur Demokratie!" Dabei wurde eine Karte an alle Erstwähler versandt mit der Aufforderung, zur Wahl zu gehen; es gab auch eine gemeinsame Homepage und einen gemeinsamen Informationsstand auf dem Flohmarkt, bei dem sich die Initiative präsentierte. Ergebnis: Überall in Niedersachsen ist die Wahlbeteiligung zurückgegangen, um durchschnittlich fünf Prozent. In Verden ist sie gleich geblieben. Ergebnis der Wahl: Wir haben jetzt sechs Parteien im Stadtrat, unter anderem einen Sitz für die NPD. Es fehlten nur ganz wenige Stimmen zum zweiten Sitz und der Bildung einer rechtsextremen Fraktion, so dass diese Kampagne sehr wohl auch politisch wirksam war.

Eine entscheidende, wie ich beim Aufruf für den Aktionstag gemerkt habe. Wir versuchen in Verden, die Rollen sehr klar zu trennen. Auf der einen Seite haben wir das Verdener Bündnis, das sind diejenigen, die Veranstaltungen anmelden, die Versammlungen durchführen, die nach außen auch unbefangen auftreten können, klar und deutlich. Die Stadtverwaltung und der Bürgermeister unterstützen diese Aktivitäten. Wir haben zum Beispiel den Aktionstag 2005 über mehrere Wochen hinweg mit drei bis vier Personen aus der Stadtverwaltung organisatorisch unterstützt. Sie waren Anlaufstelle und Servicekräfte, aber eben gerade nicht Veranstalter. Denn wir sind als Stadt gleichzeitig Ordnungsbehörde, für Sicherheit und Ordnung zuständig. Wir müssen auch Dinge genehmigen, die wir inhaltlich für falsch halten.

Ich persönlich versuche, meine Position klar zu vertreten, bin aber da etwas beschränkt, was ich nicht als gerecht empfinde. Während wir alle erleben, dass eine Bundeskanzlerin oder ein Landesminister offen sagen kann, was sie/er von Neonazis und deren Parteien hält, darf ich das als Bürgermeister nicht – sagt das Verwaltungsgericht Stade. Zum Aktionstag 2005 hatte ich ein Verfahren des NPD-Bundesverbandes, der mir und der Stadtverwaltung meinen Aufruf und meine Unterstützung zum Aktionstag untersagen wollte. Das Gericht hat festgestellt: Ich darf das, aber ich darf in der Öffentlichkeit nicht gegen zugelassene Parteien argumentieren oder auftreten. Das dürfen Minister, das dürfen Bundeskanzler, obwohl sie meiner Meinung nach vom Status her in einer ähnlichen Verpflichtung sein dürften wie Bürgermeister. Das ist ein Beispiel, wie Kommunalpolitik auch Fesseln auferlegt werden. Man muss die klaren Worte sozusagen gut abwägen. Ich habe mich umgestellt: Ich bin jetzt gegen Rechtsextremismus, gegen Neonazis, das kann ich klar und deutlich sagen und die meisten Menschen wissen, was damit gemeint ist. Bei dem Prozess habe ich argumentiert, dass mein Amtseid mich verpflichtet, aktiv zu werden, das hat das Gericht leider nicht bestätigt. Ich darf aktiv werden, aber ich bin nicht verpflichtet, aktiv zu werden. An diesen kleinen Nuancen merkt man vielleicht, woran wir arbeiten müssen.

Die Gründung des „Weser-Aller-Bündnis – engagiert für Demokratie und Zivilcourage" (siehe Antwort auf Frage 6) vollzog sich relativ gut und schnell, weil sowohl die beiden Landräte als auch die beiden Bürgermeister das wollten. Und für die Teilnahme am Bundesprogramm „Vielfalt tut gut" haben wir auch relativ zügig die Beschlüsse der Kofinanzierung in den Gremien einholen können und sind gleich im Januar 2007 mit der inhaltlichen Arbeit gestartet.

Was sind die ersten drei Dinge, die Sie tun würden, wenn in Ihrer Stadt eine rechtsextrem motivierte Gewalttat verübt wird?

In der Nacht vor dem Holocaust-Gedenktag 2007 ging das Holocaust-Mahnmal für Zwangsarbeiter, das in der Verdener Berufsschule durch ein Schülerprojekt entstand, durch einen Brandanschlag in Flammen auf. Das Mahnmal bestand aus einem historischen Reichbahnwaggon, der ein Nachempfinden der unmenschlichen Transporte ermöglichte.

Nach der Nachricht am frühen Morgen folgten meine klaren Worte gegenüber der fragenden Presse zu diesem Brandanschlag gegen das Erinnern. Am Abend habe ich persönlich an der spontanen Schul- und Vereinsversammlung teilgenommen, um im großen Kreis, den Brandanschlag und das weitere Vorgehen zu erörtern. Hierbei habe ich die Idee unterstützt, den abgebrannten Waggon als „doppeltes Mahnmal" und unübersehbare Warnung vor den aktuellen Gefahren des Rechtsextremismus vor das historische Rathaus zu stellen. Dies erfolgte innerhalb einer Woche dank der Hilfe örtlicher Baufirmen und engagierter Bürger. Ebenso druckte eine örtliche Firma eine Kopie der Zwangsarbeiter-Ausstellung. Persönlich habe ich für die Stadt Verden in der spontanen „Lenkungsgruppe" aus Verdener Bündnis für Demokratie und Toleranz, dem Verein für Regionalgeschichte an der Vorbereitung der Spendenaktion „Gegen das Vergessen – gegen das Wegschauen" mitgewirkt. Dank des überregionalen Medieninteresses und zahlreichen Besuchen von Schulklassen und anderen Gruppen aus der Region gab es ausreichend Spenden für den Ankauf eines historischen Reichsbahnwaggons, um das zerstörte Holocaust-Mahnmal wieder herzustellen. Zugleich hat die Aktion das Bewusstsein für das Engagement gegen Rechtsextremismus gestärkt.

Dieser Aktion folgte das Anliegen nach einem neuen verkehrsgünstigen Standort in der Verdener Innenstadt für das Zwangsarbeiter-Mahnmal. Um eine unnötig kontroverse Diskussion zu vermeiden, hat die Initiativgruppe ihre Arbeit fortgesetzt und zusammen mit mehreren Schulen ein pädagogisches Konzept „Erinnerungskultur und Demokratiebildung" erarbeitet, auch diese Arbeit habe ich persönlich unterstützt. Ziel und Kern des Konzeptes ist es, die Grundwerte der Demokratie und Menschenrechte erfolgreich im Unterricht oder in Schulprojekten zu vermitteln, indem Jugendliche sich mit der Nazi-Diktatur an authentischen Orten, Personen und Ereignissen auseinandersetzen. Für diese Denkorte werden alle verfügbaren historischen Materialien zusammengestellt und Lehrkräften bzw. Schülergruppen zugänglich gemacht. Der zentrale Ausgangspunkt und Denkort „Demokratie und Menschenrechte" soll, für alle Schulen der Region verkehrsgünstig erreichbar, in der Nähe des Bahnhofs entstehen. Dieser Denkort soll Standort für den Reichsbahnwaggon mit der wieder hergestellten Zwangsarbeiter-Ausstellung werden. Dem historischen Reichbahnwaggon soll eine Gebäudehülle Witterung- und Vandalismusschutz geben, diese Hülle bietet zugleich Platz für Informationen zu Demokratie und Menschenrechten sowie zum Bürgerengagement in der Region.

Immer wieder hört man, dass kommunale Führungspersonen einer offensiven Auseinandersetzung mit dem Rechtsextremismus skeptisch gegenüberstehen, weil sie einen Imageschaden für ihre Kommune befürchten. Wie ist man in Verden mit dieser Angst umgegangen?

In Verden gab es auch einige Sorgen um das Image. Tatsächlich gab es jedoch beim Tourismus, den vielen internationalen Gästen oder anderweitig keine spürbaren Nachteile. Beim Aktionstag 2005 überwogen in den Medien die positiven Bilder und Berichte über das außergewöhnlich breite und kreative Engagement in unserer Stadt. Verden erhielt zusammen mit Wunsiedel die bundesweite Auszeichnung als Botschafter der Toleranz 2005. Eine Kopie dieser Urkunde hängt bis heute in vielen Vereinsheimen, der damals teilnehmenden Gruppen. So überwiegt der Stolz auf das breite und gemeinsame Engagement für die Demokratie und die Menschenrechte.

Studien belegen, dass rechtsextreme Einstellungen weit über die organisierte Szene hinaus in unserer Gesellschaft vorhanden sind. Gerade Fremdenfeindlichkeit ist weit verbreitet und gilt als „Einstiegsdroge" in den Rechtsextremismus. Was kann kommunal zur Bekämpfung von Rassismus und Antisemitismus getan werden?

In Verden ist es uns wichtig, dass alle Demokraten – auch die Demokraten am rechten Rand – im Bündnis gegen den Rechtsextremismus aktiv sind und sich vertreten fühlen. Konservative Werte und Traditionen werden rechtsextremen Kräften bewusst nicht überlassen, um weiterhin möglichst viele Menschen an die Demokratie zu binden.

Über ein Aussteiger-Projekt konnten einige Jugendliche aus dem nahen Umfeld des Rechtsextremismus wieder herausgeholt werden, durch eine aktive und intensive Jugendarbeit, nachdem sich die betroffenen Eltern vertrauensvoll an das Bündnis für Demokratie und Toleranz gewandt hatten.

Im städtischen Präventionsrat gibt es eine aktive Arbeitsgruppe „Integration" und als Maßnahmen die Ausbildung von ehrenamtlichen Integrationslotsen oder aktuell eine Veranstaltungsreihe „Integration" zusammen mit der isla-

mischen Kulturgemeinde. An einer Grundschule mit deutschsprachigem Isla-
munterricht wird zum Beispiel gemeinsam der Ramadan gefeiert.

Am Holocaust-Gedenktag am 27. Januar finden seit fünf Jahren kleine Ge-
denkfeiern am Mahnmal für die verfolgten und ermordeten Verdener Juden
statt. Regelmäßig kommen auch bei kältestem Wetter weit über 50 Menschen
und legen nach einer kurzen Ansprache und Andacht Verdener Geistlicher eine
mitgebrachte Blume nieder.

Persönlich betone ich stets, dass unser Wohlstand von der Weltoffenheit abhängt
und der Toleranz gegenüber internationalen Gästen, Kunden und Arbeitskräften.
Diese Argumentation für Freundlichkeit gegenüber Fremden mag in Verden einfacher sein wegen der Vielzahl international aktiver Unternehmen und Betriebe.

*Viele Bürgerinnen und Bürger haben den Eindruck mangelnder Teilhabe-
möglichkeiten an den politischen Entscheidungen ihrer Kommune und
wenden sich enttäuscht von der Demokratie ab. Wie kann Teilhabe und
Partizipation in der Kommune gefördert werden, damit die Menschen von
demokratischen Prinzipien überzeugt sind?*

Formen der aktiven Bürgerbeteiligung in unserer Stadt sind Anwohnerversamm-
lungen zu konkreten Vorhaben, Teilnahme interessierter Bürger/innen an Pla-
nungsworkshops oder Jugendforen. Hinzu kommen die öffentlichen Sitzungen
von Ortsräten und Fachausschüssen mit Einwohnerfragestunde vor und nach
den Sitzungen sowie die bewährte Praxis, durch Unterbrechung der förmlichen
Sitzung Bürger/innen auch in laufenden Beratungen das Wort zu geben.

*Oft liest man, dass der Verwaltung eine Schlüsselrolle bei der kommunalen
Auseinandersetzung mit dem Rechtsextremismus zukomme, weil sie Projekte fördern oder behindern könne. Was tut die Stadt Verden, damit die
Verwaltung fit wird für die Auseinandersetzung mit dem Rechtsextremismus? Und wie beurteilen Sie die Zusammenarbeit von Verwaltung und
zivilgesellschaftlichen Initiativen beim Thema Rechtsextremismus?*

Die Stadt Verden hat mit dem Landkreis Nienburg die Initiative ergriffen und zusammen mit der Stadt Nienburg und dem Landkreis Verden ein übergreifendes
„Weser-Aller-Bündnis – engagiert für Demokratie und Zivilcourage" (WABE) gegründet. Ziel ist der Erfahrungsaustausch und die gemeinsame Unterstützung
von Bürgerinnen und Bürgern, die sich vor Ort für die Demokratie engagieren
wollen, sei es in Schulen, in Vereinen oder bei der Jugendfeuerwehr. Mit Hilfe
von Bundesmitteln wird ein lokaler Aktionsplan umgesetzt. Im WABE-Bündnis

arbeiten kommunale Verwaltungsvertretungen, Jugendliche aktiver Schulen und engagierte Bürger/innen der Zivilgesellschaft eng und erfolgreich zusammen.

Auch Schulen werden immer wieder als wichtige Akteure genannt. Welche Anforderungen haben Sie an Schulen in der Auseinandersetzung mit Rechtsextremismus? Welche Rolle kommt Schulen im Gemeinwesen, jenseits des Unterrichts zu?

Für mich gehört es zu den Kernaufgaben von Kindergärten und Schulen, jungen Menschen die Bedeutung der Demokratie nahe zu bringen, ihnen demokratische Werte zu vermitteln und sie für diese Staatsform zu begeistern. Und dies nicht nur mit Worten, sondern vor allem auch mit Taten durch eine praktizierte demokratische Kultur.

Vorbildlich ist die Aktion „Schule ohne Rassismus – Schule mit Courage", bei der Schüler/innen die Akteure sind.

Ein weiteres Beispiel ist der „Sternmarsch für Demokratie". Auf Initiative von Bündnis und Stadt kamen am 23. Mai 2007 während der Unterrichtszeit aus fünf Schulen mehrere Klassen (5.-10. Jahrgangsstufen) mit Transparenten und Musik auf den Rathausplatz mitten in der Altstadt. Am offiziellen Tag der Demokratie anlässlich der Verabschiedung des Grundgesetzes im Jahr 1949 feierten die Schülerinnen und Schüler öffentlich mit Musik und viel Spaß das Grundgesetz. Mehrere Gruppen präsentierten ihr Engagement für die Grundrechte bzw. ihre Interpretation der Grundwerte unserer Gesellschaft.

In den Verdener städtischen Kindergärten wird gerade die wertschätzende Entwicklungsbeurteilung nach dem schwedischen Modell „Baum der Erkenntnis" eingeführt, diese positive Förderung aller Kinder in ihrer Entwicklung, aber auch in ihrer Selbstwahrnehmung und Selbstbestimmung integriert die altersgerechte Vermittlung von Demokratie und Menschenrechten.

Sie haben Erfahrungen mit rechtsextremen Demonstrationen in Ihrer Stadt. Was hat sich angesichts dieser Herausforderung bewährt? Und vielleicht ein Wort zu Demonstrationsverboten?

Wie die Demonstrationen von Rechtsradikalen vor Jahren in der Regel aussahen, kennen Sie wahrscheinlich aus den Medien: Ein kleines Häuflein Neonazis trifft sich zu einer Versammlung, eine etwas größere Gruppe von Polizisten sorgt für öffentliche Sicherheit und Ordnung und ein kleines Grüppchen von Antifa-Leuten protestiert. Diesen Ablauf empfinde ich als peinlich für unsere Demokratie.

Als 2005 in der Stadtverwaltung die Anmeldung eines landesweiten Neonazi-Aufmarsches einging, habe ich mich zu einem Aufruf entschlossen, um etwas anderes als die üblichen Veranstaltungen zu initiieren. Mein Anliegen war, nicht gegen, sondern für etwas zu sein und dafür eine Form zu finden, die vielen Leuten die Teilnahme ermöglicht. Konkret: die Lebensfreude demokratischer Kultur zu zeigen, mit vielfältigen Aktionen der örtlichen Gruppen und Vereine die Mitte der Stadt zu füllen. Der Aufruf hat wie bereits erwähnt gefruchtet: Das Verdener „Bündnis gegen Rechtsextremismus, für Demokratie und Toleranz" hat den Aktionstag veranstaltet. Es beteiligten sich weit über 100 Gruppen aus der Stadt, darunter Kultur- und Sportgruppen, Vereine mit verschiedensten Aktivitäten, alle Generationen – eine vielfältige bunte Mischung. Sponsoren aus der Wirtschaft halfen bei der Finanzierung, die Olympia-Meistermannschaft der Reiter schickte uns eine Solidaritätsadresse. Über 1 000 Aktive nahmen an diesem Tag teil. Insgesamt waren am Aktionstag 5000 Teilnehmer in der kleinen Stadt Verden auf den Beinen.

Das Ganze war für Verden ein sehr wichtiges Aha-Erlebnis, im Sinne von: Wir stehen zur Demokratie. Wir sind die große Mehrheit. Wir sind die Bunten. Wir sind die Fröhlichen. An diesem Tag fand auch der Nazi-Aufmarsch statt. Aber in den Medien hat der Aktionstag dominiert und somit hatten wir ein wichtiges Ziel erreicht: Die eigenen Werte in den Vordergrund zu stellen, die eigenen Werte zu leben und dafür zu werben – und auch in der Öffentlichkeit damit präsent zu sein.

Wenn ein Demonstrationsverbot nicht gerichtsfest ist, wird die Aktivierung der demokratischen Gesellschaft zur besseren Alternative. Eine gemeinsame erfolgreiche Bürgeraktion stärkt das gesellschaftliche Engagement und die Aufmerksamkeit gegen die Gefahren des Rechtsextremismus.

Was raten Sie Kommunalpolitiker/innen und Veraltungsmitarbeiter/innen für ihre jeweilige Auseinandersetzung mit dem Rechtsextremismus?

Werden Sie frühzeitig aktiv, bevor Sie ein wirkliches Problem haben. Sorgen Sie durch frühzeitiges Engagement dafür, dass die demokratischen Kräfte und die demokratische Kultur dominant bleiben und Angst vor Rechtsextremismus und persönlicher Bedrohung in Ihrer Kommune erst gar nicht entsteht.

Nutzen Sie die vielen Erfahrungen erfolgreicher Beispiele und holen Sie sich fundierten Rat. Lassen Sie sich nicht durch Zauderer und Zögerlinge irritieren, sondern seien Sie ein demokratisches Vorbild, denn dass motiviert und zieht andere mit.

Ich glaube, wir müssen unsere Kräfte darauf konzentrieren, in unserem Land 90 Prozent überzeugte Demokratinnen und Demokraten zu haben, die auch wählen gehen. Eine Gesellschaft ohne Extremismus wird es meiner Meinung nach nicht geben. Und wir können auch eine kleine Gruppe Rechtsextremisten locker verkraften, wenn es viele aktive Demokratinnen und Demokraten gibt, die sich für diese Gesellschaft konstruktiv einsetzen und auch wissen, warum sie das tun.

Mich beunruhigt, dass knapp die Hälfte der Bevölkerung nicht zu den Wahlen geht und bei Umfragen das Vertrauen in die Demokratie als Staatsform dramatisch nachlässt. Ich habe letztens ein neues Wort gehört, das dies gut beschreibt: die Entleerung der Demokratie. Das Bild passt gut: Wir haben noch eine intakte Hülle, einen funktionierenden Apparat, aber zu wenig Inhalt, zu wenig Herz und zu wenig Engagement in dieser Hülle.

Deswegen ist es auch Aufgabe in den Kommunen, sich zu fragen: Wer vermittelt eigentlich die Werte der Demokratie? Wer begeistert eigentlich nachwachsende Generationen von dieser Staatsform? Denn Demokratie ist kein Naturgesetz und Demokraten werden nicht geboren. Obwohl wir vermeintlich für alles Zuständigkeiten haben, gibt es keine Pflicht zur Finanzierung von attraktiven demokratischen Jugendfreizeitangeboten. Eine Schule kann sich leider auf die Wissensvermittlung beschränken, ohne sich für Demokratie zu engagieren und ohne Demokratie in der Schule zu leben. Hier gilt es zu handeln.

Ich glaube, eine der größeren Bedrohungen liegt auch in der verbreiteten Verachtung gegenüber Politiker/innen und Politik sowie dem „Runterreden" von Lösungskompetenzen demokratisch gewählter Gremien. Daran sind viele beteiligt. Die wirtschaftliche Lage, Politikverdrossenheit, persönliches Versagen von Managern, Arbeitslosigkeit – das sind reale Probleme, aber ich möchte auch ganz klar sagen: sie sind keine Ausrede für rechtsextremistisches Gedankengut. Im Gegenteil, wir müssen auch sagen, und so treten wir in Verden auf: Demokratie ist die Grundlage von Wohlstand, die Grundlage von Arbeitsplätzen. Es ist weltweit festzustellen, dass in den Ländern, in denen Demokratie herrscht, die Gerechtigkeit größer und die Verteilung des Volksvermögens besser ist. Wir müssen das klar vermitteln und deutlich machen.

In diesem Sinne wünsche ich mir für Verden in fünf Jahren noch mehr demokratisch aktive Bürger/innen und eine noch stärkere lokale Demokratie.

Kommunale Handlungsmöglichkeiten zur Auseinandersetzung mit dem Rechtsextremismus:

Interview mit Dr. Albrecht Schröter, Oberbürgermeister von Jena

Welche Herausforderungen bestehen in Jena in Bezug auf den Rechtsextremismus?

Dr. Albrecht Schröter,
Oberbürgermeister
von Jena

Jena ist eine weltoffene und tolerante Stadt, in der der Rechtsextremismus glücklicherweise keine dominierende Rolle spielt. Doch es wäre verkehrt, die Augen vor den bestehenden Gefahren zu verschließen. Wir haben in unserer Stadt das so genannte Braune Haus, in dem die NPD eine Art überregionales Schulungszentrum betreibt. Dorthin werden wieder und wieder rechtsextreme Protagonisten eingeladen. Zudem gehen von diesem Haus viele Provokationen aus wie etwa ein angebliches Gedenken am 30. Januar 2009, also am Jahrestag der Ernennung Hitlers zum Reichskanzler, als die Neonazis aus dem Braunen Haus gerade in der Zeit von 19.33 bis 19.45 Uhr eine Mahnwache abhalten wollten. Diese Veranstaltung konnte untersagt werden.

Die noch größere Herausforderung ist das so genannte Fest der Völker, das die NPD für zehn Jahre in Jena angemeldet hat und zu dem sie Neonazis aus ganz Europa einlädt. Gegen dieses so genannte Fest erheben inzwischen viele Jenaer ihre Stimme.

Gibt es in Ihrer Stadt erfolgreiche Praxisbeispiele für die Auseinandersetzung mit dem Rechtsextremismus?

Ja, sehr erfolgreiche Beispiele. Wir haben in Jena den Runden Tisch für Demokratie, der sich sehr engagiert gegen Rechtsextremismus und Fremdenfeindlichkeit einsetzt. An diesem Runden Tisch sitzen Bürgerinnen und Bürger gemeinsam mit Vertretern der evangelischen Kirche, der Polizei, der Stadtverwaltung, der Universität und der Fachhochschule der Stadt. Von diesem Runden Tisch werden Aktionen gegen Rechtsextremismus initiiert und unterstützt.

Darüber hinaus gibt es mehrere Initiativen, in denen Bürgerinnen und Bürger der Stadt Flagge zeigen gegen die Neonazis. Da gibt es das Aktionsnetzwerk gegen Rechtsextremismus, das Aktionsbündnis, die Lobedaer Initiative. Auch wenn sich das zunächst wie eine Aufzählung zersplitterter Organisationsformen anhört, gegen die Rechtsextremen arbeiten die Initiativen eng zusammen, sie ergänzen sich, weil sie unterschiedliche Bevölkerungsschichten anziehen.

Als ganz praktische Beispiele der Auseinandersetzung mit dem Rechtsextremismis möchte ich die so genannte Randstreifenaktion und die große Sitzblockade gegen das Fest der Völker im Jahr 2007 anführen. Bei der Randstreifenaktion haben schon Tage zuvor Jenaer Bürger am Rande einer großen Einfallstraße darauf aufmerksam gemacht, dass Neonazis auf dem Platz unmittelbar neben dem Randstreifen ihr „Fest" feiern wollten. Diese Aktion wurde von einer großen Solidarität der Jenaer getragen. Die Randstreifen-Demonstranten fanden viel Unterstützung, tage- und nächtelang wurden sie mit Nahrungsmitteln, mit Unterhaltung wie auch mit Musik unterstützt.

Sehr deutlich sehe ich auch noch die große Blockade vor mir. Da hatten sich Menschen aus allen Bevölkerungsschichten zusammengefunden, jung und alt, um gemeinsam dieses „Fest der Völker" wenn schon nicht zu ver-, so doch wenigstens zu behindern. Da waren Tausende auf den Jenaer Straßen.

Ein weiteres Beispiel ist der Protest gegen das „Fest der Völker" 2008, das die Neonazis nach Altenburg verlegt hatten, vermutlich weil ihnen in Jena die Freude am Feiern vergangen ist. Aber die Jenaer ließen die Altenburger nicht allein. Mit 14 Bussen waren Jenaer in Altenburg, um dort Unterstützung zu geben im Kampf gegen die Neonazis.

Welchen Einfluss hat ein Bürgermeister auf die kommunale Auseinandersetzung mit dem Rechtsextremismus?

Ich glaube nicht, dass man an dieser Stelle allzu zurückhaltend sein muss. In Jena haben wir das so geregelt, dass ich die Leitung der Versammlungsbehörde an meinen Kollegen Ordnungsdezernenten abgetreten habe. Insofern nehme ich mein Recht auf freie Meinungsäußerung wahr, rufe die Bürger zu Demonstrationen auf und nehme auch selbst an Demonstrationen teil wie etwa in Altenburg oder kürzlich auch in Dresden.

Was sind die ersten drei Dinge, die Sie tun würden, wenn in Ihrer Stadt eine rechtsextrem motivierte Gewalttat verübt wird?

Nun, zunächst würde ich mich über den Vorfall informieren, zweitens mit dem Runden Tisch beraten, drittens mit dem Opfer Kontakt aufnehmen. Schließlich würde ich viertens die Jenaer zu einer Demonstration oder anderen geeigneten Aktionen aufrufen. Keine Stadt kann und darf tatenlos zusehen, wenn rechtsextreme Gewalttaten auf ihrem Areal stattfinden und Menschen wegen ihrer Hautfarbe, ihres Glaubens oder ihrer Herkunft gedemütigt, drangsaliert oder gar gequält werden. Und gerade Jena ist eine offene Stadt, die die Internationalität pflegt. Man denke in diesem Zusammenhang auch an die Universität oder an die hochmodernen Forschungseinrichtungen, in denen viele Wissenschaftler aus dem Ausland arbeiten. Der Schaden für die Stadt wäre ungeheuerlich, wenn hier eine rechtsextreme Straftat verübt würde, ohne dass sich ganz Jena dagegen erhebt.

Immer wieder hört man, dass kommunale Führungspersonen einer offensiven Auseinandersetzung mit dem Rechtsextremismus skeptisch gegenüberstehen, weil sie einen Imageschaden für ihre Kommune befürchten. Wie ist man in Jena damit umgegangen?

In der Tat ist es sehr unterschiedlich, in welcher Weise sich Kommunalpolitiker gegen den Rechtsextremismus stark machen. Im Februar bei der großen Demonstration in Dresden zum Gedenken an die Opfer der Bombenangriffe von 1945 und gegen die Umdeutung dieses Gedenkens durch die Neonazis habe ich beispielsweise auch recht wenig Kommunalpolitiker gesehen, die in dem Demonstrationszug waren. Es gibt da in vielen Kommunen offenbar Berührungsängste, insbesondere zu den linken Kräften. Wenn es aber gegen den Rechtsextremismus geht, dürfen doch solche Gefühle keine Rolle spielen. Denn der Imageschaden für eine Stadt ist allemal größer, wenn die Rechtsextremen dort Fuß fassen, als wenn alle demokratischen Kräfte – unabhängig von ihren sonstigen Differenzen – gemeinsam etwas gegen Ausländerfeindlichkeit und Antisemitismus unternehmen. In Jena gelingt es uns wechselnd gut, dass auch die „bürgerliche Mitte" demonstrativ gegen Rechtsextremismus auf die Straße geht.

*Studien belegen, dass rechtsextreme Einstellungen weit über die organi-
sierte Szene hinaus in unserer Gesellschaft vorhanden sind. Gerade Fremdenfeindlichkeit ist weit verbreitet und gilt als „Einstiegsdroge" in den
Rechtsextremismus. Was kann kommunal zur Bekämpfung von Rassismus
und Antisemitismus getan werden?*

Da kann nicht früh genug angefangen werden. Ich rede von Bildung, begin-
nend in Kindertagesstätten bis hin zur Aufklärung in den Schulen. Es gibt in
Jena schon einige gute Beispiele, wo Schüler selbst mit Hilfe ihrer Lehrer aktiv
sind. Nennen möchte ich beispielsweise das Ernst-Abbe-Gymnasium, das im
vorigen Jahr den Titel „Schule ohne Rassismus" verliehen bekommen hat.

Wenn sich eine Kommune dafür stark macht, dass an ihren Schulen kein Platz
für Fremdenfeindlichkeit bleibt und die Schulen auch dabei unterstützt – damit
kann viel gegen die so genannte Einstiegsdroge getan werden.

*Viele Bürgerinnen und Bürger haben den Eindruck mangelnder Teilhabe-
möglichkeiten an den politischen Entscheidungen ihrer Kommune und
wenden sich enttäuscht von der Demokratie ab. Wie kann Teilhabe und
Partizipation in der Kommune gefördert werden, damit die Menschen von
demokratischen Prinzipien überzeugt sind?*

Bezogen auf das Thema Rechtsextremismus möchte ich bei dieser Frage auf den
Jenaer Runden Tisch verweisen, wo jeder interessierte Bürger mitarbeiten kann.
Aber das Thema ist umfassender. Teilhabemöglichkeiten haben die Jenaer Bürger
etwa auch beim Bürgerhaushalt, wo ihre Meinung gefragt ist, wenn es darum
geht, kommunales Geld auszugeben. Ich denke schon, dass dies Gremien sind,
in denen der Bürger nicht nur sehr ernst genommen wird, sondern in denen die
Teilhabe an politischen Entscheidungen für ihn konkret spürbar ist. Darüber hinaus unterstütze ich die Bewegung „Mehr Demokratie", die sich für eine Stärkung der plebiszitären Elemente auf Landes- und kommunaler Ebene einsetzt.

*Oft liest man, dass der Verwaltung eine Schlüsselrolle bei der kommunalen
Auseinandersetzung mit dem Rechtsextremismus zukomme, weil sie Projekte fördern oder behindern könne. Was tut die Stadt Jena, damit die Verwaltung fit wird für die Auseinandersetzung mit dem Rechtsextremismus?
Und wie beurteilen Sie die Zusammenarbeit von Verwaltung und zivilgesellschaftlichen Initiativen beim Thema Rechtsextremismus?*

Ich würde der Jenaer Verwaltung sehr Unrecht tun, wenn ich sagen würde, sie
müsse erst fit gemacht werden für die Auseinandersetzung mit dem Rechtsex-

tremismus. Ich verhehle aber auch nicht, dass es konfliktträchtige Bereiche beispielsweise im Umgang mit Migranten gibt, wie etwa das Bürgeramt oder der
Sozialbereich der Stadtverwaltung. Um dem zu begegnen, werden wir dieses
Jahr mit einem interkulturellen Training für unsere Mitarbeiter beginnen. Darüber hinaus stellt die Stadt erhebliche finanzielle Mittel für Integration und
gegen Rechtsextremismus bereit. Wir sind dabei, ein Integrationskonzept für
unsere Migrantinnen und Migranten umzusetzen. Sowohl für den Kinder- und
Jugendbereich wie auch für die Erwachsenen geben wir Geld für die politische
Bildung aus. Die Stadt fördert auch die Koordinierungsstelle des Runden Ti-
sches, die wiederum Aktivitäten gegen Rechtsextremismus initiiert und koordiniert.. Wie ich bereits erwähnte, gibt es inzwischen langjährige Erfahrungen
in der Zusammenarbeit von Verwaltung, Polizei und zivilgesellschaftlichen Initiativen. Sicher läuft nicht immer alles bis in Detail perfekt. Aber wie sagt man
so schön: Wir arbeiten dran.

*Auch Schulen werden immer wieder als wichtige Akteure genannt. Wel-
che Anforderungen haben Sie an Schulen in der Auseinandersetzung mit
Rechtsextremismus? Welche Rolle kommt Schulen im Gemeinwesen, jenseits des Unterrichts zu?*

Einen Teil der Antwort habe ich schon gegeben bei der Frage, was kommunal
gegen Fremdenfeindlichkeit getan werden kann. Natürlich kommt Schulen dabei eine besondere Verantwortung zu. Die Jenaer Schulen bekommen da Unterstützung vom Schüler-Lehrer-Netzwerk innerhalb des Aktionsnetzwerks gegen Rechtsetremismus. Dort arbeiten Netzwerkmitglieder direkt an den Schulen
mit den Schülern und Lehrern. Die Ergebnisse belegen, dass auch an den Schulen eine erfolgreiche Arbeit gegen Rechtsextremismus geleistet wird. Spontan
fällt mir ein, dass auch Schüler der Jenaplanschule sich an den Demonstrationen
letztes Jahr in Altenburg und in diesem Februar in Dresden beteiligt haben.

*Sie haben Erfahrungen mit rechtsextremen Demonstranten in Ihrer Stadt.
Was hat sich angesichts dieser Herausforderung bewährt? Und vielleicht
ein Wort zu Demonstrationsverboten?*

Wir versuchen, Aktionen und Demonstrationen der Rechtsextremen zu verbieten, haben aber natürlich auch die Erfahrung machen müssen, dass solche Verbote bei weitem nicht immer vor Gericht halten. Aber wenn es denn
zu rechtsextremen Aktionen in unserer Stadt kommt, dann hat es sich bewährt, dass die unterschiedlichen Aktionsbündnisse gemeinsam mit dem Runden Tisch sichtbare Gegenaktionen vorbereiten und durchführen, über die Parteigrenzen hinweg.

Auch wenn die Versammlungsbehörde neutral sein muss, heißt das nicht, dass die Mitarbeiter nicht Gesicht zeigen dürfen gegen den Rechtsextremismus, denn der ist eine Verhöhnung der menschlichen Grundrechte. Ich rate allen Kommunalpolitikern, deutlich Position zu beziehen gegen den Rechtsextremismus, gegen Ausländerfeindlichkeit und Antisemitismus. Das ist ein Thema, bei dem sich die Vertreter aller demokratischen Parteien einig sein sollten. Und ich kann meine Kollegen Kommunalpolitiker nur auffordern, in der ersten Reihe von Demonstrationen gegen den Rechtsextremismus zu gehen. Und wie ich in Dresden schon sagte, wünschenswert wäre es, wenn alle Bürgermeister und Oberbürgermeister in Mitteldeutschland – die Region ist überschaubar – gemeinsam mit ihren Bürgern überall dort auftreten, wo die Neonazis auftauchen.

Es soll den Neonazis keinen Spaß mehr machen, nach Jena und in unsere Region zu kommen. Sie sollten wissen, dass in Jena kein Platz für sie ist, dass die Jenaer sie hier nicht haben wollen. Aber ich wünsche mir natürlich nicht nur die Neonazis weg von Jena, ich wünsche sie auch keiner anderen Stadt und hoffe sehr, dass neuerliche Versuche, die NPD zu verbieten, endlich Erfolg haben. Gleichzeitig müssen wir dran bleiben, damit den Rechtsextremen der Nährboden für ihre Ideologie entzogen wird und bleibt, vor allem durch eine soziale Gestaltung der Gesellschaft und gute Bildung.

2

Der Umgang mit rechtsextremen Straf- und Gewalttaten

Löschen, bevor es brennt.
Zum Umgang mit rechtsextremen Gewalttaten in der Kommune

Frank Jansen

Rechtsextremistische Angriffe sind Alltag. Nicht permanent und überall, aber passieren kann es an jedem Ort. Faustschläge ins Gesicht eines Migranten, Tritte gegen einen Obdachlosen, ein Brandanschlag auf einen türkischen Imbiss, Hakenkreuze an einer Schule, einem Supermarkt, einer Bushaltestelle oder sogar einer Kirche – und das sind nur einige der unangenehmen Szenarien, denen sich Kommunen stellen müssen. Oft empfinden Bürgermeister, Dezernenten und Stadtverordnete die Straftat als plötzliche, unvorhersehbare Heimsuchung. Der auch noch, in besonders schockierenden Fällen, der Ansturm der Medien folgt. Mancher Kommunalpolitiker sieht sich dann selbst als Opfer, getroffen von einer doppelten Plage: Zum einen ist da die rechtsextrem motivierte Tat, zum anderen die folgende öffentliche Auseinandersetzung. Das bedeutet: Stress pur. Der auch noch länger anhalten kann – wenn der Prozess gegen den oder die Täter beginnt oder ein Jahrestag der Tat ansteht und Journalisten wieder vorbeikommen, um zu sehen, was sich in der Kommune getan hat. Oder eben nicht.

Richtig reagieren können Bürgermeister, Dezernenten und Verordnete eigentlich nicht. Aus einem einfachen Grund: Wer nur *re-agiert*, anstatt sich aufgrund der längst allgemein bekannten Bedrohungslagen zu überlegen, wie generell und präventiv *agiert* werden sollte, hat lediglich die Wahl, schlecht oder bestenfalls nicht ganz so schlecht auszusehen. Aber auch eine hilflos-ehrliche Reaktion auf rechtsextremistische Vorfälle ist immer noch besser als Verdrängen, Verschweigen, versuchtes Aussitzen. Da die schlechteste Reaktion leider aber immer noch in vielen Regionen diejenige ist, die am ehesten erwartet werden muss, sei hier ein abschreckendes Beispiel skizziert. Es stammt aus Sachsen-Anhalt, könnte allerdings auch aus anderen Bundesländern so oder so ähnlich berichtet werden.

Der Fall Zerbst

Ende Juli 2005, auf dem Heimatfest in der Kleinstadt Zerbst. Ein Rechtsextremist schlägt einem Punk, der ein T-Shirt mit der Aufschrift „Gegen Nazis" trägt, ein Bierglas ins Gesicht. Eine Scherbe dringt ins rechte Auge des 16-jährigen Opfers ein. Tatzeugen und Security-Leute halten den Rechtsextremisten fest und übergeben ihn der Polizei. Die Beamten nehmen ihn mit – zum örtlichen Krankenhaus, um dem Täter Blut abnehmen zu lassen. Danach bringen die Polizisten den Mann zum Bahnhof, damit er an diesem Abend den letzten Zug nicht verpasst. Der Schläger bedankt sich auf seine Art: Im Zug versetzt er einem Zeugen der Gewalttat auf dem Heimatfest einen Fausthieb ins Gesicht.

Im Magdeburger Universitätsklinikum gelingt es den Ärzten nicht, das rechte Auge des Punks zu retten. Der Jugendliche ist seit dem Heimatfest halbblind. Die Stadtverwaltung Zerbst, die das jährliche Heimatfest ausrichtet, zeigt jedoch am Schicksal des Jugendlichen und seiner deprimierten, verängstigten Familie kein Interesse. Hellwach ist das Rathaus allerdings, als eine Gruppe junger Linker mit einer Spontandemonstration versucht, auf die rechtsextreme Tat und ihre schrecklichen Folgen aufmerksam zu machen. Stadt und Polizei sehen einen Verstoß gegen das Versammlungsgesetz, die Veranstalter der Demonstration werden angezeigt.

Bei den Ermittlungen zu der schweren Körperverletzung auf dem Heimatfest hingegen bleibt die Polizei weitgehend passiv. Als der *Tagesspiegel* zwei Wochen nach dem Vorfall im Zerbster Revier nachfragt, versucht ein Polizeisprecher abzuwiegeln: Es sei doch nichts Schlimmes passiert, über die Schwere der Verletzung des Opfers wisse man nichts, und überhaupt: die Staatsanwaltschaft Dessau führe die Ermittlungen. Schönen Tag noch.

Die Staatsanwaltschaft in Dessau weiß hingegen von nichts. Aufgeschreckt alarmiert die Anklagebehörde die Polizeidirektion Dessau. Dort wird der Ernst der Lage rasch erkannt. Der Chef der Abteilung Staatsschutz bildet eine Ermittlungsgruppe, an der sich auch Beamte des bislang eher unwilligen Polizeireviers Zerbst beteiligen müssen. Innerhalb weniger Tage ist der Fall aufgeklärt, der Täter wird festgenommen.

Für das halbblinde Opfer und seine Angehörigen ändert sich jedoch wenig. Die Familie hat Angst vor der Rache der rechtsextremen Szene in Zerbst. Und es wächst die Enttäuschung über die Stadtverwaltung, die sich auch nach mehreren Wochen taub stellt. Kein Bürgermeister, kein Dezernent, kein Stadtverordneter erkundigt sich beim Opfer und der Familie, wie es ihnen gehe und ob man helfen könne. Auf sie wirkt die Gleichgültigkeit der Kommune wie eine Bestätigung für den rechtsextremen Schläger. Dieser kann nun glauben, er habe die heimliche Abneigung einer Stadt gegen einen Jugendlichen vollstreckt, der mit seiner schrillen Irokesen-Frisur und dem „Gegen Nazis"-Shirt offenbar gegen bürgerliche Kardinaltugenden verstößt: Ruhe, Ordnung, Sauberkeit.

Erst im November, nach Presseberichten über Zerbst und die Herzlosigkeit der Verwaltung, überwindet sich der Kulturdezernent und spricht mit dem Opfer und dessen Mutter. Aber es ist zu spät: Die Familie zieht weg, weil sie sich in Zerbst nicht mehr sicher fühlt – und nicht gewollt.

Wie sich der Mangel an Empathie in der Stadtverwaltung auf die Stimmung in der Stadt auswirkt, ist auch am Bahnhof zu besichtigen. Als der *Tagesspiegel* bei seinen Recherchen dort vorbeikommt, ist ein Flügel der großen Eingangstür mit Hakenkreuzen und Nazi-Sprüchen beschmiert. Der Bahnhof, die Visitenkarte einer jeder Kommune, ist in Zerbst braun eingefärbt. Offenbar schon länger. Die Betreiberin des Bistros im Bahnhof sagt, bereits mehrere Tage sei die Tür beschmiert. Warum hat sie nichts unternommen? Der Bahnhof sei Gelände der Deutschen Bahn, die sei zuständig. Und wieso hat sie nicht wenigstens die Polizei verständigt? Weil die Bahn auch dafür zuständig wäre. Das Polizeirevier selbst erfährt auch erst vom *Tagesspiegel*, wie das Bahnhofsportal aussieht. Die Bistrobetreiberin und zahllose Fahrgäste der Bahn, die in Zerbst ein- und ausgestiegen sind, fühlten sich durch die Nazi-Schmierereien offenkundig nicht weiter gestört. Und es tat sich nichts.

Der Fall Zerbst ist beschämend, auch grotesk – und leider, zumindest in wesentlichen Teilen, typisch. Was die Stadt hätte anders machen können, ist offensichtlich. Als die Gewalttat bekannt wurde, wäre es nach den Maßstäben einer gelebten Demokratie selbstverständlich gewesen, sich mit dem Opfer und seiner Familie in Verbindung zu setzen, zu trösten, öffentlich Mut zuzusprechen und Hilfe anzubieten. Eine aufmerksame Stadtverwaltung hätte sich zudem bei der örtlichen Polizei nach dem Stand der Ermittlungen erkundigt, hätte sich über den Tatverdächtigen und sein Umfeld informiert – und hätte sich Gedanken gemacht, ob die Gewalttat ein deutlicher Hinweis auf ein schon länger schwelendes Problem mit rechtsextremistischen Umtrieben in der Stadt und der sie umgebenden Region sein könnte. All das unterblieb. Als problematisch wurden die nervenden überregionalen Medien wahrgenommen und die jungen Linken, die es gewagt hatten, mitten in Zerbst ihrer Verzweiflung über rechtsextreme Gewalt und öffentliche Ignoranz in einer Spontandemonstration Luft zu machen.

Der Fall Zerbst zeigt auf makabere Weise nahezu exemplarisch: Sind Stadtverwaltung und Stadtparlament als zentrale gesellschaftliche Akteure nicht in der Lage oder nicht willens, sich dem Problem rechtsextremistischer Umtriebe zu stellen, fehlt offenbar ein besonders wichtiger Impuls zu einer Sensibilisierung der anderen Akteure in der Kommune – von der Polizei über weitere Behörden bis zur eher abwartenden oder desinteressierten Mehrheit der Bevölkerung.

Agieren statt reagieren: Einige Vorschläge zu einer Strategie umfassender Prävention

In jeder Kommune gibt es – ab einer bestimmten Größe – mit großer Wahrscheinlichkeit ein rechtsextremes Milieu. Es setzt sich zusammen aus kaum ideologisierten, aber aktionsorientierten und zur Gewalt neigenden Jugendlichen und jungen Erwachsenen, von denen einige sich zu Anführern aufschwingen, aus älteren Szeneangehörigen, oft mit Knast-Erfahrung und entsprechendem „Veteranen"-Bonus, und aus geschulten Funktionären der NPD oder einer anderen Organisation, die versuchen, jungbraunes Sturm-und-Drang-Gehabe für parteipolitische Ziele zu instrumentalisieren. Zu den ersten Aufgaben kommunaler Entscheidungsträger zählt also die Wahrnehmung der örtlichen Szene und ihrer Verflechtungen ins Umland. Information steht vor Aktion – auch bei der Vorbeugung rechtsextremer Gewalttaten: Das Potenzial der lokalen rechten Szene sollte einem Bürgermeister, einigen Dezernenten sowie Stadtverordneten aus allen im Kommunalparlament vertretenen Parteien bekannt sein.

Wahrnehmen statt wegschauen

Dieses „Kennen lernen" erfordert ein wenig Mut, doch der Blick in die Szenetreffs ist unverzichtbar. Nur wer wenigstens ab und zu mit eigenen Augen sieht, was sich am Abend in einem Jugendklub, einer Disko oder Kneipe, am Bahnhof oder einer Tankstelle abspielt, ist in der Lage, eine realitätsnahe Analyse als Vorstufe zu erfolgversprechender (Gewalt-)Prävention zu entwerfen. Keine

Angst: In der Regel werden rechte Jugendliche überrascht sein und eher fried-lich reagieren, wenn der Bürgermeister oder ein anderer, bekannter Kommu-nalpolitiker plötzlich bei ihnen auftaucht und sich freundlich-souverän kundig macht. Sorgen um die eigene Sicherheit kann man vermeiden, indem recht-zeitig mit der Polizei über mögliche Risiken gesprochen wird – und zur Not die nahe, aber nicht aufdringlich sichtbare Präsenz von Beamten vereinbart ist.

Austausch mit den Sicherheitsbehörden

Der enge Kontakt mit der lokalen Polizei ist für Kommunalpolitiker selbstver-ständlich. Allerdings ist längst nicht allen klar, dass man sich auch intensiv und regelmäßig über das heimische Rechtsextremisten-Milieu austauschen muss – zumal Cliquen, Anführer, Ideologen sowie Treffpunkte und auch Aktions-formen schnell wechseln können. Das Gespräch mit dem Revier hat außerdem Vorbildcharakter: Interessierte und engagierte Kommunalpolitiker wirken sensi-bilisierend. Ein wacher Bürgermeister weckt vermutlich auch einen Polizeichef und seine Beamte, sollten diese nicht schon von sich aus den Ernst der Lage begriffen und ihrerseits die Kommunalpolitik angestoßen haben.

Der Kontakt der Kommunalpolitik zum örtlichen Polizeirevier allein reicht je-doch nicht. Um begreifen zu können, in welchem Maße die Szene daheim mit Rechtsextremisten aus der größeren Region, aus dem Land, aus der Bun-desrepublik und dem Ausland kommuniziert, ist ein Gesprächskontakt zum übergeordneten Polizeipräsidium, zum Innenministerium und hier vor allem zum Verfassungsschutz notwendig. Am besten wäre eine fest vereinbarte In-formationsveranstaltung, beispielsweise einmal im Halbjahr. Außerdem sollte die Kommunalpolitik mit Innenministerium, höherer Polizeibehörde und Ver-fassungsschutz wechselseitige Ansprechpartner verabreden. Das gilt auch für die regionale Staatsanwaltschaft. Mit privaten Handynummern für den Notfall, auch nachts, an Wochenenden und Feiertagen. Und: Die Lektüre der Jahresbe-richte der jeweiligen Landesbehörde für Verfassungsschutz müsste für verant-wortungsbewusste Kommunalpolitiker ein Pflichtprogramm sein.

Löschen, bevor es brennt

Ein Tipp: Verfassungsschutzbehörden bieten Informationsveranstaltungen zum Thema Rechtsextremismus an. Diese könnte man in der Kommune beispielsweise für die Feuerwehr organisieren, an der NPD und DVU besonderes Interesse haben, weil die lokalen Feuerwehren oft einer der wichtigsten Stützpfeiler des kommunalen Zusammenhalts sind. Genau in solchen Institutionen wollen sich Rechtsextremisten einnisten. Um solcher Unterwanderung vorzubeugen, sollten Kommunalpolitiker die örtliche Feuerwehr und andere Verbände und Vereine für die Auseinandersetzung mit Rechtsextremismus sensibilisieren – und vorbeugend beim Verfassungsschutz nachfragen, welche „Graswurzel-Strategien" rechtsextremer Parteien und Organisationen gerade in der eigenen Region bekannt sind, wer die Akteure sind und mit welchen Tricks und Methoden sie wühlen.

Von Kernen und Bündnissen

Die verlässliche Kooperation mit Innenministerium, Polizei, Verfassungsschutz und Justiz ist der Kern der sicherheitspolitischen Überlegungen einer präventiven kommunalen Strategie gegen Rechtsextremismus. Man könnte auch salopp formulieren: Wer nicht von einem rechtsextremen Konzert und anderen Horrorszenarien überrascht werden will, sollte beizeiten die geeigneten Fachleute in den Sicherheitsbehörden kennen lernen. Der Austausch von Informationen kann allerdings nur Teil einer umfassenden Strategie sein. Dazu bedarf es in einem ersten Schritt eines Gremiums der Kommunalpolitik, das die Konturen und Ziele einer solchen Strategie definiert. Aus dem Spektrum der Bürgermeister, Dezernenten und Verordneten wäre, über Parteigrenzen hinweg, ein Kreis interessierter und entsprechend engagierter Politiker zu bilden, der das Nachdenken über den Umgang mit den Problemen des Rechtsextremismus in der eigenen Kommune vertieft. Und der sich reichlich Partner sucht.

Das große „Anquatschen"

An dieser Stelle sollte man kurz innehalten. Zum einen muss erwähnt werden, dass die oben skizzierten Schritte einer präventiven Strategie gegen Rechtsextremismus keineswegs die einzigen und auch nicht unbedingt die ersten sein müssen. Und es ist keineswegs zwingend, dass sich aus der Kommunalpolitik heraus weiteres Engagement in der Öffentlichkeit auffächert. Es kann auch durchaus sein, dass zivilgesellschaftliche Initiativen ohne Anbindung an Rathaus und Stadtparlament eine Bewegung gegen Rechts initiieren, die dann die Kommunalpolitik mitnimmt. Andererseits sind Verwaltung und Verordnete die zentralen Akteure im politischen Leben einer Kommune – und sie werden nach einem größeren rechtsextremistischen Vorfall mit Sicherheit von den Medien mit Fragen bestürmt. Deshalb erscheint es sinnvoll, ausgehend vom Ansatz eines kommunalpolitischen Kerns des präventiven Engagements gegen Rechtsextremismus, die Stationen des Andockens in der Zivilgesellschaft zu beschreiben.

Eine Liste der potenziellen Partner, die angesprochen werden sollten (die Reihenfolge entspricht nicht einer Hierarchie), sähe etwa so aus:

- *Sicherheitsbehörden (oben schon beschrieben);*

- *Initiativen gegen Rechts, darunter Beratungsstellen für Opfer rechter Gewalt;*

- *Mobile Beratungsteams (gibt es mittlerweile in jedem Bundesland);*

- *Medien (lokale, regionale, eventuell überregionale);*

- *Industrie- und Handelskammer, Unternehmerverbände;*

- *Gewerkschaften;*

- *Kirchen, jüdische Gemeinde, islamische Gemeinde(n), und eventuell weitere Religionsgemeinschaften (natürlich keine Sekten);*

- *Vereinigungen von Migranten oder Deutschen mit Migrationshintergrund;*

- *Schulen (hier könnte zudem die Frage interessieren, ob es einen oder mehrere Schulsozialarbeiter gibt);*

- *eventuell auch Volkshochschulen, Kindergärten;*

- *andere Kommunen, vor allem aus der Region;*

- *Vereine, von Sportklubs – der örtliche Fußballverein! – über Chöre bis hin zu Freizeitvereinen wie zum Beispiel auch Karnevalisten. Einen Verein per se nicht als zivilgesellschaftlichen Akteur einzubinden, weil die Vereinsaktivitäten nicht jedermanns Sache sind, wäre engstirnig und arrogant;*

- *Prominente, heißen sie nun Henry Maske oder Gerald Asamoah oder Veronica Ferres oder Götz George oder …*

Die Liste ist natürlich nicht vollständig, sondern nur eine Anregung für eine Netzwerkkultur, die munter kommuniziert und sich gegenseitig animiert, Rechtsextremismus als permanenten Skandal zu ächten – und sich an entsprechenden Aktivitäten zu beteiligen, und sei es nur mit verbaler Unterstützung.

„Angstpartner" Medien?

Selbst ein besonders selbstsicherer Kommunalpolitiker wird nicht unbedingt darauf dringen, von sich aus mit den Medien über die lokalen rechtsextremen Umtriebe und über die „Angsträume" am Ort zu sprechen. Aber er sollte, wenn nicht eine Zeitung oder ein Sender ihn schon mit dem Thema behelligt hat, genau das tun: Den Schritt auf Presse, Rundfunk und Fernsehen zu, selbst wenn (noch) nichts Dramatisches passiert ist. Damit ist nicht unbedingt eine großartige Pressekonferenz gemeint, deren Ergebnisse hinterher in einem Teil der Medien nur verknappt und überspitzt (mit anderen Worten: nicht unbedingt realitätsnah) wiedergegeben werden. Empfehlenswert ist vielmehr die Suche nach möglichen Experten in den Redaktionen, also Autorinnen und Autoren, die sich mit Rechtsextremismus auseinandergesetzt haben oder dafür zumindest ansprechbar erscheinen. Diese Journalisten könnten dann zu einem Hintergrundgespräch eingeladen werden, mit vorher vereinbarten Bedingungen, zum Beispiel dem Verzicht auf eine Veröffentlichung des Gesprächsinhalts. Weil das Ziel wichtiger sein dürfte: Vertrauen schaffen durch einen offenen Austausch von Wahrnehmungen und Analysen sowie Kritik an der Politik wie auch an der Berichterstattung.

Auf solche Hintergrundgespräche sollte sich der Kommunalpolitiker oder die Kommunalpolitikerin gut vorbereiten. Das betrifft nicht nur das Thema Rechtsextremismus, sondern auch die Organisation des Gesprächs an sich. Denn es geht darum, Vertrauen aufzubauen oder zumindest zu vertiefen. Dafür ist nicht jeder Journalist geeignet – genauso wenig wie jeder Kommunalpolitiker. Wer einbezogen wird und wer nicht, ist eine heikle Frage. Mögliche Kriterien aus Sicht der Kommunalpolitik könnten sein: Eingeladen werden Journalisten, die als kompetent und zugleich als vertrauenswürdig gelten. Die sich erfahrungsgemäß an die Zusage halten, eine brisante Information noch nicht zu veröffentlichen, weil beispielsweise ein Ermittlungsverfahren läuft oder sensible Prozesse im Gange sind, die durch eine Schlagzeile gestört oder sogar zerstört werden können.

Die Kommunalpolitiker sollten in so einer Runde vor allem eine Regel beherzigen: Offenheit schafft Vertrauen. Ein Journalist, der nach einem Hintergrundgespräch herausfindet, halbwahr oder gar falsch informiert worden zu sein,

wird sich die passende Antwort überlegen. Dieser Kommunalpolitiker kann zudem nicht mehr erwarten, in seinem Engagement gegen den Rechtsextremismus so ernst genommen zu werden, wie er möchte.

Ein offenes Klima

Offenheit zu leben und über die Medien herzustellen ist eine der wirksamsten Waffen im Kampf gegen den Rechtsextremismus – und im Engagement für eine Festigung der Demokratie. Einem Kommunalpolitiker, der vor einem braunen Angriff bekennt, es gebe am Ort eine braune Szene und entsprechende „Angsträume", wird eher geglaubt, dass er sich um die Lösung der Probleme bemüht, als einem Kollegen, der sich erst nach der Gewalttat mehr oder weniger verdruckst über die Realität auslässt. Zur Offenheit gehört auch, ohne einen schrecklichen Anlass die potenziellen Opfer rechter Gewalt als gleichrangige Mitglieder der Gesellschaft zu achten. Damit unterstreicht man explizit die Selbstverständlichkeit eines menschlichen Umgangs, der das Schüren rassistischer oder anderweitig menschenverachtender Stimmungen ausschließt und auch bei anderen nicht duldet. Humanes Verhalten bedeutet auch, potenzielle Opfer rechter Gewalt als schutzwürdig zu benennen, ohne diese Bevölkerungsgruppen auf die Opferrolle zu reduzieren.

Unsinnigen Streit vermeiden

Bei der Bekämpfung rechtsextremer Umtriebe und des alltäglichen Rassismus werden sich die demokratischen Parteien so gut wie nie in allen Details einig sein. Müssen sie auch nicht. Aber es sollte der medialen Öffentlichkeit und nicht zuletzt der rechtsextremen Szene im Ort demonstriert werden, dass die demokratischen Politiker sich in Grundfragen des respektvollen Miteinanders keinesfalls auseinander dividieren lassen. Das heißt: Rechtsextreme Gewalt, aber auch scheinbar harmlose Äußerungen mit alltagsrassistischem Gehalt stoßen automatisch auf entschiedenen Konsens des demokratischen Widerstands. Standards für den zivilen Umgang der Bürger untereinander sollten vorgelebt werden – und zwar nicht nur zwischen Herkunftsdeutschen und Menschen mit Migrationshintergrund, sondern für alle moralisch verpflichtend. Und ein solcher Umgang muss seitens der Kommunalpolitik energisch eingefordert werden, sobald in Teilen der Bevölkerung eine Tendenz zu Ignoranz und Ressentiments zu erkennen ist. Auch präventiv sind die Handlungsmöglichkeiten für

Bürgermeister und andere Kommunalpolitiker groß: Ein Bürgermeister oder eine Bürgermeisterin (gilt auch für andere Kommunalpolitiker), der oder die selbstverständlich bei jeder Religionsgemeinschaft vorbeischaut, der oder die Schwule und Lesben mit demselben Respekt behandelt wie heterosexuelle Mitbürger, der oder die mit jungen Linken diskutiert, selbst wenn deren Outfit und Ansichten nicht unbedingt der bürgerlichen Kleiderordnung entsprechen – ein solcher Bürgermeister kann allein schon durch seinen politischen Stil dazu beitragen, ein Klima der gegenseitigen Achtung zu etablieren oder zu festigen. Vermittelt wird ein solches Vorleben von Toleranz durch mediale Äußerungen oder die Begleitung entsprechender Aktionen durch die lokalen Medien.

Schädlich, sogar ausgesprochen dumm wäre hingegen der Versuch, die Diskussion über sinnvollen Widerstand gegen Rechtsextremismus und weiteren Rassismus als Profilierungskeule gegen eine andere demokratische Partei zu missbrauchen. Ein Beispiel: Die unter anderem in der sächsischen CDU zu hörende Ansicht, NPD und Linkspartei seien sich so ähnlich, dass zu beiden eine Art Äquidistanz zu halten sei, erscheint kurzsichtig und unhistorisch. Die Einheit der Demokraten in der Abwehr des Rechtsextremismus wird ohne jede Not infrage gestellt. Gewinner sind NPD und Neonazis.

Einheit in der Abwehr einer menschenverachtenden Ideologie schließt natürlich keineswegs Debatten über die politischen Unterschiede aus, auch im Hinblick auf die Strategien gegen Rechtsextremismus. Aber wer andere Demokraten mit dem braunen Gegner gleichsetzt, diffamiert einen unverzichtbaren Bündnispartner und stößt Teile der Bevölkerung vor den Kopf. Medial und dann eher polemisch ausgefochtene Kämpfe um die Deutung von Rechtsextremismus oder den Sinngehalt von Gegenmaßnahmen verprellen erfahrungsgemäß die Bürger. Es wird aber jeder Demokrat gebraucht, um die Demokratie zu festigen und die Graswurzelstrategie der rechtsextremen Antidemokraten nicht zur Entfaltung kommen zu lassen.

Bündnisse mit der Antifa?

Bleibt die Frage, die vor allem Konservative beharrlich stellen: Wie sollen wir den Konsens der Demokraten im Kampf gegen den Rechtsextremismus glaubhaft verkörpern, wenn nicht mit der gleichen Schärfe linksextremistische Positionen und Gruppierungen abgelehnt werden? Die Antwort ist vielleicht gar nicht so schwer: Die demokratischen Politiker sollten das Gespräch mit den meist jungen Antifaschisten suchen, sich über die Möglichkeiten gemeinsamen Engagements gegen Rechts austauschen – und dabei verdeutlichen, dass demokratische Aktionen prinzipiell gewaltfrei ablaufen und dass glaubwürdiger Widerstand gegen Rechtsextremismus per se nicht antidemokratisch und „systemfeindlich" sein kann. Wenn sich Antifa-Aktivisten darauf einlassen, sollten sie in einem Bündnis gegen Rechts willkommen sein.

Zerbster Lektionen

Die Stadt in Sachsen-Anhalt scheint ihren Tiefpunkt überwunden zu haben. Im Juni 2008 machte ein kommunales „Netzwerk gegen Rechts" auf sich aufmerksam. Mit einem Fest für Demokratie und Toleranz, das Motto lautete: „Zerbst bekennt Farbe", setzte die Stadt ein Zeichen gegen einen Aufmarsch von Rechtsextremisten, die offenkundig den in Zerbst lebenden Innenminister des Landes, Holger Hövelmann (SPD), einschüchtern wollten. Zu der Veranstaltung der Demokraten kamen mehrere hundert Menschen, die braune Demonstration war mit etwa 150 Teilnehmern deutlich schwächer. Hinter dem Netzwerk stehen die demokratischen Fraktionen des Stadtrats. Der DGB und die evangelischen Gemeinden in Zerbst wollen mitwirken, das Bündnis wird größer und verstärkt offenbar seine Basis in der Bevölkerung.

Andererseits hat der geistige Fortschritt offenbar noch nicht alle Institutionen in Zerbst erreicht. Dem *Tagesspiegel* gelangte im November 2008 der Inhalt eines vertraulichen Schreibens zur Kenntnis, das der Präsident der Polizeidirektion Sachsen-Anhalt Ost (mit Sitz in Dessau), Karl-Heinz Willberg, im September verfasst hatte. Willberg schilderte ausführlich den Angriff auf den Punk aus dem Jahr 2005 in Zerbst und das Versagen der Polizei. Dann stellte der Polizeipräsident in fast schon resignierendem Tonfall fest, das örtliche Polizeirevier habe in der Vorbereitung auf mögliche Gewalttaten beim Zerbster Heimatfest 2008 kaum Lehren aus dem alten Debakel gezogen und weitgehend versagt. Das Revier habe einen „Durchführungsplan" vorgelegt, der laut Willberg „mehr als mangelhaft" war und zur Überarbeitung zurückgegeben werden musste. Die Impulse des Netzwerks gegen Rechts, der Aufbruch zu mehr Engagement und Verantwortungsbewusstsein hatten offenbar die örtliche Polizei noch nicht erreicht.

Ausblick

Selbst beim stärksten Engagement gegen Rechtsextremismus und für die Demokratie sind Katastrophen nicht zu verhindern. Schon morgen kann in Zerbst wieder ein Mensch Opfer brauner Gewalt werden, wie in jeder anderen deutschen Kommune auch. Die Bundesrepublik wird auf unabsehbare Zeit mit der rechtsextremen Landplage leben müssen. Aber es ist kein Naturgesetz, dass sie nicht eingedämmt werden kann. Eine Kommune, die ihr Problem erkennt, analysiert und dann engagiert handelt, kann zumindest das Einschüchterungspotenzial der rechten Szene deutlich reduzieren – und damit den besonders gefährdeten Bevölkerungsgruppen, von Migranten über junge Linke bis hin zu jedem bekennenden Demokraten, ein Gefühl verlässlicher Solidarität vermitteln. Jeder Migrant, jeder Punk, jeder Obdachlose, der sich in seiner Kommune geachtet und beschützt fühlt, bedeutet eine Niederlage für die rechtsextreme Szene. Ein vertrauensvolles Verhältnis zwischen Kommunalpolitik und lokalen Medien bezogen auf die Auseinandersetzung mit dem Rechtsextremismus kann dafür eine Schlüsselrolle spielen. Mag sein, dass diese Vorstellung allzu optimistisch, ja, utopisch klingt. Aber die vielen Bürgerbündnisse gegen Rechts und für die Demokratie, die sich in den vergangenen Jahren bundesweit gebildet haben, nähren Hoffnung.

Rechtsextreme Gewalt muss nicht Alltag bleiben. Die Kommunen selbst haben es in der Hand, mit einer Kultur des demokratischen Miteinanders den braunen Ungeist zu dämpfen. Gelingen kann es allerdings nur, wenn sich die Demokraten über die Dimension dieser Aufgabe im Klaren sind: Das Engagement der Vielen muss auf Jahre hinaus abrufbar sein. So verdienstvoll ein Bürgerfest sein mag – das allein wird garantiert nicht reichen.

Den Betroffenen mit Respekt begegnen. Hilfe für Opfer rechter Gewalt

Heike Kleffner

Konservativen Schätzungen zufolge sind seit 1990 mehr als 15.000 politisch rechts, rassistisch und antisemitisch motivierte Gewalttaten in Ost- und Westdeutschland verübt worden. Angegriffen wurden und werden vor allem diejenigen, denen im Weltbild von extremen Rechten und so genannten rassistischen Gelegenheitsschlägern das Recht auf körperliche Unversehrtheit und ein menschenwürdiges Leben abgesprochen wird: Obdach- und Wohnsitzlose, nichtrechte Jugendliche und junge Erwachsene, Punks, Migranten/innen und Flüchtlinge, schwarze Deutsche, psychisch oder physisch Beeinträchtigte, Schwule und Lesben sowie alternative und linke Jugendliche und Erwachsene, die sich offensiv gegen Rechtsextremismus engagieren oder als engagierte Helfer/innen in konkreten Situationen intervenieren. Die Zahl derer, die seit 1990 bei extrem rechten Angriffen und Brandanschlägen verletzt wurden, geht in die Tausende. Hinzu kommen mindestens 140 Todesopfer rechter, rassistischer und antisemitischer Gewalttaten, wie zivilgesellschaftliche Institutionen ermittelt haben. Teilweise erlitten die Betroffenen erhebliche Verletzungen und bleibende physische Schäden. Für manche sind die Erinnerungen an erlittene Demütigungen, Angst bis hin zu Todesangst und Ausgeliefertsein dauerhafte Begleiter.

Ein Ende der politisch rechts und rassistisch motivierten Gewalt ist nicht in Sicht: Allein im Jahr 2008 registrierte das Bundesinnenministerium erneut einen Anstieg politisch rechts motivierter Gewalttaten um mehr als fünf Prozent im Vergleich zum Vorjahr auf 1.113 Fälle bundesweit. Zudem verweisen auch die Zahlen der Sicherheitsbehörden auf die tödliche Dimension rechter Gewalt: Das Bundesinnenministerium geht davon aus, dass der Mord an dem 55-jährigen Hans-Jochen K. am 22. Juli 2008 im brandenburgischen Templin sowie der gewaltsame Tod des 21-jährigen angehenden Kunststudenten Rick L. am

16. August 2008 in Magdeburg einen rechten Hintergrund im Sinne der bundesweit einheitlich geltenden Kriterien der „politisch motivierten Kriminalität rechts" aufweisen. Im Fall des arbeitslosen Meliorationstechnikers Hans-Jochen K. geht die Staatsanwaltschaft davon aus, dass die beiden angeklagten Neonazis ihr Opfer zu Tode quälten, weil sie ihn für seine sozial randständige Lebensweise verachteten. Im Fall von Rick L. hatte der einschlägig vorbestrafte neonazistische Angeklagte erklärt, er habe sich provoziert gefühlt, weil der nicht-rechte 21-Jährige ihn als „Hobby-Nazi" bezeichnet habe.

Die Zahlen der Sicherheitsbehörden können ohnehin nur einen Ausschnitt der Realität abbilden: So gehen die Opferberatungsprojekte im gleichen Zeitraum von insgesamt vier politisch rechts und rassistisch motivierte Tötungsdelikten in Sachsen-Anhalt (2), Brandenburg (1) und Berlin (1) aus. Und auch die Zahl der den Opferberatungsprojekten bekannt gewordenen rechten und rassistischen Gewalttaten liegt allein in Berlin, Brandenburg, Mecklenburg-Vorpommern, Sachsen und Sachsen-Anhalt bei über 800 Fällen in 2008.

Unabhängig von der anhaltenden Auseinandersetzung um die Erfassung rechter Gewalttaten durch staatliche Stellen und Nichtregierungsorganisationen bedeuten die Zahlen der Sicherheitsbehörden und der Opferberatungsprojekte, dass sich jeden Tag in Deutschland mindestens drei rechte Gewalttaten ereignen – sowohl in den alten als auch in den neuen Bundesländern; in kleinen ländlichen Gemeinden, in Kleinstädten und mittelgroßen Kommunen ebenso wie in Großstädten und urbanen Ballungsgebieten. Kein Wunder also, dass Kommunalpolitiker/innen immer wieder von neuem mit der Frage konfrontiert sind: Wie reagiere ich und wie reagiert meine Kommune, wenn eine rechte Gewalttat bekannt wird? Was ist angemessen? Was ist kontraproduktiv? Was tun, wenn sich Meldungen häufen wie die folgenden Beispiele: „Einem Kenianer wurde am Morgen am Bahnhof von zwei Männern Reizgas ins Gesicht gesprüht. Anschließend schlugen die Täter mit einem Knüppel auf den Mann ein und beleidigten ihn mit den Worten: ‚Nigger, was machst du hier, geh zurück nach Hause!'"[1] Oder: „Gegen 23 Uhr wird ein alternativer Jugendlicher von einem Unbekannten im Stadtzentrum zunächst von hinten geschubst und mit den Worten ‚Du bist doch auch so ‚ne Zecke' angepöbelt. Dann zieht der Angreifer den 18-Jährigen in eine Seitenstraße und bringt ihn zu Fall. Auf dem Boden liegend wird der Betroffene mehrmals in den Bauch getreten."[2]

---

1   So geschehen am 15. März 2009 in Rathenow. Quelle: Opferperspektive Brandenburg e.V., www.opferperspektive.de.

2   Der Angriff ereignete sich am 1. März 2009 in Halle / Saale. Quelle: Mobile Opferberatung in Sachsen-Anhalt; www.mobile-opferberatung.de.

Hinsehen, Nachfragen und Handeln

Unabhängig davon, ob es sich bei den ersten Informationen über eine rechte oder rassistische Gewalttat um eine Polizeimeldung handelt, die lediglich einen vagen Hinweis auf eine rechte Tatmotivation gibt, oder einen Bericht in der Lokalzeitung oder die Erzählung eines Bekannten oder ihrer Kinder im Teenageralter: Vor Beginn jeglicher Aktivitäten ist sicherlich erst einmal die Bereitschaft zentral, rechte und / oder rassistische Gewalt in der eigenen Kommune wahrzunehmen, sie nicht zu ignorieren, zu verschweigen oder zu verharmlosen. In einem zweiten Schritt ist es notwendig, sich einen Überblick über das Ausmaß rechter Angriffe zu verschaffen. Damit verbunden ist eine Reihe von Fragen, zum Beispiel:

- *Wer sind die sichtbarsten Betroffenengruppen? Imbissbesitzer mit Migrationshintergrund? Schüler/innen nichtdeutscher Herkunft? Junge Punks und Hip-Hopper?*

- *Welche Folgen haben die Angriffe? Für die Opfer und deren soziales Umfeld? Für das Klima im Gemeinwesen? Für die öffentliche Wahrnehmung?*

- *Wer sind die Täter? Handelt es sich um Neonazis, die in der NPD oder bei militanten Kameradschaften organisiert sind? Oder in deren Umfeld? Gibt es vor Ort extrem rechte Cliquen und Freundeskreise mit Überschneidungen zur organisierten Szene? Oder sind es so genannte rassistische Gelegenheitstäter? Unbekannte?*

- *Und wie gehen die Täter/innen vor? Agieren sie offen und selbstbewusst? Ereignen sich die Angriffe vor allem in bestimmten Stadtteilen oder an bestimmten Orten wie beispielsweise Bahnhöfen? Im Bereich des öffentlichen Nahverkehrs? In der Nähe eines rechten Szenegeschäfts oder eines Jugendzentrums?*

Um Antworten auf diese Fragen zu erhalten, reicht es nicht aus, sich lediglich an die Polizei zu wenden. Denn um rechter Gewalt effektiv entgegenzuwirken, sind die Perspektive, die Erfahrungen und Wünsche der direkt und indirekt Betroffenen von entscheidender Bedeutung. Das heißt konkret: Um umfassende Antworten zu erhalten, aus denen sich Handlungsmöglichkeiten ergeben, ist in den meisten Fällen der direkte Kontakt mit den Betroffenen bzw. deren Angehörigen und / oder Freundeskreisen notwendig, oder aber ein Kontakt zu denjenigen Initiativen und Projekten, wie beispielsweise den Beratungsstellen für Opfer rechter, rassistischer und antisemitischer Gewalt in den neuen Bundesländern, die die Betroffenen unterstützen. Mit dieser Kontaktaufnahme wird einerseits den Betroffenen signalisiert, dass sie von Kommunalpolitiker/innen und / oder politischen Verantwortungsträger/innen nicht alleine gelassen werden und dass die gesellschaftliche und politische Dimension rechter Gewalt erkannt wird. Und gleichzeitig setzt jegliche öffentliche Solidarisierung mit Betroffenen rechter und / oder rassistischer Gewalt auch (potenziellen) Tätern Grenzen und macht deutlich, dass sie sich nicht als Vollstrecker einer (schweigend zustimmenden) Mehrheit fühlen können, wenn sie mit Gewalt gegen gesellschaftliche Minderheiten vorgehen.

Dabei ist es wichtig, sich vor Augen zu führen, dass die Bewältigung einer rechten, rassistischen oder antisemitischen Gewalttat von einer Reihe von Faktoren abhängig ist: von der Tatschwere ebenso wie von den eigenen Handlungsmöglichkeiten des / der Betroffenen während des Angriffs, von dem Verhalten von Zeugen/innen sowie von dem Umgang der Rettungsdienste und Polizeibeamten mit den Betroffenen unmittelbar am Tatort, aber auch in der Folgezeit. Wenn beispielsweise Zeug/innen intervenieren, indem sie etwa die Täter anschreien oder per Notruf Hilfe holen, fällt es Betroffenen auch schwerster rechter Gewalttaten oft leichter, das Geschehene langfristig zu verarbeiten, als denjenigen, denen niemand zur Hilfe kommt und die sich dadurch doppelt gedemütigt und alleingelassen fühlen. Ebenso kann ein unangemessener Umgang mit den Betroffenen durch Polizei oder Rettungskräfte erhebliche psychische Auswirkungen von bisweilen langer Dauer haben: Angefangen vom kompletten Vertrauensverlust in Institutionen, die in vielen Fällen von den Betroffenen selbst per Notruf um Hilfe gerufen werden, bis hin zu der Wahrnehmung, dass sich Vertreter/innen des Staats auf die Seite der Täter stellen. Dieser Eindruck entsteht etwa dann, wenn Polizeibeamte zuerst den Ausweis eines sichtbar verletzten Betroffenen sehen wollen und seine Hosentaschen durchsuchen, weil er schwarz ist, und derweil die vor Ort noch anwesenden Täter unkontrolliert entkommen können.

Schuldzuweisungen durch Dritte mit Sprüchen wie „selbst schuld, wenn du mit deiner Punkfrisur, oder als Frau mit Kopftuch, oder als Flüchtling aus Togo nach Mitternacht noch an der Bushaltestelle in Viertel XY stehst", mit denen eine Mitverantwortung des Betroffenen für den Angriff suggeriert wird, können eine Bewältigung der erlebten Gewalt und Demütigung ebenso erschweren wie eine unzureichende juristische Aufarbeitung der Tat.

Im Mittelpunkt: Die Perspektive der Betroffenen

Eine zentrale Rolle bei der Überwindung von Angriffsfolgen spielen auch die persönlichen Ressourcen der Betroffenen: Werden sie von ihren Angehörigen und / oder Freund/innen unterstützt? Haben sie genügend materielle Ressourcen, um beispielsweise nach Angriff von Rechten auf die eigene Wohnung umziehen zu können? Oder leben sie in einem abgelegenen Flüchtlingsheim und die nächste Stadt ist nur per Bus erreichbar, in dem sie unweigerlich der Tätergruppe wieder begegnen? Gibt es Hilfestellungen von Seiten der Lehrer und / oder des Rektors, wenn die Angreifer rechte Mitschüler/innen waren?

Als kommunale Verantwortungsträger/innen, aber auch als „einfache" Bürger/innen kann man die Bewältigung der Folgen eines rechten Angriffs in vielen Fällen schon durch eine Solidarisierung mit den Betroffenen und die Anerkennung der rechten, rassistischen oder antisemitischen Tatmotivation erheblich erleichtern. Dabei kann eine Solidarisierung ganz unterschiedliche Ausdrucksformen annehmen. Zentral sind der Respekt vor und die Sensibilität für die Einzelperson(en) und ihre jeweilige Situation. Ausgangspunkte hierfür sind die Erfahrungen und Wünsche des oder der Betroffenen. Aus der Traumaforschung ist inzwischen hinreichend bekannt, welche Bedeutung Hilfen und entsprechende Angebote bei der Bewältigung von massiven Gewalterfahrungen und auch auf den Grad der Traumatisierung haben. „Historische Erfahrungen haben gezeigt, dass die Bedingungen der ‚Nach-Trauma-Zeit' wesentliche Auswirkungen auf die Ausbildung von Symptomen haben, die gleich oder viele Jahre später auftreten können"[3], resümiert beispielsweise medico international die Forschung des Arztes und Psychoanalytikers Hans Keilson.

Genauso unterschiedlich, wie die Umstände der jeweiligen Angriffe und die davon Betroffenen sind, so verschieden – und gegensätzlich – können dabei auch die Wünsche der Betroffenen ausfallen. Die nachfolgende Zusammenstellung ist daher nur ein Ausschnitt häufig geäußerter Wünsche von Betroffenen: Sie wollen nie wieder einen Angriff erleben und wünschen sich, dass materielle Schäden schnell und unbürokratisch behoben werden. Manche Betroffene wollen zunächst einmal nichts weiter mit dem Fall zu tun haben, andere hingegen wollen so schnell wie möglich über den Verlauf des Ermittlungs- und Strafverfahrens informiert werden. Fast alle Betroffenen wollen, dass den Täter/innen gezeigt wird, dass ihre menschenverachtenden Taten nicht folgenlos bleiben sowie

---

3   Psychosoziale Arbeit in Gewaltkontexten: konzeptionelle Überlegungen. In: medico international (Hg.): medico report 26. Frankfurt/M. 2005, S. 192 f.

eine Anerkennung, dass der Hintergrund für den Angriff die rechte, rassistische oder antisemitische Motivation der Täter/innen war. Viele Betroffene wünschen sich eine konkrete Solidarisierung von politisch Verantwortlichen und klare Positionierungen gegen Rechtsextremismus und Rassismus. Viele Betroffene wollen die Öffentlichkeit über ihren Fall und die rechten Hintergründe informieren. Andere hingegen wünschen sich, dass nicht ständig darüber gesprochen wird. Viele Betroffene erhoffen sich ein Eingeständnis, eine Erklärung und eine ehrliche Entschuldigung der Täter und wollen, dass die Täter/innen von Justiz und Gesellschaft zur Verantwortung gezogen werden und damit einhergehend eine Garantie, dass die Täter/innen die Angriffe nicht wiederholen.

So individuell unterschiedlich die Wünsche sein mögen: Für diejenigen, die die Betroffenen rechter und rassistischer Gewalt unterstützen wollen, sollte der Respekt vor diesen Wünschen der Ausgangspunkt des eigenen Handelns sein. Alle weiteren möglichen Schritte ergeben sich aus den Prinzipien und Kriterien, die die Weltgesundheitsorganisation (WHO) im Jahr 2005 für eine sinnvolle psychologische und soziale Arbeit nach Katastrophen in Ländern des Südens festgehalten hat und die entsprechend auch für eine angemessene soziale Arbeit und Unterstützung von Betroffenen rechter und rassistischer Gewalttaten hierzulande gelten. Die Weltgesundheitsorganisation hält „Prinzipien der ‚psychologischen ersten Hilfe', die nicht-bedrängende emotionale Unterstützung umfasst, die Versorgung der Grundbedürfnisse, Schutz vor weiterer Verletzung und die Organisation von sozialer Unterstützung und von Netzwerken" für sinnvoll.[4]

Öffentliche Solidarität setzt den Tätern Grenzen

Welche Handlungsmöglichkeiten hat nun eine Kommune, wenn mehrere Brandanschläge auf einen oder mehrere Imbisse, die von zugewanderten Menschen betrieben werden, mit hohen Sachschäden verübt und in einigen Fällen auch rassistische Parolen in der Nachbarschaft gesprüht wurden? Dies geschah beispielsweise in Rheinsberg, einer brandenburgischen Stadt mit knapp 9.000 Einwohner/innen, die überwiegend vom Tourismus leben. Nachdem innerhalb von zwei Jahren vier Brandanschläge auf den Imbisswagen von Mehmet C. verübt worden waren und der Wagen beim letzten Brandanschlag in der Nacht zum 30. März 2005 vollständig ausgebrannt war, reichte die Versicherung des

---

4   Van Ommeren u. a.: Mental Health and social health during and after acute emergency: emerging consensus? Bulletin of the WHO. Januar 2005, S. 83.

Betroffenen nicht, um den gesamten Schaden von knapp 20.000 Euro ab-
zudecken. Der Brandanschlag hatte seine Existenz komplett ruiniert. C. war
entschlossen, Rheinsberg zu verlassen, weil er mit einem neuen Imbisswagen
nicht erneut eine leichte Zielscheibe für rassistische Brandstifter bieten wollte.
In dieser Situation bat der Bürgermeister der Stadt Rheinsberg Mehmet C. in
einem offenen Brief darum, die Stadt nicht zu verlassen – und so der Gewalt
der Rechten zu weichen. Um Mehmet C.s Existenz zu sichern, bot ihm der Bürgermeister konkrete Unterstützung an, darunter feste Räumlichkeiten für einen
Imbiss. Parallel dazu riefen die Stadt und Bürger/innen aus Rheinsberg, die In-
tegrationsbeauftragte des Landes Brandenburg und der Verein Opferperspektive zu Spenden für Mehmet C. auf. Mit Erfolg: Rund 17.000 Euro Spenden
ermöglichten der Familie C. das Überleben und die Wiedereröffnung ihres Im-
bisses im Januar 2006.[5]

Brandanschläge, Verwüstungen und immer wieder zerstörte Schaufenster-
scheiben von Geschäften von Migranten durch rechte und rassistische Gewalttäter zielen auf die direkte Existenzvernichtung und Vertreibung der Betroffenen. Denn selbst in den wenigen Fällen, in denen die Täter gefasst werden
können, kommen die Rechten nicht für die von ihnen verursachten Schäden
auf. Damit sind die Betroffenen und ihre Familien häufig ganz erheblicher ma-
terieller Not ausgesetzt, denn in den wenigsten Fällen decken die Versiche-
rungen die Schäden ab.

Umso notwendiger ist dann konkrete Unterstützung: So wie im Fall der Familie P., deren Imbiss in der brandenburgischen Stadt Rathenow im November 2008 von rechten Jugendlichen komplett verwüstet und mit Parolen wie
„HaSS" und „Hitler live" besprüht wurde. Die Täter mischten sogar Ratten-
gift unter die Lebensmittel, die sich im Imbiss befanden. Als sie schließlich gefasst und verurteilt wurden, war schnell deutlich, dass sie für den Schaden
von über 3.000 Euro nicht aufkommen konnten, den sie verursacht hatten.
Einem Spendenaufruf der Stadtverwaltung und der Opferperspektive schlos-
sen sich auch die Stadtverordneten an: Zudem sammelten Mitglieder des städtischen Kinder- und Jugendparlaments gemeinsam mit Mitarbeitern der Opferperspektive auf dem Marktplatz der Stadt am 23. Dezember 2008 öffentlich
Spenden und ließen sich auch durch die offensive Präsenz der NPD nicht einschüchtern. Schließlich wurden die Spendengelder in Höhe von über 1.300
Euro öffentlichkeitswirksam durch den Bürgermeister der Stadt, eine Vertre-
terin des Kinder- und Jugendparlaments sowie einen Vertreter der Opferper-

---

5   Vgl. den Bericht auf http://opferperspektive.de/Spenden/Spendenaktionen/501.html.

spektive an Familie P. übergeben.[6] Damit verbunden waren zwei Anliegen: die konkrete Solidarisierung mit der Familie durch materielle Existenzsicherung sowie ein klares öffentliches Zeichen an die Täter und deren potenzielle Nachahmer, dass politisch Verantwortliche ebenso wie breite Kreise der Bevölkerung die Betroffenen nicht alleine lassen und sich dem Ziel der extremen Rechten, Flüchtlinge und Migranten/innen durch rassistische Gewalt zu vertreiben, unmissverständlich entgegenstellen.

Würdiges Gedenken ermöglichen

Und welche Handlungsmöglichkeiten hat eine Kommune, in der rechte Gewalt ein Todesopfer gefordert hat? Im Vordergrund steht dann oft der Wunsch der Angehörigen nach einer öffentlichen Anerkennung des rechten Hintergrunds der Tat, einer angemessenen Strafe für den oder die Täter sowie einem würdigen Gedenken an den oder die Toten. Ein Beispiel hierfür findet sich in Magdeburg. Die Hauptstadt von Sachsen-Anhalt fällt seit Jahren durch eine hohe Anzahl rechter Gewalttaten vor allem gegen Punks, alternative Jugendliche, Migranten/innen, Flüchtlinge und ausländische Studierende auf. In den 1990er-Jahren starben in der Stadt zwei Punks infolge gezielter rechter Angriffe; im August 2008 enthüllte das Wochenmagazin Der Spiegel, dass ein erst wenige Monate zuvor aus der Haft entlassener Neonazi den 21-jährigen angehenden Kunststudenten Rick L. am 16. August 2008 nach dem Besuch einer Großraumdiskothek namens „Fun Park" zu Tode misshandelt hatte.

Während das jährliche Gedenken und die nach rechten Beschädigungen mehrfach erneuerte Gedenktafel für den 1997 von einem gleichaltrigen neonazistischen Skinhead erstochenen 17-jährigen Punk Frank Böttcher allein durch junge Antifaschist/innen und das Magdeburger Bündnis gegen Rechts organisiert wurden und werden, zeigt die politische Spitze der Stadt im Fall von Rick L. wesentlich mehr konkrete Unterstützung für das Anliegen der Familie und Freund/innen des Getöteten nach einem würdigen Gedenken. Zunächst hatten die Freund/innen gehofft, einen Gedenkstein für den 21-Jährigen direkt an dessen Todesort auf dem Gelände eines Teppichmarkts in Magdeburg-Reform errichten zu können. Doch die Besitzer des Grundstücks lehnten diesen Wunsch ab, obwohl Freund/innen des Getöteten ihr Anliegen persönlich vortrugen und über 800 Magdeburger/innen eine entsprechende Petition unterschrieben. Nach-

---

6   Vgl. http://www.opferperspektive.de/Home/824.html.

dem die Mobile Opferberatung und die Freund/innen von Rick L. dann im Frühjahr 2009 den Bürgermeister der Stadt Magdeburg um eine persönliche Intervention baten,[7] bot dieser eine konkrete Alternative und greifbare Unterstützung an.
Auf einem nahen Gelände, das der Stadt gehört, werden demnächst ein Stein
und eine Gedenktafel an Rick L. erinnern. Auch bei der Auswahl des Steins und
der Erstellung der Tafel stellt die Stadt unbürokratische Hilfe zur Verfügung.

Derartig eindeutige Zeichen der Solidarität sind keineswegs selbstverständlich.
Immer wieder sehen sich Betroffene rechter Gewalttaten oder deren Angehörige Desinteresse, Entsolidarisierung und bisweilen sogar erheblichen Schikanen
durch Behörden der Kommune oder des Landkreises ausgesetzt. Anstatt unbürokratischer Unterstützung in einer extremen Situation erfahren sie Missachtung
und Misstrauen. So wie beispielsweise die Angehörigen eines am 24. August
2008 getöteten 18-jährigen Nichtrechten, der in Bernburg (Sachsen-Anhalt) von
einem polizeibekannten Rechtsextremisten erstochen wurde. Nachdem das örtliche Bürgerbündnis in der 30.000 Einwohner zählenden Kommune, in der die
Bundesgeschäftsstelle der Jungen Nationaldemokraten (JN) Unterschlupf gefunden hat, den Angehörigen des 18-Jährigen durch Spenden die Fahrten zum Ge-
richtsprozess gegen den Täter am Landgericht Magdeburg ermöglichen wollte,
drohten Vertreterinnen der Kommune damit, die staatlichen Transferleistungen
für die Angehörigen um die entsprechende Summe zu kürzen.

Die Täter nicht belohnen

Ein Engagement von Kommunalpolitiker/innen für die Betroffenen rechter, rassistischer und antisemitischer Gewalttaten ist noch immer keineswegs selbstverständlich. Noch immer herrscht in allzu vielen Kommunen ein Grundtenor, wonach durch eine Mischung aus Verdrängen, Verschweigen und Verharmlosen
rechter Gewalttaten die Betroffenen, ihre Angehörigen und Unterstützer/innen
alleingelassen und an den Rand gedrängt werden. Hinzu kommen immer wieder
unter Umständen gut gemeinte, aber in der Realität ausgesprochen kontrapro-
duktive Maßnahmen von kommunalen Vertreter/innen als Reaktionen auf rechte
Gewalt und andere extrem rechte Aktivitäten: Darunter fällt beispielsweise:

- *Wenn rechte Cliquen und / oder in der NPD, Kameradschaften oder Initiativen organisierte Neonazis nach einer rechten Gewalttat einen so ge-*

---

7   Vgl. http://www.mobile-opferberatung.de/index.php?bc=1036.

nannten „nationalen Jugendtreff" von der Kommune erhalten, damit sie „Ruhe geben" oder „besser kontrolliert werden können". Diese Strategie wird seit den frühen 1990er-Jahren immer wieder eingesetzt und führt nachgewiesenermaßen zum gegenteiligen Effekt: Denn statt Sanktionen erfahren organisierte Rechte und deren unorganisiertes Umfeld dadurch eine Belohnung. Sie wissen dann, dass sie nur weiter zuschlagen müssen, um ihre Forderungen durchzusetzen und sich ihnen niemand in den Weg stellen wird.

■ Wenn Polizei und / oder Staatsanwaltschaften die rechte oder rassistische Motivation bzw. den einschlägigen Hintergrund einer Gewalttat nicht anerkennen. Denn nur durch kontinuierliche, sorgfältige und ernsthafte Ermittlungsarbeit und eine Strafverfolgung, die die politische Dimension rechter Gewalt begreift, kann dieser Gewalt effektiv begegnet werden.

■ Wenn Kommunalpolitiker/innen und Stadtverwaltungen bei mangelndem Engagement der Polizei und Justiz in der Auseinandersetzung mit Rechtsextremismus und rechter Gewalt schweigen. Denn die Erfahrungen sind eindeutig: Nur mit politischem Willen und Druck einerseits sowie konsequenter (öffentlicher) Kontrolle und einer entsprechenden materiellen Ausstattung, Ausbildung und Sensibilisierung sowohl bei den Ermittlungsbehörden als auch in der Justiz kann überhaupt die Basis für eine angemessene juristische Aufarbeitung rechter Gewalttaten geschaffen werden.

■ Wenn erwartet wird, dass es sich bei den Betroffenen rechter Gewalttaten um „ideale Opfer" handelt – die am besten zurückhaltend, unauffällig, für alles dankbar und auf keinen Fall selbst in irgendeiner Form vorbelastet sind.

■ Wenn von den Opfern „Gegenleistungen" für Solidarisierung und Unterstützung verlangt werden: beispielsweise, dass der alternative Jugendclub seine Öffnungszeiten einschränkt und eine Videoüberwachung akzeptiert oder Punks sich nicht mehr im öffentlichen Raum treffen sollen.

Freiräume für potenziell Betroffene rechter Gewalt schaffen und erhalten

Und welche Handlungsmöglichkeiten hat nun zum Beispiel eine Kommune, in der die Treffpunkte nichtrechter oder alternativer Jugendlicher ständig Zielscheiben rechter Gewalt und Hetze sind – so wie beispielsweise in Halber-stadt? Vor über 15 Jahren haben hier engagierte Jugendliche und Erwachsene aus dem linken und alternativen Spektrum ein selbstverwaltetes soziokultu-relles Zentrum namens ZORA aufgebaut, das heute zu den wenigen sozi-alen und kulturellen Freiräumen für nichtrechte und alternative Jugendliche im Landkreis Harz gehört. Aber auch für die Bewohner/innen der Zentralen Anlaufstelle für Asylbewerber/innen des Landes Sachsen-Anhalt und des so genannten Ausreisezentrums in Halberstadt bietet ZORA einen Raum. Kein Jahr verging seit der Eröffnung des Zentrums, ohne dass Besucher/innen, aber auch das Gebäude selbst Ziel zum Teil massiver rechter Gewalt wurden. So auch im Jahr 2008, als mehrfach Besucher/innen des Zentrums von Rech-ten angegriffen und verletzt wurden und zudem durch einen rechten Angriff am 29. Februar ein Sachschaden von 4.000 Euro an dem Gebäude entstand, den die Versicherung des Vereins nur zur Hälfte übernahm. Gleichzeitig be-gann die örtliche NPD eine Kampagne für ein „nationales Jugendzentrum". In dieser Situation drohte im Dezember 2008 mit dem Entzug von Jugendhil-fefördergeldern für den laufenden Betrieb ZORA das endgültige Aus. Umso wichtiger war es, dass der Bürgermeister der Stadt im Frühjahr 2009 durch einen Betriebskostenzuschuss für das Zentrum das Interesse der Stadt an ei-ner alternativen und nichtrechten Jugendkultur unmissverständlich deutlich machte und der Kampagne der NPD eine klare Absage erteilte. Schon zuvor hatte der Bürgermeister nach einem Angriff von einem Dutzend Rechten auf Mitglieder des Theaterensembles des Nordharzerstädtebundtheaters im Juli 2007 die Schirmherrschaft des „Bürgerbündnisses für ein gewaltfreies Hal-berstadt" übernommen und dessen Spendenaktion für die Betroffenen des Angriffs sowie Aktionen gegen die rechte Dominanz im öffentlichen Raum unterstützt.

Freie Wahl des Wohnorts: Mehr Schutz für Opfer rassistischer Gewalt

Und welche Handlungsmöglichkeiten hat eine mittelgroße Kommune, in der ein Flüchtling, eine Asylbewerberin oder ein so genannter „Geduldeter" Opfer einer rassistischen Gewalttat geworden ist? Neben der oben angesprochenen öffentlichen Solidarisierung mit den Betroffenen, die in Fällen rassistischer Ge-walt besonders notwendig ist, stellt sich für viele Betroffene rassistischer Ge-walt in kleineren Kommunen die Sicherheitsfrage ganz akut: Oftmals nehmen sie den gewalttätigen Angriff als „Spitze eines Eisbergs" rassistischer Beleidi-gungen und Bedrohungen wahr; fühlen sich sozial nicht integriert und leben

– wenn sie Asylsuchende oder so genannte Geduldete sind – häufig in Heimen am Rand der jeweiligen Kommunen mit schlechter Verkehrsanbindung an den öffentlichen Nahverkehr. Insbesondere dann, wenn die Täter nach dem Angriff weiterhin unbehelligt von polizeilichen Maßnahmen in der Kommune agieren können und die Betroffenen mit weiteren Angriffen rechnen (müssen), wünschen sie sich oft einen Ortswechsel. Dies ist schon für Empfänger/innen von Arbeitslosengeld II, aber insbesondere auch für Betroffene, die dem Asylbewerberleistungsgesetz unterliegen, mit hohen, manchmal unüberwindlichen bürokratischen Hürden verbunden. Denn die meisten so genannten Umverteilungsanträge nach rassistischen Angriffen werden abschlägig beschieden. Kommunalpolitiker/innen sollten in derartigen Fällen das Anliegen der Betroffenen nach mehr Schutz ernst nehmen und entsprechende Anträge auf einen Wohnortswechsel, so genannte Umverteilungsanträge, gegenüber den Leitungen der jeweiligen Ausländerbehörden unterstützen.

Unbürokratisch Ressourcen zur Verfügung stellen

Ähnlich konkrete Unterstützungsmöglichkeiten haben Kommunen in Fällen, in denen Neonazis oder extrem rechte Hooligans Punks oder Migranten/innen in ihren Wohnungen überfallen. In den meisten derartigen Fällen fühlen sich die Betroffenen danach in ihren Wohnungen nicht mehr sicher und sind ganz erheblich verängstigt. Umso notwendiger ist es, dass Stadtverwaltungen und / oder Kommunalpolitiker/innen Kontakt zu städtischen Wohnungsbaugesellschaften aufnehmen und den Betroffenen so schnell und unbürokratisch eine neue Wohnung zur Verfügung gestellt werden kann oder aber ihnen ein unbürokratischer Ausstieg aus bestehenden Mietverträgen ermöglicht wird. Falls notwendig, sollte sich die Kontaktaufnahme oder Intervention auch auf die (kommunalen) Jobcenter und Ausländerbehörden erstrecken. Denn die Erfahrungen aus der Praxis zeigen, dass das Erleben von rechter oder rassistischer Gewalt häufig auch dazu führt, dass sich die Betroffenen ohne ausreichende Unterstützung schnell überfordert und im Stich gelassen fühlen. Dadurch wächst die Gefahr, dass sie nicht einmal ihre bestehenden Rechte und Möglichkeiten wahrnehmen (können). Zumal sie oft vieles gleichzeitig regeln müssen: gesundheitliche Versorgung, ihre Sicherheitslage einschätzen und entsprechende Vorkehrungen in die Wege leiten, polizeiliche Vernehmungen etc.

Das Ausmaß des Eisbergs erfassen

Politisch rechts, rassistisch oder antisemitisch motivierte Gewalttaten sind in den meisten Fällen lediglich die Spitze eines Eisbergs extrem rechter Aktivitäten unterhalb der Gewaltebene – einer Mischung aus Verschweigen, Ignorieren, Verharmlosen und Verdrängen von Seiten politisch Verantwortlicher, der Sicherheitsbehörden und unter Umständen auch zivilgesellschaftlicher Akteure in Bezug auf diese Aktivitäten und damit einhergehend häufig ein Klima von Ausgrenzung und Isolation gesellschaftlicher Minderheiten. In den wenigsten Fällen rechter Gewalt kommen die Angriffe völlig überraschend, denn zumeist sind sie Ausdruck einer längerfristigen Entwicklung in einer Kommune oder Region.

Um das Ausmaß extrem rechter Aktivitäten aus der Perspektive potenziell Betroffener rechter, rassistischer und antisemitischer Angriffe zu erkennen und die eigene Wahrnehmung zu schärfen, haben in den vergangenen Jahren eine Reihe von Bezirken in Berlin mit dem Aufbau so genannter „Register zur Erfassung rechtsextremer / rassistischer / antisemitischer Vorfälle" begonnen. Das älteste entsprechende Register wurde 2005 in Berlin-Pankow eingerichtet. In diese Register werden neben polizeibekannten Gewalttaten auch Ereignisse einbezogen, „die entweder nicht zur Anzeige gebracht wurden oder keine strafrechtliche Relevanz besitzen"[8], heißt es in einer Erklärung zum seit Winter 2007 aufgebauten „Register für rechtsextreme Vorfälle in Treptow-Köpenick". Dazu können auch „Pöbeleien, Schmierereien, Drohungen und Beobachtungen gehören, die im Alltag gemacht werden, ob in der Schule, im Supermarkt, im Bus oder am Stammtisch". Gesammelt werden die Vorfälle sehr niedrigschwellig: Als Anlaufstellen, wo derartige Vorfälle gemeldet werden können und mit standardisierten Erfassungsbögen dokumentiert werden, stehen in den Bezirken ganz unterschiedliche Institutionen zur Verfügung: beispielsweise Jugend- und Familienzentren, Bürgerinitiativen, aber auch Sozialberatungsstellen und Kirchengemeinden. Zu den Zielen der Register gehört es unter anderem, mit halbjährlichen Veröffentlichungen, die auch im Internet zugänglich sind, zum einen die Öffentlichkeit über das Ausmaß von Vorfällen gruppenbezogener Menschenfeindlichkeit – neben extrem rechten und rassistischen Vorfällen auch homophober Gewalt oder Diskriminierung – zu informieren, die Bewohner/innen in den jeweiligen Bezirken zu sensibilisieren und allen demokratischen Akteuren/innen eine Handlungsgrundlage zur Verfügung zu stellen. Auf einem ähnlichen Prinzip basiert die Ende der 1990er-Jahre von

---

8   Vgl. http://www.register-tk.de/projekt.html.

einer brandenburgischen Jugendinitiative ins Leben gerufene Kampagne „Aktion Noteingang" (www.aktion-noteingang.de): Neben der Schaffung von konkreten Schutzräumen für Betroffene rassistischer und rechter Gewalt soll durch die gelb-schwarzen Aufkleber mit der Aufschrift „Wir bieten Schutz und Informationen bei rassistischen und faschistischen Übergriffen" auch das öffentliche Klima in einer Gemeinde verändert und den (potenziellen) Tätern signalisiert werden, dass ihre Einstellungen und Ziele nicht mehrheitsfähig sind.

Konkrete Unterstützung

Mit den genannten Registern verbindet sich stellenweise auch die Hoffnung, das extrem große Dunkelfeld derjenigen rassistischen und rechts motivierten Gewalttaten zu erfassen, die erfahrungsgemäß nicht angezeigt werden. Wie ausgeprägt dieses Dunkelfeld ist, zeigt die im April 2009 veröffentlichte erste europaweite Studie zu rassistischer Gewalt und Diskriminierung der Grundrechteagentur der Europäischen Union: Von den über 20.000 Befragten erklärten zwölf Prozent, dass sie innerhalb des zurückliegenden Jahres Opfer einer rassistisch motivierten Gewalttat geworden sind; gleichzeitig wandten sich aber lediglich 20 Prozent der Betroffenen an die Polizei. Jährlich blieben tausende Fälle von rassistischer Gewalt, Bedrohung und Diskriminierung unsichtbar, so die Schlussfolgerung der EU-Grundrechteagentur. Diskriminierung, Bedrohung und rassistisch motivierte Gewalt seien wesentlich weiter verbreitet als in den offiziellen Statistiken angegeben. „Die Untersuchung zeigt, wie hoch die Dunkelziffer bei rassistisch motivierten Straftaten und Diskriminierung in der EU wirklich ist. Die offiziellen Angaben zu Rassismus sind lediglich die Spitze des Eisbergs", lautete das Resümee von Morten Kjaerum, Direktor der Grundrechteagentur.[9] Die europaweiten Zahlen decken sich mit den Erkenntnissen der Studie des Kriminologischen Instituts Niedersachsen. Danach erklärten rund 76 Prozent aller Jugendlichen, die rassistische Gewalttaten begangen hatten, dass sie nach der Tat keinerlei Kontakt mit Strafverfolgungsbehörden hatten. Analog dazu erklärten rund 80 Prozent derjenigen Jugendlichen, die Opfer einer Gewalttat waren, dass sie keine Anzeige erstattet hätten.[10]

Umso notwendiger ist es vor diesem Hintergrund, dass dort, wo Beratungsprojekte für Opfer rechter, rassistischer und antisemitischer Gewalt existieren,

---

9   Vgl. http://fra.europa.eu/eu-midis (eingesehen am 27.4.2009).

10   Vgl. http://www.kmi.de (eingesehen am 27.4.2009).

diese auch durch die Kommunen und deren Vertreter/innen unterstützt werden. Denn diese Projekte, die unabhängige, aufsuchende, parteiliche, kostenlose und auf Wunsch anonyme Beratung und Unterstützung für Betroffene von rassistischen, rechten und antisemitischen Gewalttaten sowie deren Familienangehörige und Umfeld anbieten, sind oft auch die ersten – und einzigen – Anlaufstellen für diejenigen Betroffenen und Zeug/innen, die keine Anzeige stellen wollen oder können. Gleiches gilt im Übrigen häufig für Initiativen antifaschistisch engagierter Jugendlicher und junger Erwachsener, Flüchtlingsräte oder Bündnisse gegen Rechts in denjenigen Bundesländern, in denen keine einschlägigen Opferberatungsprojekte existieren.

In ihrer Einführung zu der Broschüre „Im Inneren der Globalisierung: Psychosoziale Arbeit in Gewaltkontexten" schreibt Usche Merck: „Das Wohlbefinden (oder Leiden) von Gewaltopfern scheint wesentlich von ihrer Fähigkeit und Möglichkeit abhängig zu sein, soziale Netze und stabile Lebensbedingungen wiederherzustellen."[11] Dazu benötigen Betroffene rechter, rassistischer und antisemitischer Gewalt konkrete, an ihren Bedürfnissen, Forderungen und Wünschen orientierte Unterstützung. Als Kommunalpolitiker/in hierfür die Verantwortung mit zu übernehmen bedeutet, sowohl die individuellen als auch die gesellschaftlichen Auswirkungen politisch rechts, rassistisch und antisemitisch motivierter Gewalt anzuerkennen und gleichzeitig den Betroffenen und deren sozialem Umfeld zu signalisieren, dass rechter und rassistischer Gewalt konsequent entgegengetreten wird.

---

11   Vgl. medico international (Hg.): S. 22 ff. A. Almedom (Hg): Mental well-being in settings of „complex emergency". Frankfurt/M 2005.

Zum Umgang mit rechtsextremen Straftätern in den Kommunen

Jan Buschbom, Helmut Heitmann

Einleitung

Jugendliche Straftäter mit der Tat und ihrer Aufarbeitung nicht alleine zu lassen, sie nicht an eine ungewisse Kriminalitätskarriere verloren zu geben, das entspringt unmittelbar demokratischen und humanistischen Menschenbildern. Es ist Auftrag und Verpflichtung aller Erwachsenen, die privat wie professionell mit den betroffenen Jugendlichen befasst sind, ja, des gesamten Gemeinwesens, solchen jungen Menschen Wege aufzuzeigen, die aus möglichen kriminellen Karrieren herausführen.

Wie kaum eine andere Kriminalitätsform ist „politisch motivierte (Gewalt)Kriminalität – rechts", wie der offizielle Terminus bei Polizei und Verfassungsschutzbehörden lautet, ideologisch motiviert und von Affekten geleitet und umgeben. Rechtsextreme Ideologien liefern sowohl den Anlass als auch die (nachtägliche) Legitimation zu (Gewalt)Taten. Das ideologische Wesen der Tat liefert den Tätern die moralische und kulturelle Rahmung, die ihnen „erlaubt, was allen verboten ist, nämlich diese Gefühle in Gewalthandlungen auszuleben, ihren Hass abzuführen" (Osborg 2004: 174).

Gerade der ideologische Charakter rechtsextremer Gewalttaten führt zudem zu einer besonderen Verrohung. Denn dass rechtsextrem motivierte Gewaltstraftaten in besonderem Maße Rohheitsdelikte sind, ist kein mediales Gespenst, wie es vielfach von rechtsextremer Propaganda behauptet wird. Als Rohheitsdelikte werden solche Gewalttaten bezeichnet, deren Motiv intrinsisch ist, das heißt, bei denen die Gewalttat um der Gewalt willen verübt wird. Dazu gehören etwa Fälle, bei denen das Opfer regelrecht gefoltert wurde, und ähnliche.

Rohheitsdelikte gehören zur schrecklichen Erfahrung in vielen Kommunen. Von ihr können auch Trainerinnen und Trainer vom Violence Prevention Network berichten, die seit 2002 im Jugendstrafvollzug von mittlerweile sieben Bundesländern mit dieser Klientel befasst sind. Es sei an dieser Stelle allerdings darauf verwiesen, dass insbesondere Antisemitismus und antisemitisch motivierte Gewalt keine Besonderheit ausschließlich rechtsextremer[1] Jugendlicher darstellen. Von diesem ideologischen Tat- und Täterhintergrund geht ein außergewöhnlich massives Bedrohungspotential für die Opfer bzw. für die potentiellen Opfergruppen aus. Dies insbesondere auch deshalb, weil rechtsextrem motivierte Gewaltstraftaten überwiegend aus der „Kumpelhorde" heraus begangen werden. Es genügt also nicht, den strafrechtlich verantwortlichen Täter dingfest zu machen, um das Bedrohliche, das vom rechtsextremen Hintergrund der Tat, des Täters und seiner Clique ausgeht, aus dem öffentlichen Raum zu bannen. Die Literatur spricht von „Angstzonen", die dort entstehen, wo sich rechtsextreme Cliquen aufhalten oder gar nur eine auffallende Häufung von einschlägigen Aufklebern, Spuckis, und Graffiti vorfinden lässt. Der Begriff der „Angstzone" verweist auf den subjektiven Charakter der Bedrohung: Wo sich die einheimische (herkunftsdeutsche) Wohnbevölkerung mehrheitlich völlig ungehindert und sicher bewegt, mag das für „linke" Jugendliche, Personen mit erkennbarem oder vermeintlichem Migrationshintergrund, für Menschen mit sichtbaren Einschränkungen oder einfach auch für Ortsfremde nicht gelten.

Aus all den genannten Gründen muss es Grundsatz des Umgangs mit rechtsextremen Gewalttätern sein, zuerst und in erster Linie dem Schutz bzw. der Verhinderung von (weiteren) Opfern zu dienen.

Gleichwohl gilt selbstverständlich auch: Zielgeleiteter Umgang und (professionelle) Arbeit mit rechtsextremen Tätern ist zugleich Opferschutz und Präventionsarbeit. Zwei Ziele sollten handlungsleitend sein: 1.) Die Jugendlichen sind in die Lage zu versetzen, nicht mehr straffällig zu werden und ihr Leben ohne weitere Delikte fortzuführen. 2.) Die Jugendlichen sind dabei zu unter-

---

1 Im allgemeinen Sprachgebrauch hat sich – auch in der Selbstwahrnehmung – das Adjektiv „rechts" zur Bezeichnung „rechtsextrem orientierter/beeinflusster/gefährdeter" Jugendlicher eingebürgert. Da jedoch der Terminus „rechts" in der politischen Topographie der Bundesrepublik in der Regel auf alle Parteien und Gruppierungen *rechts von der SPD* angewandt wird und mithin auch auf weite Teile des bürgerlich-demokratischen Spektrums, scheint seine Verwendung im Zusammenhang mit der extremen Rechten unangebracht. Bezeichnungen wie bspw. „neonazistisch" oder „Neonazismus" würden das Feld hingegen auf einzelne Phänomene des Rechtsextremismus unzulässig eingrenzen und seiner Vielgestaltigkeit nicht gerecht werden. Daher wird im Folgenden der Bezeichnung „rechtsextrem" der Vorzug gegeben, nicht ohne darauf hinzuweisen, dass so nicht nur Personen bezeichnet werden, die über ein geschlossenes und verfestigtes rechtsextremes Weltbild verfügen.

stützen, Distanz zu rechtsextremen Ideologemen zu entwickeln und / oder ihr Leben außerhalb und / oder mit wachsendem Abstand zu rechtsextremen Szenen und Milieus zu führen. Das Erreichen dieser Ziele widmen sich die Überlegungen in diesem Artikel.

Politisch motivierte Kriminalität – rechts – Anmerkungen zum offiziellen Definitionssystem

Der Definitionskatalog der so genannten politisch motivierten Kriminalität (pmK) wurde 2001 von der Bundeskonferenz der Innenminister erstellt, nachdem Presseberichte darauf hingewiesen hatten, dass das bis dahin gültige Definitionssystem, das sich eng am offiziellen „Extremismusbegriff" orientiert hatte, einen nennenswerten Teil rechtsextrem motivierter Straftaten nicht abgebildet hatte. Unter den Tisch gefallen waren alle Straftaten, die nicht mit dem Ziel der „Systemüberwindung" der parlamentarischen Demokratie begangen worden waren. Demgegenüber gilt seit 2001 folgende Definition:

„Zentrales Erfassungskriterium dieses Meldesystems ist die politische Motivation einer Tat. Als politisch motiviert gilt eine Tat insbesondere dann, wenn die Umstände der Tat oder die Einstellung des Täters darauf schließen lassen, dass sie sich gegen eine Person aufgrund ihrer politischen Einstellung, Nationalität, Volkszugehörigkeit, Rasse, Hautfarbe, Religion, Weltanschauung, Herkunft, sexuellen Orientierung, Behinderung oder ihres äußeren Erscheinungsbildes beziehungsweise ihres gesellschaftlichen Status richtet.

Die erfassten Sachverhalte werden im Rahmen einer mehrdimensionalen Betrachtung unter verschiedenen Gesichtspunkten bewertet. Hierbei werden insbesondere Feststellungen zur Qualität des Delikts, zur objektiven thematischen Zuordnung der Tat, zum subjektiven Tathintergrund, zur möglichen internationalen Dimension der Tat und zu einer gegebenenfalls zu verzeichnenden extremistischen Ausprägung der Tat getroffen. In diesem Zusammenhang wurde auch der Bereich der Gewaltdelikte erweitert und bundeseinheitlich festgelegt" (BMI 2007: 30).

Obwohl die Definition der pmK vergleichsweise offen formuliert ist, bildet die Statistik nicht die Gesamtheit der von rechtsextremen Tätern begangenen Kriminalität ab. Bei genauerer Lektüre liest man hier von der Tat, nichts hingegen vom Täter. Denn selbstverständlich sind die Ermittlungs- und Justizbehörden gehalten, die Umstände einer Tat unangesehen der Person zu beleuchten und zu beurteilen. Bei ideologisierten Tätern hingegen ist nur schwer der Täter von seiner Tat zu abstrahieren. Aus diesem Grund gehen nichtstaatliche Organisationen meist von deutlich höheren Fallzahlen rechtsextremer Gewalt aus.

Diese Beobachtungen decken sich mit den Erfahrungen in der pädagogischen Arbeit mit rechtsextrem orientierten Straftätern. Violence-Prevention-Network-Trainer Peter Steger etwa berichtet im Interview von der Arbeit mit rechtsextrem orientierten Gewalttätern im Jugendstrafvollzug von einer hohen Dunkelziffer bezüglich der Gewalttaten rechtsextrem orientierter Täter: „Wir fragen die Jungs immer nach ihrer persönlichen Dunkelziffer: ‚Wie oft hast Du jemanden einen mitgegeben, bevor Du das erste Mal mit der Polizei zu tun hattest? Und wie oft, bevor Du im Knast gelandet bist?‘ Das funktioniert, weil die Jungs wissen, dass von dem, was sie sagen, nichts nach draußen dringt. Die lachen dann meistens, weil es ihnen peinlich ist. Nach diesen Gesprächen gehen wir davon aus, dass ein rechtsextrem orientierter Täter eine lange Gewaltkarriere von 15 bis 20 Gewalttaten hinter sich hat, die nicht aktenkundig geworden sind. Das sind jedenfalls die Zahlen, die uns die Jugendlichen nennen." – und die Steger auch für realistisch hält (Interview der Autoren mit Peter Steger, geführt am 24.2.2009). Als langjähriger Leiter des Sportjugendclubs Berlin-Lichtenberg hat Steger mehrere Generationen rechtsextrem orientierter Jugendlicher erlebt. Hohe Gewaltlatenz ist, was alle verbindet, so Steger an anderer Stelle (Steger 2009: 21). „Das tatsächliche Maß der Akzeptanz von Gewalt als Durchsetzungsstrategie ist nicht an Verfassungsschutz- und Kriminalstatistiken festzumachen, da dabei nur die registrierten Fälle bzw. Straftaten ins Gewicht fallen. Die wirkliche Gefährdungs- und Gewaltsituation hat ganz andere Dimensionen" (ebd.).

Was tun? Anzeigepflicht?

In der Bundesrepublik gibt es keine Anzeigepflicht bei Straftaten, von denen man Kenntnis hat, ausgenommen sind bestimmte Berufsgruppen, die mit der Aufklärung von Straftaten befasst sind. Ausgenommen sind ebenfalls bestimmte, besonders schwerwiegende Delikte wie Mord oder Totschlag, Delikte gegen die persönliche Freiheit (Entführung), Raub, Brandstiftung sowie Deliktbereiche aus dem Umfeld von Terrorismus. Allerdings ist nur die Nichtanzeige strafbar „zu einer Zeit, zu der die Ausführung oder der Erfolg noch abgewendet werden kann" (§ 138 (1) StGB). Wer also bspw. Kenntnis hat von einem **geplanten** Brandanschlag auf ein Asylbewerberheim, macht sich strafbar, wenn er/sie das nicht zur Anzeige bringt. Straffrei ist hingegen die Nichtanzeige **nach der Tat.** Wer also etwa einen **vollzogenen** Mord nicht zur Anzeige bringt, von dem er/sie Kenntnis hat, macht sich nicht strafbar. Dennoch sollte die konsequente Anzeige von rechtsextrem motivierten Straftaten in jeder Kommune selbstverständlich sein.

Einer „Verschwiegenheitspflicht" unterliegen Lehrer/innen, Sozialarbeiter/innen usw. (ähnlich wie Ärzte, Anwälte, etc.) nach § 203 StGB (Verletzung von Privatgeheimnissen). Demnach macht sich strafbar, wer „unbefugt ein fremdes Geheimnis […] offenbart", das ihm/ihr im Rahmen seiner/ihrer beruflichen Tätigkeit anvertraut worden ist. Hier kann also ein Konflikt entstehen, rechtsextreme Taten anzeigen zu wollen, ohne die Verschwiegenheitspflicht zu verletzen. Lehrer/innen können von ihrem Dienstherrn eine Aussagegenehmigung erhalten und mithin von der Verschwiegenheitspflicht gemäß § 203 (StGB) entbunden werden – auch in Bezug auf die Anzeige rechtsextremer Straftaten.

Geplante Straftaten gemäß § 138 StGB **müssen** immer zur Anzeige gebracht werden. Inwiefern Lehrer/innen, Sozialarbeiter/innen und andere in § 203 StGB genannte Berufsgruppen Straftaten zur Anzeige bringen müssen, kann den Beamtengesetzen der Länder und den Dienstordnungen entnommen werden oder sollte im Gespräch mit den Vorgesetzten geklärt werden. Grundsätzlich ist es etwa in Jugendclubs sinnvoll, im Vorhinein abzustimmen, wie man vorgeht, wenn der Verdacht auf die Vorbereitung einer Straf- oder Gewalttat besteht.

Geschehen Straf- und Gewalttaten, ist jedoch bereits vieles verloren. Aus pädagogischer Sicht ist es freilich stets geboten, bereits auf Verhaltensweisen Jugendlicher zu reagieren, die geeignet sein *könnten*, in den Wirkungsbereich des Strafgesetzbuchs zu fallen.

Was unmittelbar vor Ort tun?

Frühes Einstiegsalter und Täter-Opfer-Beziehungen

Zumeist geht den Straftaten keine längere Planung voraus. Sie erfolgen überwiegend im sozialen Nahraum. Täter und Opfer sind sich – zumindest in kleineren bis mittleren Kommunen – häufig schon länger bekannt. Solche Täter-Opfer-Beziehungen können daher möglicherweise bei genauerem Hinsehen von Lehrern/innen, Mitarbeitern/innen in Jugendeinrichtungen etc. bereits vor ihrer strafrechtlich relevanten Eskalation erkannt werden. Die frühzeitige Intervention beispielsweise in Mobbing-Dynamiken verhindert gegebenenfalls nicht nur Straftaten, sondern erspart dem Opfer einen langen Leidensweg.

Es gibt kaum eine Gewaltstraftat dieser Klientel, die nicht aus Gruppen oder Cliquen-Zusammenhängen und deren Dynamik heraus begangen wurde. Insofern dürfte es bei den Empfehlungen zum Umgang mit rechtsextrem beeinflussten Straftätern zu kurz greifen, sich hier nur auf verurteilte Straftäter zu beschränken. Maßnahmen und pädagogische Interventionen sollten sich immer (auch) auf Gruppenkontexte beziehen, zu denen selbstredend auch Mitglieder zählen, die keine Verurteilung erhielten oder sich noch in laufenden Verfahren befinden. Es mag zwar auf den ersten Blick einfach sein, zwischen „Tätern" und (noch) Nicht-Verurteilten oder Jugendlichen unterhalb des Strafmündigkeitsalters zu unterscheiden. Auf ähnliche Weise werden immer wieder Forderungen an die Pädagogik herangetragen, zwischen „Organisierten" und „Mitläufern", „Überzeugten" und „Aktionsorientierten", „Diskurswilligen" und „Gewaltbereiten" oder ähnliches zu unterscheiden. Die Praxis lehrt aber etwas anderes. In einer Clique zwischen Täter, Mittäter, Anstifter, Mitläufer oder anderes zu unterscheiden, ist oft unmöglich, und in der Situation einer Gewalttat entstehen diese nachträglich zu identifizierenden Rollen zufällig und ungeplant. Zumindest im frühen Jugendalter sind die Übergänge zwischen den genannten Kategorien fließend und man darf davon ausgehen, dass etliche Gewalttaten nicht zur Anzeige kommen. Dennoch gibt es keine Zwangsläufigkeit, die von Gewalttaten – verübt auch von sehr jungen Tätern – notwendig in eine Kriminalitätskarriere führt. Es ist nach wie vor so, dass sich im Jugendalter Grenzüberschreitungen und Gewalttaten häufen – und mit zunehmendem Alter wieder signifikant abnehmen. In anderen Worten: Jugendkriminalität ist allgegenwärtig – allen publizistisch herausgehobenen Meldungen über einzelne Jugendgewalttaten zum Trotz. Diese Feststellung ist kein Plädoyer dafür, ideologische Tatmotive, rechtsextreme Einstellungen und Organisationsgrade im Umgang mit Jugendlichen außer Acht zu lassen. Im Gegenteil können Intervention und Prävention nur dort erfolgreich gestaltet werden, wo diese Informationen im Handlungskonzept einer Kommune angemessen berücksichtigt werden. Allerdings werden grobschlächtige Einteilungen in Gut und Böse sowie die Gegenüberstellung von Freund und Feind, Straftäter und Nicht-Straftäter und ähnliches den (sub- und jugendkulturellen) Lebenswirklichkeiten Jugendlicher nicht gerecht und führen schlimmstenfalls zu Radikalisierungen auch solcher Gruppenmitglieder, die für die pädagogische Praxis erreichbar wären.

Der Ausschluss eines Wortführers von den Interventions- und Präventionsbemühungen kann beispielsweise dazu führen, dass die gesamte Gruppe, in kleinen Ortschaften gelegentlich auch gesamte Jahrgänge der (männlichen) Jugend, für andere als polizeiliche Interventionen verloren sind. Es gilt abzuwägen, was die Ziele konkreter Handlungskonzepte zu sein haben und wo Gefährdungslagen bestehen. Langfristige Vermeidung rechtsextremer Straftaten bringt aber nur die Auseinandersetzung mit den potentiellen Tätern, wobei im Blick zu behalten ist, dass der Umgang mit Jugendlichen und insbesondere solchen, die durch deviante, das heißt abweichende oder kriminelle Verhaltensweisen auffallen, das Risiko pädagogischen Scheiterns in sich birgt.

Im Fazit heißt das: Auffällige Entwicklungen von jungen Menschen an der Schwelle zur Adoleszenz sind für aufmerksames pädagogisches Personal erkennbar. Beispielsweise in Form von sich verändernder Kleidung, Anschluss an einschlägige Cliquen oder provokante Argumentationen. Jugendlichen machen in der Regel keinen Hehl um solche Veränderungen. Sie wollen auffällig und erkennbar sein – und sich gleichzeitig „sicher" in ihrer Gruppe fühlen. Dazu gehören auch grenzüberschreitende Verhaltensweisen, die ggf. strafrelevant sind.

Auch der richtige Hinweis, dass die Probleme ebenso in der Erwachsenenwelt beheimatet sind, darf nicht dazu führen, auf eine zentrale Phase der Prägbarkeit von Menschen, das Jugendalter, zu verzichten. Und im Grunde bedarf es hier auch keiner grundlegend neuen Ansätze. Mitunter hat es allerdings den Anschein, dass eine schleichende Überantwortung an Polizei und Justiz vonstatten geht und örtliche Entscheidungsträger sich nicht oder weniger in der Verantwortung sehen.

Verantwortung des Gemeinwesens

Hervorzuheben ist daher die Verantwortung des Gemeinwesens und der ortsansässigen Bürger. Rechtsextrem orientierte Jugendliche und auch jugendliche Straftäter sind und bleiben schließlich weiterhin Kinder und Jugendliche der Kommune. Sie sind Schüler, Vereinsmitglieder, Angehörige ortsansässiger Feuerwehren oder Spielmannszüge. Sie gehören örtlichen Cliquen und Szenen an. Sie fühlen sich heimisch, so rudimentär die soziale Einbindung auch sein mag. Es wäre zu einfach, jugendliche Straftäter auszublenden, auszugrenzen oder zum Objekt spezieller Behandlungsmaßnahmen zu machen.

Viele Beispiele zeigen, dass deviante und rechtsextreme Karrieren eben auch die Folge davon sind, dass Jugendliche gewissermaßen als „Wanderpokale" durch die Institutionen und entsprechenden Einrichtungen gereicht wurden, mithin die jeweils vermeintlichen Lösungen das Problem verschärften. Es sollte zur kommunalen Haltung werden, sie als „Kinder" und „Zöglinge" des eigenen

Gemeinwesens zu sehen und sich der Verantwortung zu stellen, dass aus dem eigenen Gemeinwesen rechtsextreme Straftäter erwachsen sind. Und schlussendlich werden sie – im Falle von Verurteilungen und verbüßten Haftstrafen – aus dem Strafvollzug auch wieder in die Heimatgemeinde zurückkehren.

Sicher kann es nicht darum gehen, hier den Bürgern vor Ort das Problem alleine zu überantworten. Es geht um Zusammenarbeit, um Netzwerke. Gute Netzwerke sind allerdings mehr als kurzfristig anberaumte Gesprächsrunden. Sie müssen Bürger und die Verantwortlichen beteiligter Institutionen an einen Tisch holen, dazu (externe) Expert/innen, die Polizei und ggf. Strafverfolgungsbehörden. Die Situation des lokalen Rechtsextremismus muss präzise beschrieben und konkrete Handlungsschritte festgelegt werden. Selbstredend kennt diese Verantwortlichkeit des Gemeinwesens für rechtsextrem orientierte Jugendliche auch ihre Grenzen: Straftaten werden nicht toleriert und rechtsstaatliche Reaktionen auf sie kann und wird sie nicht ersetzen.

Angebote im Rahmen des Jugendstrafrechts bzw. nach dem Jugendgerichtsgesetz (JGG)

Strafrechtlich relevant sind zunächst Delikte, die ab dem 14. Lebensjahr begangen werden. Hier greift unter anderem das Jugendstrafrecht bzw. das JGG. Es hat einen starken erzieherischen Impetus, das heißt, es ist ein Erziehungsstrafrecht. Zu den Optionen, die es für junge Menschen bereithält, die Straftaten begangen haben, zählen vielfältige pädagogische und ambulante Maßnahmen, aber auch stationäre Sanktionen in Gestalt von Arrest und Haftstrafen.

Selten allerdings wird in diesen Angeboten und Maßnahmen auf den ideologischen Motivationshintergrund Bezug genommen. Meist wird ein erzieherischer Bedarf festgestellt, und im Allgemeinen stellen die Maßnahmen auf Themen ab, die beispielsweise Schule, Arbeit und Ausbildung oder Freizeit, Sucht und Süchte sowie Konfliktverhalten betreffen. In Bezug auf die hier behandelte Zielgruppe sind jedoch Inhalte, die sich ideologischer Fragen und rechtsextremistischer Argumentationsmuster annehmen, zumindest als expliziter Baustein kaum ausgewiesen. Dabei wäre es dringend geboten, insbesondere bei längerfristigen (verpflichtenden) Teilnahmen an Gruppenangeboten (im Rahmen von „Weisungen") genau dieses zu tun. Die Auswahl der Angebote liegt in der Verantwortung der jeweiligen Gerichte in Verbindung mit den Empfehlungen der örtlichen Jugendgerichtshilfen. Die Durchführung wird

häufig von lokalen Trägern realisiert. Diese müssten mithin entsprechende Angebote entwerfen, was eine Herausforderung sowohl für die Träger selbst als auch für die Kommunalverwaltung bedeutet.

Damit ist im Übrigen weniger der schon fast klassische Besuch von Gedenkstätten gemeint. Die damit in der Regel verbundene Hoffnung, der Ort möge für sich sprechen, erfüllt sich erfahrungsgemäß nicht. Es kommt gerade bei rechtsextrem orientierten bzw. beeinflussten Zielgruppen meist zu affektiven Gegenreaktionen. Besuche von Gedenkstätten mit der hier besprochenen Klientel müssen besonders gut vorbereitet werden. Sie sollten in längerfristige Maßnahmen eingebunden werden. Dabei ist ebenso die emotionale wie auch die kognitive Ebene wichtig. Anders formuliert: Es muss ein belastbares Beziehungsverhältnis existieren. Vieles spielt sich in der unmittelbaren Beziehung und Kommunikation ab und bei der geht es um weitaus mehr als nur um Sachinhalte. Ausschließlich rationale Herangehensweisen und Impulse mit aufklärerischem Gestus entfalten bei dieser Zielgruppe nur selten unmittelbare Wirkung (vgl. Heitmann, Korn 2006).

Die Auseinandersetzung mit rechtsextremen Tätern und ihren Taten ist weniger von der Sache her, sondern vielmehr vor dem Hintergrund des Wissens und der Interessen der Klientel zu führen. Bildung ist schließlich immer auch Selbstbildung und das setzt die aktive Teilnahme der Jugendlichen für erfolgreiche Bildungsarbeit voraus. Es müssen also die Themen der Jugendlichen sein, um die es geht, und nicht, was als von außen vorgesetzt angesehen wird. Denn Ideologien stellen (auch) Sinnfragen, die in ihnen eine symbiotische Verbindung mit handfesten Stereotypen eingehen.

Dem Ressentiment zu begegnen, kann hingegen nicht allein durch klassische Bildungsarbeit gelingen, sondern auch durch die Haltung, mit der Jugendlichen begegnet wird: durch die Authentizität der/des Erwachsenen/Pädagogen/in („Wie stimmig sind wir selber?"); durch seine/ihre Konfliktfähigkeit („Wie aussagefähig sind wir in der Auseinandersetzung?"); und nicht zuletzt durch den Respekt, mit dem den Jugendlichen begegnet wird („Wie ernst nehmen wir sie?"). Ausschlaggebend für die erfolgreiche Arbeit an Ideologie sind daher neben den konkreten Inhalten die unmittelbare Kommunikation und die Beziehung mit bzw. zu den Jugendlichen – gerade im notwendigen Widerspruch zwischen persönlicher Zuwendung und inhaltlicher Ablehnung.

Kurz: Es ist die Empfehlung auszusprechen, Angebote für rechtsextrem orientierte Jugendliche und Straftäter im Angebotskanon der lokalen Jugendgerichtshilfen zu berücksichtigen bzw. entsprechende Angebote von geeigneten freien Trägern entwickeln und durchführen zu lassen. Im Unterschied zur eher fernen Justiz mit Behördencharakter haben letztere den unbestrittenen Vorteil der Nähe zum sozialen wie unmittelbaren kommunalen Umfeld und damit die Möglichkeit, Beratung und Hilfe sehr nah an die Betroffenen und deren Lebenswelt herantragen zu können. Umgekehrt können auch die Kommune im schwierigen Umgang mit rechtsextremen Straftätern beraten, beispielsweise im Fall der Rückkehr in das Gemeinwesen nach Verbüßen einer Haftstrafe.

Ähnliches ist für den Bereich von Diversionsverfahren zu fordern. Nach JGG § 45 kann unter bestimmten Umständen einer Tat von Strafverfolgung abgesehen werden. In der Regel ist das verbunden damit, bestimmte pädagogische Auflagen zu erfüllen. Dazu zählen bspw. ebenso gemeinnützige Tätigkeiten wie die Teilnahme an sozialen Trainings. Auch hier sind nur ausgesprochen wenige Angebote bekannt, die speziell auf die Zielgruppe rechtsextremistisch motivierter junger Täter zugeschnitten sind.

Betroffene Jugendliche und Szenen frühzeitig in den Kommunen erreichen

Jugendliche, die strafrechtlich (auch) im Zusammenhang mit einschlägigen rechtsextremistischen Delikten auffällig werden, sind gerade im beginnenden Jugendalter gut für Jugendhilfe und Jugendarbeit erreichbar. Erkennbar sind die Entwicklungen oft schon früh im Schulalltag. Entsprechend empfiehlt sich die Zusammenarbeit in der kommunalen Auseinandersetzung mit Rechtsextremismus zwischen Kommunalpolitik, Verwaltung, der Jugendhilfe und Schulen – wohl wissend um die Probleme, die diese Zusammenarbeit nach wie vor beinhaltet. Zugleich muss davor gewarnt werden, möglicherweise noch früher oder bereits im Kindesalter entsprechende Gefährdungen ausmachen zu wollen. Gewarnt werden soll gleichzeitig vor prognostischen „Allmachtsphantasien", die früh zu wissen glauben, wohin sich jemand entwickelt. Solche Interpretationen vermeintlich früher Gefährdungen enthalten immer auch eine Festlegung, die stigmatisierend wirkt. Wird sie zudem noch aktenkundig, könnte sie eine Eigendynamik produzieren: Das Urteil steht fest und die Entwicklung nimmt wie eine „sich selbst erfüllende Prophezeiung" ihren Lauf. Das Schwierige an pädagogischer Praxis liegt gerade darin, einerseits aufmerksam für frühe Entwicklungen zu sein, aber immer auch die Offenheit zu zeigen, einmal gefasste Urteile revidieren zu können bzw. mit Anteilnahme die weitere Entwicklung zu verfolgen.

Der Zugang sollte weniger die Defizite von Jugendlichen in den Fokus nehmen. Stattdessen sollten die Angebote sich die Lust und die Motivation vieler Heranwachsender auf Körpererfahrung und Bewegung zunutze machen oder das „Spielen" mit soziokulturellen Aspekten und Zugehörigkeiten. Gerade in erlebnis- und sportbetonten Projekten stecken mannigfaltige Gelegenheiten zum sozialen und moralischen Lernen.

Zugleich gilt aber auch: Solche Angebote sind keine Selbstläufer oder „Allheilmittel" und sollten gerade im kommunalen Vereinssport das Ehrenamt nicht überfordern. Ein attraktives Sportangebot kann ein geeigneter Aufhänger und ein vorteilhaftes Medium sein, um die Gruppe kennenzulernen, um Zugang zu den Jugendlichen zu bekommen und ihr Vertrauen zu gewinnen, etc. Sie funktionieren bei der hier besprochenen Klientel aber zumeist nur mit einem adäquaten Beziehungsangebot. Das heißt, es bedarf „reifer" Ansprechpartner und Identifikationsangebote und damit klarer, aber nicht starrer Vorbilder. Anders gesagt: Man benötigt für diese Arbeit erfahrene pädagogische Kräfte – auch im Sportverein –, die den betroffenen Jugendlichen zur Seite stehen, aber keineswegs sich mit ihnen gemein machen.

Pädagogische Ansprache im kommunalen Sozialraum

Die immer mal wieder zu hörende Empfehlung, entsprechende Kreise und Szenen in Einrichtungen zu „ziehen" oder ihnen gar solche in Gänze (betreut) zur Verfügung zu stellen, ist ebenso schwierig wie prekär. Beispiele für gescheiterte diesbezügliche Projekte gibt es genug. Zwar scheint es verlockend, das Problem aus dem öffentlichen Blickfeld zu nehmen und an einen bestimmten Ort zu delegieren. Gleichzeitig erwächst damit ein eindeutig zu lokalisierender Kristallisationspunkt für die rechtsextreme Szene, für ebenso öffentliche wie „handfeste" Angriffe sowohl auf den Ort als auch von ihm ausgehende. Damit und mit dem daraus erwachsenden berechtigten Interesse der Öffentlichkeit, mit solchen Einrichtungen angemessen umzugehen, erfordert viel Feingefühl und erfahrene pädagogische Kräfte, die zumeist nicht greifbar sind – und schon gar nicht kurzfristig.

Grundsätzlich hilfreicher ist es, entsprechende Cliquen im beginnenden Jugendalter bereits im Sozialraum, also gewissermaßen „draußen" anzusprechen. Möglich ist das mit so genannten **Streetworkern**. Ihr Vorteil ist es, den Sozialraum wie auch die Clique im Blick zu haben und damit auch potentielle Gelegenheitsstrukturen devianten bis kriminellen Handelns.

Gewalttaten und andere kriminelle Delikte unterliegen bei jugendlichen Tätern selten kühlen Mittel-Zweck-Kalkulationen. Der langfristig abwägende Akteur im jugendlichen Alter ist kaum anzutreffen. Es sind vielmehr die situativen Gelegenheiten im halböffentlichen Nahraum, die zur Auseinandersetzung und Reibung gesucht werden, die als „Bühne" zur Selbstdarstellung dienen und zur Überschreitung des Alltäglichen reizen – auch in Form von Gewalt.

Streetwork stellt hier ein Frühwarnsystem für die Kommune und ein Gesprächsangebot für die Jugendlichen dar, darf aber in diesem Feld nicht alleine gelassen werden. Straßensozialarbeit ist vielmehr auf Hintergrundeinrichtungen angewiesen, auf die Kooperation mit Beratungsläden, Ausbildungs- und Qualifizierungsprojekten wie auch allgemeinen Jugendeinrichtungen. Und sie braucht Langfristigkeit und Absicherung. Streetwork ist keineswegs billiger Ersatz für kostenträchtigere Einrichtungen und Personal. Die Gefahr ist verführerisch, in diesem Feld „angelernte" pädagogische Kräfte kurzfristig anzustellen und den Erfolg an das kurzfristig zu erreichende Kriterium zu knüpfen, das Problem aus der Öffentlichkeit „verschwinden" zu lassen und entsprechende Jugendliche „zu heilen". Dies wird in der Praxis aber nicht gelingen. Ideologische Veränderungs- und Ablösungsprozesse aus der rechtsextremen Szene gelingen, wenn überhaupt, nur durch langfristige Begleitung von Jugendlichen durch fachkundige Pädagog/innen und funktionsfähige Einrichtungen.

Rückkehr von Haftentlassenen

Wenig thematisiert wird, was passiert, wenn jugendliche Straftäter aus der Haft entlassen werden. Was geschieht beispielsweise, wenn Täter und Opfer in der Kommune wieder aufeinander treffen, wie ist damit auf beiden Seiten umzugehen? Gefürchtet werden diese Situationen im Übrigen nicht nur von (ehemaligen) Opfern, sondern auch von den „Entlassenen" selber.

Das Violence Prevention Network bietet inzwischen im Rahmen seines Programms für rechtsextrem beeinflusste Jugendliche in Haft ein Unterstützungsprogramm an, sich nicht allein auf den Alltag nach der Haftentlassung vorzubereiten, sondern auch auf die erneute Konfrontationen mit dem Opfer oder potentiellen Opfergruppen.

Dieses „Stabilisierungscoaching" geht mit den entlassenen Jugendlichen im Detail potentielle Gefährdungssituationen durch. Dazu zählen etwa verschiedene Typen von Begegnungen (Zusammentreffen in Gruppenkontexten, in der

Öffentlichkeit, alleine; Optionen zur Affektkontrolle). Gegebenenfalls empfiehlt sich das frühzeitige Arrangement eines bewusst herbeigeführten Zusammentreffens mit früheren Opfern oder angemessenen Vertretern. Doch das ist ein mühevoller Prozess, der vertraulich bleiben muss und – begleitet – in der Autonomie der Beteiligten liegt. Er sollte weder mit überschäumender Erziehungsphilosophie überzogen werden noch die Fortführung strafrechtlicher Konsequenzen bedeuten. Er sollte vorrangig auf die Zukunft gerichtet sein und den Zweck erfüllen, zukünftige Opfer und weitere Straftaten zu verhindern. Und er muss vorrangig die Opferinteressen berücksichtigen.

Opferschutz bedeutet aber auch die sukzessive Wiedereingliederung haftentlassener Straftäter (nicht nur) im Jugendalter, das heißt die Option, in die örtliche Gemeinschaft zurückzukehren. Das Grundrecht auf Freizügigkeit – Art. 11 GG – gilt selbstverständlich auch für ehemalige Strafgefangene – Entwicklungen, bei denen in die Kommune zurückkehrende haftentlassene Straftäter stigmatisiert und in aller Öffentlichkeit an den Pranger gestellt werden, ist entschieden die Stirn zu bieten.

Die haftentlassenen Jugendlichen kehren in aller Regel in eine Situation zurück, die sie überfordert. Sie sind ggf. mit Familiensystemen konfrontiert, die oft selber stark problembelastet sind. Meist stehen die jugendlichen Ex-Häftlinge vor massiven Problemen, mit der plötzlichen Fülle von Selbstverantwortlichkeit und Optionen umzugehen – nach einer Zeit, in der bis ins Detail alles geregelt und strukturiert war. Die Versuchung liegt nahe, zumindest zeitweilig auf die altbekannten „Risiko"-Szenen und Handlungsmuster zurückzugreifen.

Die Kommune sollte in dieser Situation die Integration von entlassenen Jugendlichen offensiv als Aufgabe anerkennen und verstehen lernen, dass damit (auch) Gefährdungssituationen verringert werden. Sie sollte prüfen, inwieweit Jugend(hilfe)leistungen auch für diese Zielgruppe bereitgestellt werden können. Und sie sollte mit ihrem Vereins- und kulturellen Leben Angebote machen (können). So könnten es sich beispielsweise lokale Vereine zur Aufgabe machen, gezielt auf diese Zielgruppe zuzugehen – Vereine sind ein wahrer Hort an Netzwerken, mittels derer sich Optionen auf Arbeit und Ausbildungsplätze oder sonstige Unterstützungsleistungen anbieten.

Etliche Jugendliche, die aus der Haft in ihre heimatlichen Kommunen zurückkehren, waren schon in Kindestagen Vereinsmitglieder, finden aber aus Eigeninitiative kaum noch ins Vereinsleben zurück. Andererseits sollte das Ehrenamt im Vereinswesen auch nicht überfordert werden. Deshalb bedarf es in etlichen Fällen wohl pädagogischer Kräfte an der Seite, die den Integrationsprozess unterstützen können. Den Kommunen und allen ihren Akteuren steht ein breites Angebot an Beratungs- und Unterstützungsnetzwerken offen, das sowohl in pädagogischen als auch etwa in Fragen zu Rechtsextremismus etc. in Anspruch genommen werden kann.

Die Verwobenheit und die Dichte sozialer Bezüge im kommunalen Alltag mögen Zugänge gelegentlich be- oder gar verhindern. Sie kann aber auch mehr ermöglichen als landläufig gedacht, sofern es gelingt, die kommunalen Potentiale zu aktivieren und zu nutzen.

Literatur

BMI – Bundesministerium des Inneren (Hg.): Verfassungsschutzbericht 2006. Berlin 2007.

Heitmann, Helmut; Korn, Judy: Verantwortung übernehmen – Abschied von Hass und Gewalt. Arbeit mit rechtsextrem gefährdeten Gewalttätern innerhalb des Jugendstrafvollzuges und Betreuung nach Haftentlassung. In: ZJJ Nr. 1/ 2006, 17.Jg., S. 38–44.

Osborg, Eckart: Der konfrontative Ansatz der subversiven Verunsicherungspädagogik in der Präventionsarbeit mit rechten und rechtsorientierten Jugendlichen. In: Weidner, Jens; Kilb, Rainer (Hg.): Konfrontative Pädagogik. Konfliktbearbeitung in Sozialer Arbeit und Erziehung. Wiesbaden 2004, S. 65–182.

Steger, Peter: Möglichkeiten der Jugend- und Bildungsarbeit mit rechtsextremistisch beeinflussten Jugendlichen im Sportbereich. In: Violence Prevention Network (Hg.): „Praktische Arbeit mit rechtsextremistisch gefährdeten Jugendlichen". Fachtagung am 18. und 19. Dezember 2008. Tagungsdokumentation. Berlin 2009, S. 20–25.

3

Rechtsextremismus und öffentlicher Raum

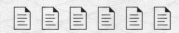

Rechtsextreme Demonstrationen:
Die zivilgesellschaftliche Perspektive

Heiko Schreckenberg, Michael Sturm

Prolog: Ein Wochenende im März

Ein Sonntagnachmittag im März 2009: Im Heinsberger Ortsteil Randerath formieren sich knapp 100 Neonazis zu einer Demonstration. Hinter einem Transparent, auf dem neben dem Slogan „Unsere Therapie hat Langzeitgarantie" ein Galgenstrick abgebildet ist, marschieren die Aktivisten, die überwiegend aus dem Spektrum der Freien Kameradschaften stammen, durch die Kleinstadt im Rheinland. Dabei skandieren sie Parolen wie „Todesstrafe für Kinderschänder" oder „Karl D., aus der Traum, bald hängst du an einem Baum". Mit „Karl D." ist ein aus dem Gefängnis entlassener Sexualstraftäter gemeint, der erst kurz zuvor nach Heinsberg-Randerath gezogen ist, was zu massiven, bundesweit beachteten Protesten in der örtlichen Bevölkerung geführt hatte. Gegenüber der Neonazi-Demonstration, die von einem Großaufgebot der Polizei begleitet wird, bleiben Passanten und Schaulustige auf Distanz. Allerdings ruft die gespenstische Szenerie auch keinen vernehmbaren Widerspruch hervor. In einem im Internet veröffentlichten Bericht feiern die Kameradschaftsaktivisten ihren Aufmarsch daher als Erfolg.

Weniger reibungslos verliefen hingegen die Demonstrationsversuche Dortmunder Neonazis zwei Tage zuvor. Ein breites zivilgesellschaftliches Bündnis hatte zu einem „Frühjahrsputz" im Dortmunder Stadtteil Dorstfeld aufgerufen, bei dem die an Bushaltestellen, Häuserwänden und Laternenmasten zahlreich angebrachten, mit rechtsextremen Parolen versehenen Aufkleber entfernt und in braunen „Drecksäcken" entsorgt werden sollten. An jenem Vormittag waren aber auch rund 50 Angehörige und Sympathisanten des „Nationalen Widerstands

Dortmund" mit dem offenkundigen Ziel erschienen, die antifaschistische Protestaktion zu stören. Ein Vorhaben, das jedoch von der Polizei verhindert wurde. Daraufhin meldeten die rechtsextremen Aktivisten in einiger Entfernung eine „spontane" Kundgebung an. Eine ebenfalls als „spontan" deklarierte Flugblattaktion vor dem Hauptbahnhof endete indessen am Nachmittag mit den vorläufigen Festnahmen mehrerer Kameraden, denen „Landfriedensbruch" vorgeworfen wurde. Diese Maßnahme führte wiederum zur Anmeldung einer weiteren, spätabendlichen Spontankundgebung vor dem Dortmunder Polizeipräsidium, an der sich unter dem Motto: „Stoppt Polizeigewalt" knapp 50 Angehörige der rechtsextremen Szene beteiligten. Auf seiner Internetseite drohte der „Nationale Widerstand Dortmund" anschließend damit, dass es aufgrund des polizeilichen Verhaltens „in den kommenden Wochen vermehrt Aktionen geben" werde.

„Ästhetisierung des politischen Lebens" – Beutung und Inszenierungspraktiken rechtsextremer Aufmärsche

Dieser kurze Blick auf die Aktivitäten von Neonazis in Heinsberg und Dortmund im Verlauf eines Wochenendes macht die zentrale Rolle deutlich, die Aufmärschen und Demonstrationen, aber auch „spontanen" Kundgebungen, Mahnwachen und Flugblattaktionen offenkundig im politischen Selbstverständnis der NPD, besonders aber der Freien Kameradschaften zukommt. Stellten rechtsextreme Versammlungen unter freiem Himmel bis zur Mitte der 1990er-Jahre eher Ausnahmen dar, so hat sich deren Zahl in den vergangenen gut zehn Jahren vervielfacht. Es vergeht kaum ein Wochenende, an dem nicht irgendwo in der Bundesrepublik an einem oder mehreren Orten Gruppen von Rechtsextremisten – angemeldet oder „spontan" – aufmarschieren. Es ist daher nicht übertrieben, von einer regelrechten „Demonstrationspolitik" (Fabian Virchow) der extremen Rechten zu sprechen, die ihren vorläufigen Höhepunkt im Jahr 2005 erreichte, als das Bundesinnenministerium insgesamt 208 rechtsextreme Versammlungen registrierte. Seither ist deren Zahl wieder rückläufig. Fanden im Jahr 2007 rund 140 rechtsextreme Kundgebungen und Demonstrationen statt, waren es 2008 noch 103 Veranstaltungen.[1]

Dieser Rückgang kann allerdings keineswegs als Indiz dafür gelten, dass Aufmärsche und Versammlungen an Bedeutung für die rechtsextreme Szene verlo-

---

1   Angaben nach Deutscher Bundestag: Drucksache 16/8690, 16/9268, 16/10125, 16/10757, 16/11847.

ren haben. Vielmehr ist von deren weiterhin steigender Mobilisierungsfähigkeit auszugehen, die sich jedoch zunehmend auf eine Reihe von Großereignissen konzentriert. So hat sich mittlerweile ein „Demonstrationskalender" mit festen Terminen herausgebildet, die oftmals aufwendig und teilweise mit langem zeitlichem Vorlauf bundesweit beworben werden. Zu nennen sind hier beispielsweise die regelmäßig im Februar stattfindenden „Trauermärsche" in Dresden anlässlich des Jahrestags der Bombardierung der Stadt während des Zweiten Weltkriegs. Zogen im Februar 2008 bereits rund 5 000 Neonazis durch die Stadt, stieg die Teilnehmerzahl im Jahr 2009 auf nahezu 6 000 an. Ein weiteres zentrales Datum für die rechtsextreme Demonstrationspolitik stellt der 1. Mai dar, der von NPD und Freien Kameradschaften seit Mitte der 1990er-Jahre in völkisch-antikapitalistischer Rhetorik zu einem nationalen „Arbeiterkampftag" stilisiert wird. An den Aufmärschen zum 1. Mai 2008 beteiligten sich in Hamburg, Nürnberg, Kaiserslautern und Neustadt/Weinstraße mehr als 3 500 Aktivisten. Seit 2005 firmiert auch der „Nationale Antikriegstag" in Dortmund am ersten Septemberwochenende als regelmäßiger Schauplatz einer rechtsextremen „Erlebniswelt" (Stefan Glaser/Thomas Pfeiffer), der im vergangenen Jahr über 1 000 Neonazis aus ganz Deutschland mobilisierte. Daneben haben sich in den letzten Jahren einige Demonstrationsanlässe mit regionaler Bedeutung (wie etwa in Stolberg bei Aachen oder Bad Nenndorf in Niedersachsen) etabliert, an denen jeweils mehrere hundert Personen teilnehmen.

In diesem Zusammenhang ist eine zunehmende Professionalisierung rechtsextremer Demonstrationspolitik zu beobachten, die nicht nur die vorhandenen juristischen Möglichkeiten voll ausschöpft, sondern sich darüber hinaus moderner Medien und Kommunikationsmittel bedient. Häufig werben eigens gestaltete Internetseiten und Mobilisierungsvideos für die bevorstehenden Ereignisse. Im Anschluss werden die Aufmärsche in der Regel mit zahlreichen „Aktionsberichten" und Fotostrecken dokumentiert und propagandistisch verklärt.

Die konkreten Anlässe und Inhalte der Demonstrationen, das zeigen nicht nur die eingangs genannten Beispiele, orientieren sich dabei am ideologischen Kanon von NPD und Freien Kameradschaften und versuchen, diesen nach außen zu tragen. Die Slogans, unter denen die Aufmärsche angemeldet werden, reichen dabei von rassistischen Forderungen („Deutsche wehrt Euch – Gegen Überfremdung, Islamisierung und Ausländerkriminalität"), über Law-and-order-Parolen („Todesstrafe für Kinderschänder"), bis hin zu geschichtsrevisionistischen Positionen („Ruhm und Ehre dem deutschen Soldaten").

Die zu diesen Anlässen gewählten Ausdrucksformen und Inszenierungspraktiken sind vielfältiger geworden. Versuchen die Organisatoren so genannter

Trauermärsche, wie etwa in Dresden, für ein diszipliniert wirkendes Erscheinungsbild der Versammlungsteilnehmer zu sorgen, sind Demonstrationen, die sich gegen „Polizeigewalt und Repression" oder „linksextremistische Strukturen" richten, zunehmend durch aggressive, gewaltbereite Handlungsmuster gekennzeichnet. Waren die Veranstalter rechtsextremer Aufmärsche bis vor einigen Jahren darauf bedacht, Auflagenbescheide der Versammlungsbehörden und Vorgaben der Polizei penibel einzuhalten, hat sich dies spätestens mit dem seit etwa 2003 zu beobachtenden Auftreten der so genannten Autonomen Nationalisten geändert. Deren Aktivisten, die eine Teilströmung innerhalb der Szene der Freien Kameradschaften repräsentieren, nutzen die Arena der Demonstrationen verstärkt für gewalttätige Auseinandersetzungen mit der Staatsmacht oder politischen Gegnern. Bisheriger Höhepunkt waren Straßenschlachten von Rechtsextremisten mit der Polizei und Gegendemonstranten am 1. Mai 2008 in Hamburg, die zahlreiche Verletzte forderten und hohen Sachschaden verursachten. Ein Jahr später überfielen am 1. Mai 2009 in Dortmund ca. 400 Rechtsextreme aus dem Spektrum der Autonomen Nationalisten eine Demonstration des DGB, nachdem eine angemeldete Demonstration in Hannover verboten wurde.

Die hier skizzierten Entwicklungen im Bereich der Demonstrationspolitik verweisen darauf, dass der Rechtsextremismus in Deutschland mittlerweile die Form einer sozialen Bewegung angenommen hat, der es weniger um parlamentarische Repräsentanz, als vielmehr um lebensweltliche und alltagskulturelle Verankerung geht. Als soziale Bewegungen werden in der sozialwissenschaftlichen Forschung allgemein „Netzwerke von Gruppen und Organisationen" bezeichnet, die durch ein auf „kollektive Identität" gestütztes Handlungssystem „sozialen Wandel mit Mitteln des Protests – notfalls bis hin zur Gewaltanwendung – herbeiführen, verhindern oder rückgängig machen wollen." (Rucht 1994: 76f.). Traf diese Definition zunächst vor allem auf die während der 1970er-Jahre entstandenen emanzipatorischen Protestbewegungen wie etwa die Umwelt- und die Friedensbewegung zu, ist der Rechtsextremismus in Deutschland seit Mitte der 1990er-Jahre ebenfalls durch netzwerkartige Strukturen, kollektive (völkisch-rassistische) Deutungsmuster und ein fundamentaloppositionelles Selbstverständnis gekennzeichnet (Grumke 2008). Nicht mehr legalistisch auftretende Parteien prägen dessen Erscheinungsbild, sondern erlebnisorientierte Kameradschaften, informelle Jugendszenen und eine gewandelte NPD, die sich in Abgrenzung zu den von ihr denunzierten „Systemparteien" als aktivistische „Bewegungspartei" mit antibürgerlichem Gestus stilisiert.

Für die Herstellung, Festigung und Reproduktion dieses kollektiven Selbstverständnisses kommt, wie Fabian Virchow gezeigt hat, der Demonstrationspolitik entscheidende Bedeutung zu (Virchow 2006). Nach „innen" sollen die Aufmärsche vor allem dazu beitragen, ein szeneimmanentes Gemeinschaftsgefühl zu schaffen. Zudem bieten sie die Gelegenheit, noch nicht fest eingebundene rechte Cliquen in bestehende Bewegungsnetzwerke zu integrieren und geeignete Kader zu rekrutieren. Nicht zuletzt fungieren die Versammlungen als Bühne, auf der sich rechtsextreme Aktivisten gemäß ihrer martialischen Selbstbilder als „politische Soldaten" inszenieren können. Dementsprechend ist die beabsichtigte Wirkung der Aufmärsche nach „außen". Nur selten geht es darum, Passanten und Beobachter von den Anliegen der Demonstration argumentativ durch Flugblätter und Redebeiträge zu überzeugen. Im Zentrum rechtsextremer Selbstdarstellung steht vielmehr die bewusst eingenommene drohende Haltung, mit der sich Neonazis öffentliche Räume symbolisch, aber auch – zumindest temporär – ganz real aneignen.

Ganz neu sind diese Aspekte der Demonstrationspolitik freilich nicht. Rechtsextreme Bewegungen, wie der Faschismus in Italien oder der Nationalsozialismus in Deutschland, setzten seit jeher auf Dynamik, Aktivismus und offen zur Schau gestellte Gewaltbereitschaft, kurz: auf die „Ästhetisierung des politischen Lebens" (Walter Benjamin) – wohingegen sich die Ausformulierung kohärenter politischer Positionen auf ein Bündel nationalistischer Mythen und rassistischer Ressentiments reduzieren ließ. Im Zeichen des von NPD und Freien Kameradschaften postulierten „Kampf um die Straße" zeigt sich die nach wie vor bestehende Inkonsistenz rechtsextremer Programmatik, die weniger auf Inhalte denn auf Form und Inszenierungspraktiken setzt. Rechtsextreme Aufmärsche waren und sind somit von einer „Aura der Gewalt" umgeben – und stellen nicht nur deshalb ein Politikum dar.

Der Umgang mit rechtsextremen Demonstrationen: Verbieten oder ignorieren?

Was ist also gegen rechtsextreme Inszenierungspraktiken, gegen Aufmärsche in Kommunen zu tun? Verhindern, protestieren oder ignorieren? Festzustellen ist zunächst einmal, dass Demonstrationsanmeldungen von NPD oder Freien Kameradschaften in den betroffenen Kommunen oftmals vehemente Proteste hervorrufen. Tatsächlich können Rechtsextremisten in aller Regel kaum damit rechnen, außerhalb des eigenen Spektrums Teilnehmer für ihre Veranstaltungen zu mobilisieren. Hingegen sehen sie sich nicht selten mit einer vielfachen Überzahl von Gegendemonstranten konfrontiert, die von massiven Polizeiaufgeboten auf Distanz gehalten werden müssen. Dennoch gelingt es nur in Ausnahmefällen, rechtsextreme Aufmärsche durch Verbotsverfügungen im Vorfeld, Proteste oder Formen zivilen Ungehorsams, wie beispielsweise Sitzblockaden, zu verhindern. Für kommunale und zivilgesellschaftliche Akteure, die sich gegen Rechtsextremismus engagieren (wollen), sind diese Erfahrungen ernüchternd. Häufig resultieren aus den Provokationen, Zumutungen und realen Bedrohungen rechtsextremer Demonstrationspolitik Gefühle von Hilflosigkeit und Handlungsunsicherheit, die schließlich in Apathie und politische Indifferenz münden können. Die anfängliche Empörung über das Auftreten von Rechtsextremisten im öffentlichen Raum weicht einer zunehmend gleichgültigen Haltung, die häufig in der fatalistischen Empfehlung mündet, den marschierenden Neonazis keine Beachtung zu schenken oder sich aber in der Forderung an die Versammlungsbehörden und die Justiz erschöpft, den angekündigten Aufmarsch kurzerhand zu verbieten.

Versammlungsfreiheit – ein Grundrecht

Da die Erfolgsaussichten, mit juristischen Mitteln gegen rechtsextreme Demonstrationen vorzugehen begrenzt sind (vgl. den Artikel von Uwe Berlit in diesem Band), wollen wir uns nach einigen demokratietheoretischen Bemerkungen zur grundsätzlichen Problematik von Versammlungsverboten im Folgenden auf nicht-juristische Handlungsmöglichkeiten konzentrieren.

Die Hoffnung, *vor allem* mit Verboten rechtsextremer Demonstrationspolitik beizukommen, verkennt die juristischen Möglichkeiten, das in Artikel 8 GG garantierte Grundrecht auf Versammlungsfreiheit einzuschränken. Die Bestimmungen des Versammlungsrechts und die Vorgaben des Grundgesetzes bedingen die Entscheidungen der Gerichte. Die Versammlungsfreiheit gilt demnach als wesentliches „Funktionselement eines demokratischen Gemeinwesens" (BVerfG 69, 315). Sie ist nicht zuletzt als Schutz und demokratische Beteiligungsmöglichkeit für Minderheiten in einer pluralistischen Gesellschaft gedacht, die durch das Mehrheitsprinzip organisiert ist. Gerade politisch und medial wenig repräsentierte gesellschaftliche Gruppen können sich so durch öffentliche Meinungsäußerungen und Versammlungen Gehör verschaffen. Der Schutz durch das Grundgesetz muss hier auch für Rechtsextreme und ihre Aufmärsche gelten – sofern sie sich an die das Grundrecht auf Versammlungsfreiheit einschränkenden Gesetze halten – und kann ihnen nicht allein aufgrund etwa moralisch oder ethisch von breiten Gesellschaftsgruppen nicht geteilten Auffassungen entzogen werden. Zum einen wäre ein solches Verhalten selbst zutiefst undemokratisch, zum anderen gilt das Grundgesetz für alle Bürger –

ob sie dessen Wertvorstellungen teilen oder nicht. Dem Politikwissenschaftler Wolf-Dieter Narr ist daher zuzustimmen, wenn er feststellt: „Rechtsextremismen, so schlimm diese sind, oder andere Äußerungsformen bekämpft man nicht mit Verboten, sondern indem man sie zur Kenntnis nimmt, sich auseinandersetzt, ihre Ursachen behebt." (Narr 2002: 8)

Das Bundesverfassungsgericht hat mit dem so genannten Brokdorf-Beschluss diesen hohen Stellenwert der Versammlungsfreiheit bestätigt und damit enge Grenzen für Verbote von Demonstrationen gesetzt. Der Brokdorf-Beschluss vom 14. Mai 1985 (BVerfG 69, 315) gilt als grundlegende Entscheidung zum Versammlungsrecht. Nach einem generellen Verbot von gegen den Bau des Kernkraftwerks Brokdorf gerichteten Demonstrationen durch eine Allgemeinverfügung des Landrats und anschließender Verfassungsbeschwerde der Organisatoren stärkte das Bundesverfassungsgericht das Recht auf Versammlungsfreiheit. Für ein Verbot wurden hohe Hürden geschaffen. So bleibt etwa das Recht auf Versammlungsfreiheit der friedlichen Teilnehmer auch dann erhalten, wenn Ausschreitungen von Einzelnen oder Minderheiten ausgehen, Gefahrenprognosen müssen sich auf konkrete Tatsachen und nicht allein auf Vermutungen oder Annahmen beziehen und die Kooperationsbereitschaft der Veranstalter erhöht die Eingriffsschwelle der Polizei. Aus der Rechtsprechung des Bundesverfassungsgerichts folgt für die Auseinandersetzung mit rechtsextremen Demonstrationen: Einschränkungen oder Verbote aufgrund der Inhalte von Demonstrationen sind nicht vorgesehen, jedoch können Polizei bzw. Versammlungsbehörden mit Auflagen auf die geplante Form der Versammlung Einfluss nehmen. Mit der Föderalismusreform im Jahr 2006 ging die Gesetzgebungskompetenz im Versammlungsrecht an die Länder über, die unterschiedlich mit dessen konkreter Ausgestaltung umgehen. Neue, bereits verabschiedete bzw. geplante Versammlungsgesetze wie in Bayern, Niedersachsen oder Baden-Württemberg werden von zivilgesellschaftlichen Gruppen, Gewerkschaften und Parteien kritisiert, weil sie das Grundrecht auf Versammlungsfreiheit zum Beispiel durch bürokratische Hürden bei der Anmeldung, Ausweitung der Haftbarkeit der Veranstalter und Erweiterung der Datenaufzeichnung und -speicherung durch die Polizei erheblich einschränken und damit Bürgerinnen und Bürger von der Wahrnehmung der Versammlungsfreiheit abschrecken. Das Bundesverfassungsgericht hat nach einer Verfassungsbeschwerde der Gegner des Bayrischen Versammlungsgesetzes am 17. Februar 2009 einem Eilantrag teilweise stattgegeben und das Gesetz bis zur Entscheidung der Verfassungsbeschwerde teilweise außer Kraft gesetzt.

Denn neben der von der Bayrischen Landesregierung gewünschten Verhinderung rechtsextremer Aufmärsche zum „Schutz der Demokratie" schränkt das neue Versammlungsgesetz auch die Grundrechte aller anderen Bürger ein – das „Bürgerforum Gräfenberg ist bunt" gibt daher zu bedenken: „Die Einschränkung von Grundrechten ist […] kein geeignetes Mittel gegen Rechtsextremismus […]. Den exzessiven Missbrauch solcher Rechte durch radikale Minderheiten dadurch zu bekämpfen, dass diese Rechte für alle Bürger beschnitten und eingeschränkt werden, halten wir für einen falschen und gefährlichen Ansatz." (Bürgerforum Gräfenberg 2009)

Auch der Vorschlag, rechtsextreme Versammlungen einfach zu ignorieren und ihnen auf diese Weise ihre öffentliche Resonanz zu nehmen, erweist sich in der Praxis als problematisch. Er unterschätzt den zentralen strategischen Stellenwert der Demonstrationspolitik für NPD und Freie Kameradschaften, die, wie bereits skizziert, für das Selbstverständnis und die Binnenstruktur der Szene eine entscheidende Rolle spielt. Zudem besteht die Gefahr, dass die unwidersprochene temporäre Aneignung des kommunalen Raums durch Rechtsextremisten und ihre Parolen zu deren „Normalisierung" in der öffentlichen Wahrnehmung führt. Die kommunale Auseinandersetzung beginnt daher häufig mit der Einsicht, dass Wegsehen und Ignorieren als erste Reaktion keinen Erfolg bringen. Im Gegenteil kann eine solche passive Reaktion sogar das Problem verfestigen, weil rechtsextreme Demonstrationsanmelder solche Orte gern gezielt und regelmäßig als Aufmarschgebiet nutzen. Matthias Popp, zweiter Bürgermeister der oberfränkischen Stadt Wunsiedel, die sich aufgrund der Grabstätte des ehemaligen Hitler-Stellvertreters Rudolf Heß auf dem örtlichen Friedhof bis zum Jahr 2004 zu einem regelrechten „Wallfahrtsort"[2] für Rechtsextremisten aus ganz Europa entwickelt hatte, sieht in „Nichtbeachtung […] kein wirksames Mittel gegen rechtsextreme Provokationen" und hält Angst für einen „schlechten Ratgeber" (Popp 2007).

Zwar können im Rahmen bewusster politischer Gegenstrategien die demonstrative Missachtung ebenso wie Verbote rechtsextremer Aufmärsche fraglos Handlungsoptionen darstellen, mit denen sich kommunale Akteure *symbolisch* gegen Rechtsextremismus positionieren. Diese Reaktionsmuster sollten aber unbedingt in erkennbare Konzepte eingebunden sein, die eine aktive Auseinandersetzung mit den unterschiedlichen Erscheinungsformen des Rechtsex-

---

2 Rudolf Heß starb am 17. August 1987 im Kriegsverbrechergefängnis in Berlin-Spandau. Seit 1988 finden rund um den Todestag „Gedenkmärsche" der rechtsextremen Szene statt. Zwischen 1991 und 2000 wurden entsprechende Versammlungen in Wunsiedel allerdings verboten. In den folgenden Jahren entschied der Bayerische Verwaltungsgerichtshof zugunsten der Neonazis. So konnten im Jahr 2001 rund 1 000 Rechtsextremisten durch Wunsiedel marschieren. 2002 waren es 3 000, im darauf folgenden Jahr 4 000. 2004 zogen knapp 5 000 Rechtsextremisten durch die Stadt. Seit 2005 untersagte der Bayerische Verwaltungsgerichtshof aufgrund einer veränderten Rechtslage die Rudolf-Heß-Gedenkmärsche in Wunsiedel.

tremismus als ein langfristiges, über den unmittelbaren Anlass hinausgehendes kommunales Querschnittsthema begreifen.

„Wir können sie stoppen!" Aber wie?

Es besteht jedoch kein Anlass, angesichts rechtsextremer Demonstrationen zu resignieren. Im Gegenteil haben die zahllosen Aufmärsche der vergangenen Jahre überall in Deutschland zum Entstehen bemerkenswerter zivilgesellschaftlicher und kommunalpolitischer Initiativen geführt, die phantasievoll und ideenreich dem Rechtsextremismus entgegentreten. Städte wie Wunsiedel und Gräfenberg im nördlichen Bayern, Halbe in Brandenburg oder Bad Nenndorf in Niedersachsen sehen sich teilweise seit Jahren mit regelmäßig wiederkehrenden Aufmärschen und Veranstaltungen konfrontiert. Dort wie auch anderswo versuchen zivilgesellschaftliche und (kommunal)politische Akteure, Demokratie aktiv zu leben und kreativ zu verteidigen.

Die Palette der Handlungsmöglichkeiten und Aktionsformen reicht dabei von Bürger- und Demokratiefesten über Konzerte bis hin zu parodistischen Protestinszenierungen, die darauf abzielen, die martialische Aura rechtsextremer Demonstrationen zu brechen. So persiflierte beispielsweise im Oktober 2004 die Potsdamer Initiative „Kreative Protestformen gegen rechte Aufmärsche" am Rande einer Demonstration von Neonazis deren Auftreten durch Plakate mit Aufschriften wie: „Ich bin stolz ein Stolzer zu sein" oder „Ich bin ein armes kleines Opfer". Akustisch untermalt wurde die Aktion zudem durch lautes Schafsgeblöke (vgl. Potsdamer Neueste Nachrichten vom 19.11.2004). Auf vorwiegend satirische Mittel setzt auch das „Bürgerforum Gräfenberg ist bunt", um den seit November 2006 regelmäßig im Ort von NPD, Jungen Nationaldemokraten und Freien Kameradschaften durchgeführten Aufmärschen[3] zu begegnen. Im Februar 2007 wurde etwa ein Fackelzug von rund 70 Neonazis mit dem vor Ort aus dem Fasching bekannten „Narrhalla"-Marsch beschallt (vgl. Nordbayerische Nachrichten vom 26.02.2007). Irritationen bei den Rechtsextremisten versuchte das Bürgerforum auch mit der Aktion „Demokraten geben hier den Takt an" hervorzurufen. Mit Samba- und Landsknechttrommeln, aber auch durch den Lärm von gegeneinander geschlagenem Kochgeschirr sollten die Neonazis aus dem Konzept gebracht werden. Auf ähnliche Effekte zielten

---

3   In Gräfenberg meldeten Neonazis seit November 2006 insgesamt 37 Aufmärsche im Umfeld des Kriegerdenkmals zum angeblichen „Heldengedenken" an.

die „demokratischen ErLÄUTerungen", bei der zahlreiche Glocken lautstark zum Einsatz kamen. Unter dem Motto: „Wir lassen die Nazis abblitzen" wurden die Rechtsextremisten bei anderer Gelegenheit von zahlreichen Gegendemonstranten mit Fotoapparaten und Blitzlichtern begleitet (Antoni 2008: 14). „Wir kehren die braunen Narren aus der Stadt" lautete schließlich eine weitere öffentlichkeitswirksame Protestaktion. Ausgestattet mit orangefarbenen Warnwesten, Schrubbern, Besen und Handfegern folgten der Bürgermeister von Gräfenberg und andere Engagierte den marschierenden Neonazis, um die Straßen der Stadt im Sinne eines „demokratischen Kehraus" von rechtsextremem Gedankengut zu reinigen.

Neben diesen symbolischen Formen der Auseinandersetzung gibt es aber auch zahlreiche praktische Möglichkeiten, Rechtsextremisten den öffentlichen Raum streitig zu machen. Einen gelungenen Ansatz stellt beispielsweise der eingangs bereits erwähnte „Frühjahrsputz" des Bündnisses „Dortmund gegen rechts" (vgl. http://bdgr.blogsport.de) dar, der nicht nur die Entfernung rechtsextremer Propaganda aus Dorstfeld bezweckte, sondern zudem auf die demonstrative demokratisch-zivilgesellschaftliche Wiederaneignung des als „rechte Hochburg" geltenden Stadtteils abzielte. Nachahmenswert erscheint ebenso die Kampagne „Kein Kölsch für Nazis" (vgl. http://www.hingesetzt.mobi/kneipenkultur/start.htm), zu der sich anlässlich des von der rechtspopulistischen „Bürgerbewegung pro Köln" im September 2008 organisierten „Anti-Islamisierungskongress" rund 130 Gastwirte sowie über 90 Künstler, Bands und Labels zusammengeschlossen hatten. Auf über 1 000 Plakaten und 200 000 Bierdeckeln rief die Initiative medienwirksam zum Protest gegen die Veranstaltung auf und erreichte auf diese Weise eine breite öffentliche Beachtung, die weit über den Kreis der ohnehin schon gegen Rechtsextremismus Engagierten hinausging.

Ob in Potsdam, Gräfenberg, Dortmund oder Köln: Die hier exemplarisch vorgestellten Protestformen versuchen durchaus erfolgreich, eingefahrene Demonstrationsrituale kreativ zu überwinden und dabei durch Mitmach-Angebote möglichst viele Menschen in die Aktionen einzubeziehen. Auf einen weiteren wichtigen Aspekt in diesem Zusammenhang weist Michael Helmbrecht, Sprecher des Bürgerforums „Gräfenberg ist bunt" hin: „Rechtsextremismus ist zwar ein ernstes Problem, die Gegendemonstrationen indessen sollen und dürfen Spaß machen." (Helmbrecht 2008)

Insgesamt zeigen die ausgewählten Beispiele, dass es möglich ist, mit Mut, Witz, Ausdauer und viel persönlichem Engagement eine nachhaltige Beschäftigung mit Rechtsextremismus, Antisemitismus, Rassismus und den von den rechtsextremen Demonstranten gesetzten Themen anzustoßen, die sich nicht auf die einfache Empörung über das jeweils konkrete Ereignis reduziert. So haben diese Initiativen vielfach dazu beitragen, das demokratische Bewusstsein im kommunalen Nahraum insgesamt zu fördern.

Insofern eröffnet die oftmals mühselige und aufreibende Auseinandersetzung mit dem spektakulären und provozierenden öffentlichen Auftreten von Rechtsextremisten auch Chancen, verkrustete zivilgesellschaftliche Strukturen im Gemeinwesen zu aktivieren und neu zu beleben. In ihrem „Drei-Säulen-Konzept" postuliert die NPD unter anderem den „Kampf um die Straße". Diese Herausforderung sollten Kommunen und die Zivilgesellschaft annehmen. Nicht als Aufforderung zur physischen Auseinandersetzung, sondern als Erinnerung daran, dass die in den Außendarstellungen von Städten und Gemeinden oftmals in Anspruch genommenen Begriffe „Demokratie" und „Weltoffenheit" nicht an sich existieren, sondern ständig aufs neue erkämpft und verteidigt werden müssen. Hierfür bedarf es neben einem langen Atem, Diskussionsbereitschaft und Geduld auch tragfähiger Konzepte, die die Einbindung möglichst vieler kommunalpolitischer und zivilgesellschaftlicher Akteure ermöglichen. Auch hierfür muss das Rad nicht neu erfunden werden. Die folgende „Checkliste" trägt einige Erfahrungen und Ideen zusammen, die sich an unterschiedlichen Orten in der Auseinandersetzung mit rechtsextremen Aufmärschen und darüber hinaus bewährt haben.

Aus der Praxis für die Praxis

Die Problemwahrnehmung in einer Kommune ist häufig sehr unterschiedlich. Örtliche Jugendgruppen wollen den Protest vorantreiben und den Aufmarsch verhindern, Stadtrat und Kaufleute haben womöglich Sorgen um das Image des Ortes und wollen den Aktionen der Rechten möglichst wenig Aufmerksamkeit zukommen lassen. Bürgerinnen und Bürger sind empört bis uninteressiert, die Verwaltung wartet auf eine Entscheidung der Gerichte. Diese pointierte Darstellung beschreibt das Spannungsfeld, in dem engagierte Gruppen und Personen über lokal(politisch)e Schranken hinweg gegen rechtsextreme Demonstrationen vorgehen müssen.

- Ein **tragfähiges Bündnis** verschiedenster Organisationen, Gruppen und Personen aus der Kommune kann ein Ausweg aus dem Nebeneinander sein – zentral ist hier die Aushandlung und Definition einer gemeinsamen Basis. Die aktive Stellungnahme gegen neonazistische Erscheinungsformen wirft dabei auch immer die Frage nach dem wofür auf: Im Grundkonsens des breiten Bündnisses „Dresden für Demokratie" (vgl. http://www.dresden-fuer-demokratie.de) haben sich Mitglieder aus verschiedensten zivilgesellschaftlichen und politischen Zusammenhängen auf die universale Gültigkeit des Grundgesetzes und der Menschenrechte, die Wahrung der freiheitlichen demokratischen Grundordnung und eine „aktiven Toleranz" verpflichtet und sich gegen Gewalt, Ausgrenzung, Menschenfeindlichkeit, Rassismus und Rechtsextremismus positioniert. Darauf können sich so verschiedene Akteure wie Kirchen, Parteien, Migrantenorganisationen und Antifaschisten einigen und zusammenarbeiten.

- Um die Konsensfähigkeit zu erhalten und ein Scheitern an inhaltlichen Konflikten zu vermeiden, ist es hilfreich, sich auf **konkrete Ziele** zu verständigen, die das Bündnis zusammenhalten und die es verfolgen will. Das Bürgerforum „Gräfenberg ist bunt" (vgl. http://www.graefenberg-ist-bunt.de) hat sich neben der Entwicklung eines breiten bürgerschaftlichen Engagements und dem Schutz und der Aufklärung von Jugendlichen gezielt auch den Erhalt des guten Rufs und des Images der Stadt zur Abwendung wirtschaftlichen Schadens auf die Fahne geschrieben. Zudem bietet ein vereinbarter und ausgehandelter **Grundkonsens** die Möglichkeit, auch über eine anlassorientierte und unter Handlungsdruck entstandene Auseinandersetzung mit rechtsextremen Erscheinungsformen hinaus nachhaltige Effekte und längerfristiges Engagement in der Kommune zu ermöglichen.

- Der **Moderation** solcher Bündnisse kommt eine zentrale Rolle hinsichtlich der Handlungs- und Dialogfähigkeit zu. Ein von allen Beteiligten akzeptierter, all- bzw. überparteiischer und im Gemeinwesen anerkannter Moderator kann zwischen verschiedene Interessenlagen, politischen Strömungen und lebensweltlichen Zugängen zum Thema vermitteln. Entweder findet sich eine solche Person in der Kommune selber oder etwa professionelle externe Experten können – ebenfalls nur unter der Voraussetzungen entsprechenden Einvernehmens aller Beteiligten – diese Rolle übernehmen. Nach jahrelang weitgehend unbeachtet durchgeführten Aufmärschen („Heldengedenken") von Neonazis am Waldfriedhof in Halbe, eine der größten Kriegsgräberstätten Deutschlands, hat sich 2004 ein lokales Aktionsbündnis gegründet und die Zusammenarbeit mit dem Mobilen Beratungsteam (MBT) Brandenburg gesucht. In der intensiven Begleitung durch das MBT über mehrere Jahre wurde auch und gerade die Kommunikation innerhalb des Bürgerbündnisses thematisiert und bearbeitet (Nienhuisen 2007).

- Die Breitenwirkung, öffentliche Sichtweise sowie die Anerkennung von Protestaktionen und Bündnissen hängt auch mit der **Einbindung deutungsmächtiger Akteure** des Gemeinwesens zusammen. Die Beispiele des breiten Protests gegen den „Anti-Islamisierungs-Kongress" 2008 in Köln, an dessen Spitze sich mit Fritz Schramma der Oberbürgermeister der Stadt stellte, zeigen dies ebenso deutlich wie das Engagement von Karl-Willi Beck, der sich als Oberbürgermeister von Wunsiedel im Jahr 2004 richtungsweisend an den kreativen Protestformen gegen den „Rudolf-Heß-Gedenkmarsch" beteiligte. Außer der Stadtspitze können aber auch die Kaufleute, Vorstände von Vereinen oder Schulleiter in einer Kommune meinungsbildend wirken und sich als Bündnispartner anbieten.

- Neben den genannten Akteuren kommt den lokalen Medien eine besondere Bedeutung zu. Sie bestimmen und beeinflussen maßgeblich Deutungsmuster sozialer und lokaler Konflikte und die Darstellung rechtsextremer Erscheinungsformen. Eine auf den jeweiligen Sozialraum abgestimmte **Öffentlichkeitsarbeit** kann in der Kommune daher für Aufklärung und Handlungsmotivation sorgen (vgl. den Aufsatz von Frank Jansen in diesem Band). Äußern sich Bürgerinnen und Bürger, Lokalpolitik, Vereine und andere Akteure in der Lokalzeitung offen und entschieden gegen Rechtsextremismus und stoßen eine inhaltliche Auseinandersetzung an, kann so der häufig verbreiteten Angst und möglichen Vorbehalten gegen Protestformen und Problembenennung begegnet werden.

- Ergänzend wirken **Informationsveranstaltungen** im Vorfeld von und auch nach Demonstrationen. Sie dienen nicht zuletzt als offenes Forum, um die in den Kommunen häufig emotional ausgetragenen Diskurse über verschiedene Sichtweisen auf das Problem „Rechtsextremismus in unserer Stadt" zu thematisieren und zu versachlichen. Zudem bieten Informations- und Nachbereitungsveranstaltungen die Möglichkeit, über den lokalen Bezug hinaus das Phänomen neonazistischer Aufmärsche in einen Gesamtkontext einzuordnen.

- Für zivilgesellschaftliche Aktionsbündnisse hat sich ein enger **Kontakt zu Polizei und Behörden** als hilfreich erwiesen, um Missverständnissen vorzubeugen und eigene Demonstrationen oder Veranstaltungen störungsfrei durchführen zu können. Dazu gehören die Anmeldung von (Gegen-)Demonstrationen und Kooperationsgespräche mit der Versammlungsbehörde ebenso wie der Austausch mit Stadtverwaltung und Bürgermeister. In Stolberg bei Aachen etwa riefen im April 2009 Stadt und Bürgerbündnis gemeinsam zu einem „Demonstrations-Volkslauf" am Tag des rechtsextremen „Trauermarsches" (für einen im Jahr 2008 erstochenen 19-Jährigen, der nun zu einem Märtyrer stilisiert wird) auf, der gemeinsam vorbereitet wurde. Die Planung kreativen Protests durch Bürgerfeste, Demokratiemeilen oder andere Aktionsformen setzt immer einen guten Kenntnisstand über Route und Inhalte des rechtsextremen Aufmarsches voraus, der nur in Zusammenarbeit mit den zuständigen Stellen zu erreichen ist.

- Gerade langfristiges Engagement und eine Zusammenarbeit über den konkreten Anlass „rechtsextremer Aufmarsch" hinaus fordert von den Akteuren eine **realistische Einschätzung** der Ressourcen, Möglichkeiten und Grenzen – sowohl persönlich für jeden Einzelnen als auch auf die Gestaltungsmöglichkeiten in der Kommune bezogen. Häufig müssen die ersten Zielbeschreibungen oder Wünsche im Laufe der Zeit korrigiert oder umformuliert und die Ansprüche bescheidener gefasst werden. Keinesfalls ist das als Scheitern zu verstehen – in den mehrfach erwähnten, erfolgreich agierenden Bündnissen in Halbe, Gräfenberg oder Wunsiedel konnten so „Durststrecken" überwunden und schließlich auch große Projekte wie der bis heute jährlich stattfindende „Tag der Demokratie" in Wunsiedel verwirklicht werden.

Literatur

Antoni, E.: „Zwa Braune im Weckla". Das fränkische Gräfenberg wehrt sich erfolgreich gegen Nazi-Attacken. In: antifa. Magazin der VVN-BdA für antifaschistische Politik und Kultur. Nr. 3-4/2008, S. 14.

Bürgerforum Gräfenberg: Erklärung zum geplanten bayerischen Versammlungsgesetz, online unter http://www.graefenberg-ist-bunt.de/download/Erklaerung_des_Buergerforums_Graefenberg.pdf

Grumke, Thomas: Die rechtsextremistische Bewegung. In: Roth, Roland; Rucht, Dieter (Hg.): Die sozialen Bewegungen in Deutschland seit 1945. Ein Handbuch. Frankfurt am Main/New York 2008, S. 475-491.

Helmbrecht, Michael: Kreativ demonstrieren. Aber wie? Rezepte aus dem fränkischen Gräfenberg. Online unter: http://www.bpb.de/themen/KWMI5F.html (zuerst veröffentlicht am 26.5.2008).

Narr, Wolf-Dieter: Demokratie und Demonstration. Notizen zur unendlichen Demonstrationskontroverse. In: Bürgerrechte & Polizei/CILIP 72. 2002, S. 6-11.

Nienhuisen, Andrea: Rechtsextreme Aufmärsche am Waldfriedhof in Halbe – der lange Weg eines Bürgerbündnisses zum Erfolg. In: Hülsemann, Wolfram; Kohlstruck, Andreas; Wilking, Dirk: Einblicke II. Ein Werkstattbuch. Potsdam 2007, S. 21-44.

Popp, Matthias: Verhinderung rechtsextremer Aktivitäten in Wunsiedel. In: Bündnis für Demokratie und Toleranz (Hg.): Praxisorientierter Umgang mit rechtsextremistischen Aktivitäten. Dokumentation der bundesweiten Tagung. Berlin 2007, S. 12-14.

Rucht, Dieter: Modernisierung und neue soziale Bewegungen. Deutschland, Frankreich und USA im Vergleich. Frankfurt am Main/New York 1994.

Virchow, Fabian: Dimensionen der „Demonstrationspolitik" der extremen Rechten in Deutschland. In: Klärner, Andreas; Kohlstruck, Michael (Hg.): Moderner Rechtsextremismus in Deutschland. Hamburg 2006, S. 68-101.

Rechtsextreme Demonstrationen:
Juristische Aspekte des adäquaten Umgangs mit rechtsextremen Versammlungen und Aufmärschen[1]

Uwe Berlit

I Einleitung

1 Rechtsextreme Versammlungen als Demokratiegefährdung

Rechtsextreme Umtriebe gefährden die Demokratie. Die auch mit vielfältigen Versammlungsformen verfolgten Ziele rechtsextremer[2] Parteien und Vereinigungen sind mit der rechts- und sozialstaatlichen Demokratie des Grundgesetzes unvereinbar. Aus diesem Befund folgt jedoch nicht zwingend, dass damit zugleich auch die – zu Recht – hohen und komplexen Voraussetzungen für ein Parteiverbot[3] der Sache nach erfüllt sind und nachgewiesen werden können.[4] Eines jedenfalls kann ein Parteiverbot(sverfahren) in keinem Fall bewirken: rechtsextremes Gedankengut aus den Köpfen der Menschen herauszuholen

---

1 Der Beitrag gründet auf dem Einführungsreferat „Missbrauch des Demonstrationsrechts? Auf der Suche nach einem adäquaten Umgang mit rechtsextremen Versammlungen und Aufmärschen" zum Forum 1 der Konferenz der Friedrich-Ebert-Stiftung „Der Aufstand der Zuständigen – Was kann der Rechtsstaat gegen Rechtsextremismus tun?". Berlin, 20. März 2007. Er ist für den Handbuchbeitrag erweitert, aktualisiert und überarbeitet worden.

2 Zu „Unschärfen" dieses Begriffs s. etwa Wüstenberg: Ist die kritisierte Person wirklich rechtsextremistisch gesinnt? NVwZ 2008, 1078; zur Begrifflichkeit s. auch H. Brenneisen/M. Wilksen: Versammlungsrecht. Das hoheitliche Eingriffshandeln im Versammlungsgeschehen. Hilden 2007, 449 ff.

3 Vgl. dazu Volkmann: Dilemmata der Verbotsdebatte. DÖV 2007, 577; s. auch die Beiträge auf http://www.bpb.de/themen/33EARQ,0,0,Schwerpunkt%3A_Debatte_um_NPDVerbot.html.

4 Vgl. dazu BVerfG, B. v. 18.3.2003 – 2 BvB 1/01 u. a. – BVerfGE 107, 339; dazu etwa Volkmann: Zur Einstellung des NPD-Verbotsverfahrens. DVBl. 2003, 605; Ipsen: Das Ende des NPD-Verbotsverfahrens. Prozessentscheidung vs. Sachentscheidung. JZ 2003, 485; Jesse: Der gescheiterte Verbotsantrag gegen die NPD. Die streitbare Demokratie ist beschädigt worden. PVS 2003, 292; Michaelis: Einstellung des NPD-Verbotsverfahrens. NVwZ 2003, 943; L. Flemming: Das NPD-Verbotsverfahren. Vom „Aufstand der Anständigen" zum „Aufstand der Unfähigen". Baden-Baden 2005.

oder dieses gesellschaftlich so weit zu isolieren, dass es keinerlei Wirkkraft mehr entfaltet. Neuere Studien zu rechtsextremen, fremdenfeindlichen und chauvinistischen Meinungen und Haltungen unterstreichen, dass es sich weder um eine Randerscheinung noch – ungeachtet regional unterschiedlicher Ausprägungen und Schwerpunkte – um ein ostdeutsches Phänomen handelt.[5]

Ein Blick auf das Demonstrationsgeschehen rechtsextremer Organisationen und Vereinigungen zeigt zudem: Rechtsextreme Aufmärsche und Versammlungen werden zumeist von Einzelpersonen oder Vereinigungen angemeldet[6] und nach außen organisatorisch getragen, also nicht von nach Art. 21 Abs. 2 GG „verbotsfähigen" politischen Parteien. Ein Parteiverbot könnte unmittelbar mithin nur den „parlamentsorientierten" Strang rechtsextremer Aktivitäten treffen, der die „Kommunalparlamente" mit umfasst,[7] und den „Kampf um die Straße"[8] allenfalls mittelbar insoweit treffen, als die (nicht verbotene) Partei hierfür einen Kristallisationskern bildet und logistische Unterstützung leistet.

2 Unterscheidung rechtliche / politische Dimension: Zumutungen freiheitlicher Ordnungen

Bei rechtsextremen Versammlungen ist systematisch klar zwischen der politischen und der rechtlichen Dimension zu unterscheiden. Politisch ist jede rechtsextreme Versammlung eine zuviel. Anzustreben ist eine Gesellschaft, in der für Rechtsextremismus kein Raum ist – weder in den Köpfen noch auf der Straße – und stattdessen die Achtung der gleichen Würde und rechtlichen Gleichheit aller Menschen vorherrscht. *Politisch* erscheint die Inanspruchnahme demokratischer Freiheitsrechte durch Personen und Gruppierungen, die dieser freiheitlichen Demokratie feindlich gegenüberstehen, vielen als Missbrauch des Versammlungsrechts.

---

5   Vgl. dazu Decker/Brähler. Vom Rand zur Mitte. Rechtsextreme Einstellungen und ihre Einflussfaktoren in Deutschland. Studie im Auftrag der Friedrich-Ebert-Stiftung: Berlin (Forum Berlin) 2006; Decker/Rothe/Weißmann/Geißler/Brähler: Ein Blick in die Mitte. Zur Entstehung rechtsextremer und demokratischer Einstellungen. Studie im Auftrag der Friedrich-Ebert-Stiftung, Berlin (Forum Berlin) 2008.

6   Vgl. etwa LT TH Drs. 4/1377 v. 25.11.2005 (rechtsextreme Demonstrationen).

7   Vgl. dazu B. Hafeneger/S. Schönfelder. Politische Strategien gegen die extreme Rechte in Parlamenten. Folgen für kommunale Politik und lokale Demokratie. Berlin (FES Forum Berlin) 2007.

8   Zur „Dreifachstrategie" der NPD („Kampf um die Straße", Kampf um die Köpfe"; „Kampf um die Parlamente") s. R. Stöss: Rechtsextremismus im Wandel. 2. Aufl., Berlin 2007, 136.

Rechtlich gehört es zu den Zumutungen des demokratischen Verfassungs-
staates des Grundgesetzes, dass er zwischen dem politisch Unerwünschten
und dem rechtlich Verbotenen unterscheidet und es – bis zu durch den durch
das Verfassungsrecht selbst gezogenen Grenzen – dem politischen Prozess
selbst überlässt, den Feinden des Verfassungsstaats entgegenzutreten und ihnen die politische Wirkkraft zu nehmen. Das Grundgesetz schafft hierfür einen prinzipiell auch demokratiefeindliche Minderheiten schützenden äußeren
Rahmen, ohne das Ergebnis der Auseinandersetzung vorwegnehmen zu wollen.[9] Es zieht der demokratisch legitimierten Mehrheit grundrechtlich gewähr-
leistete Grenzen, das einfache Gesetzesrecht gegen politische Minderheiten
– gleich welcher Couleur – in Stellung zu bringen. Auch in der Gesetzesan-
wendung sind alle Träger öffentlicher Gewalt von Verfassungswegen gehalten, sich schützend und fördernd vor eine nicht verbotene Versammlung zu
stellen, auch dann, wenn die handelnden Akteure als aktive Mitglieder der
Zivilgesellschaft die Gegendemonstration gegen einen rechtextremen Aufmarsch organisieren.

Kehrseite der – prinzipiell bis zur Strafbarkeitsgrenze reichenden – Meinungs-
neutralität des Versammlungsrechts ist: Die Durchsetzung des Grundrechts-
schutzes auch mit Mitteln staatlicher Gewalt kann keine Identifikation mit
den Inhalten bedeuten. Diese Unterscheidung muss im Interesse der in solchen Fällen eingesetzten Sicherheitskräfte und der entscheidenden Gerichte
offensiv vermittelt werden, um delegitimierenden Fehlinterpretationen und
vermeidbaren Erschütterungen des bürgerlichen Grundvertrauens entgegenzuwirken oder gar politische Fronten zwischen demokratischen Kräften
aufzubauen.

Das Versammlungsrecht ist so kein effektives Mittel im „Kampf gegen Rechts".
Die Hoffnung, mit versammlungsrechtlichen Mitteln Aufmärsche von Rechtsextremen und Neonazis wirksam aus dem öffentlichen Raum verbannen zu können, stößt an enge Grenzen des Rechts. Das Versammlungsrecht kann allenfalls einen kleinen Beitrag dazu leisten, das Phänomen zu begrenzen und die
prinzipielle ideologische Unfriedlichkeit rechtsextremer Positionen und Ziele
nicht „auf der Straße" wirksam werden zu lassen.

---

9   Dazu J. Seifert: Haus oder Forum. Wertsystem oder offene Verfassung. In J. Habermas (Hg.):
     Stichworte zur „Geistigen Situation der Zeit". Bd. 1, Frankfurt/M. 1979, 321.

3 Problemebenen des rechtlichen Handlungsrahmens

Ausgangspunkt jeder Überlegung zum (rechtlich) adäquaten Umgang mit rechtsextremen Versammlungen und Aufmärschen ist, dass Art. 8 GG auch die Versammlungsfreiheit nicht verbotener rechtsextremer Personen und Gruppierungen schützt und ihre Versammlungen eine politische Realität bilden, der mit rechtsstaatlicher Gelassenheit zu begegnen ist (II.). Die öffentliche Bekundung nicht strafbarer rechtsextremer Irrlehren rechtfertigt nicht, eine Versammlung wegen unmittelbarer Gefährdung der öffentlichen Ordnung zu verbieten (III.). Mit dem auf Gefahrenabwehr begrenzten Handlungsinstrumentarium des Versammlungsrechts können rechtsextreme Versammlungen reguliert werden; es kann und darf ihnen aber nicht jede Wirkung genommen werden (IV). Nur kurz erwähnt werden können die Grenzen, die bundes(verfassungs)rechtlich Verschärfungen des Versammlungsrechts durch Landesrecht gezogen sind (V.)

II Versammlungsrecht auch für Rechtsextreme

1 Geltung des Art. 8 Abs. 1 GG auch für Rechtsextremisten

Der demokratische Rechtsstaat muss die Antwort auf die Frage nach dem adäquaten Umgang mit rechtsextremen Versammlungen und Aufmärschen im Recht suchen. Es eröffnet, gestaltet und begrenzt die Handlungsmöglichkeiten der Einzelnen und ist Grund und Grenze staatlicher Reaktionen auf privaten Freiheitsgebrauch. Die klare Erkenntnis ist hier: Auch für rechtsextreme Versammlungen und Aufmärsche gilt Art. 8 GG. Die darin garantierte Demonstrationsfreiheit für Rechtsextremisten ist (auch) Ausdruck rechtsstaatlicher Toleranz.[10]

Die Versammlungsfreiheit ist ein Grundrecht, über dessen Gebrauch die Einzelnen zu befinden haben, seine Wahrnehmung ist nicht Gegenstand staatlich kontrollierter oder kontrollierbarer Zuteilung. Es gewährleistet „ein Stück ursprünglicher und ungebändigter unmittelbarer Demokratie", so das Bundesverfassungsgericht.[11] Das Versammlungsrecht als Gewährleistung kollektiver Meinungskundgabe ist Teil einer übergreifenden Meinungsfreiheit, des-

---

10 Vgl. Hoffmann-Riem: Demonstrationsfreiheit für Rechtsextremisten? – Grundsatzüberlegungen zum Gebot rechtsstaatlicher Toleranz. NJW 2004, 2777.

11 BVerfG, B. v. 14.5.1985 – 1 BvR 233/81 u. a. – BVerfGE 69, 315 (342 f.) (Brokdorf); st. Rspr.

wegen insoweit auch vom Schutz der Meinungsfreiheit geschützt[12] – und vor allem grundsätzlich inhalts- und meinungsneutral: Welchen Beitrag die Versammlung als Ausdruck „gemeinschaftlicher, auf Kommunikation angelegter Entfaltung" zum politischen Meinungskampf leisten will, kann und darf – bis zur Strafbarkeitsgrenze – die staatliche Gewalt nicht interessieren. Nach der Rechtsprechung des Bundesverfassungsgerichts[13] betreffen versammlungsrechtliche Beschränkungen, die direkt an die Inhalte der geäußerten Meinungen bzw. zu verbreitenden Positionen anknüpfen, den demokratischen, kommunikativen Kerngehalt des Versammlungsrechts und sind an den in Art. 5 Abs. 2 GG geregelten Schranken der Meinungsfreiheit zu messen. Hier gilt: Was im Rahmen der Meinungsfreiheit erlaubt ist, taugt im Versammlungsrecht nicht zum Verbot.[14]

Der Grundrechtsschutz kann rechtsextremen Versammlungen nicht deswegen abgesprochen werden, weil für das rechtsextreme Milieu öffentliche Aufmärsche neben der Funktion der offensiven Meinungsvermittlung und Werbung für rechtsextreme Inhalte auch ein wichtiges Medium der Selbstvergewisserung, der Selbstorganisation und des Erlebens sozialen Zusammenhalts bilden[15] und regelmäßig die expressiven Elemente eine spezifische Rolle einnehmen. Der Schutz greift aber nur für Versammlungen i. S. d. Art. 8 Abs. 1 GG, die durch die kollektive Meinungskundgabe geprägt sind. Stehen der „Erlebnisgehalt" allgemeinen Zusammenseins unter Gleichgesinnten, „Geselligkeit" oder szenetypische Kultur im Vordergrund, wie zum Beispiel bei Konzerten der organisierten Skinhead-Szene oder so genannten Liederabenden, greift allgemeines oder besonderes Ordnungsrecht.[16]

12 Bull: Grenzen des grundrechtlichen Schutzes für rechtsextremistische Demonstrationen, 2000, 15; Rossen-Stadtfeld: Öffentliche Ordnung, bürgerliches Vertrauen und die neo-nationalsozialistische Versammlung. BayVBl. 2009, 41.

13 BVerfG, B. v. 13.3.1994 – 1 BvR 23/94 – BVerfGE 90, 241 (246) („Auschwitzlüge"); B. v. 24.3.2001 – 1 BvQ 13/01 – NJW 2001, 2069 (2070); B. v. 8.12.2001 – 1 BvQ 49/01 – NVwZ 2002, 713.

14 Vgl. auch Waechter: Die Vorgaben des Bundesverfassungsgerichts für das behördliche Vorgehen gegen politisch extreme Versammlungen: Maßgaben für neue Versammlungsgesetze der Länder. VerwArch 99 (2008), 73 (86 f.); s. auch Dörr: Keine Versammlungsfreiheit für Neonazis. VerwArch 93 (2002), 485 (500).

15 Vgl. Rossen-Stadtfeld (Fn. 12). BayVBl. 2009, 42

16 Vgl. Sigrist: Polizeiliches Einschreiten gegen Skinhead-Konzerte. Die Polizei 2005, 165; s. auch Tahlmair: Skinhead-Konzerte: Sind die Behörden machtlos? BayVBl. 2002, 517; Führing: Zu den Möglichkeiten der Verhinderung von Skinheadkonzerten. NVwZ 2001, 157.

2 Schutzpflicht des Staates für rechtsextreme Versammlungen

Art. 8 GG enthält sowohl ein subjektives Abwehrrecht gegen staatliche Beschränkungen als auch eine verfassungsrechtliche Grundentscheidung zugunsten dieser Form der Meinungsäußerung. Dies umfasst die grundsätzliche Pflicht des Staates, die Durchführung von Versammlungen und Aufzügen durch eine grundrechtsfreundliche Wahrnehmung ihrer Befugnisse zu ermöglichen, und birgt auch eine leistungsrechtsähnliche Schutzpflicht des Staates, die Grundrechtsausübung vor Störungen und Ausschreitungen Dritter zu schützen.

3 Grundrechtsverwirkung als Grenze des Freiheitsgebrauchs durch Rechtsextreme?

Das Grundgesetz versteht sich als „wehrhafte" Demokratie",[17] die Schutzvorkehrungen gegen eine Zerstörung der existentiellen Grundlagen der Demokratie vorsieht. Das Grundgesetz selbst bestimmt indes, welche Grenzen dem Freiheitsgebrauch durch die „Feinde der Freiheit" gezogen sind.

Nicht alles, was sich aus der Perspektive eines politisch aufgeklärten Bürgers, der sich der aus der deutschen Geschichte folgenden besonderen Verantwortung bewusst ist, als „Missbrauch" des Versammlungsrechts darstellt, ist es auch im Rechtssinne. Das Grundgesetz führt in Art. 18 GG die Versammlungsfreiheit zwar als verwirkbares Grundrecht auf. Art. 18 GG knüpft die Grundrechtsverwirkung indes daran, dass (u. a.) die Versammlungsfreiheit zum Kampf gegen die freiheitliche demokratische Grundordnung missbraucht wird, und klärt damit zugleich, dass bis zu dieser Grenze auch der politisch unerwünschte Grundrechtsgebrauch im Rechtssinne keinen „Missbrauch" bildet. Die materiell-rechtlichen Hürden sind dabei ähnlich hoch wie beim Parteiverbot.[18] Bereits diese materiell-rechtlichen Anforderungen erfassen allenfalls einen kleinen Ausschnitt der am rechtsextremen Demonstrationsgeschehen Beteiligten. Art. 18 GG bezieht sich zudem nur auf das Handeln einzelner Grundrechtsträger, denen bei festgestellter Verwirkung die künftige Grundrechtsausübung verwehrt ist, nicht die Demonstrationen als

---

17 Becker, in: Isensee/Kirchhof (Hg.), Handbuch des Staatsrechts, Bd. VII, § 168; Papier/Durner: Streitbare Demokratie. AöR 128 (2003), 340; s. auch M. Möllers: Keine Freiheit den Feinden der Freiheit. Instrumente wehrhafter Demokratie in der Praxis. In: ders. / R. C. van Ooyen (Hg.): Jahrbuch Öffentliche Sicherheit 2008/2009, 2009, 117 ff.

18 Pagenkopf in: Sachs (Hg.): GG, 5. Aufl., 2009, Art. 18 GG; Möllers (Fn. 17), 140 ff.

solche. Die Grundrechtsverwirkung ist vor allem – ebenso wie das funktional gleichgerichtete Parteienverbot – an die verfahrensrechtliche Sicherung gebunden, dass die Entscheidung hierüber beim Bundesverfassungsgericht konzentriert ist; lediglich bei Vereinigungsverboten (Art. 9 Abs. 2 GG i. V. m. §§ 3 ff. VereinsG) hat die Exekutive Handlungsbefugnisse. Die Grundrechtsverwirkung kann zur Begrenzung des rechtsextremen Demonstrationsgeschehens keinen (beachtlichen) Beitrag leisten.

4 Das Grundgesetz: eine „antifaschistische Wertordnung"?

In der Auseinandersetzung, ob rechtsextreme Versammlungen nach den Maßstäben des Grundgesetzes als „Verletzung der öffentlichen Ordnung" zu werten sind,[19] ist auch die Frage aufgeworfen worden, ob das Grundgesetz als „antifaschistische Wertordnung" verfassungsunmittelbar gegenüber rechtsextremen, neonazistischen Meinungen und Positionen weitergehende, diese abwehrende Eingriffe zulässt oder diese bewusste Abkehr vom Nationalsozialismus zumindest bei der Anwendung und Auslegung einfachrechtlicher Generalklauseln fruchtbar gemacht werden kann. Teils wird hierfür an Art. 139 GG[20] angeknüpft, nach dem das Grundgesetz die Rechtsvorschriften zur „Befreiung des deutschen Volkes vom Nationalsozialismus und Militarismus" erlassenen Rechtsvorschriften nicht berühre, und ergänzend das Friedensgebot des Art. 26 GG aktiviert, das auch Privaten unter anderem Handlungen verbietet, „die geeignet sind und in der Absicht vorgenommen werden, das friedliche Zusammenleben der Völker zu stören".

Diese Ansätze haben sich – dogmatisch im Ergebnis zu Recht – nicht durchgesetzt. Das Grundgesetz ist in seiner freiheitlichen Struktur, die die Würde des Menschen in den Mittelpunkt stellt, und der Ausgestaltung der staatlichen Institutionen ein klarer Gegenentwurf zum nationalsozialistischen Unrechtsregime. Der „antifaschistische Gründungsmythos" (auch) der Bundesrepublik ist aber nicht zu einer selbstständigen, vom Verfassungstext gelösten Eingriffsgrundlage zu überhöhen und taugt auch nicht dazu, den nach Wortlaut und Entstehungsgeschichte sachlich und zeitlich auf ein begrenztes Übergangsphänomen der Entnazifizierung bezogenen Art. 139 GG als ein dauer-

---

19 Vgl. u. Abschnitt III.

20 Vgl. dazu Pawlita/Steinmeier: Bemerkungen zu Art. 139 GG – Eine antifaschistische Grundsatznorm? DuR 1980, 393; Lübbe-Wolff: Zur Bedeutung des Art. 139 GG für die Auseinandersetzung mit neonazistischen Gruppen. NJW 1988, 1289.

haftes „Sonderrecht gegen Rechts" zu interpretieren.[21] Das Grundgesetz selbst bestimmt nach Voraussetzungen und Verfahren ausdrücklich, in welchem Umfang bestimmte Anschauungen und Positionen von vornherein aus dem demokratischen Willensbildungsprozess ausgeschlossen werden können – und setzt gerade durch die Strukturentscheidung für die rechtsstaatliche Hegung der Bekämpfung des „politischen Gegners" einen entscheidenden Gegenakzent gegen den Nationalsozialismus. Die implizite Strukturentscheidung erlaubt nicht, die expliziten Voraussetzungen und Grenzen des rechtsstaatlichen Vorgehens gegen neonazistische und rechtsextreme Positionen, die in Art. 9 Abs. 2, Art. 18 und Art. 21 Abs. 2 GG geregelt sind, unter Berufung auf eine überpositive Wertordnung zu unterlaufen und niedrigschwelligere Verbote und Beschränkungen zuzulassen:[22] „Der Antinazismus des Grundgesetzes ist implizit, nicht explizit".[23]

5 Zwischenfazit: rechtsstaatlicher, gelassener Umgang mit, nicht Verbot von rechtsextremen Versammlungen

Ein demokratischer Umgang mit rechtsextremen Versammlungen und Aufmärschen muss diese (grund)rechtlichen Rahmenbedingungen akzeptieren und anerkennen, dass in der Demokratie auch Rechtsextreme Grundrechte haben. Im politischen Kampf gegen den Rechtsextremismus darf die freiheitlich-rechtsstaatliche Rechtsordnung nicht durch ein Sonderrecht für diese Verfassungsgegner ausgehöhlt werden, soweit sie die für alle geltenden Gesetze und die aus dem Friedlichkeitsgebot von Versammlungen folgenden Grenzen beachten. Das Versammlungsrecht ist kein geeignetes Mittel, rechtsextreme Versammlungen und Aufmärsche im öffentlichen Raum vollständig zu unterbinden oder spürbar zurückzudrängen.

---

21 Rühl: „Öffentliche Ordnung" als sonderrechtlicher Verbotstatbestand gegen Neonazis im Versammlungsrecht. NVwZ 2003, 531 (533 f.).

22 Vgl. auch BVerfG, B. v. 19.1.22007 – 1 BvR 2793/04 – NVwZ 2008, 671 (672 f.): „Das Grundgesetz enthält darüber hinaus in Art. 9 Abs. 2, Art. 18 und Art. 21 Abs. 2 sowie auch in Art. 26 Abs. 1 besondere Schutzvorkehrungen, die zeigen, dass der Verfassungsstaat des Grundgesetzes sich gegen Gefährdungen seiner Grundordnung – auch soweit sie auf der Verbreitung nationalsozialistischen Gedankenguts beruhen – im Rahmen rechtsstaatlich geregelter Verfahren wehrt. Aus den aufgeführten Normen des Grundgesetzes können aber keine weiter gehenden Rechtsfolgen als die ausdrücklich angeordneten abgeleitet werden. Die Sperrwirkung dieser Vorschriften steht daher insbesondere einer Berufung auf ungeschriebene verfassungsimmanente Schranken als Rechtfertigung für sonstige Maßnahmen zum Schutz der freiheitlichen demokratischen Grundordnung entgegen."

23 Rühl (Fn. 21), NVwZ 2003, 536.

Es ist primär Aufgabe zivilgesellschaftlicher Gegenaktivitäten, die politische Auseinandersetzung mit dem Rechtsextremismus zu suchen und dadurch die Wirkungen rechtsextremer Versammlungen und Aufmärsche zu minimieren. Kreative Gegendemonstrationen wie die Begleitung einer Neonazidemonstration in Leipzig mit Lachsäcken sind hier nur ein Beispiel. Der Rechtsstaat muss mit rechtsextremen Versammlungen und Aufmärschen als „Normalität" leben, solange es rechtsextreme, neonazistische Positionen und Haltungen in der Gesellschaft gibt, die kollektiv und organisiert nach politischer Wirkung streben. Rechtsextreme Versammlungen spiegeln die Tatsache, dass wir in der Bundesrepublik nicht nur eine beachtliche Zahl von Personen mit einem geschlossenen, rechtsextremistischen Weltbild und eine erschreckend hohe Zahl von Wähler/innen haben, die die verfassungsfeindliche Programmatik rechtsextremer Parteien mit ihrer Stimme unterstützen, sondern dass eine Vielzahl nicht verbotener, vernetzter Organisationen und Vereinigungen mit exponierten Einzelpersonen als Organisatoren solcher Versammlungen zu Verfügung stehen.

Für den demokratischen Rechtsstaat ist das beachtliche rechtsextreme Potential in der Gesellschaft ein Alarmsignal, die damit verbundenen Folgen einer wachsenden öffentlichen Sichtbarkeit Teil einer unbequemen, nicht hinzunehmenden Realität. Versammlungsrechtlich sind rechtsextreme Versammlungen aber insoweit als „Normalität" zu sehen, als der rechtliche Umgang hiermit von rechtsstaatlicher Gelassenheit und nicht politischer Aufgeregtheit getragen sein muss. Die notwendige und klare politische Ablehnung der menschenverachtenden Ziele, die auch von Trägern öffentlicher Gewalt zu zeigen ist, darf diese nicht zu einem „Missbrauch des Versammlungsrechts" dahin verleiten, durch erkennbare rechtswidrige Verbote oder Auflagen politische Signale zu setzen.

Das Versammlungsrecht schützt die pointierte Meinungskundgabe und die gewaltfreie Provokation. Das hierin liegende Potential haben auch die Neonazis erkannt. Die „Brandstifter" verkleiden sich als „Biedermann" und deklarieren für ihre Versammlungen Parolen und Ziele, die die rechtsextremen Ziele nicht durchweg offenkundig werden lassen und (zumeist) strafrechtlich (gerade noch) unbedenklich sind, wählen aber zugleich Orte, Zeitpunkte und Versammlungsrouten, die nur als gezielte Provokation verstanden werden können. Sie kennen die Grenzen ihrer Rechte und setzen auf Überreaktionen – der Versammlungsbehörden und vor allem von Gegendemonstranten, die ihnen die erhoffte Medienpräsenz verschaffen. Mehr Gelassenheit im Umgang bedeutet indes nicht Verzicht auf Gegenreaktionen, sondern bestimmt deren Ziele und Methoden.

III Rechtsextreme Versammlungen als unmittelbare Gefährdung der öffentlichen Ordnung?

Rechtsextreme Versammlungen und Aufmärsche knüpfen bewusst an die nationalsozialistische Ideologie an, ihre chauvinistischen, antisemitischen und sozialdarwinistischen Grundpositionen mit dem Ziel der Errichtung einer menschenverachtenden, rechtsautoritären Diktatur. Diese spezifische Koppelung mit der geschichtlichen Erfahrung des realen Versagens des deutschen Volkes birgt phänomenologisch ein besonderes „Störungspotential":[24]

Inwieweit diese Besonderheit nicht nur politisch-historisch festzustellen ist, sondern hieraus normative Konsequenzen zu ziehen sind, war in den vergangenen Jahren Gegenstand einer in der Rechtsprechung nach Art und Intensität ungewöhnlichen Kontroverse zwischen (insb.)[25] dem OVG Nordrhein-Westfalen und dem Bundesverfassungsgericht. Kern war die Frage, unter welchen Voraussetzungen bei rechtsextremen, neonazistischen Versammlungen eine unmittelbare Gefährdung der öffentlichen Ordnung[26] anzunehmen ist, die das Verbot einer Versammlung rechtfertigt.[27]

Hinter diesem Konflikt steht letztlich die Frage, ob das Grundgesetz eine implizit oder explizit antifaschistische Rechtsordnung bildet.[28] Politisch auf den ersten Blick sympathischer ist der Ansatz des OVG Nordrhein-Westfalen. Ver-

---

24 Vgl. Rossen-Stadtfeld (Fn. 12). BayVBl. 2009, 41 (45).

25 BayVGH, B.v. 26.11.1992 – 21 B 92.1672 – BayVBl. 1993, 658 (659); HessVGH, B.v. 3.2.1989 – 3 TH 375/89 – NJW 1989, 1448 (aggressive ausländerfeindliche Wahlwerbung); B.v. 17.9.1993 – 3 TH 2190/93 – NVwZ-RR 1994, 86 (87) („Ja zur Reichskriegsflagge"); VGH BW, B.v. 22.1.1994 – 1 S 180/94 – NVwZ-RR 1994, 393.

26 Umfassend zu diesem Begriff des Versammlungsrechts Chr. Baudewin: Der Schutz der öffentlichen Ordnung im Versammlungsrecht, 2007.

27 Zu Einzelheiten s. R. Röger: Demonstrationsfreiheit für Neonazis? Analyse des Streits zwischen BVerfG und OVG NRW und Versuch einer Aktivierung des § 15 VersG als ehrenschützende Norm. Berlin 2004; W. Leist: Versammlungsrecht und Rechtsextremismus. Die rechtlichen Möglichkeiten, rechtsextreme Demonstrationen zu verbieten oder zu beschränken. Hamburg 2003, 94 ff.; P. Bühring: Demonstrationsfreiheit für Rechtsextremisten. Verfassungsrechtliche Spielräume für eine Verschärfung des Versammlungsgesetzes. München 2004, 7 ff.; Battis/Grigoleit: Die Entwicklung des versammlungsrechtlichen Eilrechtsschutzes – eine Analyse der neuen BVerfG-Entscheidungen. NJW 2001, 2051; dies., Neue Herausforderungen an das Versammlungsrecht. NVwZ 2001, 121; Beljin: Neonazistische Demonstrationen in der aktuellen Rechtsprechung. DVBl. 2002, 15; Hoffmann-Riem: Neuere Rechtsprechung des BVerfG zur Versammlungsfreiheit. NVwZ 2002, 257; ders. (Fn. 10), NJW 2004, 2777; Bertrams: Demonstrationsfreiheit für Neonazis? In: FS C. Arndt zum 75. Geburtstag. Baden-Baden 2002, 19 ff.; Roth: Rechtsextremistische Demonstrationen in der verwaltungsgerichtlichen Praxis. VBlBW 2003, 41; Dietel: Ist die öffentliche Ordnung tragfähige Rechtsgrundlage zum Einschreiten bei rechtsextremistischen Aufmärschen? Die Polizei 2002, 337.

28 Vgl. o., Abschnitt II.4.

fassungspolitisch und -dogmatisch ist aber der Ansatz der Bundesverfassungsgerichts vorzugswürdig. Für die Rechtspraxis ist die Rechtsprechung des Bundesverfassungsgerichts schon wegen seiner Befugnis heranzuziehen, das Grundgesetz mit Bindungswirkung für alle Staatsorgane letztverbindlich authentisch auszulegen.

1 Rechtsauffassung des OVG NRW

Das OVG Nordrhein-Westfalen[29] sah den Rechtsbegriff der „öffentlichen Ordnung" durch die Wertmaßstäbe des Grundgesetzes geprägt, in denen sich eine Absage an jegliche Form von Totalitarismus, Rassenideologie und Willkür niederschlage, wie sie für das nationalsozialistische Regime kennzeichnend sei. Diese Ideologie sei mit der Menschenwürde und den in Art. 20 GG niedergelegten Strukturprinzipien ebenso unvereinbar wie dem der Völkerverständigung dienenden Friedensgebot (Art. 1 Abs. 2, 24 Abs. 2, 26 Abs. 1 GG). Eine rechtsextremistische Ideologie wie die des Nationalsozialismus lasse sich unter dem Grundgesetz nicht – auch nicht mit den Mitteln des Demonstrationsrechts – legitimieren.

Hieraus folgten für das OVG NRW verfassungsimmanente Beschränkungen, denen für die Meinungs- und Versammlungsfreiheit auch im Vorfeld von Parteiverbot und Grundrechtsverwirkung Rechnung zu tragen sei. Soweit solche Versammlungen nicht schon aus dem Schutzbereich der Demonstrations- und Meinungsäußerungsfreiheit (Art. 5 Abs. 1, Art. 8 Abs. 1 GG) ausgenommen seien, sieht es durch Versammlungen, die direkt oder indirekt den Nationalsozialsozialismus und seine mit den Wertvorstellungen des Grundgesetzes unvereinbare Ideologie verherrlichen, jedenfalls die öffentliche Ordnung konkret gefährdet bzw. verletzt – und zwar auch dann, wenn die Schwelle der Strafbarkeit im Einzelfall noch nicht erreicht ist. Diese Verletzung der öffentlichen Ordnung rechtfertige regelmäßig das Verbot der Versammlung, weil Auflagen einer Versammlung nicht ihren von den Veranstaltern an sich gewollten Charakter nehmen dürften.

---

29 OVG NRW, B. v. 23.3.2001 – 5 B 395/01 – NJW 2001, 2111; B. v. 12.4.2001 – 5 B 492/01 – NJW 2001, 2113; B. v. 30..4.2001 – 5 B 585/01 – NJW 2001, 2114; B. v. 29.6.2001 – 5 B 832/01 – NJW 2001, 2986 (2987); B. v. 25.1.2001 – 5 B 115/01 – DVBl 2001, 584; grundsätzlich übereinstimmend Battis/Grigoleit (Fn. 27), NVwZ 2001, 121; dies. (Fn. 27), NJW 2001, 2051.

2 „Öffentliche Ordnung" und Meinungsinhalte in der Rechtsprechung des Bundesverfassungsgerichts

Dieser Auffassung ist das Bundesverfassungsgericht in gefestigter Rechtsprechung vor allem für Beschränkungen entgegengetreten, die unmittelbar an Gefahren anknüpfen, die aus den Meinungsinhalten der Versammlung folgen – also deren Motto, Gegenstand oder Anlass, den vorgesehenen Parolen, das zu spielende Liedgut, die zu haltenden Ansprachen.

Nach der Rechtsprechung des Bundesverfassungsgerichts[30] bildet den Maßstab für meinungsspezifische Beschränkungen Art. 5 Abs. 2 GG, nicht Art. 8 GG. Versammlungsverbote oder -beschränkungen können nicht auf Meinungsäußerungen gestützt werden, die nicht schon nach Art. 5 Abs. 2 GG verboten sind. Eine Meinungsäußerung, die außerhalb der Versammlung nicht nach Art. 5 Abs. 2 GG beschränkt werden dürfe, sei auch im Rahmen der kollektiven Meinungsäußerung im Rahmen einer Versammlung zuzulassen.[31] Der Schutzbereich der Meinungsäußerungsfreiheit sei weit in Bezug auf Meinungen, die durch die subjektive Einstellung des sich Äußernden zum Gegenstand der Äußerung und das Element der Stellungnahme und des Dafürhaltens gekennzeichnet seien: In den durch Art. 5 Abs. 2 GG gezogenen Grenzen ist unerheblich, ob die Äußerung „wertvoll" oder „wertlos", „richtig" oder „falsch", emotional oder rational begründet ist[32] oder als verbales Erkennungszeichen politisch agierender Rechtsradikaler gilt, wie dies vielfach bei Verbindungen mit dem Wort „national" der Fall ist.[33] § 15 Abs. 1 VersG bedürfe daher aus verfassungsrechtlichen Gründen einer einschränkenden Auslegung dahingehend, dass eine Gefahr für die öffentliche Ordnung als Grundlage beschränkender Verfügungen ausscheidet, soweit sie im Inhalt von Äußerungen gesehen wird.

Das Bundesverfassungsgericht stellt allerdings klar: Die Meinungsäußerungsfreiheit ist nicht schrankenlos gewährleistet. Nach Art. 5 Abs. 2 GG kann sie

---

30 Vgl. nur BVerfG, B. v. 23.6.2004 – 1 BvQ 19/04 – BVerfGE 111, 147; dazu (kritisch) Battis / Grigoleit: Rechtsextremistische Demonstrationen und öffentliche Ordnung – Roma locuta? NJW 2004, 3459; Wege: Präventive Versammlungsverbote auf dem verfassungsrechtlichen Prüfstand. NVwZ 2005, 900.

31 Vgl. auch BVerfG, B. v. 23.6.2004 – 1 BvQ 19/04 – BVerfGE 111, 147; B. v. 26.1.2006 – 1 BvQ 3/06 – NVwZ 2006, 585; aus jüngerer Zeit etwa B. v. 7.11.2008 – 1 BvQ 43/08 -; B. v. 19.12.2007 – 1 BvR 2793/04 – NVwZ 2008, 671.

32 BVerfG, U. v. 22.6.1982 – 1 BvR 1376/79 – BVerfGE 61, 1 (7).

33 BVerfG, B. v. 19.12.2007 – 1 BvR 2793/04 – NVwZ 2008, 671 (674) (insoweit gegen die Auffassung des OVG BE/BB [U. v. 29.8.2006 – 1 B 19.05 –], Äußerungen mit der Wortfolge „Nationaler Widerstand" seien als bloße Kennzeichnung einer rechtsradikalen politischen Bewegung bereits vom Schutzbereich der Meinungsfreiheit nicht umfasst).

durch allgemeine Gesetze, die sich nicht gegen die Meinungsfreiheit an sich oder gegen die Äußerung einer bestimmten Meinung richten dürften, im Interesse des Schutzes meinungsneutraler Rechtsgüter beschränkt werden. Die allgemeinen Gesetze, insbesondere die Strafgesetze, hätten indes Beschränkungen von Meinungsäußerungen an nähere tatbestandliche Voraussetzungen gebunden und sähen eine Berufung auf das Tatbestandsmerkmal der „öffentlichen Ordnung" nicht vor. Gerade weil Meinungsäußerungsfreiheit nicht unter den Vorbehalt gestellt werden dürfe, dass die geäußerten Meinungsinhalte herrschenden sozialen oder ethischen Auffassungen nicht widersprechen, seien die tatbestandlichen Grenzen des Strafrechts nicht unter Berufung auf die öffentliche Ordnung durch Beschränkungen jenseits des Rechtsgüterschutzes zu überspielen, zumal die Strafrechtsordnung selbst die Bekämpfung solcher Rechtsgutverletzungen vorsieht, die etwa durch antisemitische oder rassistische Äußerungen erfolgten. Die zur Abwehr nationalsozialistischer Bestrebungen geschaffenen Strafrechtsnormen seien auch sonst abschließend, zusätzliche „verfassungsimmanente Grenzen" nicht anzuerkennen.

Bei meinungsbezogenen Verboten und Beschränkungen ist hiernach nicht entscheidend der neonazistische, fremdenfeindliche, rechtsextreme Meinungsinhalt oder die erkennbare Absicht, für neonazistische Anliegen oder Positionen zu werben.[34] Versammlungsrechtlich relevant wird der Inhalt von Meinungsäußerungen nur und erst dann, wenn sie – bei im Lichte der Meinungsäußerungsfreiheit grundrechtsfreundlicher Auslegung – die Strafbarkeitsgrenze überschreiten.[35] Es gilt hierbei die Vermutung zugunsten freier Rede in öffentlichen Angelegenheiten.[36] Die versammlungsrechtliche Prüfung, ob drohende Straftaten das Versammlungsverbot rechtfertigen, verschiebt sich hin zu einer tragfähigen strafrechtlichen Prüfung, ob die mit hinreichender Sicherheit zu erwartenden Äußerungen auch strafbar sind. Dies ist längst nicht bei allen fremdenfeindlichen, rechtsextremen Äußerungen der Fall. Nicht gerechtfertigt sind hiernach zum Beispiel Verbote oder Beschränkungen, die an das Motto „Todesstrafe für Kinderschänder / gegen Inländerdiskriminierung" anknüpfen,[37] Wortbildungen wie „Nationaler Widerstand" oder „Freie Nationalisten" untersagen[38] oder das Skandieren der Parole „Ruhm und Ehre der Waffen-SS"

---

34 BVerfG, B. v. 12.4.2001 – 1 BvQ 19/01 – NJW 2001, 2075 (2076); B. v. 5.9.2003 – 1 BvQ 32/03 – NVwZ 2004, 90.

35 BVerfG, B. v. 7.4.2001 – 1 BvQ 17 u. 18/01 – NJW 2001, 2072 (2074).

36 Vgl. BVerfG, U. v. 15.1.1958 – 1 BvR 400/51 – BVerfGE 7, 198 (208) (Lüth); st. Rspr.

37 BVerfG, B. v. 1.12.2007 – 1 BvR 3041/07 –.

38 BVerfG, B. v. 19.12.2007 – 1 BvR 2793/04 – NVwZ 2008, 671 (674).

unterbinden sollen.[39] Letztere Parole soll für sich genommen nach der Rechtsprechung des Bundesgerichtshofs[40] und des Bundesverfassungsgerichts[41] gerade nicht strafbar gewesen sein.

3 Öffentliche Ordnung und Modalitäten der Versammlung

Die Rechtsprechung des Bundesverfassungsgerichts stellt rechtsextremen Versammlungen keinen „Blankoscheck" aus und überlässt den Neonazis nicht die Straße. Diese strikte, allein auf Art. 5 Abs. 2 GG abstellende Linie hat das Bundesverfassungsgericht für beschränkende Verfügungen zum Schutz der öffentlichen Ordnung gelockert, wenn sich die in § 15 Abs. 1 VersG vorausgesetzte Gefahr nicht aus dem Inhalt der Äußerung, sondern aus der Art und Weise der Durchführung der Versammlung ergibt,[42] zu der auch der Zeitpunkt rechnen kann. An die Modalitäten der geplanten Versammlungen anknüpfenden Bedenken sei regelmäßig nicht durch ein Verbot, sondern durch Auflagen Rechnung zu tragen.

Bereits im Vorfeld denkbarer strafbarer Handlungen kommen bei entsprechender, tatsachengestützter Gefahrenprognose als verfassungsrechtlich unbedenklich Beschränkungen der Versammlungsfreiheit in Betracht, wenn die Gefahr nicht durch die Äußerungen selbst, sondern aus einem aggressiven und provokativen, die Bürger einschüchternden Verhalten der Versammlungsteilnehmer folgt, durch das ein Klima der Gewaltdemonstration und potentieller Gewaltbereitschaft erzeugt wird.[43] Gleiches gilt, wenn ein Aufzug sich durch sein Gesamtgepräge mit den Riten und Symbolen der nationalsozialistischen Gewaltherrschaft identifiziert und durch Wachrufen der Schrecken des vergangenen totalitären und unmenschlichen Regimes andere Bürger einschüchtert.[44] Aufzüge mit paramilitärischen oder in vergleichbarer Weise

---

39 BVerfG, B. v. 7.11.2008 – 1 BvQ 43/08 – EuGRZ 2008, 769.

40 BGH, U. v. 28.7.2005 – 3 StR 60/05 – NJW 2005, 3223.

41 BVerfG, B. v. 1.6.2006 – 1 BvR 150/03 – NJW 2006, 3050.

42 BVerfG, B. v. 23.6.2004 – 1 BvQ 19/04 – BVerfGE 111, 147 (156).

43 Vgl. BVerfG, 1. Kammer des Ersten Senats, B. v. 24.3.2001 – 1 BvQ 13/01 –, NJW 2001, 2069 (2071); B. v. 7.4.2001 – 1 BvQ 17 u. 18/01 –, NJW 2001, 2072 (2074); B. v. 5.9.2003 – 1 BvQ 32/03 – NVwZ 2004, 90 (91); B. v. 19.12.2007 – 1 BvR 2793/04 – NVwZ 2008, 671 (673 f.).

44 BVerfG, B. v. 23.6.2004 – 1 BvQ 19/04 – BVerfGE 111, 147 (157); B. v. 19.12.2007 – 1 BvR 2793/04 – NVwZ 2008, 671 (674).

aggressiven und einschüchternden Begleitumständen sind von Art. 8 Abs. 1 GG nicht geschützt.[45]

Grenzwertig sind Beschränkungen in Bezug auf Zeit und Ort einer Versammlung, insbesondere dann, wenn die grundrechtlich geschützte Freiheit zur Wahl von Zeitpunkt und Ort einen inhaltlichen, „symbolischen" Bezug zu Inhalt oder Aussage der Versammlung aufweist. Hier kommt eine Verletzung der öffentlichen Ordnung in Betracht, wenn Rechtsextremisten einen Aufzug an einem speziell der Erinnerung an das Unrecht des Nationalsozialismus und den Holocaust dienenden Feiertag so durchführen, dass von seiner Art und Weise Provokationen ausgehen, die das sittliche Empfinden der Bürgerinnen und Bürger erheblich beeinträchtigen,[46] oder wenn ein Aufzug sich im Zusammenspiel von Ort, Zeitpunkt und dem bewussten Rückgriff auf die Riten und Symbole der nationalsozialistischen Gewaltherrschaft mit dieser identifiziert und durch Wachrufen der Schrecken des vergangenen totalitären und unmenschlichen Regimes einschüchtert.[47]

IV   Handlungsinstrumentarium des Versammlungsgesetzes

Rechtsextreme Versammlungen und Aufmärsche unterliegen dem Versammlungsgesetz des Bundes, das – derzeit noch – bundeseinheitliche Grenzen zieht (s. u. V.). Das Versammlungsrecht[48] eröffnet ein breites Spektrum an Möglichkeiten, rechtsextreme Versammlungen zu regulieren.[49] Es kann und darf ihnen aber nicht die grundrechtlich geschützte Wirkung nehmen. § 15 VersG eröffnet auch – häufig zum Bedauern nicht nur der Öffentlichkeit – grundsätzlich keinen von der Gefahrenabwehr losgelösten Einfluss auf Ort, Art, Dauer und Durchführung der Veranstaltung. Die Versammlungsfreiheit umfasst auch die Befugnis, mit rechtsextremistischen und neonazistischen Versammlungen nach Thema, Ort und Zeitpunkt an

---

45   BVerfG, Beschluss v. 24.3.2001 – 1 BvQ 13/01 – NJW 2001, 2069 (2071).

46   Vgl. BVerfG, 1. Kammer des Ersten Senats, B. v. 26.1.2001 – 1 BvQ 9/01 –, NJW 2001, 1409.

47   Vgl. BVerfG, 1. Kammer des Ersten Senats, B. v. 5.9.2003 – 1 BvQ 32/03 –, NVwZ 2004, 90 (91).

48   Im Folgenden wird allein auf das bis zu seiner Ersetzung nach Art. 125a Abs. 1 Satz 1 GG fortgeltende Versammlungsgesetz des Bundes abgestellt; den bayerischen Besonderheiten soll auch deswegen nicht Rechnung getragen werden, weil derzeit nicht abschließend überblickt werden kann, in welchem Umfang des Gesetz im Ergebnis Bestand haben wird.

49   Vgl. etwa Leist (Fn. 27); Roth: Rechtsextremistische Demonstrationen in der verwaltungsgerichtlichen Praxis. VBlBW 2003, 41; Dörr (Fn. 14); Höllein: Das Verbot rechtsextremistischer Veranstaltungen. NVwZ 1994, 635; allg. zu Auflagen und Beschränkungen K. Jenssen: Die versammlungsrechtliche Auflage. Praxis und rechtliche Bewertung. Hamburg 2009; Laubinger/Repkewitz: Die Versammlung in der verfassungs- und verwaltungsrechtlichen Rechtsprechung. VerwArch 92 (2001), 585, 93 (2002), 149.

den Symbolgehalt bestimmter Orte, Ereignisse oder Feste anzuknüpfen und so provokativ in die Auseinandersetzung um Symbolgehalte einzugreifen. Selbst die Routen und Orte sind grundsätzlich wie von den Veranstaltern geplant hinzunehmen, soweit diese nicht schon anderweitig, zum Beispiel durch Veranstaltungen oder Gegendemonstrationen, die in Ausnahmefällen Vorrang haben können, belegt sind.

1 Allgemeines

Nach § 15 VersG kann eine Versammlung verboten oder von bestimmten Auflagen abhängig gemacht werden, wenn durch ihre Durchführung die öffentliche Sicherheit oder Ordnung unmittelbar gefährdet ist; Anfang 2005[50] hinzugekommen ist der ausdrückliche Schutz von besonders bestimmten Stätten von historisch herausragender, überregionaler Bedeutung zum Gedenken an die Opfer der nationalsozialistischen Gewalt- und Willkürherrschaft, wenn durch eine Versammlung eine Beeinträchtigung der Würde der Opfer zu besorgen ist. § 15 VersG ist die zentrale Befugnisnorm, die für versammlungsspezifische Gefahren speziell und abschließend ist; der Rückgriff auf das allgemeine Gefahrenabwehrrecht ist ausgeschlossen.[51]

Das Versammlungsrecht ersetzt (verfahrensrechtlich)[52] auch außerversammlungsrechtliche Erlaubnisvorbehalte, zum Beispiel des Straßenrechts (Versammlung als Sondernutzung) oder des Straßenverkehrsrechts, ohne damit bei Flächen, die nicht dem Gemeingebrauch, sondern speziellen öffentlichen Zwecken gewidmet sind, widmungserweiternde Funktion zu entfalten.[53]

1.1   Verhältnismäßigkeitsgrundsatz und Kooperationspflicht

Versammlungsrecht ist geronnenes Verfassungsrecht. Bei Eingriffen ist der Verhältnismäßigkeitsgrundsatz zu beachten. Ein Verbot darf nur zum Schutz wichtiger Gemeinschaftsgüter unter strikter Wahrung des Verhältnismäßigkeits-

---

50 Gesetz zur Änderung des Versammlungsgesetzes und des Strafgesetzbuches vom 24.3.2005, BGBl. I, 969 f.

51 A. Dietel / K. Gintzel / M. Kniesel: Versammlungsgesetz. 15. Aufl. 2008, § 15 Rn. 4.

52 Zum Konzentrationsgrundsatz s. auch Waechter (Fn. 14), VerwArch 99 (2008), 77 ff.

53 OVG BB, B. v. 17.6.2005 – 4 B 98/05 –; B. v. 14.11.2003 – 4 B 365/03 – NVwZ-RR 2004, 844 (845) (friedhofsrechtliche Ausnahmegenehmigung für Versammlungszwecke).

grundsatzes erfolgen.[54] Vorrangig ist zu prüfen, ob den jeweiligen Gefahren durch beschränkende Auflagen zu begegnen ist; nur wenn sie zur Gefahrenabwehr nicht ausreichen, kann die Versammlung verboten werden.

Dem Verhältnismäßigkeitsgrundsatz und der versammlungsfreundlichen Grundausrichtung der Träger öffentlicher Gewalt entspricht auch das in der Rechtsprechung des Bundesverfassungsgerichts[55] insbesondere für Großdemonstrationen entwickelte Kooperationsgebot.[56] Es bezieht sich auf die Verwirklichung der größtmöglichen Selbstbestimmung bei der Versammlungsdurchführung, die Abstimmung mit entgegenstehenden Rechten Dritter und die Bewältigung der von der Versammlung ausgehenden Gefahren. Kernpunkt ist die Offenlegung der Gefahrenprognose mit dem Ziel der kooperativen Bewältigung von Gefahren. Insoweit dienen sie auch der verwaltungsverfahrensrechtlich gebotenen Gewährung rechtlichen Gehörs. Diese Kooperations*pflicht* trifft die Versammlungsbehörden auch in Bezug auf rechtsextreme Versammlungen, ihre Verletzung kann zur Rechtswidrigkeit versammlungsrechtlicher Maßnahmen führen.[57] Für die Veranstalter ist die Kooperation lediglich eine Obliegenheit, deren Verletzung nicht als solche deren Unzuverlässigkeit belegt[58] oder sonst die versammlungsrechtlichen Eingriffsbefugnisse erweitert; Kooperationsverweigerung oder die fehlende Bereitschaft, bei zu besorgenden Gewalttätigkeiten deutliche Signale für die Gewaltfreiheit zu setzen, können indes dazu führen, dass die Versammlungsbehörde von nur durch tragfähige Kooperation erreichbaren milderen Mitteln Abstand nimmt[59] und auch sonst Entschließungs- und Auswahlermessen beeinflussen.[60] Kooperation oder deren Verweigerung kann so die Schwelle für versammlungsrechtliches Eingreifen beeinflussen.[61]

---

54 Brenneisen/Wilksen (Fn. 2), 284; Dietel/Gintzel/Kniesel (Fn. 51), § 15 Rn. 145 ff.

55 BVerfG, B. v. 14.5.1985 – 1 BvR 233/81 u. a. – BVerfGE 69, 315 (356); s. auch B. v. 26.1.2001 – 1 BvQ 8/01 – NJW 2001, 1407 (1408) („Reichsgründungstag"); B. v. 26.1.2001 – 1 BvQ 9/01 – NJW 2001, 1409 (1410).

56 Eingehend dazu Kniesel/Poscher: Versammlungsrecht. In: Lisken/Denninger (Hg.): Handbuch des Polizeirechts. 4. Aufl. 2007, Rn. 259 ff.

57 BVerfG, B. v. 1.5.2001 – 1 BvQ 21/01 – NJW 2001, 2079 (Nichtbenennung von Zweifeln an der Zuverlässigkeit der vom Veranstalter benannten Ordner, die diesem die Möglichkeit nimmt, die Ordner im Vorfeld auszutauschen); Kniesel/Poscher (Fn. 56), Rn. 271.

58 BVerfG, B. v. 1.3.2002 – 1 BvQ 5/02 – NVwZ 2002, 982.

59 Kniesel/Poscher (Fn. 56), Rn. 278 f., 282.

60 OVG TH, B. v. 12.4.2002 – 3 EO 261/02 – NVwZ-RR 2003, 207; BVerfG, B. v. 26.1.2001 – 1 BvQ 8/01 – NJW 2001, 1407 (1408) (Reichsgründungstag).

61 BVerfG, B. v. 26.1.2001 – 1 BvQ 8/01 – NJW 2001, 1407 (1408) (Reichsgründungstag); differenzierend BVerfG, B. v. 22.12.2006 – 1 BvQ 41/06 – NVwZ 2007, 574 (575).

Die Darlegungs- und materielle Beweislast für eine Gefahrenprognose liegt bei der Versammlungsbehörde.[62] Sie muss eine durch Tatsachen gesicherte Gefahrenprognose vorlegen können, die eine nach Intensität und Ausmaß der Bedrohung hinreichende Gefährdung belegen;[63] bloßer Verdacht oder Vermutungen reichen nicht.[64] Die für die Beurteilung der Gefahrenlage herangezogenen Tatsachen müssen unter Berücksichtigung des Schutzgehalts des Art. 8 Abs. 1 GG in nachvollziehbarer Weise auf eine unmittelbare Gefahr hindeuten.[65] Versammlungsbehörde und Gerichte haben sich mit diesen in einer den Grundrechtsschutz hinreichend berücksichtigenden Weise auseinanderzusetzen, wenn es Gegenindizien zu den für die Gefahrenprognose herangezogenen Anhaltspunkten gibt.[66] Die Tatsachenfeststellungen und -würdigungen müssen tragfähig, jedenfalls nicht offensichtlich fehlsam sein und dürfen nicht Umstände heranziehen, deren Berücksichtigung dem Schutzgehalt des Art. 8 Abs. 1 GG offensichtlich widerspricht.[67]

Die entscheidungsrelevanten Tatsachen zur Stützung von Beschränkungen müssen aktuell sein, sich auf die bevorstehende Versammlung beziehen und dürfen nur insoweit auf exekutivem Erfahrungswissen zu vergleichbaren Versammlungen, den Veranstaltern und Teilnehmern gründen, als ein räumlich-sachlicher Bezug zur der konkreten Versammlung hergestellt werden kann.[68] Ein Erfahrungssatz etwa, dass alle Skinheads potentielle Gewalttäter seien, trägt die Gefahrenprognose allein nicht, wohl aber, wenn aufgrund von Vorfelderkenntnissen mit einer beträchtlichen Zahl gewaltbereiter Personen aus diesem Spektrum zu rechnen ist, sich der Veranstalter nicht von einem zu erwartenden größeren Kreis gewaltentschlossener Teilnehmer abgrenzt und des-

---

62 Vgl. Waechter (Fn. 14), VerwArch 99 (2008), 98 f.; zu den Darlegungslasten der Versammlungs-behörde im verwaltungsgerichtlichen Eilverfahren s. Ebert: ThürVBl. 2007, 25 ff., 49 ff.

63 Vgl. etwa BVerfG, B. v. 7.11.2008 – 1 BvQ 43/08 – EuGRZ 2008, 769; st. Rspr.

64 BVerfG, B. v. 14.5.1985 – 1 BvR 233/81 – BVerfGE 69, 315 (353 f.); B. v. 1.12.1992 – 1 BvR 88/91 –, BVerfGE 87, 399 (409).

65 BVerfG, B. v. 26.1.2001 – 1 BvQ 8/01 – NJW 2001, 1407 (1408); B. v. 7.11.2008 – 1 BvQ 43/08 – EuGRZ 2008, 769.

66 BVerfG, B. v. 18.8.2000 – 1 BvQ 23/00 – NJW 2000, 3053 (3055); B. v. 11.4.2002 – 1 BvQ 12/02 – NVwZ-RR 2002, 500.

67 BVerfG, B. v. 1.9.2000 – 1 BvQ 24/00 – NVwZ 2000, 1406 (1407); B. v. 9.6.2006 – 1 BvR 1429/06 – BVerfGK 8, 195.

68 Ohne das Hinzutreten aktueller Erkenntnisse wird aus zurückliegenden Veranstaltungen regel-mäßig nicht die erforderliche Prognosegewissheit für einen gleichartigen Verlauf gewonnen wer-den können; s. auch OVG TH, B. v. 9.8.1996 – 2 EO 669/96 – NVwZ-RR 1997, 287.

halb die unmittelbare Gefahr eines unfriedlichen Verlaufs der Demonstration billigend in Kauf nimmt.[69] Sollen Redner oder Liedermacher auftreten, die in der Vergangenheit immer wieder wegen einschlägiger Straftaten (z. B. Volksverhetzung oder Verwendung der Kennzeichen verbotener Organisationen) in Erscheinung getreten sind, dürfen versammlungsrechtliche Maßnahmen nicht zu einer „Quasi-Verwirkung" von Grundrechten dieser Personen eingesetzt werden.[70] Auch bei berechtigter Prognose, dass der Redner erneut Straftaten begehen wird, kann ein hierauf gestütztes Versammlungsverbot rechtswidrig sein, wenn dieser Gefahr durch das Verbot begegnet werden kann, diesen Redner in der Veranstaltung auftreten zu lassen.[71]

Auf die Sachverhaltsaufklärung und -aufbereitung im Vorfeld einer versammlungsrechtlichen Verfügung ist daher besonderes Gewicht zu legen. Angesichts der dogmatisch weitgehend geklärten rechtlichen Voraussetzungen besteht in der Praxis der Dissens zwischen Versammlungsbehörde und Verwaltungsgerichten weniger in dem rechtlichen Ansatz als in der Bewertung der zusammengestellten Tatsachen, die die Gefahrenprognose stützen. Diese Diskrepanz ist wegen der institutionell vorgegebenen unterschiedlichen Perspektiven nicht völlig aufzulösen, kann aber durch sorgfältige „Vorfeldaufklärung" gemildert werden.

2 Verbotsgründe

Das Spektrum möglicher Verbotsgründe, die auch für rechtsextreme Versammlungen gelten, ist breit gefasst. Ein Verbot kommt aber erst dann in Betracht, wenn Art und Grad der unmittelbaren Gefährdung nicht durch Auflagen Rechnung getragen werden kann.

2.1 Gewalttätigkeiten

Art. 8 Abs. 1 GG schützt das Recht, sich friedlich und ohne Waffen zu versammeln. Unfriedlich ist eine Versammlung erst, wenn Handlungen von einiger

---

69 ThürOVG, B. v. 29.4.2000 – 3 ZEO 336/00 – ThürVBl. 2000, 253.

70 Brenneisen/Wilksen (Fn. 2), 456.

71 VGH BW, B. v. 25.4.1998 – 1 S 1143/98 – VBlBW 1998, 426.

Gefährlichkeit gegen Personen oder Sachen oder sonstige Gewalttätigkeiten stattfinden, nicht schon, wenn es zu Behinderungen Dritter kommt, seien diese auch gewollt und nicht nur in Kauf genommen.[72] Es macht nicht schon jeder (untergeordnete) Rechtsverstoß eine Versammlung unfriedlich.

Einen Verbotsgrund bilden nur erwartete Gewalttätigkeiten der Versammlungsteilnehmer (nicht: von/beim Zusammenstoß mit Gegendemonstranten), die als solche noch nicht die hohen Anforderungen an die „Unfriedlichkeit" der Versammlung ausfüllen, wenn sie das Bild der Gesamtveranstaltung prägen und nicht nur von vereinzelten Teilnehmern oder Teilnehmergruppen zu erwarten sind.

Die hierfür erforderliche Gefahrenprognose kann etwa anknüpfen an das Motto der Versammlung, die Aufrufe oder sonstigen Äußerungen der Veranstalter, die erwartbare Zusammensetzung der Teilnehmer, einschlägige Vorstrafen der Person des Versammlungsleiters oder der eingesetzten Ordner und Erfahrungen aus früheren Veranstaltungen. Allein die Bestellung eines „prominenten", rechtsextrem profilierten Versammlungsleiters reicht hingegen nicht aus. Ungeachtet der erheblichen Gewaltbereitschaft bestimmter Teile der rechtsextremen Szene wird aber seitens der Szene zunehmend darauf geachtet, der Versammlungsbehörde insoweit keine – für ein Verbot hinreichenden – Anknüpfungspunkte zu bieten und in den (offiziellen) Aufrufen betont, dass die Demonstration friedlich und gewaltfrei verlaufen solle,[73] ohne dass aus der ersichtlich taktischen Wendung auf die mangelnde Ernsthaftigkeit solcher Aufrufe geschlossen werden könnte. Die Sicherung der Friedlichkeit kann aber Anknüpfungspunkt für diese flankierenden Auflagen, zum Beispiel zur Zahl und „Qualifikation" der einzusetzenden Ordner sein.

Das Verbot des Waffentragens (§ 42 Abs. 1 WaffG; § 2 Abs. 3 Satz 1 VersG) umfasst Waffen im Sinne des Waffengesetzes ebenso wie Gegenstände, die ihrer Art nach zur Verletzung von Personen objektiv geeignet sind und subjektiv bestimmt werden können, zum Beispiel Baseballschläger.[74] Das Verbot des Mitführens von Waffen wird aber regelmäßig ebenso wenig wie das so genannte Passivbewaffnungsverbot (§ 17a VersG), welches das Mitführen so genannter „Schutzwaffen"[75], also von Gegenständen, die dem Schutz des eige-

---

72 BVerfG, B. v. 24.10.2001 – 1 BvR 1190/90 u. a. – BVerfGE 104, 92 (106).

73 Vgl. Stuchlik: Das Verbot rechtsextremistischer Veranstaltungen. Die Polizei 2001, 197.

74 Kniesel/Poscher (Fn. 56), Rn. 288 ff.

75 Zu Recht kritisch zum Begriff Hoffmann-Riem in AK-GG Art. 8 Rz. 91.

nen Körpers in körperlichen Auseinandersetzungen zu dienen geeignet oder bestimmt sind (z. B. Schutzhelme, Schutzmasken, gepolsterte Kleidung),[76] untersagt, das Verbot einer Versammlung rechtfertigen können. Hier reichen regelmäßig entsprechende Auflagen aus, die ggf. im Rahmen von Vorfeldkontrollen[77] durchgesetzt werden können.

2.2 Meinungs- und Propagandadelikte

Ein Verbot rechtsextremistischer Versammlungen kann bei entsprechender Gefahrenprognose als Ultima Ratio auch an die hinreichende Gefahr anknüpfen, dass es – nicht nur vereinzelt und der Versammlung zuzurechnen – zu Straftaten mit Meinungsbezug (etwa Volksverhetzung, Leugnung des Holocaust, Verunglimpfung des Staates und seiner Behörden oder verfassungsfeindliche Verunglimpfung von Verfassungsorganen)[78] bzw. von Propagandadelikten, allen voran § 86a StGB, (Verwendung von Kennzeichen verfassungswidriger Organisationen oder Parolen), kommt. Auch hier steht aber vor dem Verbot der Verhältnismäßigkeitsgrundsatz, wenn der Gefahr vereinzelter Verstöße hinreichend durch entsprechende Auflagen begegnet werden kann.

In der Praxis werden wegen der hiermit verbundenen Gefahren nicht allein Verbote ausgesprochen, sondern vor allem auch mehr oder minder umfangreiche Kataloge aufgestellt, die bestimmte Parolen, das Abspielen bestimmter Musiktitel oder das sichtbare Zeigen strafbarer Symbole / Embleme an Körper oder Bekleidung – bis hin zum Verbot, bestimmte Bekleidungsstücke zu tragen – untersagen.[79] Für rechtmäßige Beschränkungen muss aber insoweit auf die (erkennbare) Strafbarkeit abgestellt werden. Sie ist längst nicht bei allen rechtsextremen Symbolen, Parolen und Codes gegeben, die zum Erkennungs-

---

76 Dietel / Gintzel / Kniesel (Fn. 51), § 17a Rn. 12 ff.

77 Brenneisen / Wilksen (Fn. 2), S. 252 ff.

78 In Betracht kommen etwa (s. Leist [Fn. 27]), 212) § 130 (Volksverhetzung), § 189 (Verunglimpfung des Andenkens Verstorbener), §§ 185 ff. (Beleidigung; üble Nachrede; Verleumdung), § 111 (Öffentliche Aufforderung zu Straftaten), § 140 (Belohnung oder Billigung von Straftaten), § 126 (Störung des öffentlichen Friedens durch Androhung von Straftaten), § 166 (Beschimpfung von Bekenntnissen, Religionsgesellschaften und Weltanschauungsvereinigungen), § 90 Verunglimpfung des Bundespräsidenten), § 90a (Verunglimpfung des Staates und seiner Symbole), § 90b (verfassungsfeindliche Verunglimpfung von Verfassungsorganen) StGB.

79 Jenssen (Fn. 49), 172 ff. (Bekleidung), 179 ff. (Embleme / Tätowierungen).

merkmal der rechtsextremen Szene gehören;[80] bei einigen Parolen ist sie nicht unumstritten.[81] Die rechtsextreme Szene weist in ihren Symbolen, Emblemen, Logos und Codes eine Variationsbreite und einen „Erfindungsreichtum" auf,[82] der durch das Strafrecht und damit das Versammlungsrecht[83] nicht vollständig zu erfassen ist; dies gilt insbesondere für Zahlencodes, die ohne Zusatzkenntnisse nicht zu „entschlüsseln" sind.[84] Die Versammlungsbehörde ist gut beraten, sich hier auch unterstützend des Sachverstandes der örtlich zuständigen Staatsanwaltschaft zu bedienen.

2.3 Uniformverbot und „Bekleidungsvorschriften"

Möglicher Verbotsgrund, dem aber wiederum entsprechende Auflagen vorgelagert sind, sind neben dem versammlungsrechtlichen Waffentragungsverbot (§ 2 Abs. 3, § 27 VersG) das Uniformverbot (§ 3 Abs. 1, § 28 VersG), das durch das Vermummungsverbot (§ 17a Abs. 2 VersG) ergänzt wird. Sie rechtfertigen entsprechende Auflagen und sind möglicher Anknüpfungspunkt für Kontrollen im Vorfeld (Anreise; Sammlungsplatz), regelmäßig aber kein Verbotsgrund. Die Erstreckung des Uniformverbots auch auf „Uniformteile oder gleichartige Kleidungsstücke" birgt hier beträchtliche Abgrenzungsprobleme.

Das Uniformverbot darf nicht mit einem Verbot mehr oder minder „uniformer" Kleidung verwechselt werden.[85] Wie andere Szenen auch, hat die rechtsextreme Szene einen eigenen Dresscode und – aus unterschiedlichen Gründen

---

80   Vgl. die Übersicht zu rechter Symbolik in Polizeidirektion Leipzig (Hg.): Hinter den Kulissen. Argumentationshilfen gegen rechtsextreme Parolen. 2. Aufl. 2007, 205 ff.; Agentur für soziale Perspektiven e. V. (Hg.): Versteckspiel. Lifestyle, Symbole und Codes von neonazistischen und extremen rechten Gruppen. Berlin März 2005.

81   Für die Parole „Ruhm und Ehre der Waffen-SS" meinte das BVerfG, die Strafbarkeit nach § 86a StGB verneinen zu müssen (BVerfG, B. v. 1.6.2006 – 1 BvR 150/03 – NJW 2006, 3050).

82   Vgl. Agentur für soziale Perspektiven (Fn. 80); FES: Keine Chance den Rechtsextremisten, Bonn (Kommunalpolitische Texte Bd. 26) 2005, 10 ff.

83   Zu Zweifeln an der Rechtmäßigkeit einer versammlungsrechtlichen Auflage, mit der das Tragen von Kleidungsstücken der Marke „Thor Steinar" untersagt wird, OVG ST, B. v. 7.8.2006 – 2 M 268/06 –; s. auch OLG BB, U. v. 12.9.2005 – 1 Ss 58/05 – NJ 2005, 64 ([keine] Strafbarkeit nach § 86a StGB).

84   Hörnle: Aktuelle Probleme aus dem materiellen Strafrecht bei rechtsextremistischen Delikten. NStZ 2002, 113 (115); Leist (Fn. 27), 218; Jenssen (Fn. 49), 181 f.; Dahm: Freibrief für Rechtsextremisten? Zur gegenwärtigen Rechtsprechung bei öffentlicher Verwendung von „Kennzeichen" nationalsozialistischer Organisationen. DRiZ 2001, 404.

85   Vgl. auch Brenneisen/Wilksen (Fn. 2), 163 ff., die mit beachtlichen Argumenten die „Gleichartigkeit" beziehen auf die „Uniform" und die Nähe der „Einheitlichkeit" zur uniformen Bekleidung historisch bekannter militanter Gruppierungen, z. B. faschistischer oder nationalsozialistischer Gruppierungen.

– Vorlieben für bestimmte Bekleidungsmarken mit hohem Symbol- und szene-typischem Wiedererkennungswert entwickelt. Nicht jedes Tragen gleichartiger oder markengleicher Kleidungsstücke als Ausdruck einer gemeinsamen politischen Gesinnung unterfällt indes dem Uniformverbot, signalisiert und symbolisiert für sich genommen aggressives Verhalten oder erzeugt durch einschüchternde Militanz ein versammlungstypisches Gefährdungspotential.[86] Beschränkungen in Bezug auf das „Outfit" der Teilnehmer, die an das Uniformverbot anknüpfen, müssen beachten, dass auch in anderen Jugend- oder Subkulturen die Zugehörigkeit durch ein gewisses Maß an Gleichförmigkeit der Bekleidung signalisiert wird.

Ohne Weiteres durch Auflagen untersagt werden kann die Verwendung von Kennzeichen verfassungswidriger Organisationen sowie das Tragen von Uniformen, Uniformteilen oder gleichartigen Kleidungsstücken, soweit damit Straftaten verwirklicht werden. Bei Springerstiefeln und Bomberjacken lässt sich – auch der Herkunft nach – noch überzeugend begründen, dass sie durch ihre Gleichförmigkeit auch ihrem Charakter nach Uniformen oder Uniformteilen entsprechen.[87] Sie sind Symbole, durch die eine Zurschaustellung von organisierter Gewaltbereitschaft und Herbeiführung von Einschüchterung erfolgt, wenn diese von Versammlungsteilnehmern auf einer Versammlung getragen werden, die durch eine rechtsextremistische Partei durchgeführt wird.[88] Die durch gemeinsame politische Gesinnung bestimmte Markenwahl, bei der der Vereinheitlichungsgrad im Auftreten aber nicht so hoch ist, dass er – für sich allein oder in Verbindung mit anderen Elementen der „Inszenierung" der Versammlung[89] – eine suggestiv-militante, aggressive oder sonst einschüchternde Wirkung erzeugt,[90] kann auch sonst nicht durch Auflagen untersagt werden.

2.4 Gewalttätige Gegendemonstranten?

Hoher Vermittlungsbedarf in Bezug auf Öffentlichkeit und eingesetzte Polizei besteht in Fällen, in denen die selbst nicht gewalttätige rechtsextreme Ver-

---

86 Eingehend dazu J. Rösing: Kleidung als Gefahr. Das Uniformverbot im Versammlungsrecht. Baden-Baden 2004.

87 VG Augsburg, U. v. 4.4.2007 – Au 4 K 06.1058 –.

88 OVG SN, U. v. 9.11.2001 – 3 BS 257/01 – NVwZ-RR 2002, 435.

89 Zum Beispiel Trommelschlag, Marschtritt, schwarze Fahnen etc.

90 Vgl. dazu Dietel/Gintzel/Kniesel (Fn. 51), § 3 Rn. 23 f.

sammlung Gegendemonstranten anzieht (teils auch bewusst durch Ort und Routenwahl „provoziert"), die ihrerseits teilweise gewaltbereit sind.

Die Rechtslage ist hier klar: Gewalt von „links" ist keine verfassungsrechtlich hinnehmbare Antwort auf die Bedrohung der rechtsstaatlichen Ordnung von „rechts".[91] Drohen Gewalttaten als Gegenreaktion auf rechtsextremistische und neonazistische Versammlungen, so ist es Aufgabe der berufenen Polizei, in unparteiischer Weise auf die Verwirklichung des Versammlungsrechts hinzuwirken – also in diesem Fall die Durchführung der rechtsextremen Demonstration zu gewährleisten. Die behördlichen Maßnahmen sind primär gegen den Störer zu richten; eine Heranziehung der Figur des Zweckveranlassers als Begründung für die Störereigenschaft eines Veranstalters kann allenfalls bei Vorliegen besonderer, über die inhaltliche Ausrichtung der Veranstaltung hinausgehender provokativer Begleitumstände in Betracht kommen.[92] Gegebenenfalls sind die Gegendemonstrationen zu beschränken – oder notfalls zu verbieten, wenn nur dadurch sicher erwartbare Gewalttätigkeiten abgewendet werden können.

Äußerste Grenze ist der polizeiliche Notstand, auf den sich die Versammlungsbehörde nur unter strengen Voraussetzungen[93] als Grundlage für beschränkende Maßnahmen gegen den – rechtlich bezeichnet – „Nichtstörer" berufen kann. Denn auf polizeilichen Notstand kann eine Maßnahme gegen die Versammlung nur gestützt werden, wenn die Gefahr auf andere Weise nicht abgewehrt werden kann und die Verwaltungsbehörde nicht über ausreichende eigene, eventuell durch Amts- und Vollzugshilfe ergänzte Mittel und Kräfte verfügt, um die Rechtsgüter wirksam zu schützen. Auf die pauschale Behauptung, dass die Versammlungsbehörde wegen der Erfüllung vorrangiger staatlicher Aufgaben und trotz des Bemühens, gegebenenfalls externe Polizeikräfte hinzuzuziehen, zum Schutz der von dem Antragsteller angemeldeten Versammlung nicht in der Lage wäre, kann ein Versammlungsverbot nicht gestützt werden.[94] Es muss mit hinreichender Wahrscheinlichkeit feststehen, dass die Versammlungsbehörde wegen der Erfüllung vorrangiger staatlicher Aufgaben und gegebenenfalls trotz Heranziehung externer Polizeikräfte zum Schutz der ange-

---

91 BVerfG, B. v. 18.8.2000 – 1 BvQ 23/00 – NJW 2000, 3053 (3056); B. v. 10.5.2006 – 1 BvQ 14/06 – NVwZ 2006, 1049; Hoffmann-Riem (Fn. 27), NVwZ 2002, 257.

92 BVerfG, B. v. 1.9.2000 – 1 BvQ 24/00 – NVwZ 2000, 1406 (1407); B. v. 10.5.2006 – 1 BvQ 14/06 – NVwZ 2006, 1049; B. v. 9.6.2006 – 1 BvR 1429/06 – BverfGK 8, 195.

93 Vgl. Brenneisen/Wilksen (Fn. 2), 465 f.; BVerfG, B. v. 10.5.2006 – 1 BvQ 14/06 – NVwZ 2006, 1049.

94 BVerfG, B. v. 24.3.2001 – 1 BvQ 13/01 – NJW 2001, 2069 (2072); B. v. 26.3.2001 – 1 BvQ 35/05 – NJW 2001, 1411 (1412).

meldeten Versammlung nicht in der Lage wäre.[95] Selbst im Notstandsfall stehen vor dem Verbot Modifikationen der Modalitäten der Ausgangsdemonstration, z. B. die Verschiebung des Zeitpunkts, eine Verlegung des Orts oder eine Veränderung der vorgesehenen Route, die aber nicht den konkreten Zweck der Ausgangsversammlung und ihre gewollte Wirkung vereiteln dürfen.

Auch sonst bergen Gegendemonstrationen erhebliches Konfliktpotential insbesondere dann, wenn sich gewaltbereite Gegendemonstranten mit friedlichen Gegendemonstranten mischen und es dann zu Blockade- oder Konfrontationssituationen kommt;[96] dies gilt auch für die Betätigung des Entschließungs- und Auswahlermessens bezüglich der Räumung der Aufzugsstrecke der angemeldeten Versammlung.

2.5 Beschränkungen von Zeitpunkt oder Ort einer Versammlung

Als sonstiger Verbotsgrund kommt insbesondere eine Störung der öffentlichen Ordnung durch Zeitpunkt oder Ort der Veranstaltung in Betracht. Ort und Zeit einer Versammlung können dabei einen mehr oder minder intensiven Bezug zur inhaltlichen Aussage einer Versammlung haben bzw. selbst inhaltliche Aussagen sein. Bei solchen „inhaltsnahen" Beschränkungen sind die verfassungsrechtlichen Anforderungen erhöht, und die Grenzlinie zwischen Auflage und Verbot kann fließend werden.

2.5.1 Sondergesetzliche Regelung (§ 15 Abs. 2, § 16 VersG)

Traditionelle, inhaltsneutrale örtliche Beschränkungen von Demonstrationen bilden die so genannten „Bannmeilenregelungen",[97] innerhalb derer öffentliche Versammlungen unter freiem Himmel entweder insgesamt verboten, auf bestimmte Zeiträume (z. B. sitzungsfreie Perioden) begrenzt oder von einer ge-

---

95 BVerfG, B. v. 10.5.2006 – 1 BvQ 14/06 – NVwZ 2006, 1049.

96 Knape: Erfahrungen im polizeilichen/taktischen Einsatz mit Rechtsextremismus. Die Polizei 2006, 79 (86 f.); s. auch Petzold u. a.: Wunsiedel 2004 – einsatztaktische und versammlungsrechtliche Fragestellungen. Die Polizei 2005, 196 (202).

97 Zum Beispiel – für den Bund – das Gesetz über befriedete Bezirke v. 11.8.1999, BGBl. I, 1818. Rechtsvergleichend Richter: „Befriedete Bezirke" und andere demonstrationsfreie Zonen. Kategorienbildung und Problemtypologie anhand in- und ausländischen Versammlungsrechts. In: FS Steinberger, Berlin u. a. 2002, 899.

sonderten Erlaubnis abhängig gemacht werden (§ 16 VersG). Schutzgut sind hier die „Funktionsfähigkeit" und ungehinderte Entscheidungsfindung von Staatsorganen, insbesondere dem Parlament, was in einem gewissen Spannungsverhältnis zur politischen Funktion des Parlaments steht.[98]

Im Kontext rechtsextremer Versammlungen wichtiger ist der bereits de lege lata vorgesehene Schutz von „Orten des Gedenkens". Dieser kann – wie nach § 15 Abs. 2 VersG oder entsprechenden landesgesetzlichen Regelungen[99] – sondergesetzlich für hervorgehobene Bereiche im Interesse eines postmortalen Persönlichkeitsschutzes unterstützt werden. Nach der Rechtsprechung des Bundesverfassungsgerichts kann er sich – in Ausnahmefällen – nach allgemeinen Grundsätzen ergeben, zum Beispiel, wenn es Versammlungsorte betrifft, die in hervorgehobenem Maße mit dem NS-Regime assoziiert sind[100] oder sonst einen so hohen Symbolgehalt aufweisen, dass die Versammlung an diesem Ort als Verhöhnung von Opfern erscheint.[101] Nicht ausreichend ist beispielsweise die unmittelbare Nachbarschaft zu einer Fläche, von der aus Personen jüdischen Glaubens deportiert worden sind.[102] Ein absoluter oder relativer Umgebungsschutz bestimmter Orte kommt aber nur unter hohen Voraussetzungen in Betracht, führt zudem nur zu einer Verlagerung der Versammlung bis an die Grenze des jeweiligen „Schutzbereichs" und ist nicht geeignet, eine Versammlung vollständig zu untersagen.

2.5.2 Wahl des Zeitpunktes

Die Versammlungsfreiheit schützt auch die Wahl des Zeitpunktes einer Versammlung, durch dessen Wahl die Publikumswirksamkeit einer Versammlung

---

98 Zur Einordnung der Blankettnorm des § 16 VersG als Verbot mit Erlaubnisvorbehalt s. Werner: „Das neue Bannmeilengesetz der „Berliner Republik". NVwZ 2000, 371. Krit. zum „Bannmeilenschutz" etwa Breitbach: Für die Abschaffung der Bannmeile. KJ 1998, 238.

99 Vgl. z. B. § 1 Abs. 2 des Gesetzes über Versammlungen und Aufzüge an und auf Gräberstätten des Landes Brandenburg (Gräberstätten-Versammlungsgesetz – GräbVersammlG), das Versammlungen auf und in näher bestimmter unmittelbarer Nähe benannter Gräberstätten untersagt; s. dazu Kirschniok-Schmidt: Das Gedenkstättenschutzgesetz des Landes Brandenburg. NJ 2006, 441; Scheffczyk/Wolff: Die verfassungsrechtliche Bewertung des Gesetzes über Versammlungen und Aufzüge an und auf Gräberstätten. LKV 2007, 481; VG Cottbus, 1.3.2007 – 2 L 52/07 – (Waldfriedhof Halbe).

100 Zum Beispiel das Gelände des Reichsparteitages in Nürnberg oder SS-Ordensburgen.

101 Leist (Fn. 27, 263) nennt beispielhaft das sog. „Sonnenblumenhaus" in Rostock-Lichtenhagen und die durch rechtsextremistische Gewalttaten niedergebrannten Häuser in Solingen oder Mölln.

102 BVerfG, B. v. 18.8.2000 – 1 BvQ 23/00 – NJW 2000, 3053.

erst geschaffen oder erhöht werden kann. Durch die Festlegung auf einen bestimmten Zeitpunkt kann aber Emotionalisierung bewirkt und gezielt Aufmerksamkeit „provoziert" werden. Dies ist grundsätzlich statthaft. Mit Ausnahme der inhaltsneutralen zeitlichen Beschränkungen von Versammlungen, die sich aus dem insoweit abschließenden[103] Feiertagsrecht ergeben,[104] sind Gefahren für die öffentliche Sicherheit allein durch die Wahl des Zeitpunktes schwer vorstellbar.

Aus dem aus Art. 8 Abs. 1 GG abzuleitenden Selbstbestimmungsrecht des Veranstalters über Ort, Zeitpunkt, Art und Inhalt einer Demonstration folgt indes lediglich, dass der Veranstalter sein Demonstrationsinteresse eigenständig konkretisieren darf, gewährleistet ihm aber nicht ein Bestimmungsrecht darüber, wie bei einer Kollision mit anderen Rechtsgütern diese Interessenkollision rechtlich zu bewältigen ist.[105] Wegen der – durchaus nicht zwingenden[106] – Zuordnung der Wahl des Zeitpunktes allein zum Schutzbereich des Art. 8 Abs. 1 GG hat das Bundesverfassungsgericht die durch Auflage bewirkte „Terminverlegung" einer rechtsextremen Versammlung weg vom Holocaust-Gedenktag nicht als Verbot der Versammlung an diesem Tage, sondern als weniger intensive Zeitwahlauflage eingeordnet und gebilligt.[107]

Beschränkungen, die an die besondere Symbolkraft bestimmter Daten bzw. Gedenktage anknüpfen, sind allerdings mit Zurückhaltung zu behandeln. Geschützt sind hier nur Daten, die in hervorgehobener symbolischer Form die Erinnerung an Personen bewahren, die Opfer menschenunwürdiger Behandlung

---

103 BVerfG, B. v. 12.4.2001 – 1 BvQ 19/01 – NJW 2001, 2075 („Nationaler Ostermarsch" am Ostermontag außerhalb Gottesdienstzeit); B. v. 12.4.2001 – 1 BvQ 20/01 – (Versammlung zum Thema „Gegen Kriminalisierung nationaler Patrioten" am Ostersamstag); B. v. 22.12.2006 – 1 BvQ 41/06 – NVwZ 2007, 574 (Verbot einer Versammlung am 24.12 [Heiligabend] zum Thema „Gegen Repressionen und Polizeiwillkür" im Zeitfenster 11.00 bis 16.00 Uhr).

104 Vgl. auch Arndt/Droege: Versammlungsfreiheit versus Sonn- und Feiertagsschutz. NVwZ 2003, 906.

105 BVerfG, B. v. 26.1.2001 – 1 BvQ 9/01 – NJW 2001, 1409 (rechtsextremer Aufzug am Holocaust-Gedenktag).

106 Vgl. Waechter (Fn. 14), VerwArch 99 (2008), 93 f.

107 BVerfG, B. v. 26.1.2001 – 1 BvQ 9/01 – NJW 2001, 1409; nicht ausreichend dagegen die bloße zeitliche Nähe des Zeitpunkts der Versammlung zu einem solchen Gedenktag, BVerfG, B. v. 26.1.2006 – 1 BvQ 3/06 – NVwZ 2006, 585.

oder Verbrechen wurden,[108] während für hohe christliche Feiertage[109] und sonstige Feiertage[110] kein absoluter Schutz besteht, und zwar auch nicht nach dem Sonn- und Feiertagsrecht; gerechtfertigt sein können gewisse Beschränkungen bezüglich Tageszeit und Durchführung der Versammlung.[111]

3 Beschränkungen (Auflagen)

Regelmäßig nur als beschränkende Auflagen[112] kommen Begrenzungen in Betracht, welche die Ausgestaltung der Versammlung betreffen, um eine einschüchternde bzw. „militärähnliche" Wirkung auszuschließen oder die das Verbot strafbarer Handlungen konkretisieren, die die nicht unmittelbar versammlungsbedingte Störungswirkung begrenzen sollen (z. B. in Bezug auf Lautsprecherwagen und Megaphone). An der Schnittstelle zum Verbot können Auflagen zu Veranstaltungsort, Aufzugsroute, Veranstaltungszeit und -dauer stehen.

3.1 Art und Weise der Durchführung der Versammlung

Der Durchführung der Versammlung kann ein breites Spektrum von Auflagen gelten,[113] das sich zum Beispiel beziehen kann auf die Verwendung von öffent-

---

108 Zum Beispiel der 27. Januar (Befreiung des Konzentrationslagers Auschwitz), der durch Bundespräsident Herzog zum offiziellen Tag des Gedenkens an die Opfer des Nationalsozialismus bestimmt worden ist, evtl. auch der 30.1. (Tag der „Machtergreifung"), der 20.4. (Hitlers Geburtstag), der 1. September (Überfall auf Polen) oder der 9. November (Reichspogromnacht), der aber wegen des „Mauerfalls" und der Ausrufung der 1. Republik nicht eindeutig besetzt ist. Eine bloße zeitliche Nähe zum 27. Januar reicht nicht für eine beachtliche Provokationswirkung; s. BVerfG, B. v. 26.1.2006 – 1 BvQ 3/06 – NVwZ 2006, 585. B. v. 7.11.2008 – 1 BvQ 43/08 – EuGRZ 2008, 769 (zeitliche Nähe rechtsextremer Demonstration [8.11.2008] zum 70. Jahrestag der Reichsprogromnacht)

109 Zu Ostern s. BVerfG, B. v. 12.4.2001 – 1 BvQ 19/01 – NJW 2001, 2075 (unter Hinweis darauf, dass das Osterfest traditionell Zeitpunkt auch für Aufzüge, insbesondere für die Ostermärsche der Friedensbewegung sei) und B. v. 12.4.2001 – 1 BvQ 20/01 – (Karsamstag und Pessahfest).

110 Für 1. Mai verneint (BVerfG, B. v. 10.5.2001 – 1 BvQ 22/01 – NJW 2001, 2076).

111 OVG RP, B. v. 24.11.2006 – 7 B 11487/06 – (Versammlung am Totensonntag [Kundgebung am Mahnmal „Feld des Jammers" in Bretzenheim]).

112 Eingehend Leist (Fn. 27), 271 ff.; ders., Zur Rechtmäßigkeit typischer Auflagen bei rechtsextremistischen Demonstrationen. NVwZ 2003, 1300; Jenssen (Fn. 49).

113 Vgl. Dietel/Gintzel/Kniesel, Demonstrations- und Versammlungsfreiheit, 15. Aufl. 2008, § 15 Rn. 96 ff.; Leist (Fn. 27), 280 ff.

lichkeitswirksamen Symbolen (z. B. Fahnen und Flaggen)[114], Größe und Stärke der Transparente und insbesondere der Transparent- oder Fahnenstangen, die „Inszenierung" des Aufzugs oder der Versammlung (z. B. Verbot militärartigen Gepräges bis hin zum Gleichschritt), das Mitführen von Musikinstrumenten (z. B. Marsch- bzw. Landsknechtstrommeln, Fanfaren)[115] und Fackeln[116] oder die Konkretisierung des Uniformverbots.

Solche Auflagen sind insbesondere gerechtfertigt, soweit sie geeignet und erforderlich sind, Aufmärschen mit paramilitärischen oder sonst wie einschüchternden Begleitumständen entgegenzuwirken.[117] Ein solcher Charakter ist einer Versammlung indes nicht schon wegen der Verwendung von „Inszenierungselementen" beizumessen, welche die Wirkung der Veranstaltung verstärken sollen, und auch die symbolisch-dramaturgische Anknüpfung an Aufmärsche in der Zeit des Nationalsozialismus ist für sich allein kein Verbots- oder Auflagengrund wegen Einschüchterungswirkung.

Möglich sind auch Auflagen zur „sicheren" Durchführung einer Versammlung, insbesondere zur Bereitstellung einer hinreichenden Zahl von Ordnern sowie Anforderungen an deren Zuverlässigkeit und deren Einweisung;[118] zu weit gehen regelmäßig Auflagen, die medizinische Versorgung selbst durch Gestellung von Sanitätern bzw. Begleitung durch Ärzte und Rettungswagen sicherzustellen.[119] Bei Auflagen zur „Versorgungsinfrastruktur", zum Beispiel der Untersagung einer „Feldküche", ist umstritten, ob sie noch auf Versammlungsrecht zu stützen sind oder sich allein nach Straßenrecht richten.[120] Nach vorzugswürdiger Ansichten greift – für Verbot wie für Anordnung infrastrukturbezo-

---

114 BVerfG, B. v. 29.3.2002 – 1 BvQ 9/02 – NVwZ 2002, 983 (Beanstandung des Verbots des Mitführens schwarzer Fahnen); B. v. 19.12.2007 – 1 BvR 2793/04 – NVwZ 2008, 671 (672); eingehend zur differenzierten Rechtsprechung zur Benutzung von Fahnen (insb. Länge der Fahnenstöcke sowie Art und Anzahl der Fahnen) Jenssen (Fn. 49), 182 ff.

115 OVG Frankfurt/O., B. v. 14.11.2003 – 4 B 365/93 – NVwZ-RR 2004, 844; VGH BW, B. v. 30.4.2002 – 1 S 1050/02 – VBlBW 2002, 383; BVerfG, B. v. 24.3.2001 – 1 BvQ 13/01 – NJW 2001, 2069; Jenssen (Fn. 49), 208 ff; s. auch ThürOVG 3.9.1999 – 3 ZEO 669/99 – ThürVBl. 2000, 15.

116 Vgl. etwa OVG SN, B. v. 9.11.2001 – 3 BS 257/01 – SächsVBl. 2002, 96; OVG Brandenburg, B. v. 12.11.2004 – 4 B 317/04 –; Jenssen (Fn. 49), 203 ff.

117 Enger Leist (Fn. 27), 295 ff., nach dem solche „militanten" Verhaltensweisen nicht gegen das Uniformverbot, das Strafrecht (und damit die öffentliche Sicherheit) oder die öffentliche Ordnung verstoßen.

118 Jenssen (Fn. 49), 96 ff.

119 OVG MV, B. v. 12.1.2001 – 3 M 5/01 – NordÖR 2001, 115; Jenssen (Fn. 49), 95 f.

120 S. OVG Berlin, B. v. 8.7.1999 – 1 SN 63/99 – LKV 1999, 372; OVG Frankfurt/O., B. v. 14.11.2003 – 4 B 365/93 – NVwZ-RR 2004, 844; s. auch Kanther: Zur „Infrastruktur" von Versammlungen: vom Imbissstand bis zum Toilettenwagen. NVwZ 2001, 1239.

gener Maßnahmen (z. B. Infostände, Sitzgelegenheiten, Zelte und andere Unterstellmöglichkeiten, Toiletten) – dann allein Versammlungsrecht, wenn ein notwendiger funktionaler Zusammenhang zur Versammlung und ihrer konkret geplanten Durchführung besteht.[121] Art. 8 GG hindert auch nicht durch die Auflage, Abfallcontainer vorzuhalten, einer durch Versorgung mit Speisen und Getränken konkret zu besorgenden und deswegen den Veranstaltern zuzurechnenden Verschmutzung öffentlicher Straßen vorzubeugen; eine allgemeine Reinigungspflicht (z. B. hinsichtlich weggeworfener Flugblätter) kann aber nicht durch Auflage begründet werden.[122]

Auflagen, die strafbare Handlungen untersagen, sind regelmäßig zumindest dann statthaft, wenn tatsächliche Anhaltspunkte die Annahme rechtfertigen, dass es zu solchen Handlungen kommen könne. Dies betrifft insbesondere Auflagen, die das Zeigen der Symbole verfassungsfeindlicher oder verbotener Organisationen oder die Verwendung von Parolen, Grußformeln oder Kennzeichen verbotener Vereine (§ 9 Abs. 2 Satz 1, § 20 Abs. 1 Nr. 5 VereinsG) betreffen. Bei Auflagen, die vorgesehenen Versammlungsrednern bestimmte, voraussichtlich strafbare Äußerungen untersagen, ist zu berücksichtigen, dass neben der Versammlungsfreiheit der Veranstalter auch die Meinungsäußerungsfreiheit der Redner berührt sein kann; dies hindert wegen der Strafbarkeit nicht die Auflage als solche, sondern erhöht die Anforderungen an die Prognose, dass es zu diesen strafbaren Handlungen kommen wird, die je nach Art und Gewicht dann auch ein Verbot rechtfertigen können.[123]

Für die Form der kollektiven Meinungsäußerung gilt, dass das gemeinsame lautstarke Skandieren von Parolen eine versammlungstypische Ausdrucksform ist, die am Schutz der Versammlungsfreiheit teilhat. Sie kann als solche regelmäßig nicht untersagt werden, soweit die Parolen selbst nicht strafbar oder sonst nach Art. 5 Abs. 2 GG verbietbar sind; anderes soll nur zu dem gemeinsamen lauten Skandieren hinzutretender, gewichtiger Begleitumständen in Betracht kommen, die aber nicht in dem Inhalt der Parole oder ihrer Funktion liegen sollen, als Erkennungszeichen der gewaltbereiten rechtsextremen Szene zu dienen.[124] Durch den meinungsneutralen Zweck des Immissionsschutzes ge-

---

121 BVerwG, U. v. 21.4.1989 – BVerwG 7 C 50.88 – BVerwGE 82, 34 (39); Jenssen (Fn. 49), 106 ff.

122 Vgl. Jenssen (Fn. 49), 114 ff., 120 ff.

123 BVerfG, B. v. 6.4.2006 – 1 BvQ 10/06 – NVwZ 2006, 815 (Versammlungsverbot wegen der durch das Thema der Versammlung und die Auswahl der Redner begründeten Erwartung, dass Straftaten nach § 130 Abs. 3 StGB die Versammlung insgesamt prägen werden).

124 BVerfG, B. v. 19.1.2007 – 1 BvR 2793/04 – NVwZ 2008, 671 (674).(Parole „Nationaler Widerstand").

rechtfertigt sind Beschränkungen in Bezug auf die Nutzung von Musik- oder Verstärkeranlagen. Das Demonstrationsrecht garantiert nicht die unbegrenzte elektronische „Beschallung" Dritter. Die Benutzung von Lautsprecherwagen für Ansprachen u. a. darf aber nur beschränkt, jenseits von Kleindemonstrationen als versammlungsimmanentes Element nicht völlig untersagt werden.[125]

3.2 Versammlungsort, -dauer, -route

Die Freiheit, Versammlungsort, -dauer und -route frei bestimmen zu können, sichert den Veranstaltern die Möglichkeit, Art und Umfang der öffentlichen Aufmerksamkeit für „ihre" Versammlung und damit ihr Anliegen zu beeinflussen. Bei nicht ausschließlich dem Kfz-Verkehr vorbehaltenen Straßen und in Fußgängerzonen unterfallen dem Schutzbereich die zwangsläufigen Verkehrsbeeinträchtigungen und auch solche bewusst herbeigeführten „Störungen", die als Mittel dem Zweck erhöhter öffentlicher Aufmerksamkeit dienen, soweit nicht schwerwiegende Störungen (Provozierung von Verkehrsunfällen; Blockade von Rettungswegen) im Raum stehen. Einflussnahmen sind hier – tunlichst in Umsetzung des Kooperationsgebots, dem die Versammlungsbehörden auch in Bezug auf Rechtsextreme unterworfen sind – in engen Grenzen möglich,[126] wenn durch geringfügige Modifikationen ohne Beeinträchtigung von Versammlungszweck oder angestrebter Publizität erhebliche Störungen anderweitiger Rechtsgüter vermieden oder vermindert werden können. Allein der geringere Aufwand für die Sicherung der Route rechtfertigt entsprechende Änderungsauflagen nicht.

Entsprechendes gilt für den Zeitpunkt und die Dauer der Demonstration, der bei – rechtlich zulässiger – Verknüpfung mit einem bestimmten Datum Teil der geschützten inhaltlichen Aussage ist.

Ein größerer Spielraum als ihn die Rechtsprechung mitunter gewährt, sollte in den Fällen anerkannt werden, in denen rechtsextreme Versammlungen mit – möglicherweise gewalttätigen – Gegendemonstrationen zusammentreffen und es darum geht, ein gewaltförmiges Zusammentreffen zu vermeiden oder den für diesen Fall vorzuhaltenden Polizeiaufwand zu begrenzen. Der regel-

---

125 OVG Frankfurt/O., B. v. 14.11.2003 – 4 B 365/03 – NVwZ-RR 2004, 844; OVG Berlin/Brandenburg, B. v. 18.11.2008 – 1 B 2.07 –; Jenssen (Fn. 49), 211 ff.

126 Vgl. auch Schöring: Änderung von Zeitpunkt und Ort einer Versammlung im Wege einer Auflage? NVwZ 2001, 1246.

mäßig zeitliche Nachrang der Anmeldung von Gegendemonstrationen bewirkt nicht, dass Auflagen hier allein die Gegendemonstrationen treffen dürfen, soweit beider Anliegen in praktischer Konkordanz zusammenzuführen
sind. Von Verfassungswegen ist es nicht zwingend, dass über die Inanspruchnahme eines bestimmten Orts stets die Reihenfolge der Anmeldung entscheide
(„Prioritätsgrundsatz");[127] die offene Formulierung, dass die Versammlungsbehörde willkürfrei vorzugehen und darauf abzustellen habe, welche Versammlung stärker auf den umstrittenen Ort angewiesen sei, spricht allerdings im Regelfall für eine zeitliche Rangfolge.[128] Die soll insbesondere gelten, wenn die
spätere Anmeldung allein oder überwiegend zu dem Zweck erfolgt, die zuerst angemeldete Versammlung an diesem Ort zu verhindern, wobei die zeitlich nachrangig angemeldete Veranstaltung nicht schon deshalb zurückzutre-
ten hat, weil die geplante Versammlung des Erstanmelders einen Anstoß zur
Durchführung der später angemeldeten Versammlung gegeben hat.[129]

V Verhinderung rechtsextremer Versammlungen durch Landesgesetzgebung?

Seit 1.9.2006 liegt durch Streichung des Versammlungsrechts aus dem Katalog der konkurrierenden Gesetzgebung[130] nach Art. 70 Abs. 1 GG das Recht
der Gesetzgebung im Bereich des Versammlungsrechts bei den Ländern.[131] Der
(formelle) Übergang der Gesetzgebungskompetenz lässt (materiell) eine qua-
litative Erweiterung der Handlungs- und Eingriffsbefugnisse gegen rechtsextreme Versammlungen nicht erwarten. Denn die Landesgesetzgeber sind an
Art. 8 GG (Art. 31 GG) und seine verbindliche Konkretisierung in der Rechtsprechung des Bundesverfassungsgerichts (§ 31 BVerfGG) gebunden.[132] Die Länder

---

127 BVerfG, B. v. 6.5.2005 – 1 BvR 961/05 – NVwZ 2005, 1055.

128 Vgl. auch Waechter (Fn. 14), VerwArch 99 (2008), 92; s. auch VG Berlin, B. v. 4.1.2008 – 1
A 407.08 – (wichtige, aber nicht allein ausschlaggebende Rolle der zeitlichen Priorität der
Anmeldung).

129 VG Karlsruhe, B. v. 21.2.2008 – 2 K 442/08 –; BayVGH, B. v. 17.8.2007 – 24 CS 07.2038 –; B. v.
8.11.2005 – 24 CS 05.2916 – BayVBl. 2006, 185.

130 Gesetz zur Änderung des Grundgesetzes vom 28.8.2006, BGBl. I, 2034.

131 Zu dem vom BMI vorgelegten „Entwurf eines Versammlungsgesetzes im Vorfeld der Schaffung von Landesversammlungsgesetzen als Beratungsgrundlage für die Länder" s. Dietel/Gint-
zel/Kniesel (Fn. 51), 7 ff. Zu Reformüberlegungen in Niedersachsen – aus kritischer Sicht –
http://versammlung.diegedankensindfrei.org.

132 Waechter (Fn. 14), VerwArch 99 (2008), 73 ff.; allg. zu Möglichkeiten der Anpassung und Ergänzung des Versammlungsgesetzes Gusy: Rechtsextreme Versammlungen als Herausforderung
an die Rechtspolitik, JZ 2002, 105.

haben – zu Recht – die zum 1.8.2006 auf sie übergegangene Gesetzgebungskompetenz bislang nur punktuell genutzt.[133] Der Freistaat Bayern hat als erster
den Versuch unternommen, das Versammlungsgesetz des Bundes umfassend
zu ersetzen[134] und schon bei der Ausgestaltung die unitarisierende Wirkung der
Grundrechte im Versammlungsrecht[135] gespürt. Das Bundesverfassungsgericht
hat denn auch Teile des Gesetzes[136] vorläufig außer Kraft gesetzt.[137]

Der durch § 15 Abs. 2 VersG vorgezeichnete Schutz besonders symbolträch-
tiger Orte des Gedenkens an die Opfer der nationalsozialistischen Gewalt-
und Willkürherrschaft ist wegen seiner Bindung an das komplexe Rechtsgut
des postmortalen Würdeschutzes kein Königsweg. Das Konzept kann allenfalls behutsam auf andere Orte und Gedenkstätten sowie besonders „symbol-
trächtige" Tage übertragen werden. Detaillierter, hier nicht leistbarer Prüfung
bedürfen hier das im neuen Bayerischen Versammlungsgesetz (Art. 15 Abs. 2
Nr 1) enthaltene generalklauselhafte Verbot von Versammlungen an besonders symbolhaften Orten bzw. Zeiten sowie die Gesetzentwürfe für ein sächsisches[138] bzw. sachsen-anhaltinisches[139] Landesversammlungsgesetz, die mit
gleicher Zielsetzung – in Sachsen-Anhalt auch erstreckt auf Opfer schwerer
Menschenrechtsverletzungen während der Zeit der sowjetischen Besatzung
oder der SED-Diktatur – Versammlungsverbote an Orten und Tagen des Ge-

---

133 Vgl. auch Scheidler: Änderung der Gesetzgebungskompetenz im Versammlungsrecht – Erste Aktivitäten der Länder, ZRP 2008, 151.

134 Bayerisches Versammlungsgesetz (BayVersG) vom 22.7.2008, BayGVBl. 2008, 421; dazu Scheidler: Das neue Bayerische Versammlungsgesetz. BayVBl. 2009, 33; Heidebach/Unger: Das Bayerische Versammlungsgesetz – Vorbild für andere Länder oder Gefährdung der Versammlungsfreiheit unter Föderalisierungsdruck?, DVBl. 2009, 283; Kutscha: Neues Versammlungsrecht
– Bayern als Modell? NVwZ 2008, 1210; ders., Demonstrationsfreiheit nach Landesherrenart?
Neue Versammlungsgesetzgebung der Bundesländer? In: M. Möller/R. C. van Ooyen (Hg.): Jahrbuch Öffentliche Sicherheit 2008/2009, 2009, 345 ff.; Hong: Rechtsstaatliche Bedeutung des
Verwaltungsakts und Grenzen staatlicher Informationseingriffe – Die Eilentscheidung des BVerfG
zum Bayerischen Versammlungsgesetz. NJW 2009, 1458.

135 Waechter (Fn. 14), VerwArch 99 (2008), 73.

136 Betroffen war eine Reihe von Bußgeldvorschriften, welche Verstöße gegen die – im Gesetz
deutlich – erweiterten versammlungsrechtlichen Ge- und Verbote unmittelbar zur Ordnungswidrigkeit erheben, sowie Befugnisnormen für polizeiliche Beobachtungs- und Dokumentati-
onsmaßnahmen, aus Respekt vor dem Gesetzgeber nicht die Ge- und Verbote selbst. Die auf
rechtsextreme Demonstrationen bezogenen Bestimmungen (insb. Art. 15 Abs. 2 BayVersG) hatten die Beschwerdeführer bewusst nicht zur verfassungsrechtlichen Prüfung gestellt.

137 BVerfG, B. v. 27.2.2009 – 1 BvR 2492/08 –. Ein Gesetzentwurf der die neue bay. Staatsregierung
tragenden Fraktionen zur Änderung des Bayerischen Versammlungsgesetzes soll u. a. den tragenden Gründen der BVerfG Rechnung tragen (LT-Drs. 16/1270 v. 6.5.2009).

138 Entwurf eines „Sächsischen Gesetzes über Versammlungen und Aufzüge (Sächsisches Versammlungsgesetz – SächsVersG) v. 27.2.2008, LT-Drs. 4/11380; dazu die Anhörung vom 2.6.2008 im
Verfassungs-, Rechts- und Europaausschuss des Sächsischen Landtages.

139 Entwurfes eines „Gesetzes des Landes Sachsen-Anhalt über Versammlungen und Aufzüge
(Landesversammlungsgesetz – VersammlG LSA)" v. 2.6.2008, LT-Drs. 5/1301.

denkens vorsehen und dies durch eine jeweils nicht abschließende („insbesondere") und weitreichende Aufzählung der geschützten Orte der Erinnerung sowie der besonders schutzwürdigen Erinnerungstage ergänzen. Die Landesgesetzgeber sind jedenfalls aufgerufen, nicht durch weitreichende Verbote Erwartungen zu wecken, die der nachfolgenden (verfassungs)gerichtlichen Prüfung nicht standhalten.

HANDLUNGS RÄUME

Umgang mit rechtsextremen Anmietungsversuchen von
öffentlich-rechtlichen Veranstaltungsräumen

Eine Handreichung der Mobilen Beratung gegen
Rechtsextremismus Berlin (MBR)

mbr

Handlungs-Räume. Umgang mit rechtsextremen Anmietungsversuchen nach dem Modell der Mobilen Beratung gegen Rechtsextremismus Berlin (MBR)

Timm Köhler, Sven Richwin

1 Einführung

Im Zuge einer angestrebten Normalisierungsstrategie der NPD und des „Kampfes um die Rathäuser"[1] wächst der rechtsextreme Druck auf öffentliche Einrichtungen. Öffentliche Einrichtungen sind damit kein neutrales Gebiet, denn sowohl Verhalten wie Nicht-Verhalten, Genehmigen oder Verweigern sind Handlungen mit politischen Folgen für die lokale Auseinandersetzung mit dem Rechtsextremismus und damit für die Qualität der kommunalen Demokratie.

Zwar ist die genaue Zahl von rechtsextremen Anmietungsversuchen öffentlicher Einrichtungen nicht bekannt, allerdings werden rechtliche Auseinandersetzungen häufiger geführt und nehmen seitens der rechtsextremen Akteure an Professionalität zu. Kommunen suchen ihrerseits verstärkt die Auseinandersetzung mit diesen rechtsextremen Provokationen; im Jahr 2007 und 2008 wurde daher eine Vielzahl von relevanten Urteilen gefällt. Die jeweiligen Ansätze und Ergebnisse erwiesen sich als sehr verschieden und zeitigten unterschiedlichen Erfolg.

In der Tat bewegen sich Verwaltungen im Umgang mit unliebsamen Nutzungsanträgen auf einem sehr schmalen öffentlich-rechtlichen Grat. Denn es ist klar, dass es eine Ungleichbehandlung von Parteien bei der Überlassung von öffent-

---

1   Vgl. Mobile Beratung gegen Rechtsextremismus Berlin (2007): Kampf um die Rathäuser. Berliner Kommunalpolitik zwischen rechtsextremer Normalisierungsstrategie und demokratischem Handeln, erhältlich unter www.mbr-berlin.de/Materialien.

lichen Einrichtungen nach wie vor nicht geben kann. Ebenso kann das Argument der vorgeblichen Verfassungsfeindlichkeit oder -widrigkeit eines Mietinteressenten nicht erfolgreich zu dessen Abwehr eingesetzt werden. Letztlich erwiesen sich auch Argumente wie „drohende Imageschäden der Kommune durch Rechtsextreme" oder eine „nicht zu gewährleistende Sicherheit aufgrund von Protestaktivitäten" als gerichtlich unwirksam.

Die Handlungsräume von Kommunen erscheinen somit nicht groß – sie sind jedoch größer als oft angenommen. Öffentliche Körperschaften sind nicht dazu verdammt, entweder jedwede Politik auszusperren oder stillschweigend Räume zu überlassen. Im Auftrag von und gemeinsam mit der „Mobilen Beratung gegen Rechtsextremismus Berlin" (MBR) haben die Autoren ein Modell entwickelt, das Kommunen auf mehreren Ebenen unterstützen soll, Handlungsräume im Umgang mit rechtsextremen Anmietungsversuchen zu sichern und auszugestalten. Wesentliche Eckpunkte dieses „MBR-Modells" werden im Folgenden skizziert.[2]

2 Privatrechtliche Nutzungsverhältnisse

Private Vermieter von Räumlichkeiten genießen das Privileg, sich ihre Vertragspartner frei aussuchen zu können, ohne einem Kontrahierungszwang zu unterliegen. Das heißt, grundsätzlich ist es nicht möglich, sich in ein Mietverhältnis über entsprechende Räumlichkeiten einzuklagen. Dadurch verlagert sich die Problematik rechtsextremer Anmietversuche jedoch auf zwei andere Ebenen:

Zunächst handeln private Vermieter zumeist unter einem erheblich stärkeren finanziellen Druck als öffentliche Träger, das heißt, wenn es zu keiner Vermietung von Veranstaltungs- oder Ladenräumen kommt, bedeutet dies finanzielle Einbußen und kann im Einzelfall existenzbedrohend sein.

Ein weiteres Problem ist, dass die Freiheit zum Vertragsabschluss nur dann wirklich besteht, wenn der Vermieter auch über die hinreichenden Informationen hinsichtlich der geplanten Nutzung verfügt. Gerade Veranstaltungsräume werden oftmals unter sehr allgemein gehaltenen oder mehrdeutigen

---

2 Mobile Beratung gegen Rechtsextremismus Berlin (2008): Handlungsräume. Umgang mit rechtsextremen Anmietungsversuchen in öffentlichen Einrichtungen. Die Broschüre, Vorschläge für Vertragsformulierungen sowie Beratungsangebote zu kommunalen Umgangsstrategien mit „raumgreifendem" rechtsextremem Verhalten können bei der MBR (www.mbr-berlin.de) angefordert werden.

Nutzungsbekundungen angemietet. Erst am Abend selbst entpuppt sich dann die „Geburtstagsparty" als bundesweit beworbenes Rechtsrockkonzert oder die Veranstaltung des „Heimatvereins" als rechtsextremer Kameradschaftsabend. Hier kann ein detaillierter Mietvertrag schon im Voraus genauer Auskunft verlangen, was eigentlich genau in den Veranstaltungsräumen stattfinden soll und die Gefahr von „Strohmiet-Verhältnissen" verringern. Bei Verstößen und falschen Angaben bietet ein entsprechender Vertragsverstoß zudem die Grundlage für eine sofortige Kündigung der Räumlichkeiten oder eine Vertragsstrafe.

Formulierungsvorschlag Vertragszweck:

§ X
Die Vermietung erfolgt zum Zwecke / aus Anlass der im Folgenden genau aufgeführten Veranstaltung unter dem Titel:

....

§ XX
Charakter der Veranstaltung
Der Mieter erklärt durch Ankreuzen, dass die Veranstaltung folgenden Charakter hat:

☐ Parteipolitische Veranstaltung

☐ Überparteiliche, politische Veranstaltung

☐ Kulturelle Veranstaltung

☐ Party

☐ Privater Charakter[3]

Auch Mieter von Ladenräumen stehen in der Pflicht, über ihr Sortiment und zu erwartende Reaktionen der Öffentlichkeit im vornherein aufzuklären. So gab das Landgericht Berlin der Räumungsklage einer Vermieterin statt, die den Mietvertrag eines Mieters angefochten hatte, der in seinem Laden zumindest auch Bekleidung der in rechtsextremen Kreisen populären Marke „Thor Steinar" anbot.[4]

---

3   Formulierung aus dem Muster-Raumnutzungsvertrag der MBR, vollständig erhältlich über: www.mbr-berlin.de.
4   Landgericht Berlin, Urteil vom 14.10.2008 – 29 O 143/08.

Das Landgericht Berlin zur Aufklärungspflicht des Mieters:

„Es lag auf der Hand, dass der öffentliche Verkauf von Produkten der in Medien und Öffentlichkeit mit dem Image einer rechtsradikalen Gesinnung belasteten Marke nicht nur ein hohes politisches und erfahrungsgemäß auch tätliches Konfliktpotential birgt. Dafür kommt es nicht entscheidend auf die Frage an, ob das Image der Marke objektiv zu Recht in dieser Weise dargestellt und empfunden wird. Die entsprechende öffentliche Publizierung und die Reaktionen – etwa Verbote des Tragens von Kleidung dieser Marke in Behördengebäuden und Sportstadien – sind geeignet, die öffentliche Meinung entsprechend zu prägen und gerade angesichts der Erfahrungen mit dem Nationalsozialismus in der deutschen Geschichte couragierte und heftige Gegenwehr in verschiedenen Formen gegen die Verbreitung derartiger Kleidung hervorzurufen." Daher durfte „die Klägerin redlicherweise Aufklärung über den beabsichtigten Vertrieb von Kleidung der in der Öffentlichkeit umstrittenen Marke erwarten".[5]

Ebenso entschied kurz darauf das Oberlandesgericht Naumburg:

Oberlandesgericht Naumburg:

„Macht der Mieter in seiner Sortimentsliste bewusst unvollständige Angaben und verschweigt er insbesondere eine Modemarke, die in der Öffentlichkeit mit einem Bezug zur rechtsradikalen Szene wahrgenommen wird, so kann der Vermieter den Mietvertrag wegen arglistiger Täuschung anfechten."[6]

Neben den ordnungsrechtlichen Regulierungsmöglichkeiten des Gaststätten- und Gewerberechts stehen den Kommunen insbesondere auch bauordnungs- und bauplanungsrechtliche Ansätze gegen rechtsextremistische Nutzungsversuche zur Verfügung. Dafür einige Beispiele:

---

5   Ibid.

6   Oberlandesgericht Naumburg, Urteil vom 28.10.2008 – 9 U 39/08. Das Urteil ist nicht letztinstanzlich. Der beklagte Mieter will laut Pressemitteilung der Mediatex GmbH vom 4.12.2008 Revision vor dem Bundesgerichtshof einlegen.

Rigoroser Ladenschluss in Dortmund:

Nachdem Rechtsextremisten den großen Leerstand im Dortmunder Westen immer wieder ausnutzten, um Geschäfte für rechtes Szene-Zubehör zu eröffnen, verhängte der Dortmunder Stadtrat 2007 eine so genannte Nutzungsänderungssperre für das Viertel. „Es dürfen keine neuen Geschäfte aufmachen, in denen zum Beispiel Bekleidung, CDs, Bücher und Fachzeitschriften verkauft werden", erklärte Udo Bullerdieck, Pressesprecher der Stadt. „Und die Sperre gilt auch für Gesundheits- und Körperpflege. Wir denken, dass damit beispielsweise auch ein Tattoo-Studio abgedeckt ist."[7]

Leipzig: „Arische Bruderschaft" stolpert über Gewerberecht

Auf einem kommunalen Grundstück hatte sich in Leipzig-Mockau im Herbst 2007 eine „Aryan Brotherhood" ihr Vereinsheim eingerichtet. Gemäß der Leipziger Volkszeitung (LVZ)[8] tummelte sich auf ihrer Internetseite eine „krude Mischung aus Rassenwahn und Geheimbündelei". Gestolpert sind die Vereinsmitglieder jedoch letztlich über das Gewerberecht. Denn in dem Clubhaus wurden auch diverse Textilien vertrieben, ein Gewerbe sei trotz schriftlicher Anfrage jedoch nicht angemeldet worden. Der „Bruderschaft" wurden die Vereinsräume auf Grundlage dieser Ordnungswidrigkeit zum 31.Januar 2008 gekündigt.

Nutzungsuntersagung auf Privatgelände

Der geplante Sachsentag der „Jungen Nationaldemokraten" (Jugendorganisation der NPD) am 21.6.2008 in Dresden-Pappritz auf einem Privatgrundstück konnte durch eine vorherige Nutzungsuntersagung der Stadt Dresden verhindert werden. Das Brachgelände darf demnach nicht als Veranstaltungsfläche genutzt werden. Das Sächsische Oberverwaltungsgericht führte aus, die Nutzungsuntersagung beinhalte auch, dass nicht nur der Grundstückseigentümer, sondern auch Dritte das Grundstück nicht mehr als Veranstaltungsfläche benutzen dürften.[9]

---

7 Tageszeitung vom 19.6.2007.
8 Leipziger Volkszeitung vom 2.4.2008.
9 Sächsisches Oberverwaltungsgericht, Beschluss vom 18.6.2008 – 1 B 210/08.

3 Öffentliches Recht und öffentliche Einrichtungen

Die Mobile Beratung gegen Rechtsextremismus schlägt bei rechtsextremen Anmietungsversuchen öffentlicher Räume ein dreigliedriges Vorgehen vor: Zunächst sollen die Rahmenbedingungen der öffentlichen Einrichtung überprüft und gestaltet werden, so dass eine **Abwehr von Anmietungsversuchen** erleichtert wird. Für den Fall, dass eine völlige Abwehr scheitert, soll die **Ausdifferenzierung der Vermietungsbedingungen** die Rechtsposition der Kommune unterstützen. Die **politische Einbettung des Prozesses**, so der dritte Handlungsstrang, soll einerseits zu einer geringeren Attraktivität der Kommune für Rechtsextreme führen, aber auch die demokratische(n) Grundposition(en) in der Gemeinde weiterentwickeln und solche Netzwerke festigen, die auch im Alltag gegen Menschenverachtung handlungsfähig sind.

3.1 Strukturelle Abwehr von Anmietungsversuchen

Die Abwehr von rechtsextremen Anmietungsversuchen öffentlicher Einrichtungen könnte so einfach sein: Mit relativ wenig Aufwand könnten öffentliche Einrichtungen zu „politikfreien Zonen" erklärt und ihre Nutzung durch sämtliche politischen Akteure – ob demokratisch oder nicht, ob Partei oder Bürger/in – untersagt werden. Selbstverständlich ist das weder im Sinne einer gelebten Demokratie noch praktisch machbar, denn kommunales politisches Leben kann nur mit einem Mindestmaß an Infrastruktur funktionieren. Um eine Antwort auf die Frage, wie viel politischer Raum geschaffen, wie stark öffentliche Einrichtungen „dicht gemacht" oder verregelt werden sollen, wird jedoch kaum ein politischer Akteur herumkommen. Denn die im Folgenden skizzierten wirksamsten Instrumente des Verwaltungshandelns wie zum Beispiel Widmungen, Satzungen und Benutzungsordnungen haben Folgen für alle Akteure im Gemeinwesen – insbesondere kleine demokratische Parteien und zivilgesellschaftliche Initiativen – und sollten daher genau abgewogen werden.

Widmungen und Vergabepraxis

Öffentliche Einrichtungen werden zu bestimmten Zwecken von der Kommune geschaffen und sollen ausschließlich zu diesem Zweck benutzt werden. Eine solche Zweckbestimmung wird in der „Widmung" einer Einrichtung festgehalten. Die Präzisierung der Zweckbestimmung durch formelle

Widmung ist somit ein Schlüsselbegriff für die Abwehr unliebsamer Anmietungsversuche. Durch die Präzisierung von Widmungen öffentlicher Einrichtungen können bestimmte Zwecke, wie zum Beispiel parteiorganisatorische / parteipolitische / nicht-öffentliche Veranstaltungen ausgeschlossen und stattdessen überparteiliche / politisch-bildende / öffentliche Veranstaltungen explizit eingeschlossen werden (s. Beispiel Oldenburg). Das darauf folgende Altenburger Beispiel verdeutlicht, dass formelle Widmungsänderungen auch nach Eingang einer Vermietungsanfrage durchgeführt werden und wirksam sein können.

Kulturzentrum „PFL" Oldenburg: Parteiorganisatorische Veranstaltungen aus Widmung ausgeschlossen

Der niedersächsische Landesverband der NPD beabsichtigte, seinen Landesparteitag im März 2007 in den Räumen des öffentlich-rechtlichen Oldenburger Kulturzentrums „PFL" abzuhalten. Nachdem die Stadt den Antrag abschlägig beschied, versuchte die NPD, die Stadt gerichtlich zur Überlassung zu zwingen – allerdings ohne Erfolg.

Das Niedersächsische Oberverwaltungsgericht verwies in seinem Urteil auf die „Allgemeinen Richtlinien der Stadt zur Überlassung von Räumen des Kulturzentrums PFL und von Schulräumen an Dritte", wonach Räume vorrangig zur Verfügung gestellt werden, wenn die Veranstaltung einen kulturellen, sozialen oder bildungspolitischen Charakter aufweise oder einen regionalspezifischen Bezug habe. Veranstaltungen, die rein gewerblichen, rein geschäftlichen Zwecken dienten oder Veranstaltungen von politischen Parteien und ihnen nahe stehenden Organisationen seien ausgeschlossen – es sei denn, die Veranstaltung hätte überparteilichen Charakter.

Die NPD konnte jedoch nicht nachweisen, dass in der Vergangenheit im Kulturzentrum PFL parteipolitische oder -organisatorische Veranstaltungen (wie z. B. Parteitage) stattfanden und somit ihr Mietgesuch nicht durchsetzen.[10]

---

10 Niedersächsisches Oberverwaltungsgericht, Beschluss vom 28.2.2007 – Az 10 ME 74/07.

Altenburg: Nachträglich geänderte Widmung erlaubt Versagung der Vermietung

Der NPD-Bundesparteitag 2008 sollte im Oktober bzw. November in Thüringen stattfinden. Bei der Suche nach Räumlichkeiten versuchte die NPD, unter anderem auch die Altenburger Stadthalle „Goldener Pflug" anzumieten.

Im Juli 2008 wurde der NPD-Antrag durch die Stadt mit Verweis auf die kurz zuvor geänderte Satzung abgelehnt. Danach seien Parteien nur insoweit zur Nutzung berechtigt, soweit sich deren Organisationen auf das Gebiet des Freistaates Thüringen beschränkten (Landesparteien, Landesverbände, Kreis- und Ortsverbände). Die NPD erhob Beschwerde und forderte eine Entscheidung anhand der ursprünglichen Satzungsversion, aufgrund derer die NPD einen Nutzungsanspruch hätte.

Das Thüringer Oberverwaltungsgericht entschied in zweiter Instanz, dass gegen eine Eingrenzung der Zweckbestimmung auf landesweit tätige juristische Personen keine Bedenken anlägen, da dies alle Parteien gleichermaßen beträfe.

Für die Beurteilung des geltend gemachten Anspruchs der NPD sei „die Sach- und Rechtslage auf den Zeitpunkt der gerichtlichen Entscheidung [des Verwaltungsgerichts Gera] abzustellen". Weitergehend bestätigte das Gericht auch die späte Satzungsänderung: „Es bleibt bei der Gleichbehandlung deshalb auch dann, falls die [Stadt Altenburg] durch den Zulassungsantrag der [NPD] zu der Satzungsänderung veranlasst wurde. Ab Inkrafttreten der Satzungsänderung sind damit alle Parteien der Begrenzung des Zwecks unterworfen." [11]

Neben formellen Widmungen von öffentlichen Einrichtungen ist auch die praktische Handhabung durch die Verwaltung justiziabel. Wurde durch die Vergabepraxis der Vergangenheit von der eigentlich vorgesehenen Widmung abgewichen, gelten diese Ausnahmen auch für andere, zum Beispiel rechtsextreme Nutzungsinteressierte. Diese so genannte „konkludente Widmung" durch Vergabepraxis kann nur durch einen begründeten, formellen Beschluss der Kommune aufgehoben werden.

---

11 Thüringer Oberverwaltungsgericht, Beschluss vom 16.9.2008 – Az 2 EO 490/08.

Auch Benutzungsordnungen gehören zum „geltenden Recht", innerhalb dessen Grenzen über Nutzungsansprüche von (rechtsextremen) Parteien entschieden wird. Und auch hier gilt: Satzungen, Haus- und Benutzungsordnungen gelten ausnahmslos für alle Nutzungsinteressierten; einmal gemachte Ausnahmen sind auch hier „recht-schaffend" – nachfolgende Parteien können sich auf die bisherige Praxis berufen.

Dennoch kann der konkrete Inhalt von Haus- und Benutzungsordnungen rechtsextreme Mietinteressenten stärker als andere betreffen: Selbstverständlich kann eine Hausordnung bereits bestehende gesetzliche Bestimmungen zu verbotener rechtsextremer Symbolik und Propaganda enthalten. Zusammen mit einer konsequenten Durchsetzung dieser Verbote kann durchaus ein wirksamer abschreckender Effekt auf die rechtsextreme Szene erzeugt werden. In Schulen und Jugendeinrichtungen sind Hausordnungen als Sanktionsmittel jedoch nur als eine Maßnahme innerhalb eines pädagogischen Gesamtkonzepts zum Umgang mit rechtsextremen Erscheinungen sinnvoll.[12]

Die folgenden Beispiele (Haus- und Platzordnung für Sportanlagen, Verbote rechtsextremer Insignien und Verhaltensweisen in Schulhausordnungen) zeigen, dass mit Verweis auf die Integrität der Einrichtung auch allgemein rechtsextremes, rassistisches und ähnliches Verhalten ausgeschlossen werden kann.

Oberstufenzentrum Bautechnik I Berlin: Hausordnung gegen rechtsextreme Erscheinungsformen (Auszug)

„Untersagt ist
1. das Verwenden aller politischen und pseudoreligiösen Darstellungen, Symbole, Kennzeichen, Parolen und Zahlencodes, die nationalistische, rassistische, fremdenfeindliche oder militaristische Inhalte und Gewaltbereitschaft verdeckt oder offen illustrieren, propagieren oder demonstrieren. Zu den Erscheinungsformen zählen beispielsweise Aufnäher, Aufkleber, Flugblätter und andere Publikationen, Buttons, Pins, Basecaps, Jacken, Shirts

---

12 Siehe auch Musterbenutzungsordnung für Jugendzentren in: Verein für Demokratische Kultur in Berlin e.V. / MBR Berlin (2006): Integrierte Handlungsstrategien zur Rechtsextremismusprävention und -intervention bei Jugendlichen, S. 94, erhältlich unter www.mbr-berlin.de/materialien.

und sonstige Oberbekleidung, Schals, Gürtel, Hosenträger, Anhänger, Zeichnung. Hierzu gehören weiterhin handschriftliche Verwendungen, Handy-Klingeltöne und -Logos, Ton- und Bildträger, sowie Internet-Seiten.

2. das Tragen von Springerstiefeln und Bekleidungsmarken, die in der extremistischen (Jugend-)Szene einen symbol- oder bekenntnishaften Charakter haben oder sogar verboten sind."[13]

MBR Berlin: Haus- und Nutzungsordnung für die öffentlichen Sportanlagen

„Nutzern/innen und Besuchern/innen der Anlagen, Räume und Einrichtungen ist die Darstellung von rechtsextremistischem, antisemitischem oder anderweitig diskriminierendem Gedankengut verboten. Darunter fällt u. a. die Beleidigung von Personen aufgrund ihrer Herkunft, ihres Geschlechts, ihrer Hautfarbe, ihrer religiösen Überzeugung oder ihrer sexuellen Orientierung, das Tragen oder Mitführen entsprechender Symbole und Kleidungsstücke, deren Herstellung, Vertrieb oder Zielgruppe nach allgemein anerkannter Ansicht im rechtsextremen Feld anzusiedeln sind, das Mitführen entsprechender Materialien und deren Verbreitung.

Ein Verstoß wird mit sofortigem Verweis von der Sportanlage und ggf. mit Hausverbot geahndet."[14]

Privatisierungen

Besonders im Bereich von veranstaltungsrelevanten Einrichtungen in Kommunen (Stadthallen, Kongresszentren) stößt man häufig auf privatrechtliche Träger, meist GmbHs oder eingetragene Vereine. In den Jahren 2007 / 2008 wurde rechtlich mehrfach erfolgreich die Position vertreten, dass kein öffentlich-rechtlicher Zwang zur Vermietung besteht, wenn die Kommune keine Weisungsbe-

---

13   http://www.osz-gegen-rechts.de/uploads/media/Doku_Hausordnung_OSZ_Bautechnik_I.pdf

14   Abgeordnetenhaus Berlin beschließt: Kein Platz für Rechtsextremismus, Antisemitismus, Rassismus und Diskriminierung in öffentlichen Sportanlagen, http://www.mbr-berlin.de/Aktuelles/Berlinweit/502.html. Dieser Formulierungsvorschlag ist mittlerweile Bestandteil der Sportanlagen Nutzungsvorschriften (SpAN) für die öffentlichen Sporteinrichtungen in Berlin (Senatsverwaltung für Inneres, Mitteilung an das Abgeordnetenhaus vom 25.6.2008; AGH Drucksachen 16/1491 und 16/1312).

rechtigung auf Alltagsentscheidungen der Geschäftsführung privatrechtlicher Dritter hat und ein solcher Einfluss auch in der Praxis nicht nachweisbar ist. Prominentestes Beispiel ist die Verhinderung der Anmietung der Weser-Ems-Hallen in Oldenburg 2007.

Weser-Ems-Hallen: Stadt nicht weisungsberechtigt, daher kein Vermietungszwang

Die Weser-Ems-Hallen in Oldenburg sind in einer kommunal kontrollierten GmbH organisiert. Das Hallengebäude steht unter Ermessens- und Vertrags-freiheit des Geschäftsführers der Betreiber-GmbH. Parteipolitische Veran-staltungen können in diesen Räumen unter privatrechtlichen Bedingungen stattfinden. Damit war die Basis gegeben, zwei Raumanmietungsanfragen der NPD im Jahr 2007 abzulehnen und dies vor Gericht zu verteidigen.

Das Niedersächsische Oberverwaltungsgericht folgte der Rechtsauffassung der Stadt Oldenburg: „Voraussetzung eines Anspruchs einer politischen Par-tei gegen eine Gemeinde auf Überlassung einer kommunalen Einrichtung, die durch eine juristische Person des Privatrechts betrieben wird, ist es, dass die Gemeinde in der Lage ist, die Zweckbindung der Einrichtung gegenüber der privatrechtlichen Gesellschaft durch Ausübung von Mitwirkungs- und Weisungsrechten durchzusetzen [...]. Dies gilt ebenso, wenn der Betrieb der kommunalen Einrichtung einem Privaten, zum Beispiel einem Pächter, überlassen wird."[15]

Privatisierungsprojekte bergen jedoch substanzielle Gefahren. Was in der einen Situation eines konkreten Anmietungsantrags als ein politisch opportuner Lö-sungsweg erscheint, kann dauerhaft die kommunale Substanz erodieren las-sen. Privatisierungen öffentlicher Einrichtungen verringern gestaltbare Räume und tragen zum Primat des Wirtschaftlichen über das Politische bei. Die Kehr-seite der Privatisierung zeigt sich zudem im Kontrollverlust der Kommune über Einrichtungen, deren Pächter aus wirtschaftlichen Gründen an Rechtsextreme vermieten oder diese bewirten wollen.[16]

---

15 Niedersächsisches OVG, Beschluss vom 10.3.2007, Az 10 ME 87/07.

16 In einem ähnlichen Fall in Weira (Thüringen) kündigte die Gemeinde den Mietvertrag für eine Gaststätte mit sofortiger Wirkung, weil der Betreiber die Einrichtung für einen Tag dem NPD-Kreisverband Jena überlassen wollte („Da flog auch der Kneiper raus", Ostthüringer Zeitung vom 1.4.2008).

3.2 Einzelfallbezogene Abwehr

Kommunalrecht und Gleichbehandlungsgrundsatz

Häufig halten Anmietungsversuche einer detaillierten Einzelfallprüfung nicht stand. Beispielsweise sind viele kommunale öffentliche Einrichtungen in den Flächenländern per Kommunalrecht der lokalen Bevölkerung und regional-spezifischen Zwecken vorbehalten. Akteure mit Sitz außerhalb der Kommune oder Veranstaltungszwecke ohne Regionalbezug – etwa überregionale Parteitage einer rechtsextremen Partei – haben hier schlechte Karten bei Anmietungsversuchen.

Auch wenn rechtsextreme Mietwillige mit dem Argument der Gleichbehandlung mit anderen Parteien argumentieren, lohnt sich ein Blick auf das Detail: Zwar ist der Gleichbehandlungsgrundsatz nach Grund- und Parteiengesetz „strikt und formal". Gleichbehandlung gilt jedoch nur in formell vergleichbaren Fällen; eine überparteiliche Podiumsdiskussion kann beispielsweise nicht mit einer parteilichen Wahlkampfveranstaltung gleichgesetzt werden.[17]

Verhinderung von Straftaten

Neben diesen vorwiegend juristischen Argumentationen bestehen nur wenige Möglichkeiten, Rechtsextreme mit ihren eigenen Waffen zu schlagen: Die Verhinderung von (rechtsextremen) Straftaten, wie zum Beispiel Volksverhetzung, ist jedoch ein legitimer Ablehnungsgrund für Anmietungsersuchen. Voraussetzung ist, dass Informationen vorliegen, wonach die Wiederholung von Straftaten drohe (z. B. Auftritt eines einschlägig vorbestraften Redners zu einem einschlägigen Thema) oder Straftaten angekündigt werden. Diese Vorwürfe müssen durch „konkrete Tatsachen" und Belege nachgewiesen werden und dem Veranstalter zuzurechnen sein. Das wiederum setzt voraus, dass zum Beispiel Propagandadelikte in der Vergangenheit rechtzeitig angezeigt und ggf. gerichtlich verurteilt wurden. Es ist somit auch Sache der Kommunen, rechte Straftaten zeitnah anzuzeigen, schon allein um in der Auseinandersetzung um öffentliche

---

17 Nähere Erläuterungen und Beispiele siehe MBR-Broschüre „Handlungsräume".

Einrichtungen keine Rechtsnachteile zu erleiden. Zivilgesellschaftliche und antifaschistische Fachinstitutionen werden Kommunen dabei gern unterstützen.[18]

3.3 Ausdifferenzierung der Vermietungsbedingungen

Falls eine Anmietung durch Rechtsextremisten nicht verhindert werden kann, bestehen Möglichkeiten durch die Ausgestaltung eines Nutzungsvertrags, den Missbrauch öffentlicher Einrichtungen zu verhindern oder ggf. wenigstens zu sanktionieren. Ebenso wie bei privatrechtlichen Mietverhältnissen ist es dabei wünschenswert, insbesondere genaue Kenntnis über den Veranstaltungszweck zu erhalten sowie eine Untervergabe an Dritte zu verhindern. Eine abweichende Veranstaltungsgestaltung kann als wichtiger Grund zur Kündigung führen.

Im Rahmen einer Vertragspräambel oder direkter Verankerung in der Vereinbarung kann zudem der besondere Charakter diverser öffentlicher Räume wie Schulen oder parlamentarische Institutionen gewürdigt werden.

Formulierungsvorschlag:

Der Mieter ist nicht berechtigt, die Mieträume zur Durchführung von Veranstaltungen zu nutzen, auf denen verfassungs- oder gesetzeswidriges Gedankengut dargestellt und / oder verbreitet wird, sei es vom Mieter selbst oder von Besuchern der Veranstaltung.

Der Mieter bekennt mit seiner Unterschrift, dass die Veranstaltung keine rechtsextremen, rassistischen, antisemitischen oder antidemokratischen Inhalte haben wird. Das heißt, dass insbesondere weder in Wort noch in Schrift die Freiheit und Würde des Menschen verächtlich gemacht noch Symbole, die im Geist verfassungsfeindlicher oder verfassungswidriger Organisationen stehen oder diese repräsentieren, verwendet oder verbreitet werden dürfen.[19]

---

18 Fachliche Unterstützung ist erhältlich durch das Antifaschistische Pressearchiv und Bildungszentrum in Berlin (apabiz, bundesweit tätig), die jeweiligen Mobilen Beratungsteams in den neuen Bundesländern sowie Hessen, Arbeitsstelle Rechtsextremismus und Gewalt (arug, für Niedersachsen und Bremen), Arbeitsstelle Neonazismus in Düsseldorf (für NRW), Info- und Bildungsstelle gegen Rechtsextremismus in Köln (Regierungsbezirk Köln), Antifaschistische Informations-, Dokumentations- und Archivstelle München (aida e.V., für Süddeutschland).

19 Formulierung aus dem Muster-Raumnutzungsvertrag der MBR, vollständig erhältlich über: www.mbr-berlin.de.

Neben der Zusicherung des genauen Veranstaltungscharakters und der Stärkung des demokratischen Kontextes können die konkreten Verantwortlichen abgefragt und ein Zugang zur Veranstaltung für Vertreter des Vermieters eingefordert werden. Durch Haftungsübernahme, Sicherheitsleistung und bei einer eventuellen Verletzung der Vereinbarung der Verhängung einer Vertragsstrafe ergeben sich weitere Handlungsoptionen neben einer sofortigen Kündigung der Veranstaltung. Allerdings bedeutet dies, dass mindestens ein Vertreter/in des Vermieters während der rechtsextremen Veranstaltung zugegen ist und etwaige Vertragsverstöße unmittelbar ahndet. Eine enge Zusammenarbeit mit Polizei und Justiz ist in diesem Fall dringend zu empfehlen (siehe Kap. 4.).

3.4 Politische Einbettung in der Kommune

Rechtsextreme Anmietungsversuche können trotz aller negativen Begleitumstände auch Anlass für eine Belebung der demokratischen Kultur in der Kommune und die Vergewisserung über demokratische Standpunkte sein. Informationen zu rechtsextremen Strategien und Planungen sowie die Diskussion über einen angemessenen Umgang sind wichtig, um rechte Aktivitäten nicht zur Normalität werden zu lassen. Konkret heißt das, dass Verwaltungen rechtzeitig und detailliert über geplante Parteitage, Veranstaltungen oder Aufmärsche informieren, damit zivilgesellschaftliches Engagement sich entwickeln und formieren kann. Zur Informationsgewinnung sollten insbesondere auch parlamentarische Mittel sowie Kompetenzen von Gemeinden als Gebietskörperschaften genutzt werden. Kommunen können demokratischen Protest in der Vorbereitung und Durchführung durch Bereitstellung von Infrastruktur aktiv unterstützen, wie das folgende Berliner Beispiel zeigt.

Berlin-Lichtenberg: Demokratischer Protest im Rathaus

Rechtsextreme versuchen immer wieder, den Berliner Bezirk Lichtenberg durch Aufmärsche als „ihr" Territorium zu markieren. Der Bezirk ist jedoch ebenso bekannt für seine Protestaktivitäten. Das Rathaus und bezirkseigene Gebäude wurden vor und während der Demonstrationen zu Anlaufstellen demokratischen Protests; unter anderem Transparente, Trommelgruppen und Musik zeigten sicht- und hörbar deutlich, dass der Bezirk sich gegen jegliche rechte Vereinnahmung wehrt.

Die unmittelbare Protestsituation ist ein Moment, in dem sich die lokale Bürgerschaft als aktiv handelnd wahrnimmt. Von diesem Moment kann eine nachhaltige Impulswirkung für das Gemeinwesen ausgehen. Umso wichtiger ist es, Protest gelingen zu lassen und Ohnmachtserfahrungen engagierter Bürger/innen, wie etwa durch restriktive Polizeimaßnahmen, zu vermeiden. Kommunale Politik hat hier den Auftrag, durch rechtzeitige Einflussnahme die Position der Zivilgesellschaft gegenüber Polizei und Versammlungsbehörde zu stärken. Protestbeispiele, wie zum Beispiel gegen den geschichtsrevisionistischen Aufmarsch der Jungen Nationaldemokraten am 8. Mai 2005 in Berlin oder gegen das rechtsextreme „Fest der Völker" in Jena (2007) und Altenburg (2008), waren nicht zuletzt aufgrund von (kommunal-)politischer Unterstützung erfolgreich.

4 Rechtsdurchsetzung während Veranstaltungen

Oftmals ergeben sich Schwierigkeiten, zeitnah konsequent gegen Vertragsverstöße vorzugehen und nicht erst hinterher mittels Vertragsstrafe zu ahnden, insbesondere wenn sich Vertragsverstöße erst unmittelbar während der Veranstaltung offenbaren. Selbst wenn es dem Vermieter oder der Kommune gelingt, Vertragsverstöße festzustellen und ggf. zu dokumentieren, führt auch eine berechtigte sofortige Kündigung der Räumlichkeiten noch nicht automatisch zur faktischen Beendigung der Veranstaltung, insbesondere bei Rechtsrockkonzerten mit zum Teil mehreren hundert Teilnehmern. In der Regel wird hier auch die Polizei erst bei ausreichenden Kräften auf Grundlage der Polizeigesetze der Länder oder strafprozessualer Maßnahmen eingreifen.

Angesichts der Schwierigkeit, eine fristlose Kündigung zeitnah durchzusetzen, zeigt sich die Bedeutung von präventiven Elementen. Sollten bei der Raumvergabe „Verdachtsmomente" einer rechtsextremen Nutzung bestehen, ist es wichtig, rechtzeitig Kontakt mit zivilgesellschaftlichen Akteuren aufzunehmen. Diese verfügen häufig über Informationen zu rechtsextremen Veranstaltungen, Akteuren und deren Aktivitäten und erlauben eine bessere Einschätzung des potenziellen Vertragspartners. Gemeinsam können so Kommunen, Privatwirtschaft und Zivilgesellschaft für mehr demokratischen Handlungsraum sorgen.

Ladenschluss jetzt!
Zur kommunalen Auseinandersetzung mit
rechtsextremen Szeneläden

Bianca Klose, Annika Eckel

Die rechtsextreme Szene besteht aus mehr als nur aus Parteien und Organisationen. Kneipen, Tattoostudios, Bandproberäume, Geschäfte und Imbisse sind
wichtige Bestandteile rechtsextrem(orientiert)er Strukturen und (Sub-) Kultur.

In ihrer Funktion als Anlauf- und Treffpunkte für die rechtsextreme Szene tragen solche Orte wesentlich zur Herausbildung von rechtsextremen Strukturen
bei. Wo die Etablierung von Szene-Orten gelingt und / oder bestehende Strukturen mitgenutzt werden, verändert sich auch der Sozialraum: Wichtige Ak-
tivist/innen der Szene wohnen hier, es gibt Kneipen und Geschäfte, die von
Rechtsextremen besucht werden, mittelfristig ist an diesen Orten auch eine
Veränderung des Wahlverhaltens zu beobachten. So kann es auf schleichende
Weise zu einer Dominanz eines rechtsextremen Lifestyles kommen (Kleidung,
Musik, Sprüche, Haltungen).

In der Mehrheit sind die Nutzerinnen und Nutzer solcher rechtsextremen Angebote des vorpolitischen Raums keine organisierten Rechtsextremisten. Sie
stimmen aber in Teilen rechtsextremen Weltbildern zu und sind für rechtsextreme Aktivist/innen und Kader ansprechbar. Des Weiteren tragen sie ihren Teil
zu einer bedrohlichen Atmosphäre bei, die sich im sozialen Nahraum verbreitet und auch in benachbarte Stadtteile ausstrahlen kann.

Die Etablierung von Treffpunkten kann sich spontan und eher zufällig ergeben
oder Ergebnis der Raumgreifungsstrategie der rechtsextremen Szene sein. Ziel
dieser Strategie ist es, sich in gewöhnlichen Sozialräumen zunächst als scheinbar
„normale" Klientel zu verankern, um darüber neue Wohn- und Aktionsräume für
die Szene zu erschließen. Im Gegensatz zu temporären, teilweise jahreszeitlich

bedingten Treffpunkten, etwa in Parks oder auf öffentlichen Plätzen, bieten Kneipen, Läden, Tattoostudios und ähnliches eine dauerhafte Basis. Sie sind daher für das Funktionieren und die Ausweitung rechtsextremer Strukturen ungleich wichtiger. Sie sind diejenigen Orte, die auf personelle, materielle, finanzielle und organisatorische Weise den Fortbestand der rechtsextremen Szene sichern. Daher werden sie im Folgenden als *rechtsextreme Infrastruktur* bezeichnet.

Es ist sinnvoll, innerhalb der rechtsextremen Infrastruktur zu differenzieren. Eine detaillierte Betrachtung ist nicht zuletzt hilfreich für die passgenaue Entwicklung kommunaler Gegenstrategien. Eine Kneipe, die allabendlich Treffpunkt rechtsextrem(orientiert)er Aktivist/innen ist, hat zum Beispiel eine andere Qualität als ein Laden, der überwiegend die Kleidungsmarke *Thor Steinar* verkauft. Um die jeweilige Qualität und Bedeutung rechtsextremer Infrastruktur beurteilen zu können, müssen Betreiber, Eigentümer und Kundschaft in den Blick genommen werden. Für die Analyse der Unterschiede sind folgende Fragen hilfreich:

- *Ist der / die Betreiber/in ein (bekanntes) Mitglied der rechtsextremen Szene?*

- *Ist der / die Eigentümer/in oder Besitzer/in der Räumlichkeiten ein (bekanntes) Mitglied der rechtsextremen Szene?*

- *Stehen private / kommerzielle Interessen im Vordergrund oder politische?*

- *Gibt es Erkenntnisse, ob Teile des Gewinns zur Finanzierung rechtsextremer Organisationen oder Aktionen verwendet werden?*

- *Was wird in dem Laden angeboten? Ist das Angebot überwiegend oder sogar ausschließlich auf eine rechtsextrem(orientiert)e Kundschaft ausgerichtet?*

- *Wie setzen sich die Kundschaft bzw. die Nutzer/innen zusammen? Befinden sich darunter organisierte und / oder bekannte rechtsextreme Aktivist/innen?*

- *Duldet der Besitzer die rechtsextrem(orientiert)e Kundschaft unbewusst, nimmt er sie wissentlich in Kauf oder ist sie gar sein Zielpublikum?*

Das Ergebnis der Fragen bildet die Grundlage für die Entwicklung von Maßnahmen und Strategien der Intervention, aber auch der Prävention, sei es in der Kommune oder im Bezirk. Die Erfahrungen in Berlin haben immer wieder gezeigt: Für die Auseinandersetzung mit rechtsextremer Infrastruktur, egal welchen Typs und welcher Ausprägung, ist ein abgestimmtes und vernetztes Vorgehen von Verwaltung, Politik und Zivilgesellschaft wesentlich.

Binnenwirkung rechtsextremer Szeneläden

„Eine Verkäuferin mit rot gefärbten Haaren lehnt gelangweilt an der Ladentheke, im Hinterzimmer klappern Männer mit Kaffeetassen. Der kleine Laden mit dem roten Schriftzug ‚Harakiri' in der Bornholmer Straße im Prenzlauer Berg ist beliebter Treffpunkt von Neonazis. Zu kaufen gibt es unter anderem ein Metallschild mit dem Slogan ‚Odin statt Jesus' oder eine CD mit dem Titel ‚Sturmgewehr'. Auch die umstrittene Marke ‚Thor Steinar' mit dem Runen-Schriftzeichen im Logo ist im Angebot"[1] – so beschreibt ein Presseartikel ein Geschäft, das bereits seit über zehn Jahren in Berlin existiert und eindeutig auf eine rechtsextrem(orientiert)e Kundschaft ausgerichtet ist.

Mit ihrer Angebotspalette von CDs und Merchandisingartikeln rechtsextremer Bands über Bücher bis hin zu Kleidung von bei Rechtsextremen beliebten Marken bieten diese Läden einen direkten Zugang zum gesamten Repertoire rechtsextrem(orientiert)en Lifestyles. Viele dieser Läden betreiben darüber hinaus einen Internetversand mit einem meist wesentlich breiteren Angebot, vor allem im Bereich rechtsextremer Musik.

Persönliche Kontakte, die solche Läden ermöglichen, öffnen Türen zu rechtsextremen Strukturen, beispielsweise durch Informationen über Veranstaltungen oder Konzerte. Dies ist der entscheidende Unterschied gegenüber dem Kauf per Internetversand. Rechtsextreme Szeneläden bieten unmittelbar vor Ort sowohl eine niedrigschwellige erste Zugangsmöglichkeit insbesondere für Jugendliche, als auch eine etablierte Anlaufstelle für die rechtsextreme Szene. Für beides gilt: Hier trifft man Gleichgesinnte, kann sich austauschen und genießt einen gewissen Freiraum.

Was für Kneipen gilt, lässt sich auch bedingt für Ladengeschäfte feststellen: „...in einer Kneipe können nicht nur eigene Leute angesprochen werden, son-

---

1 „Kaum Proteste gegen Harakiri", erschienen am 26.3.2008 bei: http://www.berlinonline.de (ddp-Meldung).

dern auch zunächst außenstehende Jugendliche und Erwachsene über diesen Umweg für die politische Sache gewonnen werden. Hier kann man sich ungestört unterhalten, nationale Musik hören, Informationen erhalten und aktuelle Termine erfahren", heißt es im Publikationsorgan der NPD.[2]

Rechtsextreme Infrastruktur bietet nicht nur Raum, um soziale und politische Kontakte zu knüpfen oder zu pflegen. Darüber hinaus ermöglichen Läden und Kneipen „von der Szene für die Szene", dass sich Rechtsextreme innerhalb der rechtsextremen Bewegung eine Existenz aufbauen und ein persönliches Einkommen sichern. In welchem Maße der erwirtschaftete Gewinn in die Finanzierung rechtsextremer Organisationen oder Veranstaltungen fließt, ist jedoch von außen schwer zu beurteilen. In jedem Fall sind Läden, Kneipen usw., die eindeutig auf eine rechtsextrem(orientiert)e Kundschaft ausgerichtet sind, Teil eines rechtsextremen Netzwerks aus Parteien, Gruppen, Vereinen, Musiknetzwerken und Verlagen und somit ganz im Sinne der „rechtsextremen Raumpolitik".[3]

Reale und symbolische Besetzung des öffentlichen Raums

Unabhängig davon, ob bei einem Geschäft politische oder kommerzielle Interessen im Vordergrund stehen, und unabhängig davon, ob der Besitzer bewusst oder unbewusst die rechtsextrem(orientiert)e Kundschaft duldet, sind solche Orte Ausgangspunkte einer schleichenden Besetzung des öffentlichen Raums. Rechtsextreme Läden oder Kneipen tragen somit entscheidend dazu bei, dass sich eine rechtsextrem(orientierte)e Alltagkultur in einem Sozialraum verankern kann. Anders als Aufmärsche oder Aktionen besetzen sie den öffentlichen Raum nicht nur anlassbezogen, vielmehr werden Nachbarschaften und Kieze tagtäglich als szeneeigenes Territorium beansprucht.

Die reale und symbolische Besetzung des öffentlichen Raums durch rechtsextreme Läden, Aufkleber, Tags, Treffpunkte oder Angriffe wirkt auf die Atmosphäre in der Kommune ein. Bemerkt wird dies meist zuerst von denjenigen, die potenziell Opfer sein können. Für sie erhöhen eine rechtsextreme Infrastruktur und das gehäufte Auftreten rechtsextremer Propaganda und Personen

---

2   Hupka, Steffen: Befreite Zonen – aber wie? In: Deutsche Stimme 11/1999.

3   Pressemitteilung „Präsentation der Protestaktion zum Tönsberg-Laden in Berlin-Mitte" der Anwohner/innen- Initiative „Mitte gegen Rechts" vom 16.5.2008.

die Gefahr, Opfer verbaler oder physischer Angriffe zu werden. So können Orte des (halb)öffentlichen Raums zu so genannten Angsträumen[4] werden. Solche Angsträume können temporär und situativ sein oder sich dauerhaft festigen, insbesondere im direkten Umfeld rechtsextremer Infrastruktur. Angsträume können aber auch stark frequentierte Orte sein, an denen eine erhöhte Wahrscheinlichkeit besteht, auf (potenzielle) Täter/innen zu treffen, zum Beispiel in Fußgängerzonen, auf Marktplätzen oder auf S-Bahnhöfen. Für die Entstehung eines Angstraums genügen oft ein Gewalterlebnis oder auch nur ein Bedrohungsgefühl und deren Kommunikation an andere potenzielle Opfer. Entscheidenden Einfluss darauf, ob Angsträume dauerhaft bestehen bleiben, haben das gesellschaftliche Klima in einem Sozialraum und das Bewusstsein der Mehrheitsbevölkerung sowie die Reaktionen öffentlicher Institutionen.

Rechtsextreme Bemühungen um Normalität

Rechtsextreme Bemühungen um gesellschaftlichen Einfluss setzen im Alltagsleben von Kommunen und Nachbarschaften an. Ob die gesellschaftliche Ächtung rechtsextrem(orientiert)er Einstellungen und Taten dauerhaft gelingen kann, ist abhängig von der lokalen Verankerung einer partizipativen demokratischen Kultur.[5]

Rechtsextreme Normalisierungsbemühungen zielen auf die permanente Präsenz rechtsextremer Positionen im kommunalen Raum, auf das Senken der Hemmschwelle gegenüber rechtsextremen Positionen sowie auf deren Verankerung in allen Bereichen der Gesellschaft. Die von der NPD als „Kampf um die Köpfe, die Straße und die Parlamente"[6] ausgerufene Strategie soll nicht nur die rechtsextreme Anhängerschaft und ihren gesellschaftlichen Einfluss vergrößern, sondern auch dafür sorgen, dass rechtsextreme Erscheinungsformen und Ideologien zu einem selbstverständlichen Teil des gesellschaftlichen Lebens und demokratischer Meinungsbildungsprozesse werden.

---

4   Vgl.: Angsträume in Berlin. Lokale Handlungskonzepte im Umgang mit rechtsextremen Erscheinungen im öffentlichen Raum. Hintergrundpapier der Mobilen Beratung gegen Rechtsextremismus Berlin (MBR). Berlin 2006.

5   Vgl.: Funke, Hajo: Welchen Stellenwert hat der kommunale Kontext? In: Virchow, Fabian: Dornbusch, Christian (Hg.): 88 Fragen und Antworten zur NPD. Weltanschauung, Strategie und Auftreten einer Rechtspartei – und was Demokraten dagegen tun können. Schwalbach/Ts. 2008.

6   Auf ihrem Bundesparteitag von 1996 beschloss die NPD das so genannte „Drei-Säulen-Konzept".

Im kommunalen Raum setzen Rechtsextreme mit ihrem Bemühen um gesell-schaftlichen Anschluss auf drei Ebenen an: kommunalpolitisch, sozialräumlich und soziokulturell. Allen drei Ebenen bietet rechtsextreme Infrastruktur eine (organisatorische) Grundlage. So sind für den kommunalpolitischen Einfluss nicht nur die bei Wahlen gewonnenen Sitze in Kreistagen, Stadträten oder Landtagen von Bedeutung, sondern auch das NPD-Büro vor Ort – möglicher-weise mit dem Angebot einer Bürgersprechstunde – oder der wöchentliche Stammtisch des NPD-Kreisverbands in einer Kneipe. Ebenso wichtig sind rechts-extreme Läden. Sie schaffen auf der sozialräumlichen und der soziokulturellen Ebene Zugangsmöglichkeiten zur „rechtsextremen Erlebniswelt".[7]

Als rechtsextreme Erlebniswelten lassen sich all jene Formen zusammenfassen, in denen sich Politik und Kultur verbinden, so dass in ihnen Aktivist/innen und Sympathisant/innen der rechtsextremen Szene aktiv werden können und im Kontext des Rechtsextremismus Unterhaltung finden.[8] Diese Verbindung von Freizeitgestaltung, Lebensgefühl und politischer Botschaft charakterisiert den zeitgenössischen (jugendlichen) Rechtsextremismus.

Rechtsextreme Erlebniswelten und Infrastruktur schaffen soziokulturelle Mi-lieus, in denen Mädchen und Jungen in unterschiedlichen Abstufungen rechtsextrem(orientiert)e Lebensstile und Identitäten entwickeln können. Rechtsextreme Kultur lässt sich nicht mehr nur in einschlägigen Veranstal-tungen ausleben, sondern durchdringt die verschiedenen alltäglichen Lebens-bereiche. Anders als bei so genannten *Parallelwelten* sind rechtsextrem mit-bestimmte Erlebniswelten gerade nicht von der Außenwelt abgeschottet, sondern haben bewusst relativ durchlässige Grenzen. Diese sorgen für per-sonellen Nachschub und machen einen Teil ihrer Attraktivität aus.[9] In diesen Milieus werden soziale Kontakte, Jobs und Unterhaltung gesucht und oft ge-nug auch gefunden.

Genau wie bei Erwachsenen entstehen auch bei Jugendlichen rechtsextreme Orientierungen in der Regel über alltagskulturelle Einflüsse im direkten so-zialen Umfeld. Die Pluralisierung rechtsextremer, alltagskultureller Angebote

---

7   Glaser, Stefan; Pfeiffer, Thomas (Hg.): Erlebniswelt Rechtsextremismus. Menschverachtung mit Unterhaltungswert. Schwalbach/Ts 2007.

8   Vgl.: Pfeiffer, Thomas: Menschenverachtung mit Unterhaltungswert. Musik, Symbole, Internet – der Rechtsextremismus als Erlebniswelt. In: Glaser, Stefan; Pfeiffer, Thomas (Hg.): Erlebniswelt Rechtsextremismus, a. a O., S. 37 f.

9   Vgl.: Mobile Beratung gegen Rechtsextremismus Berlin (MBR): Integrierte Handlungsstrategien zur Rechtsextremismusprävention und -intervention bei Jugendlichen. Hintergrundwissen und Empfehlungen für Jugendarbeit, Kommunalpolitik und Verwaltung. Berlin 2006, S. 24.

spielt für die Ausbreitung des Rechtsextremismus unter Jugendlichen ebenso eine Rolle wie die Normalisierung von rechtsextremen Treffpunkten und Geschäften im Gemeinwesen.[10] Rechtsextreme Erlebniswelten und Infrastruktur bieten Raum dafür, dass aus einer rechtsextremen Orientierung oder Teilidentifikationen bei Jugendlichen und Erwachsenen gefestigte und eindeutige politische Identitäten werden.

Kommunale Handlungsstrategien in der Auseinandersetzung mit rechtsextremen Szeneläden

Die bisherigen Analysen rechtsextremer Infrastruktur, aber auch die praktischen Erfahrungen der Mobilen Beratung gegen Rechtsextremismus Berlin (MBR) zeigen, dass über das Gelingen oder Scheitern rechtsextremer Raumgreifungsstrategien vor allem in den Kommunen entschieden wird. Dem kommunalen Raum kommt somit eine zentrale Stellung zu – auch für die Rechtsextremen selbst.[11] Für sie ist die Kommune einerseits der Ort, an dem die alltägliche rechtsextreme Basisarbeit jenseits spektakulärer, öffentlichkeitswirksamer Aktionen stattfindet, andererseits wird eben darum diese Arbeit von der breiten Öffentlichkeit kaum oder gar nicht wahrgenommen. So ist die Kommune in den letzten Jahren für den Rechtsextremismus einerseits zum Ort der sozialen und ökonomischen Verankerung geworden, mithin zur Basis und zum Rückzugsraum. Andererseits ist sie der Ausgangspunkt für die „eigentliche", das heißt über die kommunale Ebene hinausgehende Politik.

Wichtig für den Umgang mit rechtsextremer Infrastruktur ist daher zuallererst, die Bedeutung der Kommune für den Rechtsextremismus überhaupt als solche zu erkennen – und damit auch die Bedeutung des eigenen kommunalpolitischen Handelns. Ausgehend von der kommunalen Situationsanalyse muss es dann Ziel kommunaler Politik sein, den Rechtsextremen entschlossen entgegenzutreten und den kommunalen Raum dauerhaft zu schützen. Mit „Raum" sind zum einen der Sozialraum der Kommune im Allgemeinen sowie bestimmte Orte darin gemeint. Dieser „Raum" erstreckt sich zum anderen aber auch auf die lokalen und kommunalen Diskurse, etwa in den Kommunalparlamenten, in den Medien oder auf öffentlichen Versammlungen und Veranstaltungen.

---

10 Ebenda, S. 17 f.

11 Vgl. Klose, Bianca; Benzing, Anne: Problemaufriss Rechtsextremismus in der Kommune. In: Molthagen, Dietmar u. a. (Hg.): Gegen Rechtsextremismus – Handeln für Demokratie. Bonn 2008, S. 208 f.

Für eine angemessene Auseinandersetzung mit rechtsextremen Szeneläden sind drei Schritte notwendig. Als erstes geht es darum, die Möglichkeiten und die Mittel in der Auseinandersetzung mit rechtsextremer Infrastruktur zu *kennen*. Zweitens stellt sich die Frage, wie diese Möglichkeiten und Mittel aktiviert, mobilisiert und gezielt eingesetzt werden können. Und drittens muss es darum gehen, kommunale Räume demokratisch-zivilgesellschaftlich zu besetzen und (wieder) zu beleben.

Die beiden wichtigsten Akteure dafür sind die Zivilgesellschaft in all ihren Formen und Gestalten sowie die Kommunalpolitik und -verwaltung: Für die Umsetzung der genannten Schritte kommt es vor allem auf diese Akteure an. Sie sollen daher im Folgenden kurz vorgestellt werden; zunächst jeweils für sich und mit Beispielen aus der Praxis, dann in ihrem Zusammenwirken.

Das zivilgesellschaftliche Engagement

Kneipen, Imbisse und Diskotheken sind in Sozialräumen häufig die Ausgangspunkte rechtsextremer Taten. Rechtsextreme können sich oft ungestört an solchen kommunalen Treffpunkten aufhalten oder gar Treffen abhalten, weil sie aufgrund ihres veränderten und nunmehr unauffälligeren Erscheinungsbilds von den Betreiber/innen nicht einmal als solche erkannt oder als harmlos eingeschätzt werden. Doch auch unabhängig von der Haltung der jeweiligen Betreiber/innen und Wirt/innen, die von Ahnungslosigkeit über unkritische Akzeptanz und Duldung vermeintlich „bloßer Kundschaft" bis hin zu einer zielgerichteten Unterstützung der Szene gehen kann, gilt, dass sich Läden und Kneipen in bestimmten Kiezen zu rechtsextremen Treffpunkten entwickeln können und sich dadurch als fester Bestandteil einer rechtsextremen Infrastruktur etablieren.

In solchen Fällen sind es in erster Linie die direkt oder indirekt betroffenen Gewerbetreibenden des Sozialraums, die gezielt in den Blick genommen werden sollten. Die Praxis zeigt, dass sich Betreiber/innen von Kneipen und Läden bei gezielter Ansprache mit konkreten Unterstützungsangeboten oder durch das Aufzeigen von ressourcenorientierten Handlungsmöglichkeiten durchaus für ein Engagement gegen Rechtsextremismus und einen „weltoffenen Kiez" gewinnen lassen. Das gilt insbesondere, wenn es sich um Betreiber/innen handelt, die sich nicht bewusst als Teil einer rechtsextremen Infrastruktur verstehen. Ihnen kommt allein schon rechtlich gesehen eine Schlüsselrolle zu, wenn es darum geht, aus ihrem Einflussbereich Rechtsextreme fernzuhalten und sich gegen die rechtsextreme Vereinnahmung privater und öffentlicher Räume zu positionieren. Denn sie müssen keineswegs dulden, dass ihre Kneipe, ihr Imbiss oder ihr Club zum Treffpunkt Rechtsextremer wird, im Gegenteil: Betreiber/innen, Pächter/innen und Vermieter/innen verfügen durch das vertragliche Nutzungsrecht sowie durch das Hausrecht über die Möglichkeit, frei über einen Zutritt zu ihren Räumen zu entscheiden. Gleiches gilt auch bei der Vermietung von kommunalem Eigentum (z. B. Vereinshäusern) durch private Pächter/innen, denen vertraglich durch die Kommune das Nutzungsrecht eingeräumt wird. Eine detaillierte Erläuterung zu privatrechtlichen Nutzungsverhältnissen bei kommunalem Eigentum sowie zu den rechtlichen Möglichkeiten im Umgang mit rechtsextremen Nutzugsversuchen ist nachzulesen in dem Artikel von Sven Richwin und Timm Köhler in diesem Handbuch.

Ein gutes Beispiel gibt in diesem Zusammenhang die Aktion *Servicewüste für Nazis*, die durch zivilgesellschaftliches Engagement initiiert wurde. Mit der Aktion *Servicewüste für Nazis* will die *Initiative gegen Rechts Friedrichshain* in Berlin Gewerbetreibende des Bezirks dazu motivieren, sich gegen Rechtsextremismus zu engagieren. Es wurden Aufkleber mit dem Slogan „Für Nazis keine Happy Hour" entwickelt, die sich als deutliche Positionierung all jene ins Fenster hängen können, die im Kiez eine Kneipe, einen Imbiss oder einen Laden betreiben. Des Weiteren wurde eine Broschüre erstellt, in der aufgezeigt wird, wie Betreiber/innen und Wirt/innen verhindern können, dass Rechtsextreme zu Stammkund/innen werden, Räume unter Angabe falscher Tatsachen (Zwecke) für Veranstaltungen oder Stammtische nutzen. Als besonders hilfreich hat sich hier der so genannte Muster-Raumnutzungsvertrag der MBR erwiesen.[12] Zudem klärt die Broschüre darüber auf, woran man rechtsextreme Kundschaft erkennen und wie Opfern rechtsextremer und rassistischer Gewalt geholfen werden kann. Die Initiative erhielt zudem Unterstützung von der Kommunalpolitik: Der Wirtschaftsstadtrat lud gemeinsam mit der Initiative zur Pressekonferenz ein, um die Aktion zu präsentieren (www.initiative-gegen-rechts.de).

In einem anderen Fall ging ein besonders breit angelegtes zivilgesellschaftliches Engagement von der Initiative *Mitte gegen Rechts* aus. Sie wurde von Anwohner/innen und Gewerbetreibenden am Rosa-Luxemburg-Platz in Berlin-Mitte mit dem Ziel gegründet, mit unterschiedlichen Aktionsformen gegen einen

---

12 Der (privatrechtliche) Muster-Raumnutzungsvertrag der MBR findet sich im Anhang der Broschüre der Mobilen Beratung gegen Rechtsextremismus Berlin (MBR) und des Vereins für Demokratische Kultur in Berlin e. V. (VDK): Handlungs-Räume. Umgang mit rechtsextremen Anmietungsversuchen von öffentlich-rechtlichen Veranstaltungsräumen. Berlin 2008. Bestellmöglichkeit auf www.mbr-berlin.de.

Thor Steinar-Laden zu protestieren, und zwar bis zu dessen Schließung. Hier wurden die wichtigsten Möglichkeiten friedlichen Protestes ausgeschöpft: von einer professionellen Selbstdarstellung durch Flugblätter, Presskonferenzen und eine ständige Medienpräsenz über dauerhaft installierte Informationscontainer (ein Protestcontainer wurde u. a. direkt vor dem Laden postiert) bis zu einem Straßenfest und Filmabenden in den Containern. Dabei hat die Initiative nicht nur eine deutliche Positionierung und ein entsprechendes Engagement vom Bezirksamt und dem Land Berlin eingefordert (Genehmigungen, logistische Unterstützung etc.), sondern auch bewirkt. Auch in diesem Fall hat also organisiertes zivilgesellschaftliches Engagement mobilisierend auf die Kommunalpolitik gewirkt (http://mittegegenrechts.blogspot.com).

Die Handlungsmöglichkeiten für Kommunalpolitik und -verwaltung

„Neonazi-Laden seit 1994 in Prenzlauer Berg präsent – Bürgermeister sieht keine Handhabe"[13], so lautet der Untertitel eines Presseartikels vom März des Jahres 2008. Auch wenn der genannte Bürgermeister angibt, er würde Proteste in der Nachbarschaft des Szeneladens unterstützen, sobald sich solche organisierten, steht seine Position doch im Gegensatz zum Agieren von Kommunalpolitik und Verwaltung im benachbarten Bezirk Mitte. Diese laden im gleichen Monat zu einem öffentlichen Runden Tisch ein, um gemeinsam mit Anwohner/innen und Expert/innen über den Umgang mit der Eröffnung des erwähnten Ladens der bei Rechtsextremen beliebten Bekleidungsmarke *Thor Steinar* in ihrem Bezirk zu beraten.[14] Ziel der Veranstaltung ist die Vereinbarung gemeinsamer Aktivitäten gegen Rechtsextremismus von kommunaler Verwaltung, Politik und Zivilgesellschaft im Bezirk.

Dass es in der Kommunalpolitik zu solch unterschiedlichem Umgang mit rechtsextremen Szeneläden kommt, liegt auch am fehlenden Wissen über politische und rechtliche Möglichkeiten im Umgang mit Szeneläden. Das führt oft dazu, dem Rechtsextremismus einerseits allein mit juristischen und repressiven Mitteln begegnen zu wollen, ohne jedoch die rechtlichen Möglichkeiten genau zu kennen und auszuschöpfen, und andererseits die politische Auseinandersetzung zu vernachlässigen oder gar ganz aufzugeben.

---

13 Der Artikel „Kaum Proteste gegen Harakiri" erschien am 26.3.2008 bei
    http://www.berlinonline.de (ddp-Meldung).
14 Der Artikel „Runder Tisch berät über ‚Thor Steinar'" erschien am 12.3.2008 in
    Der Tagesspiegel.

Dabei lassen sich viele Beispiele eines kommunalpolitischen Handelns gegen rechtsextreme Strukturen anführen. Dafür ist nicht nur eine Abstimmung zwischen Zivilgesellschaft und der Kommunalpolitik notwendig, sondern auch zwischen der Kommunalpolitik und ihrer Verwaltung. Konkrete Möglichkeiten für Engagement sind unter anderem:

- *Kommunale Spitzenpolitiker/innen übernehmen Schirmherrschaften von Initiativen und Bündnissen, Veranstaltungen und Festen gegen Rechtsextremismus. Obwohl das auf den ersten Blick nur eine symbolische Unterstützung zu sein scheint, erfüllen solche Schirmherrschaften eine Reihe wichtiger Funktionen. Sie zeigen Problembewusstsein, Sensibilität und Bürgernähe seitens der Politik, nehmen die eigene Verantwortung wahr, und sie geben der jeweiligen Initiative Rückendeckung und vergrößern ihren Einfluss und ihr Gewicht.*

- *Besonders vielfältig sind für die Akteur/innen in Kommunalpolitik und -verwaltung die Möglichkeiten der praktischen Unterstützung. Das können Beschlüsse der kommunalen Gremien sein, aber auch die bloße Teilnahme an Initiativen und (Vorbereitungs-)Treffen; das kann aber auch die finanzielle und infrastrukturelle Unterstützung und Ermöglichung von Maßnahmen bis hin zur Mitorganisation von Aktionen, Veranstaltungen etc. sein. Insbesondere sollten sich die entsprechenden kommunalen Stellen zum Thema ansprechbar zeigen und Erreichbarkeit herstellen.*

- *Die Kommunalpolitik kann aber auch von sich aus aktiv werden und als Initiatorin und Organisatorin von Initiativen und langfristigen Kampagnen auftreten, beispielsweise durch Aufklärung und Bereitstellung von Informationen (Broschüren, Informationsveranstaltungen in den kommunalen Einrichtungen und Schulen).*

Oft kann schon mit wenig Aufwand eine große Wirkung erzielt werden. Eine gezielte Ansprache von offizieller Seite beeindruckt in der Regel mehr als eine Ansprache von zivilgesellschaftlicher Seite. So hat sich die Bürgermeisterin des Bezirks Lichtenberg in einem Anschreiben an den Vermieter von Ladenräumen gewandt, um ihn über den Charakter des dort befindlichen rechtsextremen Ladens „Wearwolf" zu informieren. Schon in einem solch einfachen Anschreiben ließen sich die Hauptaufgaben der Kommunalpolitik vereinigen: Der Betroffene wird aufgeklärt und informiert, es wird an seine Verantwortung appelliert, ihm wird konkrete Hilfe und Beratung angeboten (in diesem Fall durch die MBR), und es werden weiterführende, auch rechtliche Schritte vorgeschlagen – bei diesem rechtsextremen Laden mit Erfolg: Dem Ladenbetreiber ist fristlos gekündigt worden. Ein ähnliches Anschreiben ist mittlerweile auch für Vermieter/innen entsprechender Kneipen und Gaststätten geplant.

Ein weiteres Beispiel für die Möglichkeit der Kommunalpolitik, Position zu beziehen und von sich aus aktiv zu werden, ist der *Runde Tisch zur Verhinderung rechtsextremistischer Wirtschaftsunternehmungen*. Auf Ersuchen der Bezirksverordnetenversammlung[15] hat das Bezirksamt Lichtenberg verschiedene große Vermieter im Bezirk, den Handelsverband Berlin/Brandenburg sowie die Industrie und Handelskammer eingeladen, um sie über die teilweise Nutzung ihrer Strukturen durch Rechtsextremisten zu informieren, um präventive Maßnahmen auszuloten und um gemeinsam über zukünftige Handlungsschritte zu beraten. Dass sich solche Ladengeschäfte überhaupt ansiedeln können, soll zukünftig im Bezirk unterbunden werden. Als präventive Maßnahme wurde die MBR mit der Erarbeitung einer speziellen Klausel für künftige Gewerbemietverträge beauftragt. Durch diese soll sich der Mieter von Ladenflächen dazu verpflichten, dass im Laden keine Produkte, Modemarken oder Accessoires verkauft werden, die in der Öffentlichkeit mit einem Bezug zur rechtsextremen Szene wahrgenommen werden. Auf diese Weise kann sich der Vermieter für den Fall der Täuschung über das Sortiment eines Ladengeschäfts ein Rücktrittsrecht vom Mietvertrag sichern und ein langwieriges juristisches Verfahren vermeiden.[16]

Das Zusammenwirken von Zivilgesellschaft und Kommunalpolitik

Die kommunale Auseinandersetzung mit rechtsextremen Szeneläden sollte sich nicht auf die rechtliche Intervention reduzieren, die Expert/innen überlassen werden muss. Die juristische kann die politische Auseinandersetzung nur ergänzen, nicht ersetzen. Zudem zeigen die Erfahrungen, dass die Kündigung eines Ladens zumeist nur der Beginn einer langwierigen gerichtlichen Auseinandersetzung durch verschiedene Instanzen ist. Der wirkliche Erfolg in der Auseinandersetzung mit rechtsextremen Strukturen kann nur in der Stärkung der demokratischen Kräfte und ihres Gemeinwesens liegen. Denn ein demo-

---

15 Siehe Beschluss der 24. Sitzung der Bezirksverordnetenversammlung Lichtenberg vom 27.11.2008, Drucksache DS/1070/VI, einzusehen unter: http://www.berlin.de/ba-lichtenberg/bvv-online/allris.net.asp.

16 Vgl. „Kampf gegen rechte Modekette – auch in Essen", erschienen am 4.4.2009 in der Westdeutschen Allgemeinen Zeitung, und „Rechte Marken sind unerwünscht", erschienen am 4.4.2009 in der Berliner Zeitung.

kratisches und engagiertes Gemeinwesen bietet keinen Resonanzboden für rechtsextreme Ansiedlungsversuche.

Die Praxis zeigt, dass zivilgesellschaftliches Handeln dort zu Erfolgen und nachhaltigen Ergebnissen führt, wo Politik, Verwaltung und engagierte Bürger/innen – bei allen sonstigen Unterschieden – in der Auseinandersetzung mit konkreten rechtsextremen Erscheinungen am selben Strang ziehen. Das erfordert Kompromissbereitschaft auf beiden Seiten. Für die Kommunalpolitik heißt das, nicht nur die bewährten, sondern auch die innovativen und nicht selten unbequemen Formen des antifaschistischen und zivilgesellschaftlichen Engagements zu unterstützen. Dann lassen sich innerhalb dieses Zusammenwirkens insbesondere die kurzen Kommunikationswege, die persönliche Bekanntschaft und mitunter auch die personellen Überschneidungen effektiv für die Auseinandersetzung mit dem Rechtsextremismus nutzen. Politik hat hier die seltene Gelegenheit, eine kontinuierliche Arbeit auf gemeinsamen Erfahrungen sowie auf unmittelbarer, persönlicher Zusammenarbeit und auf Vertrauen aufzubauen.

SIEG HOHL!

Ihr NPD-Stadtrat Egon Weihs:
„Wir tun erstmal gucken, was erstmal
das Aufgaben, das Schwerpunkte
jetze ist in diesem Aufgabenbereich."

(O-Ton ARD „Kontraste" vom 8.7.04)

SIEG HOHL!

Ihr NPD-Stadtrat Egon Weihs zum Holocaust
befragt:

„Ich war nicht dabei, wissen Sie, Sie
können mir das jetzt erzählen, mir
kann das irgendeiner erzählen jetzt,
warum soll ich denn das glauben?"

(O-Ton ARD „Kontraste" vom 8.7.0..)

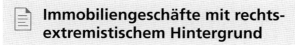

Immobiliengeschäfte mit rechtsextremistischem Hintergrund

Dennis Miller

Einleitung

Die Verfassungsschutzabteilung des Niedersächsischen Ministeriums für Inneres, Sport und Integration bietet im Rahmen ihrer Präventions- und Öffentlichkeitsarbeit Informationen zur Aufklärung über aktuelle rechtsextremistische Bestrebungen an. Im Jahr 2004 wurde vor dem Hintergrund der Ereignisse um den Heisenhof, Dörverden, im Niedersächsischen Ministerium für Inneres, Sport und Integration ein Beauftragter für regionale extremistische Schwerpunkte, insbesondere Immobiliengeschäfte mit rechtsextremistischem Hintergrund, bestellt.

Die Tätigkeit des Beauftragten ist seit Ende 2007 in das Konzept zur „Förderung von Handlungsmöglichkeiten gegen Rechtsextremismus in den Kommunen" eingebunden, durch das der niedersächsische Verfassungsschutz kommunale Mandatsträger sowie Entscheidungsträger in den Verwaltungen beratend unterstützt.

Hintergrund

Mitglieder der „Nationaldemokratischen Partei Deutschlands" (NPD) und andere Rechtsextremisten agieren bundesweit in den letzten Jahren vermehrt auf dem Immobilienmarkt. Damit verfolgen sie zwei verschiedene Ziele.

Reale Kaufabsichten

Zum einen bemüht sich die rechtsextremistische Szene um Verankerung vor Ort. Es geht ihr um lokale Präsenz, das heißt um örtliche Treffpunkte, Anlaufstellen und Räumlichkeiten, in denen Veranstaltungen ungestört durchgeführt werden können. Daher können reale Kaufabsichten häufig nicht ausgeschlossen werden.

Politisch motivierte Immobiliengeschäfte (Scheingeschäfte)

Zum anderen wird das Bekanntwerden der Kaufabsichten von Rechtsextremisten in der Öffentlichkeit publizistisch und finanziell ausgenutzt. Denn regelmäßig formiert sich starker politischer und öffentlicher Protest gegen einen geplanten Immobilienerwerb. Infolgedessen sehen sich manche Kommunen zur Ausübung ihres gemeindlichen Vorkaufsrechts oder zu einem freihändigen Erwerb der fraglichen Immobilie gezwungen. Zudem bietet die umfangreiche Berichterstattung in Printmedien, Rundfunk und Internet Rechtsextremisten eine Möglichkeit, ihren Bekanntheitsgrad zu steigern.

Die Sicherheitsbehörden fassen vor diesem Hintergrund unter dem Begriff „politisch motivierte Immobiliengeschäfte" solche Fälle zusammen, in denen dieser zu erwartende politische und gesellschaftliche Protest gezielt durch Rechtsextremisten herbeigeführt wird, um einerseits publizistisch auf sich aufmerksam zu machen und andererseits finanziell an einem Verkauf zu überhöhtem Preis an die Gemeinde oder an Dritte zu partizipieren (durch Provisionszahlungen für die „Vermittlung" o. ä.). Dieses Vorgehen wurde auf einer rechtsextremistischen Internetseite als zukunftsträchtige Geschäftsidee diskutiert und vom NPD-Kreisverband Jena Immobilienbesitzern angeboten – gegen eine „Parteispende".

Immobilienverkäufer nutzen diesen Effekt mitunter auch von sich aus, indem sie – ohne eigene politische Absichten und ohne Wissen der NPD – eine entsprechende Medienberichterstattung veranlassen bzw. eine Gemeinde mit einem geplanten Verkauf an die NPD zu erpressen versuchen. Zwar handelt es sich dabei nicht um politisch motivierte Immobiliengeschäfte im eigentlichen Sinn, aber ebenfalls um Scheingeschäfte.

Empfehlungen bei Bekanntwerden eines Verdachtsfalls

Immobiliengeschäfte mit rechtsextremistischem Hintergrund werden zu ganz unterschiedlichen Zeitpunkten bekannt. Die Spannbreite reicht insofern von vagen Anhaltspunkten für ein mögliches Interesse von Rechtsextremisten an einem Objekt (Verdachtsfall) bis zum Vorliegen eines vor einem Notar abgeschlossenen Kaufvertrags. Die Kommunen befürchten bei Bekanntwerden regelmäßig ein Erstarken der rechtsextremistischen Szene vor Ort und einen damit verbundenen erheblichen Imageschaden.

Grundsätzlich sollte sich der Staat zwar nicht in Immobiliengeschäfte zwischen Privaten einmischen. Wenn jedoch konkrete Anhaltspunkte dafür vorliegen, dass sich Extremisten durch den Erwerb einer Immobilie eine Basis zur Verbreitung ihrer verfassungsfeindlichen Ideologie zu verschaffen drohen, müssen sämtliche rechtsstaatlichen Maßnahmen in Betracht gezogen werden.

Das Niedersächsische Ministerium für Inneres, Sport und Integration hat deswegen einen Beauftragten für Immobiliengeschäfte mit rechtsextremistischem Hintergrund bestellt, der organisatorisch der Abteilung Verfassungsschutz angehört. Seine Aufgaben sind:

- *die Beratung der betroffenen Kommune,*

- *die Koordinierung der Aktivitäten der beteiligten Behörden,*

- *die Vermittlung von Kontakten zu sachverständigen Stellen,*

- *die Weitergabe von vorhandenen Erfahrungswerten,*

- *die Erstellung von Einschätzungen und Lagebildern sowie*

- *das Aufzeigen von rechtlich zulässigen Strategien und Maßnahmen, die geeignet sein können, einen Erwerb oder eine Nutzung des Objekts durch Rechtsextremisten zu verhindern.*

Von entscheidender Bedeutung ist es, den Beauftragten so früh wie möglich von einem Verdachtsfall in Kenntnis zu setzen, damit einem Immobilienerwerb möglichst wirksam begegnet werden kann.

Entwicklung individueller Lösungsansätze

Erkenntnissammlung

Nach Bekanntwerden des Vorgangs beim Beauftragten werden zunächst alle darüber bei den verschiedenen Stellen vorliegenden Informationen zusammengetragen, fachlich und rechtlich bewertet und zu einem Lagebild zusammengefügt. In diese Einschätzung werden zum Beispiel einbezogen:

- *vorliegende Erkenntnisse über eine örtliche rechtsextremistische Szene,*

- *rechtlich abgesicherte Nutzungsmöglichkeiten des Objekts,*

- *mediale Präsenz des Vorgangs,*

- *Informationen über Käufer und Verkäufer,*

- *(geplante) Vertragsinhalte,*

- *mögliche Auswirkungen des Vorgangs auf die Kommune.*

Erkenntnisbewertung

Grundsätzlich ist die NPD als Partei aufgrund ihrer finanziellen Situation nicht in der Lage, größere Immobilien käuflich zu erwerben. Im rechtsextremistischen Spektrum befinden sich allerdings Einzelpersonen, die durchaus zu einem Immobilienkauf in der Lage sind, zum Beispiel der bekannte Hamburger Rechtsanwalt und NPD-Funktionär Jürgen Rieger.

Im Einzelfall sind reale Kaufabsichten nicht leicht von politisch motivierten Immobiliengeschäften zu unterscheiden. Aus den bisherigen Erfahrungen wurde ein Kriterienkatalog entwickelt, der zur Einschätzung des Einzelfalls herangezogen werden kann.

Für ein Scheingeschäft kann insbesondere sprechen:

- *der Verkäufer befindet sich in wirtschaftlichen Schwierigkeiten,*

- *der Verkäufer hegt selbst rechtsextremistisches Gedankengut,*

- *der Käufer verfügt nicht über die notwendigen finanziellen Mittel,*

- *der Käufer tritt offen als Rechtsextremist auf,*

- *das Objekt ist auf dem freien Markt schwer verkäuflich,*

- *der Kaufpreis ist überhöht,*

- *die Vertragsgestaltung bevorzugt eine der beiden Parteien in unüblicher Weise,*

- *die Öffentlichkeit wurde von Käufer oder Verkäufer gezielt informiert.*

Für ein reales Geschäft kann insbesondere sprechen:

- *das Geschäft soll in aller Stille realisiert werden, das heißt ohne Öffentlichkeit und ohne Nennung der NPD,*

- *der Verkäufer weiß nichts von dem rechtsextremistischen Hintergrund,*

- *der Käufer verfügt über die nötigen Finanzmittel,*

- *das Objekt ist aufgrund seiner Lage und Größe zu einer Nutzung durch die rechtsextremistische Szene geeignet und auch wirtschaftlich zu betreiben.*

Vernetzung

Soweit noch nicht geschehen, wird vom Beauftragten der Kontakt zu allen relevanten Behörden hergestellt: Neben der Gemeinde, dem Landkreis, der örtlichen Polizeidienststelle sind dies alle sachverständigen Stellen, die zur Bearbeitung des Vorgangs beitragen können (Ministerien, nachgeordnete Behörden). Bei Bedarf kann auch ein örtlicher Präventionsrat oder ähnliches eingebunden werden. Zielführend ist für die Koordinierung in jedem Fall die Etablierung einer vertrauensvoll zusammenarbeitenden Kommunikationsebene.

Strategien und Maßnahmen

Das weitere Vorgehen lässt sich nach den vorliegenden Erfahrungen nicht standardisieren, es wird durch vielfältige rechtliche, politische und taktische Momente bestimmt. Zwei Grundkonstellationen lassen sich jedoch unterscheiden:

Wenn der Erwerb noch nicht stattgefunden hat, kann er eventuell noch verhindert werden. Dazu ist die oben genannte Bewertung der Ernsthaftigkeit der Kaufabsichten besonders bedeutsam. Mögliche Reaktionen sind insbesondere:

■ *die Suche nach anderen geeigneten Erwerbern für das Objekt (Vermittlung),*

■ *die offensive Ablehnung von Maßnahmen mit Verweis auf ein vermutetes Scheingeschäft, insbesondere wenn das Objekt Nutzungsbeschränkungen unterliegt oder solche erwirkt werden können,*

■ *der Erwerb durch die Kommune selbst (Ausübung / Erwirkung eines Vorkaufsrechts).*

Allerdings sollte letztgenannte Alternative vor dem Hintergrund der damit verbundenen haushaltsrechtlichen und politischen Schwierigkeiten nur als Ultima Ratio und soweit möglich nur zum Verkehrswert eingesetzt werden. Immerhin geht es um Steuergelder, die bei einem Erwerb möglicherweise indirekt der rechtsextremistischen Szene zufließen.

Hat ein Erwerb bereits stattgefunden, sind insbesondere die rechtlichen Möglichkeiten der Verhinderung von Aufnahme bzw. Fortsetzung der Nutzung des Objekts durch Rechtsextremisten zu prüfen. Mögliche Ansatzpunkte sind insbesondere:

■ *Bauplanungsrecht, vor allem Bauleitplanung,*

■ *Bauordnungsrecht, vor allem Baumängel,*

■ *Denkmalschutzrecht,*

■ *Brandschutzrecht,*

■ *Gaststätten- und Gewerberecht.*

Die Presse- und Öffentlichkeitsarbeit ist unbedingt in die Strategie einzubeziehen. Auch diesbezüglich können die Kommunen Unterstützung durch den Verfassungsschutz erhalten. Grundsätzlich gilt, dass mit Bekanntwerden eines Vorgangs in der Presse eine konsequente Handlungslinie kommuniziert und verfolgt werden sollte. Diese Linie ist so gut zu begründen, dass sie auch bei steigendem Druck (z. B. durch Presse, Bürgerinitiativen, örtliche Politik) beibehalten werden kann. Dazu ist eine Abstimmung der beteiligten Stellen von eminenter Bedeutung.

Insgesamt ist Presse- und Öffentlichkeitsarbeit bei Immobiliengeschäften mit rechtsextremistischem Hintergrund ein „zweischneidiges Schwert": Einerseits sollen dadurch die Bürger informiert und der zivilgesellschaftliche Protest gefördert werden, andererseits bietet eine umfängliche Presseberichterstattung den Rechtsextremisten immer auch eine Gelegenheit, sich öffentlichkeitswirksam zu präsentieren. Es muss damit gerechnet werden, dass die Presseberichterstattung durch Rechtsextremisten durch gezielte Provokationen (z. B. das Zurschaustellen von NPD-Symbolen am Objekt oder großspurige Ankündigungen von „Schulungszentren", „Wahlkampfzentralen" etc.) bewusst „angeheizt" wird. Vor diesem Hintergrund ist ein guter Kontakt der Kommunen zu den örtlichen Medien sehr hilfreich. Ziel der Presse- und Öffentlichkeitsarbeit ist in jedem Fall ein sachlicher und unaufgeregter Umgang mit der Angelegenheit.

Kontakt:
Niedersächsisches Ministerium für Inneres, Sport und Integration
- Verfassungsschutz -
Präventions- und Öffentlichkeitsarbeit
Postfach 44 20, 30044 Hannover
Telefon: 0511/6709-217
Telefax: 0511/6709-380
E-Mail: oeffentlichkeitsarbeit@abt6.mi.niedersachsen.de

Posters in image:
...mus ist
...ie Meinung
sondern ein
Verbrechen.

BÜNDNIS GEGEN NAZI-AUFMÄRSCHE

Es gibt kein
Recht auf Nazi-
propaganda

BÜNDNIS GEGEN NAZI-AUFMÄRSCHE

**Der Umgang mit rechtsextremen Immobilien-
geschäften. Interview mit Reinhard Koch
(ARUG, Braunschweig)**

Wer und was ist die ARUG?

Die Arbeitsstelle Rechtsextremismus und Gewalt (ARUG) existiert seit 1999 als eigenständige Abteilung der Bildungsvereinigung ARBEIT UND LEBEN Niedersachsen Ost gGmbH. Die BV Arbeit und Leben mit der ARUG ist ein anerkannter Träger der Erwachsenenbildung des Landes Niedersachsen und anerkannter Träger der Kinder- und Jugendhilfe durch das Land Niedersachsen.

Die ARUG ist inhaltlich in verschiedenen Handlungsfeldern aktiv und versteht sich als Servicestelle in beiden Arbeitsbereichen Rechtsextremismus und Gewalt. Zu diesen Arbeitsfeldern gehören unter anderem:

- Archiv / Bibliothek / Datenbank,

- Fortbildung und Qualifizierung vielfältiger Institutionen, Multiplikatoren etc.,

- Durchführung und Umsetzung von Bundes- und Landesprogrammen auf niedersächsischer Ebene (u. a. Jugend für Demokratie und Toleranz, XENOS, Entimon, PRINT-Programm des Landes Niedersachsen, STAND UP SPEAK UP, aktuell: Bundesprogramm Vielfalt tut gut),

- Beratung und Coaching von Schulen, Jugendhilfeeinrichtungen, Betrieben, Kommunen etc.,

- Verlagsaktivitäten, Produktion von Materialien zur Auseinandersetzung mit dem Rechtsextremismus, journalistische Recherche, Onlineshop,

- Präventionsprojekte, Krisenintervention, Anti-Gewaltarbeit,

- Arbeit mit Betroffenen, Aussteigerhilfe, Elternberatung.

In allen oben genannten Arbeitsfeldern sind eine Fülle von Konzepten, Produkten, Veröffentlichungen, Aktivitäten etc. entstanden und umgesetzt worden, die bundesweite Relevanz, Einsatzfelder und Medienresonanz gefunden sowie zahlreiche Preise, Ehrungen und Würdigungen erfahren haben! Unter anderem wurden hier auch Konzepte für ein kommunales Coaching in Sachen Rechtsextremismus, der Qualifizierung von Multiplikator/innen der Offenen Jugendarbeit, lokaler Präventionsräte sowie diverse Beratungskonzepte entwickelt.

Warum kaufen Rechtsextremisten Immobilien?

Der Immobilienerwerb durch Rechtsextremisten als „Aufgabe des Nationalen Widerstands" steht schon seit der Diskussion um „National befreite Zonen" in den 1990er-Jahren auf der Tagesordnung und wurde bereits 1999 in dem Artikel „Befreite Zonen – aber wie?" der NPD-eigenen Zeitung „Deutsche Stimme" explizit angekündigt. Seitdem stehen (vermeintliche) Immobilienkäufe der NPD oder von anderen Rechtsextremisten immer wieder im Fokus der Medienberichterstattung. Das Wort „vermeintlich" impliziert dabei, dass zwischen tatsächlichem und vorgetäuschtem Kaufinteresse differenziert werden muss. In beiden Fällen lassen sich die Interessen jedoch klar umreißen:

Bei einer realen Kaufabsicht geht es vorrangig um die Schaffung und Verbesserung von Logistik im Sinne der Bereitstellung von Treffpunkten, Schulungs- und Tagungsstätten, Anlaufstellen, der Verfügbarkeit von Räumlichkeiten für szenetypische Veranstaltungen, Konzerte, Feiern etc. Weiterhin wird eine Unabhängigkeit bei der Durchführung großer Saalveranstaltungen angestrebt, die aufgrund hoher Sensibilisierung der Kommunen und zivilgesellschaftlichen Widerstands zunehmend schwer auf dem „öffentlichen Markt" realisierbar sind. Die Durchführung des NPD-Landesparteitags 2005 in der vom langjährigen Aktivisten der Neo-Nazi-Szene und heutigem stellvertretenden NPD-Vorsitzenden Jürgen Rieger erworbenen Immobilie in Pößneck ist ein Beispiel für dieses Bemühen, sich mit eigenen Immobilien Handlungsmöglichkeiten zu erschließen und zugleich solche Veranstaltungen dem Zugriff der Behörden zu entziehen.

Ein weiteres Ziel ist die stärkere Verankerung der rechtsextremen Szene vor Ort im Sinne lokaler, sichtbarer Präsenz. Dabei geht es um Einflussnahme, um kulturelle Hegemonie in bestimmten Regionen und um Möglichkeiten der Mobilisierung im vorpolitischen Raum. Ein Beispiel hierfür ist das „Bürgerbüro" der NPD in Lübtheen (Mecklenburg-Vorpommern).

Mit dem Stichwort Lübtheen lässt sich darüber hinaus eine andere strategische Absicht dokumentieren: Ansätze einer „nationalen Siedlungspolitik", das heißt die Ansiedlung verschiedener rechtsextremer Familien in einer Gemeinde oder in Form von Wohnprojekten. Beispiele sind hier neben Lübtheen noch die Orte Posslow und Gut Amholz in den neuen Bundesländern. Teil dieser Strategie ist dabei ein schrittweises, aber inhaltlich massives Einwirken auf die Dorfgemeinschaften. Dazu präsentieren sich die rechtsextremen Kader als gute Nachbarn von Nebenan, als die „Kümmerer" des Orts oder als gute Mitbürger durch die Übernahme von Ehrenämtern. Dies geht – wie die Erfahrungen seit mehr als zehn Jahren zeigen – einher mit dem Schwinden einer kritischen Distanz in den Gemeinden und/oder überdurchschnittlichen Wahlergebnissen oder Mandatsgewinnen der Rechtsextremen in kommunalen Parlamenten. Effekte sind dabei durchaus auch negative Folgen für Investitionen, aber auch Haus- und Grundstückskäufe für die betroffenen Gemeinden.

Sollten nutzbare Schulungsstätten aus Sicht der Rechtsextremen entstehen, können die Erfahrungen mit der ehemaligen Tagungsstätte „Hetendorf Nr. 13" nahe Celle in Niedersachsen als Anschauungsbeispiel dienen: Die Schulungsstätte, von Jürgen Rieger zunächst über Tarnvereine wie den „Freundeskreis Filmkunst", später den „Heide-Heim e.V." erworben, war jahrelang für Aktivitäten zur Schulung und Ideologiebildung der extremen Rechten nutzbar. Die Immobilie bot Raum für die „Hetendorfer Tagungswochen" mit pseudowissenschaftlichen Vorträgen, für Sonnenwendfeiern, paramilitärische Lager, getarnte Wehrsportübungen inklusive Märschen zum nahe gelegenen Truppenübungsplatz und zur Ausbildung einer „Schutztruppe" zur Sicherung des Geländes. Außerdem fand eine massive Einschüchterung und Bedrohung von Bewohnern und Gegnern in den umliegenden Gemeinden statt. Das Zentrum wurde über das Verbot der Trägervereine 1998 und die damit zusammenhängende „Enteignung" des Geländes durch das Niedersächsische Innenministerium aufgelöst.

Sollte ein tatsächliches Kaufinteresse von einem Rechtsextremisten vorliegen, wird eine Abwicklung in der Regel ohne Öffentlichkeit, ohne mediale Begleitung und über Strohfirmen, -stiftungen oder -männer abgewickelt. Die NPD tritt dabei bisher kaum direkt als Käufer auf. Dies ist aufgrund der aktuellen prekären Finanzlage der Partei und der Sorge, bei einem latent drohenden Parteiverbotsverfahren dieses Objekt als Parteivermögen zu verlieren, ebenfalls Kalkül.

Liegt hingegen ein scheinbares Kaufinteresse vor, die Behörden sprechen von „politisch motivierten Immobiliengeschäften", geht die hohe mediale Aufmerksamkeit der Kaufabsicht mit möglicher finanzieller Beteiligung im Sinne eines „Provisionsgewinns" der extremen Rechten einher. Entsprechendes Marketinginteresse legte zunächst die rechtsextremistische Internetseite „Störtebeker-Netz" als zukunftsfähiges Finanzierungsfeld dar, später dann bot der NPD-Kreisverband Jena gegen eine „Parteispende" eine „Vermittlung" von Immobiliengeschäften an. Insofern ist die Ankündigung der Kaufabsicht einer Immobilie ein Hinweis auf ein Scheininteresse. Das damit ausgelöste Medieninteresse bedeutet eine wesentliche Steigerung der publizistischen Präsenz der extremen Rechten. Eine doppelte Gewinnrechnung aus Sicht der Rechtsextremen, da neben der „kostenlosen Öffentlichkeitsarbeit" zudem das mediale Interesse massiven Druck auf Kommunen ausübt, den Verkauf zu verhindern und in der Regel ein Vorkaufsrecht auszuüben. Dies bedeutet oft genug für die Kommune den Ankauf der Immobilie über dem Marktwert auf Kosten des Steuerzahlers, zudem verbunden mit schwierig begründbaren Nutzungszielen nach dem Erwerb.

Als ein Beispiel eines solchen Scheingeschäfts kann der angekündigte Ankauf einer alten Mühle in Kirchheim (Rheinland-Pfalz) durch die NPD gelten. Die Gemeinde verzichtete auf Anraten des Innenministeriums auf ihr Vorkaufsrecht, da man ein nur vorgeschobenes Kaufinteresse vermutete. Und tatsächlich musste der Vertrag zwischen Verkäufer und NPD im Nachgang kleinlaut rückgängig gemacht werden. In ähnlichen Fällen haben die Städte Altreichenau (bezogen auf ein ehemaliges Wellenbad), Neumarkt (Bürogebäude), Weissenohe (Wiesengrundstück) ebenfalls nicht zugegriffen, die potenziellen Käufer der NPD bzw. deren Strohmänner aber ebenso keinen Kauf getätigt.

Was können kommunale Verwaltung und Politik präventiv tun, um einen Immobilienerwerb von Rechtsextremisten an ihrem Ort zu verhindern?

Im Vordergrund der Prävention steht die Sensibilisierung von Kommunen über Strategien, Ziele und Vorgehensweisen von Rechtsextremen in Bezug auf Immobilienkäufe.

Dies setzt voraus, dass sich Kommunen in der offensiven Auseinandersetzung mit der rechtsextremen Szene vor Ort befinden und über Gremien – zum Beispiel Präventionsräte – verfügen, die in kontinuierlicher Arbeit Informationen zu einem Lagebild sammeln, einholen und bewerten, strukturierte Präventionskonzepte entwickeln und in ihrer Zusammensetzung neben polizeilichen und behördlichen vor allem auf zivilgesellschaftliche Ressourcen oder lokale Aktionsbündnisse zurückgreifen. Die Erfahrung zeigt, dass, wenn Medien und Öffentlichkeit von vornherein eingebunden sind, diese sich differenzierter positionieren und nicht in der „Sensationsberichterstattung" verharren.

Hier müssen zudem Kommunen die Möglichkeit haben, durch Experten in Bezug auf rechtliche Handlungsoptionen unterstützt zu werden. Anders gesagt: Man braucht behördliche Ansprechpartner auf Landesebene. Eine konkrete Maßnahme kann sich auf eine verbindliche Anfrage bei Verdachtsmomenten beziehen, etwa in Form einer Regelanfrage beim zuständigen Innenministerium oder Verfassungsschutz, einhergehend mit einer gezielten Handelsregister- und GmbH-Abfrage.

Bei Kaufabsicht einer ausländischen Gesellschaft (z. B. der vom erwähnten Jürgen Rieger geleiteten Wilhelm-Tietjen-Stiftung mit Sitz in London) muss in der deutschen Botschaft des betreffenden Landes angefragt werden – eine weitere notwendige Kooperation verschiedener Behörden.

Im Vorfeld einer Nutzung städtischer Einrichtungen etwa, deren eingeschränkte Vergabe in der Regel schwierig begründbar ist, können städtische Räume an einen privaten Betreiber mit der Auflage vergeben werden, nicht an Rechtsextreme zu vermieten (vgl. den Artikel von Bianca Klose und Annika Eckel in diesem Band).

Gesetzt den Fall, ein Kaufinteresse an einer Immobilie seitens der rechtsextremen Szene liegt vor. Wie sollten Politik, Verwaltung und Zivilgesellschaft in der Kommune reagieren?

Der Oberbürgermeister der Stadt Delmenhorst stellte anlässlich einer Tagung zum Thema Immobilienerwerb durch Rechtsextremisten eine Sechs-Stufen-Strategie vor, die relativ idealtypisch die Praxis dokumentiert. Hintergrund war das Kaufangebot Jürgen Riegers für ein Hotel in zentraler Lage von Delmenhorst im Sommer 2006. Geboten waren 3,4 Millionen Euro an den damaligen Besitzer. Die Stadt wurde auf verschiedenen Ebenen aktiv:

1. Einwerbung von Spenden seitens der Bürger mit der klaren Option, das Hotel selbst zu erwerben und ein vergleichbares Angebot dem Eigentümer zu offerieren.

2. Schaffung eines breiten Bündnisses der Demokraten und Zivilgesellschaft zur Positionierung und Mobilisierung des Widerstands.

3. Informationen und Öffentlichkeitsaktivitäten zu rechtsextremen Strukturen, Strategien, regionaler Szene zur Herstellung von Gegenöffentlichkeit.

4. Flankierende politische Forderungen und Initiativen unter anderem zum NPD-Verbot.

5. Rechtliche Beratung und Informationen zu Möglichkeiten und Chancen der Verhinderung im Rahmen des Baurechts.

6. Kooperation mit Polizei, Verfassungsschutz, Landesbehörden, regelmäßige Termine unter Beteiligung des Innenministeriums, Austausch mit anderen Kommunen.

Die Stadt Delmenhorst setzte somit frühzeitig auf den Erwerb des Hotels und erwarb letztlich das Gebäude für 3 Millionen Euro, darunter fast eine Millionen Spendengelder der Bürger der Stadt. Das Gebäude stand seitdem leer, eine Einigung über den weiteren Verwendungszweck des Gebäudes war zwischen Bürgern und Stadt nicht zu erzielen, letztlich wird das Gebäude nun 2009 abgerissen.

In dem Sechs-Stufen-Plan sind die Möglichkeiten einer Kommune beschrieben. Von zentraler Bedeutung ist jedoch die Einschätzung, ob es sich um eine reale Kaufabsicht oder ein Scheingeschäft handelt. Im Fall von Delmenhorst ist dies bis heute unklar, letzteres darf angenommen werden.

Aus zivilgesellschaftlicher Sicht muss gefragt werden dürfen: Was darf die Verhinderung eines (möglichen) NPD-Zentrums den Steuerzahler kosten? Und in einem weitere Schritt kann man fragen: Wäre nicht auch das Binden von 3,4 Millionen Euro Kapital der Rechtsextremen durch einen überhöhten Kaufpreis für eine marode und nachweislich nicht wirtschaftlich zu unterhaltende Immobilie eine Strategie? Wäre nicht der eigentliche Nutzungszweck durch Kontrolle und Nutzung behördlicher Auflagen zu verhindern, wie zum Beispiel bezüglich des „Heisenhof" in Verden praktiziert? Wäre die Gründung einer Stiftung „Delmenhorst ist bunt!" mit einem Kapital jener ca. 3 Millionen Euro, die damals gezahlt wurden und die pro Jahr etwa 100.000 Euro Zinsen zur Ausschüttung für bunte Projekte, Jugendförderung und vieles mehr abgeworfen hätten – der erste *verstetigte* „Lokale Aktionsplan" Deutschlands – eine Nachricht, die Delmenhorst positiv besetzt auf die Landkarte gebracht hätte? Wäre das nicht eine reizvolle Alternative gewesen? Angesichts der oft fehlenden institutionellen Förderung für zivilgesellschaftliche Initiativen, Beratungseinrichtungen und Hilfsorganisationen eine aus unserer Sicht berechtigte Fragestellung!

Ergänzend sollte in dem Maßnahmepaket der Kommunen auch das frühzeitige Signal enthalten sein, keinerlei Scheu vor langen juristischen Instanzenwegen in einer möglichen Auseinandersetzung mit Rechtsextremisten zu haben, ja, es geradezu darauf anzulegen. Dies könnte nämlich den Verlust des Kaufinteresses bei den Rechtsextremisten zur Folge haben.

Was tun, wenn eine Immobilie dann doch von Rechtsextremisten gekauft worden ist? Wie sind diesbezügliche Erfahrungen in Niedersachsen und in anderen Bundesländern? Kann man versuchen, Rechtsextremisten als Immobilienbesitzer in der eigenen Kommune wieder loszuwerden?

Hauptwaffe zur Verhinderung eines entsprechenden Immobilienerwerbs ist für viele Kommunen die Nutzung des Vorkaufsrechts zur Verhinderung des Erwerbs. Beispiele sind dabei unter anderem Wunsiedel, Warmensteinach, Hassfurt, Grafenwöhr, Cham, Lauf (alle in Bayern), Strassberg (Baden-Württemberg), Fassberg (Niedersachsen), die diesen Schritt gegangen sind. Allerdings ist nicht in jedem Fall klar, ob ein echtes Kaufinteresse realisiert worden wäre. Insbesondere aber an „geschichtsträchtigen" Orten wie Wunsiedel sollte dies aber ein probates Mittel sein, um der extremen Rechten keinen prestigeträchtigen Raumgewinn zu ermöglichen.

Sollte der Kauf selbst nicht zu verhindern sein, ist die Prüfung der zweckbestimmten Nutzung des Objekts durch rechtliche Möglichkeiten im Einzelfall nötig und bietet Chancen der Einschränkung und Verhinderung einer Immobiliennutzung durch Rechtsextremisten. Vorrangig geht es hier vor allem um das so genannte „Kleingedruckte", etwa in Form von Bestimmungen des Bauplanungs-, Bauordnungs- oder Brandschutzrechts, des Denkmalschutzrechts oder des Gaststätten- und Gewerberechts, Lärmgutachten, Zuwegeregelungen, Parkplätze, Rettungswege, Nachbarschaftsrechte, Versammlungsstättenverordnung und anderes. Zudem bietet die Kontrolle dieser Bestimmungen auch immer die Gelegenheit, Begehungs- und Zugangsmöglichkeiten für die Behörden zu schaffen. Als Beispiel für die Anwendung dieser Regulierungen gilt die „Wolfshöhle" in Wismar, das heißt die Verwendung einer Baracke für Rechtsrockkonzerte und ein Verbot der entsprechenden Nutzung durch Bauvorschriften. Der Grund des Verbots: Einsturzgefahr!

Wenn Kommunen und Politik nicht für solche Maßnahmenkataloge sensibilisiert sind, dann ergeben sich leider Beispiele wie in Borna, Schloss Sahlis in Kohren-Sahlis oder die Alte Fleischerei in Wurzen. Dort sind Käufe durch Rechtsextremisten relativ reibungslos gelungen und die Räume werden nun aktiv genutzt.

Welche Rolle kann Ihrer Erfahrung nach die Zivilgesellschaft in Auseinandersetzungen um rechtsextreme Immobilien einnehmen?

An vorderster Stelle zivilgesellschaftlicher Einmischung stehen breite Formen von Bündnisorganisationen unter Einbindung vielfältiger, insbesondere verbandlicher Organisationen und „unverdächtiger" Vereine. Solche Bündnisse zur Auseinandersetzung mit dem Rechtsextremismus dienen der Einmischung, Demonstration demokratischer Kultur und Vielfalt, Positionierung der Mehrheit, Mobilisierung der Bevölkerung, Unterstützung der Betroffenen, aber auch zum Aufbau politischen Drucks auf die Entscheidungsträger.

Weiterhin gilt der Satz: „Wer die Band bezahlt, bestimmt die Musik!" Wenn aus Steuergeldern eine Immobilie über das Vorkaufsrecht erworben wird, muss klar sein: Wer „kaufen" sagt, muss auch „nutzen" können! Hier kann und muss sich die Zivilgesellschaft einmischen. Wer Spenden von Bürgern sammelt, muss eine mögliche Verwendung der Immobilie im Konzept haben: bestenfalls ein buntes Veranstaltungshaus, Büro- und Veranstaltungsräume für Kinder- und Jugendinitiativen, Bürgertreffs, Kulturzentrum, interkulturelles Begegnungszentrum, die vielfältige Nutzung durch Verbände und Gruppierungen. Kurz: Eine entsprechend erworbene Immobilie sollte die positiven Werte einer bunten Demokratie auch durch ihre Nutzung durch die Zivilgesellschaft repräsentieren, die für Vielfalt, Beteiligung, Gleichheit und Toleranz steht. Eigentlich einfach zu begründen, da ein Nutzungskonzept sowieso gefordert ist (siehe Kommunalaufsicht!). Zweitens verbreitet eine solche Raumnutzung eine positive Botschaft, die da lautet: „Gestalten statt verhindern!" Drittens erhält sie die Mobilisierungskraft einer Bürgerinitiative, die anlässlich des Immobilienkaufs durch Rechtsextreme entstanden ist – als Zeichen gelebter Demokratie.

Welche Hilfsangebote gibt es, wenn man sich mit einer von Rechtsextremen genutzten Immobilie beschäftigen muss?

Diverse Landesbehörden haben auf die Zunahme von vermeintlichen oder tatsächlichen Immobilienverkäufen reagiert. Dies ist zum Teil durch die Einrichtung zentraler Beratungsstellen, zum Teil durch explizit Beauftragte für Immobiliengeschäfte mit rechtsextremistischem Hintergrund in verschiedenen Bundesländern (u. a. Niedersachsen, Thüringen, Mecklenburg-Vorpommern, Rheinland-Pfalz) geschehen, die in der Regel bei den Innenministerien der Länder angesiedelt sind.

Hier werden folgende Angebote vorgehalten: Beratung der Kommunen im Rahmen von Präventionsveranstaltungen, Koordination von Behördenaktivitäten unterschiedlicher Ressorts durch eine Zentrale, Vermittlung zu sachkundigen Stellen, Sammlung und Bereitstellung von Erfahrungswerten aus anderen Kommunen, Erstellung von Lagebildern zu rechtsextremistischen Strukturen und Aktivitäten, Angebot von Handlungsoptionen und rechtlich zulässigen Strategien, Entwicklung individueller Lösungsansätze, Begleitung und / oder Koordinierung von Presse- und Öffentlichkeitsarbeit für die entsprechenden Kommunen.

In einer Reihe von Bundesländern sind Flyer oder Handlungsempfehlungen entwickelt worden, die entsprechend eingesetzt werden können.

Daneben gibt es zivilgesellschaftliche Initiativen, die zum Thema Immobilienerwerb durch Rechtsextremisten arbeiten. In den neuen Bundesländern sind dies die Mobilen Beratungsteams, von denen es eines auch in Hessen gibt, in Niedersachsen ist es die ARUG.

Wesentlicher Faktor für eine gelingende Auseinandersetzung mit Rechtsextremismus allgemein und entsprechenden Immobilen im Speziellen scheint aber die Förderung kommunaler Kompetenzen zu sein: eine Kultur des „Hinschauens", die Qualität behördlicher und zivilgesellschaftlicher Signalgeber, die Sensibilisierung gegenüber rechtsextremen Aktivitäten, die Qualifizierung von Aktiven und die Bereitschaft in Prävention und demokratische Kultur zu investieren – statt im Krisenfall für viel Geld zu kaufen.

4

Rechtsextremes Handeln in der Kommune

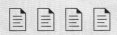

Problemfall RechtsRock

Martin Langebach, Jan Raabe

Musik mit rassistischen, antisemitischen, nationalistischen und den Nationalsozialismus verherrlichenden Texten ist längst kein Novum mehr (Dornbusch, Raabe 2002; Searchlight et al. 2001; Farin 2001; Menhorn 2001). Im sozialen Nahraum, der Kommune, stellt die extrem rechte Musikszene kommunal Handelnde, angefangen vom Bürgermeister und dem Rat, über die Verwaltung, die lokalen Polizeikräfte, Sozialarbeiter bis hin zu Gaststättenbetreibern, Bündnissen gegen Rechts(extremismus) und dezidiert antifaschistische Initiativen vor eine Reihe von Problemen. Für die Auseinandersetzung mit ihr ist es wichtig, realistische Ziele zu formulieren und die möglichen Handlungsoptionen zur Durchsetzung einschätzen zu können. Die Verbreitung der Musik unter Jugendlichen und gegebenenfalls sogar eine existierende Szene sind Zeichen einer sich manifestierenden extremen Rechten, an die das organisierte Spektrum von Freien Kameradschaften und JN/NPD in der Regel anzuknüpfen versucht (Dornbusch, Raabe 2006). Die Musik und die Szene stellen den kulturellen Vorraum dieses politischen Spektrums dar, durch sie werden Jugendliche im Sinne der extremen Rechten sozialisiert und an die Organisationen und Parteien herangeführt. Insbesondere letztere können bei Wahlen aus diesem Wählerrepertoire schöpfen. U18-Wahlen als auch Wahlanalysen zeigen, dass die Parteien der extremen Rechten vor allem von Jugendlichen respektive jungen Erwachsenen unter 30 Jahren gewählt werden.

RechtsRock in der Kommune

Ein paar Minderjährige hocken, wie immer, im Bushäuschen am Bahnhof. Musik dröhnt gequält aus dem Handy, Melodien geschweige denn Texte sind den verzerrten Tönen der kleinen Lautsprecher kaum zu entnehmen. Doch T-Shirt-Motive beziehungsweise Schriftzüge wie Stahlgewitter und Die Lunikoff Verschwörung unter den modischen Thor-Steinar-Jacken lassen erahnen, wessen Stimme und welche Botschaft sich hier den Weg zum Ohr der Zuhörer bahnt. Der eine führt stolz seinen neuen Pulli vor. 60,- Euro hat die Mutter dafür hingelegt in dem Laden in der Hauptstraße, wo auch die anderen ihre Jacken gekauft haben.

Andernorts sind die jungen Leute etwas älter. Die Gaststätte Am Knick ist ihr Stammlokal. Immerhin, der Wirt legt auf Wunsch auch mal die Musik von „Luni" auf, insofern das die anderen Gäste nicht stört oder gar vertreibt – der Rubel rollt halt schwer in diesen Zeiten, da darf man keinen Kunden vergrätzen, sagt er immer. Manchmal haben ein paar der Jungs auch Gitarrentaschen über der Schulter hängen, wenn sie spät noch auf ein Bier rein kommen. Wortfetzen dringen rüber zum Wirt. Ein neues Lied hätten sie gerade geprobt. Das eigene Repertoire wächst, nicht nur immer die Songs anderer nachspielen. Am Samstag ist dann aber die Kneipe überraschend leer. Dafür ziehen vor den Fenstern Blaulicht um Blaulicht vorbei, die sich schließlich am Schützenhaus aufreihen. Neugierig werden Gardinen beiseite geschoben, so etwas ist hier ja noch nie vorgekommen. In der Halle feiern ein paar Auswärtige einen Geburtstag mit Livemusik. Viele Freunde haben sie, die Halle ist voll. Hektisch laufen die Polizeibeamten zum Eingang. Der Bürgermeister ist plötzlich auch da. Was will denn der?

Diese Beispiele sind fiktiv, könnten aber Realität sein. Denn RechtsRock ist längst ein Alltagsphänomen, mit dem vor allem, aber nicht nur Jugendliche in ihrer Lebenswelt konfrontiert sind. Auch wenn es selten eine einzelne Kommune derart trifft wie in den verdichteten Beispielen, so sind doch die skizzierten Szenen mancherorts bekannte Bilder: Hier eine Clique Minderjähriger, die als „Rechte" verschrien sind, dort eine Kneipe, von der unter den Jugendlichen und jungen Erwachsenen bekannt ist, dass da zu vorgerückter Stunde auch mal „so Nazi-Musik" aufgelegt wird. Und dann die Läden, die die Szene mit den angesagten Klamotten der subkulturellen extremen Rechten versorgt (vgl. zu diesem Problembereich den Artikel von Bianca Klose und Annika Eckel in diesem Band). Doch weder die mit den Gerüchten vertrauten Jugendlichen noch die informierten Bürger bekommen in der Regel im Vorfeld mit, wenn in ihrem Ort oder Stadtteil ein RechtsRock-Konzert durchgeführt werden soll – das liegt schlechthin am Charakter der Veranstaltung, die aufgrund eines seit Jahren anhaltenden hohen polizeilichen Verfolgungsdrucks konspirativ vorbereitet und durchgeführt werden.

Wie erkenne ich, ob eine extrem rechte Musikszene an meinem Ort aktiv ist?

Wer das Aufkommen und Auftreten dieser jugendkulturellen extremen Rechten erkennen möchte, muss letztlich die (An-)Zeichen zu lesen verstehen. Das extrem rechte Spektrum macht in der Regel kein Geheimnis um sich – sie agieren wie andere Szenen auch zumindest teilweise im öffentlichen Raum. Über eine Variation bestimmter Symbole und sozialer Praktiken erzeugen jugendkulturelle Szenen einen gemeinsamen sozialen Zusammenhang und grenzen sich zugleich gegenüber anderen ab (Hitzler, Bucher, Niederbacher 2001). Losgelöst von einer konkreten Gruppe könnten zunächst Aufkleber auf Straßenlampen, Straßenschildern oder Wänden, versehen mit entsprechenden Botschaften, einen Hinweis geben, dass vor Ort unter Umständen Sympathisanten oder Aktivisten der extremen Rechten für ihre Weltanschauung werben. Gleichzeitig erfüllen die Aufkleber die Funktion, ein Terrain zu kennzeichnen und zu signalisieren, wir waren/sind hier. Ob sie von Durchreisenden oder vor Ort Ansässigen angebracht wurden, zeigt sich in der Regel daran, ob entfernte Aufkleber regelmäßig erneuert werden oder nicht.

Zeichen, Symbole und Parolen, gedruckt auf Kleidungsstücken oder als Accessoires und Tätowierung lassen indes eine erste Einschätzung in der Begegnung mit potentiell extrem rechts orientierten Jugendlichen beziehungsweise jungen Erwachsenen zu. Die klassischen Botschaften des Spektrums variieren an ihnen: Mal eine gestickte 88 auf dem Polohemd, die für den jeweils achten Buchstaben im Alphabet stehen: HH für „Heil Hitler" oder die Figur Stan Marsh aus der us-amerikanischen Zeichentrickserie „Southpark" als Motiv auf einem Anstecker zusammen mit dem Slogan: „Autonom & militant. Nationaler Widerstand". Ratgeber helfen mittlerweile, den Überblick zu behalten und decken die immanenten Botschaften derartiger Motive auf (Agentur für soziale Perspektiven 2009; Recherchegruppe Investigate Thor Steinar 2008). Hilfestellung beim Dechiffrieren derartiger Codes könnten auch Beratungsstellen zum Thema geben wie die Mobile Beratung Rechtsextremismus (MBR) bzw. das Mobile Beratungsteam (MBT), die in den Bundesländern teilweise unter einem spezifischen Eigennamen bestehen, als auch die Jugendschutzstellen der Jugendämter sowie die Staatsschutzabteilungen der Kriminalpolizei. Unterschätzt werden sollte dabei von Seiten der Erwachsenen jedoch nicht das Wissen von (nicht extrem rechts orientierten) Jugendlichen. Zu ihrem Alltagswissen gehören teilweise auch Kenntnisse um die Bedeutung bestimmter Zeichen und Symbole. Manchmal ist es daher am einfachsten, diese zu fragen.

Schwierig ist es indes zu erkennen, ob Jugendliche extrem rechte Rockmusik hören. Nicht, weil diese nicht als solche zu erkennen ist, sondern weil die neue Kultur der Musik im MP3-Format eine Einschätzung erschwert. Gaben früher noch CD-Hüllen, selbst gebrannte und -beschriftete CDs oder aufgenommene Musikkassetten Aufschluss über das, was die Jugendlichen hörten – vorausgesetzt, die Bandnamen waren bekannt – ist es heute mit einem flüchtigen Blick auf den MP3-Player und dessen kleines Display oft nur möglich zu erahnen, was da wohl gerade läuft. Leichter wird es indes, wenn die Musik laut abgespielt wird und einzelne Textpassage verdeutlichen, um welche Musik es sich handelt.

Jugendliche, die sich für RechtsRock interessieren, treten selten alleine auf, sondern teilen ihre musikalischen Präferenzen zumeist mit anderen. Ob und gegebenenfalls wann sich aus einer Clique Jugendlicher, die zunächst einmal „nur" an derartiger Musik Gefallen finden, eine rechte Clique entwickelt, ist nicht genau zu bestimmen. Eine Verstetigung lässt sich zunächst am ehesten am äußeren Wandel der Jugendlichen ausmachen, am Ausstaffieren mit eben jenen Zeichen und Symbolen und dem Auftauchen einschlägiger Aufkleber im öffentlichen Raum. Manchmal fallen diese Gruppen auch durch typische Formen jugendlicher Delinquenz auf: Pöbeleien, Verschmutzung von Bushäuschen, Sachbeschädigungen (Schmierereien) oder Gewalt, sowohl untereinander (Speit 2005) als auch gegenüber anderen, die nicht in ihr Weltbild passen („normale" bis linke Jugendliche, Punks, HipHopper, Obdachlose, Migranten).

Als Treffpunkte, wo sich die jungen Leute treffen und miteinander reden und vielleicht auch alkoholhaltige Getränke zu sich nehmen, fungieren öffentliche Plätze wie eben Bushaltehäuschen, der Dorfbrunnen oder eine Tankstelle mit Verkaufsschalter. Auch Kneipen und Gaststätten können bekannte Szenetreffs sein, wenn der Wirt den jungen Rechten wohlgesonnen ist oder zumindest keinen Anstoß an ihnen nimmt. Unter Umständen ziehen sich diese Cliquen aber auch in die eigenen vier Wände zurück, in Partykeller, die Privatwohnung eines Kumpels oder in Bandproberäume, soweit vor Ort eine RechtsRock-Band existiert. Diese Räume befinden sich teilweise in eigens dafür eingerichteten Gebäude(teilen), in Jugendzentren, aber auch in Kellerräumen oder leer stehenden Industriegebäuden. Neben der Bandprobe finden dort, je nach Möglichkeit, unter Umständen auch kleine Partys oder Konzerte statt. Insbesondere feste Treffpunkte, in denen eine extrem rechts orientierte Clique sich mehr oder weniger ungestört treffen kann, tragen zur Verstetigung und zum Anwachsen der Clique bei, die sich spätestens an der Verwendung der erwähnten Aufkleber aus der Szene im Nahbereich erkennen lässt oder daran, dass sich zunehmend mehr Jugendliche mit einschlägigen Bekleidungsmarken ausstaffieren. Der Bedeutungszuwachs einer lokalen Clique lässt sich schließlich nicht nur anhand steigender Cliquenzugehöriger, sondern auch an den Kontakten zu nicht ortsansässigen „Kameraden" bestimmen. Oftmals verraten, ganz banal, die auswärtigen Autokennzeichen an einem Treffpunkt der Clique, dass sie über ihren beschränkten Nahbereich hinaus Kontakte geknüpft hat.

Was tun, wenn eine extrem rechte Band in meiner Kommune aktiv ist?

„Wir Probten damals in einer Mietswohung direkt im Stadtzentrum was natürlich schnell zu Komplikationen führen sollte. Und kurze Zeit später war die Wohnung dann auch schon weg", beschreibt ein Mitglied der Band Skuld aus dem thüringischen Eisfeld die Raumsituation zu Beginn ihrer Bandgründung. Den „Proberaum" wird die Band wohl eher aufgrund der Lärmbelästigung beziehungsweise Ruhestörung verloren haben als aufgrund ihrer neonazistischen Einstellung. „Zum Glück bekamen wir nur kurze Zeit später unseren ersten eigenen Proberaum in einem Keller unter dem Rathaus. Oh mann was da abging, wenn man bedenkt dass im zweiten Stock die Örtliche Polizeidienststelle war. […] Nachdem wir knappe zwei Jahre denselben Proberaum hatten, was für unsere Musikrichtung eigentlich sehr unnormal ist (vor allen dingen wenn man an die Feucht-fröhlichen Feste denkt) kam dann schließlich doch irgendwann die Kündigung" (www.skuldskuld.de eingesehen am 12.2.2007, Fehler im Original). Die lokalen Sozialarbeiter schilderten später gegenüber den Autoren, dass der Raum zuerst ein Anlaufpunkt und Aufenthaltsort der lokalen Szene beziehungsweise Clique gewesen sei. Im Laufe der Zeit jedoch, einhergehend mit der langsam wachsenden Bekanntheit der Band, kamen mehr und mehr Leute am Wochenende aus dem Umland und später auch überregional zu den Proben, die damit mehr Konzerten bzw. Probenraumfeiern glichen. Erst als teilweise über 100 Personen im Keller unter dem Rathaus anwesend waren, wurde in der Kommune gehandelt – der Raum wurde ihnen entzogen. Zwar kommt es durch ein Eingreifen, wie hier durch die Probenraumkündigung, oft zunächst nur zu einer Problemverschiebung auf andere Räume oder ein Ausweichen in eine Nachbarkommune, dennoch stellt die Intervention die RechtsRock-Bands auch vor Probleme, eben einen neuen Probenraum finden und sich ggf. auch mit dem Ärger vor Ort auseinander setzen zu müssen – das war letztlich auch bei der Skuld der Fall, die sich mittlerweile auch aufgelöst haben. Wenn also bekannt wird, dass eine RechtsRock-Band in der Kommune aktiv ist, sollte nicht gewartet werden, bis das Problem so groß wie im geschilderten Fall wird. Zunächst sollte versucht werden, sich über die Band zu informieren, um eine Einschätzung zu gewinnen: Was ist das für eine Gruppe? Wie lange besteht sie schon? Gab es Auftritte bei RechtsRock-Konzerten? Haben sie bereits in irgendeiner Weise Tonträger produziert? Wo haben sie ihren Probenraum? Die Recherchen dazu können über das Internet betrieben werden oder es kann beim örtlich zuständigen Staatsschutz oder den bereits erwähnten professionellen Beratungsstellen nachgefragt werden. Auch in diesem Fall gilt, dass die Jugendlichen aus der Kommune teilweise besser informiert sind als die Erwachsenen.

Nachdem die Sachlage geklärt ist, können Maßnahmen auf unterschiedlichen Ebenen ergriffen werden. Von besonderer Bedeutung ist dabei, wie geschildert, der Probenraum. Handelt es sich um öffentliche Räume, sollte geprüft werden, ob diese Form der Nutzung gegen die Nutzungsbedingungen verstößt, die von Seiten des Trägers formuliert wurden. Präventiv kann in diese Bedingungen auch ein Passus aufgenommen werden, der eine Nutzung durch RechtsRock-Bands ausschließt (siehe dazu die unten erwähnten Merkblätter unter der Fragestellung, was tun gegen geplante Konzerte). Ferner kann geprüft werden, ob die Jugendschutzbestimmungen bei der Raumnutzung beachtet werden und ob gegen Normen des Strafgesetzbuchs (StGB) verstoßen wird. Insofern sich die genutzten Räumlichkeiten in einem Jugendclub befinden, sollte nach der Entscheidung, der Band den Probenraum zukünftig zu entziehen, dieses Handeln gegenüber den anderen Jugendlichen transparent gemacht werden, um den Anschein von Willkür zu vermeiden.

Bei genutzten Privaträumen muss für die Kommune beziehungsweise die Polizei ein Anlass für die Verweigerung beziehungsweise den Entzug des Raums bestehen. Dies wäre gegeben, wenn von der Probe im öffentlichen Raum noch Aussagen (Liedtexte, Gegröle) zu vernehmen sind, die eben gegen jene genannten Strafrechtsnormen verstoßen. Ferner ist ggf. zu prüfen, ob nicht sogar Strafanzeige wegen Volksverhetzung oder ähnlichem erstattet werden muss. Im Übrigen kann der Raum, insofern er einer gewerblichen Nutzung unterliegt, durch Bedienstete der Kommune begangen werden, um zu prüfen, ob baurechtliche Bestimmungen (z. B. Brandschutzbestimmungen) eingehalten wurden und möglicherweise auf dieser Grundlage ein Entzug des Raums möglich ist. Schließlich kann ggf. bei ausschweifenden Bandproben mit vielen Besuchern als auch bei Probenraumpartys geprüft werden, ob diese nicht als öffentliche Veranstaltungen zu werten sind. Zur diesbezüglichen Rechtslage siehe unten. Zu viel Hoffnung sollte auf eine rein repressive Strategie gegen extrem rechte Bands allerdings nicht gesetzt werden. Letztlich sind die rechtlichen Möglichkeiten der Kommunen sinnvollerweise beschränkt, das Mietrecht gilt auch für Menschen mit einem extrem rechtem Weltbild. Und eine dauerhafte Zurückdrängung extrem rechter Aktivitäten lässt sich ohnehin nicht allein mit Verboten erreichen.

Andere Handlungsmöglichkeiten eröffnen sich Menschen aus dem zivilgesell-schaftlichen Kontext, die gegen die Verbreitung und Erstarkung der extremen Rechten vorgehen möchten. Die Mitglieder von RechtsRock-Bands agieren oft wie die gespaltene Persönlichkeit des Dr. Jekyll und Mr. Hyde: Während sie auf Konzerten „Sieg Heil" grölen und volksverhetzende Lieder singen, sind sie im Alltag in der Regel umgängliche junge Männer, die Wert darauf legen, dass ihr Lebenswandel nicht in ihrem Umfeld bekannt wird. Sie befürchten, sich ansons-ten Diskussionen stellen zu müssen oder Nachteile zu erfahren. Es kann daher nützlich sein, in der Kommune oder im Stadtteil darüber aufzuklären, dass eine RechtsRock-Band vor Ort aktiv ist. Im Rahmen einer von antifaschistischen Grup-pen in Nordrhein-Westfalen getragenen Kampagne unter dem Titel „We will Rock You! Kein Raum der Nazi-Musik" wurden unter anderem dort, wo Bands aktiv waren, öffentliche Veranstaltungen sowie Demonstrationen durchgeführt. Damit gelang es den Organisatoren, das Thema in die Öffentlichkeit zu tragen. Ferner war es Ziel der Kampagne, Vermieter von Konzertsälen und Probenräumen für dieses Thema zu sensibilisieren und es somit RechtsRock-Bands zu erschwe-ren, Proben- oder Auftrittsräume zu finden (Koval 2003). Gerade die Aufklärung ist ein wichtiger Aspekt, wissen doch oft die Vermieter von solchen Räumlich-keiten nicht, wem sie da einen Probenraum vermietet haben. Es lohnt sich daher, den Kontakt zum und ein Gespräch mit dem Eigentümer zu suchen.

Welche juristischen Möglichkeiten gibt es gegenüber extrem rechten Konzerten?

Grundsätzlich sind bei Konzerten mit extrem rechten Rockgruppen zwei un-terschiedliche Szenarien zu unterscheiden. Die meisten dieser Veranstaltungen werden bis heute konspirativ und klandestin von Akteuren der Szene vorbe-reitet, so dass Teilnehmer, die nicht zum Kreis der Organisatoren gehören, in der Regel erst wenige Stunden vor Beginn erfahren, wo das Konzert ablaufen wird. Seit rund fünf Jahren nehmen indes die von der NPD oder bekannten neonazistischen Aktivisten als Veranstaltung angemeldete Konzerte zu. Diese unterschiedlichen Rahmenbedingungen implizieren unterschiedliche Reakti-onsmöglichkeiten im kommunalen Raum.

„Endstufe, Kommando Skin, Sturmwehr 31.01. [2009] in süd Nds [Süd-Nie-dersachsen] Info ab 12:00 unter 017 […]", hieß es in einer konspirativ von „Ka-merad zu Kamerad" am Tag zuvor [sic!] verschickten E-Mail. Auf telefonische Nachfrage hin wurde die Ortsangabe korrigiert. Der Treffpunkt beziehungs-weise die szeneeigene Vorkontrolle sei gegen 15:00 Uhr im Raum Magdeburg zu finden. Einen weiteren Anruf später folgte die Anweisung, einen Autohof an der A2 kurz vor der Sachsen-Anhaltischen-Brandenburgischen Landesgrenze aufzusuchen. Von dort erfolgte schließlich die Weiterleitung zu einem stillgelegten Flughafen-Hangar nahe Briest in Brandenburg. 700 Besucher fanden so den Weg zum Konzert, das entsprechend diesem aufwendigen Vorlauf ungestört beginnen konnte. Erst ein aufmerksamer Bürger, dem die Besucher seltsam vorkamen, informierte die Polizei. Bis diese die für den kurzfristigen Einsatz erforderlichen Kräfte mobilisiert hatte, war die Livemusik schon beendet. Dieses hier geschilderte Szenario spielt sich jedes Wochenende, teilweise mehrfach, in Deutschland ab. 2005 fanden beispielsweise 193 Konzerte statt. Die Zahl derartiger Konzerte ging zwar laut Zählung der Verfassungsschutzämter in den letzten Jahren zurück (2006 auf 163 und 2007 auf 138), dafür nahmen jedoch Veranstaltungen der NPD zu, in deren Rahmen RechtsRock-Bands auftreten konnten. Die Reaktion der Polizei unterscheidet sich dabei von Bundesland zu Bundesland. Die juristische Lage gestaltet sich dabei für die Einsatzführer teilweise schwierig, müssen sie doch ggf. verschiedene juristische Optionen abwägen:

a) Handelt sich bei dem vorgefundenen RechtsRock-Konzert um eine Privatveranstaltung?

Neonazis deklarieren ihre Konzerte oft als private Geburtstags- oder sogar Verlobungsfeiern. Zu prüfen ist dabei, ob es sich wirklich um eine private Veranstaltung handelt. Dieses ist nicht der Fall, wenn der Teilnehmerkreis für den Veranstalter unbestimmt ist, er also diese nicht namentlich oder gezielt eingeladen hat. Weitere Anhaltspunkte zur Feststellung der Öffentlichkeit einer Veranstaltung sind zum Beispiel „unverhältnismäßig hohe Teilnehmerzahl in Bezug auf den angegebenen Veranstaltungsanlass (z. B. Geburtstagsfeier, Grillparty etc.), eine große Anzahl überregionaler Teilnehmer, Eintrittsgeld, Unkostenbeitrag für Teilnahme und zahlungspflichtige Speisen und Getränke" (Walk 2008: 10). Im Falle einer geschlossenen privaten Veranstaltung kann die Polizei nur eingreifen, wenn das Konzert Außenwirkung entfaltet und dabei Gesetzesverstöße zu vernehmen sind. Bei einem als private Veranstaltung getarnten Konzert der RechtsRock-Band „Kraftschlag" im Bergischen Land (Nordrhein-Westfalen) 1996 wurde die Polizei informiert, nachdem draußen auf der Straße deutlich Parolen und Liedtexte zu vernehmen waren, die gegen die §§ 86a, 130 und 131 Strafgesetzbuch (StGB) verstießen. Die Einsatzkräfte lösten das Konzert auf und beschlagnahmten dabei einen Videomitschnitt der Veranstaltung, der die gesamten Gesetzesverstöße dokumentierte. Im Nachgang wurden die Bandmitglieder zu Bewährungs- und Haftstrafen verurteilt.

b) Handelt sich bei dem vorgefundenen RechtsRock-Konzert um eine genehmigungspflichtige Veranstaltung mit Gewinnabsicht?

Gegeben wäre eine solche, wenn Eintritt kassiert wird, der die Höhe der Ausgaben übersteigt und wenn die Organisation derartiger Veranstaltungen durch den Verantwortlichen mit einer gewissen Regelmäßigkeit geschieht. Auch der Verkauf von Materialien (CDs, T-Shirts etc.) und die Bewirtung gegen Geld sind Indizien für eine solche Veranstaltung. In diesem Fall könnte die Gewerbebehörde oder ein anderes zuständiges Amt einen Abbruch der Veranstaltung veranlassen. Da dies im Falle eines konspirativ und erst spät aufgedeckten Konzerts kaum rechtzeitig möglich sein dürfte, kann der Abbruch auch durch die Polizei vorgenommen werden.

c) Weist das vorgefundene RechtsRock-Konzert überwiegend einen Unterhaltungscharakter auf?

In diesem Falle würde das normale, durch die einzelnen Länder geregelte Ordnungs- und Polizeirecht gelten. Es wäre zu prüfen, ob die Veranstaltung anmeldepflichtig ist bzw. ob sie angemeldet wurde. Ferner können in diesem Fall die dafür gängigen Rechtsnormen abgefragt werden, zum Beispiel ob die Veranstalter über eine Schankgenehmigung verfügen (§ 12 Gaststättengesetz).

d) Handelt es bei dem vorgefundenen RechtsRock-Konzert um eine ggf. nicht angemeldete politische Veranstaltung?

Für die Einstufung als eine solche ist nicht von Bedeutung, ob politische Reden gehalten oder politische Lieder gesungen werden, sondern ob die Teilnehmer an der Veranstaltung zu einem „gemeinsamen Zweck" oder, enger gefasst, zu einer kollektiven Meinungsäußerung bzw. -bildung zusammengekommen sind. Damit würde das RechtsRock-Konzert unter den Schutz des Art. 8 Grundgesetz (GG) fallen, der die Versammlungsfreiheit garantiert (Führing 2001). Dieser Schutz entfällt, wenn die Veranstaltung nicht den Anforderungen der Friedfertigkeit genügt oder Straftaten begangen werden. Verstöße gegen §86a StGB Verwenden von Kennzeichen verfassungswidriger Organisationen, §130 StGB Volksverhetzung und §131 Gewaltdarstellung StGB sind bei RechtsRock-Konzerten der Regelfall.

Eingreifen kann die Polizei auch, wenn eine unmittelbare Gefahr für die öffentliche Sicherheit und Ordnung gegeben ist. Dafür ist eine Gefahrenprognose notwendig, die allerdings nicht nur auf einer Quelle basieren darf (ebd.). Von besonderer Bedeutung können für diese Prognose die Zusammensetzung der Teilnehmer, Informationen zu Straftaten bei vergangenen Veranstaltungen und detaillierte Informationen über die auftretenden Bands sein. Findet die Veranstaltung bzw. die musikalische Darbietung jedoch unter freiem Himmel statt, entfällt der Schutz des Art. 8 GG, da sie anmeldepflichtig ist. Die Polizei darf nur dann einschreiten, wenn eine Gefahrenprognose vorliegt oder wenn eine unmittelbare Gefahr für die öffentliche Sicherheit und Ordnung gegeben ist.

Manche Bundesländer haben zur Abkürzung dieses Procedere eigene Konzerterlasse herausgegeben, die regeln, wie und auf welcher Basis gegen derartige Veranstaltungen vorzugehen ist. Diese Konzerterlasse können aber nur bestehendes Recht auslegen und haben keine Gesetzeskraft. Doch Polizeieinsätze sind nicht nur bestimmt durch die rechtlichen Ermächtigungsgrundlagen, sondern auch abhängig vom gesamten Rahmen der Veranstaltung und vom eingesetzten Personal. Bei manchen Veranstaltungen steht die Polizei mitunter mit zu wenigen Einsatzkräften einer großen, latent gewaltbereiten neonazistischen Besucherschaft gegenüber. Ein Einsatz kann damit wenig opportun erscheinen. Manchmal sind Einsatzleiter jedoch auch wenig engagiert, gegen solche Konzerte vorzugehen. Im bundesweiten Vergleich fällt auf, dass insbesondere in den neuen Bundesländern Konzerte wesentlich häufiger aufgelöst werden als in den alten Bundesländern.

Bürgermeister oder Mitarbeiter des zuständigen Ordnungsamtes können, sofern sich ein solches Konzert in ihrer Kommune abspielt, versuchen, die Polizei zum Einsatz zu begleiten bzw. aus sicherer Distanz zu beobachten. Dies eröffnete die Möglichkeit, den Einsatzleiter dazu zu motivieren, Maßnahmen zu treffen, um den Erlebnischarakter der Veranstaltung zu behindern. Die Anwesenheit uniformierter Beamter im oder in unmittelbarer Nähe des Konzertsaals dämpfen erfahrungsgemäß den Charakter derartiger Veranstaltungen. Grundsätzlich ist es von besonderer Wichtigkeit, dass alle festgestellten Vorgänge sorgsam dokumentiert werden. Denn inzwischen scheuen sich Veranstalter von RechtsRock-Konzerten nicht mehr, gegen die Auflösung ihrer Konzerte zu klagen. Teilweise bekamen sie Recht, weil die Polizei beispielsweise nicht ordentlich nachweisen konnte, dass es sich bei der Veranstaltung nicht um eine Privatveranstaltung gehandelt hatte.

Akteure der Zivilgesellschaft hingegen, die von einem solchen Konzert noch am Abend erfahren, sollten die Polizei und die lokalen Medien informieren und dieses beobachten, soweit es möglich ist und die eigene Sicherheit nicht gefährdet wird. Denn gerade die Dokumentation solcher Veranstaltungen ist für die Diskussion über ein bestehendes extrem rechtes Problem vor Ort von Bedeutung, insbesondere dann, wenn von den lokalen politischen Funktionsträgern das Problem verleugnet wird. Denn nicht immer spielen alle Akteure in diesem Kontext mit offenen Karten. Über ein RechtsRock-Konzert in einem kleinen ostwestfälischen Dorf schrieb die Bielefelder Polizei in der Pressemitteilung Anfang Februar 2009, dass dieses „keine Außenwirkung" entfaltet habe, dass „kein rechtsradikales Liedgut gespielt" worden sei und es „keine Anlässe strafrechtlicher Art" gegeben hätte. Teilnehmer des Konzerts berichteten hingegen anschließend in einschlägigen Internetforen von verbotenen Parolen, die gerufen worden seien, und von Liedern mit Refrains wie „Death to ZOG" (diese Abkürzung steht für „zionist occupied government" und bedient damit antisemitische Verschwörungstheorien), der Aufforderung, eine vermeintliche jüdische Weltregierung zu ermorden. Außerdem sei beim Auftritt der Band Weisse Wölfe, die sich einen Namen mit volksverhetzenden Texten gemacht haben, sogar das Licht im Saal gelöscht worden, um die Identität der Bandmitglieder geheim zu halten.

Was kann man als Kommune tun, wenn ein extrem rechtes Konzert geplant ist?

Der Aktions- beziehungsweise Reaktionsrahmen kommunaler Akteure ist bei den geschilderten konspirativ organisierten Konzerten deutlich begrenzt. Bürgermeister oder kommunale Mitarbeiter werden, wenn überhaupt, kurzfristig durch die Polizei oder durch Anwohner respektive aufmerksame Bürger informiert. Dann noch einzugreifen, ist, wie erwähnt, nur noch im Falle von Straftaten und durch die Polizei möglich. Läuft jedoch ein Konzert bereits, hat die extrem rechte Szene in jedem Fall schon einen Teilerfolg erzielt.

Allerdings ist bei guter Vorbereitung Seitens der Kommune und Zivilgesellschaft auch ein anderes Szenario denkbar: Bei Eintreffen der ersten Gäste wird der Wirt und Vermieter des Saales misstrauisch und erfährt von den Teilnehmern etwas über den Charakter der auftretenden Gruppen. Er konfrontiert damit den Veranstalter und kündigt unter Angabe der Gründe schriftlich und fristlos den Mietvertrag. Dieses Recht hat er, wenn er eine Klausel über den Veranstaltungszweck oder den Veranstaltungscharakter in seinen Mietvertrag aufgenommen hat, der nun nicht erfüllt ist oder er über den Charakter der Veranstaltung getäuscht wurde. Ist dies geschehen, muss der Mieter die Räume unverzüglich übergeben oder er und seine Gäste machen sich des Hausfriedensbruchs strafbar, was wiederum den Einsatz der Polizei rechtfertigt. Kommunale Prävention umfasst an diesem Punkt sowohl Aufklärung über die extreme Rechte und wie sie Veranstaltungen organisieren als auch die gezielte Vorbereitung, um dieser nicht auf den Leim zu gehen. Erfolge der extrem rechten Szene können verhindert werden, indem Verträge generell so gestaltet werden, dass Konzerte oder andere Formen von Saalveranstaltungen der extremen Rechten nicht möglich sind. Verschiedene Regionalverbände des Hotel- und Gaststättenverbandes (DEHOGA) haben diesbezüglich in der Vergangenheit bereits Empfehlungen formuliert. In Sachsen hat beispielsweise der DEHOGA Regionalverband Sächsische Schweiz e. V. gemeinsam mit dem Kulturbüro Sachsen e. V. sowie dem Kommissariat Staatsschutz Pirna im November 2003 eine „Handreichung für Gaststätten, Restaurants und Hotels" verfasst, in der erörtert wird, wie Mietanfragen von Seiten der extremen Rechten zu erkennen sind und welche Handlungsmaßnahmen sich böten (zu beziehen auf Nachfrage beim Kulturbüro Sachsen – www.kulturbuero-sachsen.de). Die DEHOGA Thüringen hat 2006 in ähnlicher Intention gemeinsam mit dem Thüringer Ministerium für Wirtschaft, Technologie und Arbeit ein Merkblatt für die „Private Vermietung von Räumlichkeiten an rechts- oder linksextremistische Gruppen" sowie eines zur „Vermietung von öffentlichen Einrichtungen an rechts- oder linksextremistische Gruppen" herausgegeben (www.thueringen.de/de/tmwta/wirtschaft/wirtschaftsverwaltung/extremismus). In Mecklenburg-Vorpommern wurde letzterer Punkt in einem Erlass des Innenministeriums vom 16. November 2007, „Vermietung von öffentlichen Einrichtungen an rechts- oder linksextremistische Gruppen", aufgegriffen, in dem die Rechtslage kurz dargelegt und mit Hinweisen verbunden wird, „wie mit der Problematik im Sinne einer wehrhaften Demokratie auf rechtskonforme Weise umgegangen werden kann" (www.regierung-mv.de/cms2/Regierungsportal_prod/Regierungsportal/_downloads/IM/Immobilienrunderlass_Minister.pdf).

Angemeldete RechtsRock-Konzerte sind heute indes noch die Ausnahme, zu der vor allem die von der NPD organisierten Sommerfeste gehören, in deren Rahmen neben Rednern der Partei oder solchen, die ihr nahe stehen, auch einschlägige Bands live auftreten. Bei diesen Veranstaltungen handelt es sich um politische Veranstaltungen, die, wie geschildert, den Schutz des Art. 8 GG genießen. Juristische Versuche der letzten Jahre, diese Veranstaltungen zu unterbinden, sind vor den Gerichten gescheitert. Während der Veranstaltungen begangene Straftaten, z. B. Volksverhetzung durch die Redner, lassen jedoch auch hier Eingriffe zu. Im Vorfeld eingeschränkt werden können solche Events nur im Rahmen von Auflagen, die von der Polizei für politische Veranstaltungen erlassen werden können.

Allerdings sollten auch die Kommunen ihren Verpflichtungen hinsichtlich des Kinder- und Jugendschutzes nachkommen. Die lokalen Jugendschützer können bei öffentlichen RechtsRock-Konzerten, wie sie beispielsweise im Kontext von „Sommerfesten" der NPD alljährlich in verschiedenen Teilen Deutschlands organisiert werden, auf Basis des §7 Jugendschutzgesetz (JuSchG) prüfen, ob von der Veranstaltung eine „Gefährdung für das körperliche, geistige oder seelische Wohl von Kindern oder Jugendlichen" ausgeht. Auf die Beachtung dieser Norm sollte nicht nur im Vorfeld bei der Formulierung des Auflagenkatalogs gedrungen werden, sondern es muss tatsächlich auch kontrolliert werden, ob sie eingehalten wird. Dafür ist es unerlässlich, dass der oder die Jugendschützer die Durchführung einer solchen Veranstaltung begleiten und ggf. mit Amtshilfe durch die Polizei den Kinder- und Jugendschutz durchsetzen. Auch hier gilt, dass eine enge Abstimmung von kommunaler Politik und Verwaltung mit den Sicherheitsbehörden (Polizei, Staatsanwaltschaft) erfolgen und das eigene Handeln dabei sorgfältig dokumentiert werden muss, da die Veranstalter unter Umständen anschließend eine rechtliche Prüfung vor dem Verwaltungsgericht anstreben (Feststellungsklage). Mit entsprechender Vorbereitung muss eine juristische Auseinandersetzungen aber nicht gefürchtet werden, auch wenn es bisher keinen Präzedenzfall gibt. Ein wichtiger Fortschritt wäre dabei eine entsprechende Schulung von Polizeibeamten und anderen betroffenen Behörden im Umgang mit RechtsRock-Konzerten.

Eine ganz andere Form, dem Problem derartiger politischer Feste zu begegnen, hat das Aktionsnetzwerk gegen Rechtsextremismus Jena entwickelt. Seit 2005 findet stets im September in beziehungsweise bei Jena das neonazistische „Fest der Völker" statt, zu dem in den letzten Jahren Bands, Redner sowie zwischen 500 und 1 700 Besucher aus Deutschland und dem europäischen Ausland gekommen sind. Das Aktionsnetzwerk hat, als offensichtlich wurde, dass diese Veranstaltung nicht unterbunden werden konnte, ein Konzept entwickelt, den Neonazis entgegenzutreten: mit vielen hundert beziehungsweise tausend Gegendemonstranten soll(te) versucht werden, die Straßen zu blockieren, um so die anreisen Neonazis bei ihrer menschenverachtenden Propaganda zu behindern.

Peter Zimmermann vom Aktionsnetzwerk kritisiert, dass Politiker zwar „immer wieder ihren Widerspruch gegen rechtsextreme Denk- und Verhaltensweisen" postulieren, „der Rechtsstaat jedoch keine Mittel findet, deren Manifestationen in der Öffentlichkeit zu verhindern" (Zimmermann 2008). Aus diesem Dilemma leitet der ehemalige Thüringer Kirchenrat das Recht der Bürgerinnen und Bürger zum zivilen Ungehorsam ab, mit dem auf den Mangel hingewiesen werden soll: „Wenn der Rechtsstaat sich apathisch verhält und gegen die latente Verfassungsfeindlichkeit der Rechtsextremisten keine Kraft aufbringt, dann müssen die Bürger selbst für die Verfassung eintreten" (ebd). Ähnlich argumentierte 2004 bereits der Wunsiedeler Bürgermeister Karl-Willi Beck (CSU), dessen Gemeinde alljährlich im August von mehreren Tausend Neonazis heimgesucht wurde, die einen „Trauermarsch" für den dort beerdigten Hitler-Stellvertreter Rudolf Heß durchführten: „Nach aktueller Gerichtsentscheidung ist ‚das bedeutendste Treffen europäischer Neonazis' legal und rechtlich erlaubt – in den Augen der Wunsiedler Bürger/innen ist dieser Aufzug jedoch weder legitim noch moralisch zu rechtfertigen. Die alljährlichen Märsche ehren Rudolf Heß und mit ihm das verbrecherische Nazi-Regime. Wunsiedel lehnt die Neonazis und ihr politisches Gedankengut strikt ab! Die Festspielstadt Wunsiedel bittet alle Bürger/innen um Zivilcourage und Unterstützung der Protestaktionen." Rund 200 Bürgerinnen und Bürger der Stadt nahmen schließlich an einer vom Bürgermeister angeführten Sitzblockade teil, die schließlich nach dreimaliger Aufforderung aufgelöst wurde. „Wir haben uns der Polizei gebeugt, aber nicht den Nazis", erklärte Beck im Anschluss. Auch Zimmermann betont, dass ziviler Ungehorsam nicht darauf ausgerichtet sei, das Grundgesetz zu schwächen oder außer Kraft zu setzen, noch die Gesetze zu leugnen. Sondern es sei vielmehr eine Form des Protests gegen jene, die „die Menschenwürde durch ihre Behauptung von der prinzipiellen Ungleichwertigkeit der Menschen" (Zimmermann 2008) bestreiten. Nichtsdestotrotz wird die Teilnahme an einer Sitzblockade über die Aufforderung zur Räumung hinaus unter Umständen entweder gemäß § 29 Abs. 1 Nr. 2 Versammlungsgesetz als Ordnungswidrigkeit oder ggf. im Rahmen der Anwendung von § 240 Abs. 2 Strafgesetzbuch als Nötigung geahndet.

Den Bürgern von Wunsiedel als auch Jena gelang es indes mit ihrem offenen und reflektierten Auftreten, die Menschen in ihrer Kommune zu sensibilisieren und gegen die Gefahr der extremen Rechten zu mobilisieren. Die Gegenwehr war erfolgreich und ist zudem alternativlos, wie Bürgermeister Beck bereits kritisch anmerkte: „Wegschauen ist der Nährboden des Nationalsozialismus."

Wir würden uns über kritische Kommentare zur Thematik freuen! Kontakt: **argumentationshilfe@gmx.de**

Literatur

Agentur für soziale Perspektiven: Versteckspiel. Livestyle, Symbile und Codes von neonazistischen und extrem rechten Gruppen. 11. überarb. und erw. Auflage. Berlin 2008.

Archiv der Jugendkulturen (Hg.): Reaktionäre Rebellen. Rechtsextreme Musik in Deutschland. Berlin 2001.

Dornbusch, Christian; Raabe, Jan (Hg.): RechtsRock. Bestandsaufnahme und Gegenstrategie. Münster 2002.

Dornbusch, Christian; Raabe, Jan: Rechts-Rock. In: Forschungsjournal Neue Soziale Bewegung, Thema: Popmoderne und Protest. Musik zwischen Subversion und Aneignung, Heft 3, 19. Jg., 2006, S. 47–53.

Führing, Thorsten: Zu den Möglichkeiten der Verhinderung von Skinheadkonzerten. In: Neue Zeitschrift für Verwaltungsrecht, Nr. 2, 20. Jg., 2001, S. 157–160.

Hitzler, Ronald; Bucher, Thomas; Niederbacher, Arne: Leben in Szenen. Formen jugendlicher Vergemeinschaftung heute. Opladen 2001.

Kowal, Stefan: „We will rock you!" Interview mit einem Sprecher der Kampagne „Kein Raum der Nazi-Musik". In: Lotta, Nr. 12, 4. Jg., 2003, S. 22–24.

Menhorn, Christian: Skinheads: Portrait einer Subkultur. Baden Baden 2001.

Mobile Beratung gegen Rechtsextremismus Berlin (Hg.): Handlungsräume. Umgang mit rechtsextremen Anmietungsversuchen von öffentlich-rechtlichen Veranstaltungsräumen. Berlin 2008.

Recherchegruppe Investigate Thor Steinar: Thor Steinar. Die kritische Auseinandersetzung mit einer umstrittenen Marke. 2. überarb. Auflage. Berlin 2008.

Searchlight et al. (Hg.): White Noise. Rechts-Rock, Skinhead-Musik, Blood & Honour – Einblicke in die internationale Neonazi-Musik-Szene. Hamburg, Münster 2001.

Sigrist, Hans: Polizeiliches Einschreiten gegen Skinhead-Konzerte. In: Die Polizei, Nr. 6, 96. Jg., 2005, S. 165–167.

Speit, Andreas: Mythos Kameradschaft: Gruppeninterne Gewalt im neonazistischen Spektrum. Braunschweig 2005.

Walk, Raymond: Polizei vor hohen Anforderungen. Umgang mit rechtsextremistischen Musikveranstaltungen – „Skinhead-Konzerte". In: Polizei in Thüringen (PIT), Zeitschrift des Thüringer Innenministeriums für die Polizei, Nr. 3, 2008, S. 8–10.

Zimmermann, Peter: Ziviler Ungehorsam gegen rechtsextreme Aufmärsche. Herausgegeben vom Jenaer Aktionsnetzwerk gegen Rechtsextremismus. Juli 2008 (www.aktionsnetzwerk.de/joomla/images/stories/pdfs/ziviler_ungehorsam.pdf).

Total normal?
Unterwanderungsversuche in der Kommune durch Rechtsextremisten

Karl-Georg Ohse

Schon 2006 titelte der FOCUS: „NPD will Elternbeiräte unterwandern". In dem Artikel vom 17. Dezember 2006 berichtete das Magazin: „Die rechtsextreme NPD plant, gezielt Parteimitglieder in lokale Vereine und Elternbeiräte einzuschleusen. Der sächsische NPD-Landtagsabgeordneten Jürgen Gansel, der auch dem NPD-Bundesvorstand angehört, sagte zu FOCUS, die NPD-Mitglieder sollten sich in den Vereinen zunächst nicht mit ihrer Parteimitgliedschaft zu erkennen geben. Sie sollten auch „erst einmal nicht agitieren – das wäre kontraproduktiv", so Gansel. Die Parteimitglieder sollten vielmehr warten, bis Journalisten oder Initiativen von außen auf die NPD-Zugehörigkeit hinwiesen. Gansel erwartet, dass sich dann Vereinsmitglieder in vielen Fällen mit den NPD-Mitgliedern solidarisieren. Es gebe dann einen Überraschungseffekt: „Das ist also der nette NPD-ler, von dem das keiner vermutet hätte."

Sehen wir jetzt überall braune Gespenster? Spukt es in Vereinen, Feuerwehren, Kirchgemeinden und Sportclubs? Dieser Spuk, glaubt man Artikeln und Berichten, nistet sich vor allem in ostdeutschen Dörfern und Städten ein. Besonders betroffen sind demnach Regionen wie Vorpommern, die Sächsische Schweiz oder die Uckermark. Das Gemeine an dieser Erscheinung ist, dass es sich scheinbar nicht als Gespenst zu erkennen gibt, sondern gut getarnt, sozial angepasst, politisch korrekt und hoch motiviert in Vereinen, Initiativen, in Schulen oder Feuerwehren auftaucht. Und das nicht nur zur Geisterstunde, sondern am helllichten Tag.

Der Vergleich hinkt. Denn das Typische an Gespenstern und Geistern ist, dass sie nur von denen wahrgenommen werden, die an sie glauben, und es sich in der Regel um zeitlich befristete Erscheinungen bei Vollmond oder um Mitternacht handelt. Es ist also kein Gespenst, das sich in unsere Dörfer und Städte eingenistet hat. Und das Gerede von der „Faschisierung der Provinz" (Staud 2005) ist leider keine Halluzination, die durch Medien und anständige Demokrat/innen an die Wand gemalt wird.

Und dann ist da noch der oft strapazierte Wolf, der im Schafspelz daherkommt und sich anbiedert, um letztlich die braven Schafe zu verführen und, wenn alle Verführungskunst nicht hilft, grausam frisst. Man tut nicht nur den Wölfen Unrecht, wenn sie immer wieder für das Gemeine und Böse dieser Welt herhalten müssen. Auch die demokratisch verfasste Gesellschaft ist keine naiv-brave Schafherde, die sich durch die Verstellungsversuche täuschen und schlachten lässt.

Die Metaphern, so simpel sie daherkommen, haben dennoch einen realen Kern und eine Botschaft. Der Kern lautet: Es gibt eine langfristige Strategie der deutschen rechtsextremen Szene, die darauf zielt, alle Formen des gesellschaftlichen Zusammenlebens zu unterwandern, um sie früher oder später für sich zu nutzen. Die Botschaft an die Gesellschaft heißt daher: Seid wachsam, lasst euch nicht einlullen und lasst sie nicht gewähren.

Die Antwort ist nicht so einfach und eindeutig, wie sie viele gerne hätten. Nicht überall, wo Rechtsextremismus vermutet wird, ist Rechtsextremismus drin. Und nicht jeder, der, ob berechtigt oder nicht, etwas gegen Ausländer vorbringt oder Israel kritisiert, ist ein Neonazi oder Antisemit. Nicht mal jeder NPD-Wähler muss ein ausgemachter Rechtsradikaler sein.[1]

Wir haben vielerorts aber auch ein umgekehrtes Wahrnehmungsproblem: Nicht überall steht „Rechtsextremismus" drauf, wo Rechtsextremismus drin ist. Der politisch geschulte, strategisch agierende Rechtsextremist verzichtet auf diese martialischen Attribute und kommt als adretter und seriös auftretender Nachbar, Kollege oder Vater daher. Aber Rechtsextremismus ist nicht nur Männern vorbehalten. Auch Frauen haben sich politisch organisiert und spielen gerade bei der Vorfeldarbeit in den Dörfern, Städten, in Kindergärten und Schulen eine wichtige Rolle. Sie fungieren vielerorts als Scharnier zur Gesellschaft, bauen Kontakte auf, pflegen die Nachbarschaft, engagieren sich im Ehrenamt. Um im Bild zu bleiben: Es sind der mehlbestäubte Wolf oder die

---

1   Die männliche Schreibweise schließt ausdrücklich nicht aus, dass es weibliche Rechtsextremistinnen und Sympathisantinnen gibt. Grade bei sozialem Engagement spielen Neonazistinnen eine herausgehobene Rolle.

Kreide fressende Wölfin, die mit Glockenstimme in Vereinen, Verbänden und Institutionen um Einlass bitten.

Immer wieder ist aus Schulen, Jugendeinrichtungen, aus Gemeinde zu hören, dass es den typischen, an Aussehen, Reden und Handeln erkennbaren Rechtsextremisten nicht (mehr) gibt und es schwierig sei, Rechtsextremisten zu erkennen. Der „gemeine" Neonazi mit Springerstiefel, Glatze, Bomberjacke ist vielerorts eine aussterbende Spezies. Im Spektrum des deutschen Rechtsextremismus ist sie eine, die sich nicht in Vereine, Kirchgemeinden oder der Kommunalpolitik begibt, um diese zu unterwandern. Allerdings trifft man diese Nazisskins durchaus in der einen oder anderen Feuerwehr, im Fußballverein als Spieler oder als Fan. Diese Szene prägt die öffentliche Wahrnehmung. Sie gelten als und sind auch nach wie vor die gewalttätigen Vollstrecker des „Kampfes um die Straße". Der NPD und den Kameradschaften dienen sie als Einschüchterungs- und Exekutionspotential.

Man kann sich also nicht mehr auf den äußeren Einruck verlassen. Und auch rechtsextremes Engagement ist nicht immer als solches auf den ersten Blick erkennbar. Was ist daran verwerflich, wenn ein Vater anbietet, einen Klassensatz T-Shirts für einen guten Preis drucken zu lassen? Was spricht dagegen, wenn eine Mutter eine Kinderturngruppe im Sportverein gründet oder ein paar nette Jungs von nebenan unentgeltlich den Hort tapezieren? Nichts, möchte man meinen. Im Gegenteil: Welche Lehrerin freut sich nicht über hilfsbereite Eltern, welcher Sportvereinsvorsitzende ist nicht für engagierte Mitglieder dankbar und welcher Bürgermeister ist nicht stolz, wenn er hilfsbereite und tüchtige Jugendliche vorweisen kann? Sind das nicht eher Beweise, dass diese Menschen auch dazu gehören, dass sie gar nicht so schlimm sind, wie immer wieder behauptet wird?

Es ist diese Fassade des Engagements und der Hilfsbereitschaft, die vielerorts die Wahrnehmung auf die rechtsextreme Szene vernebelt und den Blick trübt. Hinter allen Angeboten, hinter aller freundlich vorgetragenen Bereitschaft, Aufgaben zu übernehmen und Verantwortung zu schultern, verbirgt sich nicht nur persönliches Interesse oder bürgerschaftliches Pflichtgefühl, sondern strategisch-politisches Kalkül.

Was nehmen wir wahr?

Wer als Verantwortlicher und Mitglied eines Vereins um rechtsextreme Strategien weiß, diese erkennt und Problembewusstsein entwickelt, hat schon den ersten wichtigen Schritt getan: Er oder sie haben gemerkt, dass etwas nicht stimmt, dass vielleicht ein „falscher Zungenschlag" in Gesprächen aufkommt, menschenverachtende Witze gerissen werden oder Stimmungen gegen Demokratie und Demokraten gemacht wird. Oft gibt es keinen direkten Hinweis auf eine Mitgliedschaft in der NPD oder einer militanten Kameradschaft.

Wahrnehmen bedeutet, zur Kenntnis zu nehmen, dass Rechtsextremismus ein vielschichtiges und vielgesichtiges Phänomen ist. Wahrnehmen heißt auch, dieses Phänomen ernst zu nehmen. Dabei geht es nicht um Alarmismus, sondern um eine nüchterne Bestandsaufnahme und eine kritische Reflexion der Situation. Eine fundierte Analyse sollte deshalb immer die Grundlage für strategisches Handeln sein.

Was bedeutet das?

Wer als Verantwortlicher und Mitglied eines Vereins um rechtsextreme Strategien weiß, diese erkennt und Problembewusstsein entwickelt, hat schon den ersten wichtigen Schritt getan: Er oder sie haben Rechtsextremisten denken nicht in Legislaturperioden. Sie planen langfristig. Ziel ist ein völkischer Führerstaat, der ideologisch und geografisch an die NS-Diktatur anknüpft. Um dieses zu erreichen – so das Kalkül – braucht man eine breite Unterstützung. Deshalb reicht es Rechtsextremisten nicht, nur in den Parlamenten präsent zu sein. Es geht um eine Verankerung der Ideologie und ihrer Vertreter vor Ort und im Alltag der Menschen. Weil die NPD und die mit ihr verbundenen Kräfte wissen, dass sie dieses Ziel zurzeit nur bedingt über den parlamentarischen Weg erreichen und dass sich rassistische und nationalistische Einstellungen nicht immer in Wählerstimmen niederschlagen. Deshalb hat sich die extreme Rechte auf die einst linke Strategie der kulturellen Hegemonie besonnen. Dieses vom italienischen Kommunisten Antonio Gramsci entwickelte Konzept zielt darauf, sich mit seiner Ideologie im Alltag der „kleinen Leute" anzudocken und dort das gesellschaftliche Leben zu gestalten und in seinem Sinne Menschen zu beeinflussen. Denn langfristig wird man, so die Rechnung, nur eine Chance haben, wenn man sich vor Ort Sympathien erwirbt und in der Bevölkerung verankert ist. Dann könne man auch im eigenen Sinne indoktrinieren.

Soziales Engagement wie Hausaufgabenhilfe, Angebote für Jugendliche, Nachbarschaftshilfe und das Mitwirken in vorhandenen Strukturen zum Beispiel durch Übernahme von Ehrenämtern (Elternräte, Sportvereine, Feuerwehr) oder die Gründung eigener Initiativen und Interessengruppen (Bürgerinitiative „Schöner und sicher wohnen in Ueckermünde") sind Teil dieser Strategie. Es ist eine „Volksgemeinschaft en miniature", die das Klima in der Gemeinde bestimmen und Schritt für Schritt dafür sorgen soll, dass Menschen, die im Weltbild der Neonazis keinen Platz haben, mundtot gemacht oder unsichtbar werden. Denkt man das Szenario zu Ende, bedeutet das für eine Kommune gesellschaftliche Verarmung, kulturelle Einöde, gegenseitiges Misstrauen und ein Klima der Angst.

Worauf das hinausläuft, hat der derzeitige NPD-Fraktionsvorsitzende im sächsischen Landtag Holger Apfel 1996 unverblümt proklamiert: „Wir, der ‚Nationale Widerstand', sind die einzige, wirkliche Weltanschauungsbewegung in der bundesdeutschen Parteienlandschaft mit der NPD als organisierter Partei, die das politische System in der BRD bis auf die Wurzel bekämpft, auch die Wurzel abnimmt. (…) Jawohl wir sind verfassungsfeindlich."

Nun wissen Sie, dass Neonazis unauffällig sind, dass sie ihr Engagement anbieten und dass damit antidemokratische Ziele verfolgt werden. Aber, was nützt das, wenn Sie sich

a) *nicht sicher sind, ob Sie es wirklich mit einem Rechtsextremisten zu tun haben,*

b) *keine Möglichkeiten sehen, damit umzugehen und*

c) *alleine mit diesem Problem konfrontiert sind.*

Was heißt das konkret – zum Beispiel in Mecklenburg-Vorpommern?

Die von Gansel im FOCUS beschriebene Strategie ist kein leeres Gerede. Zwei Beispiele, die über Grenzen Mecklenburg-Vorpommerns hinaus bekannt geworden sind, sollen die Unterwanderungsstrategie illustrieren:

Udo Pastörs, seit 2006 NPD-Fraktionsvorsitzender im Schweriner Landtag, siedelte sich Ende der 1990er-Jahre in der Kleinstadt Lübtheen im Landkreis Ludwigslust an. Der Uhrmacher und Edelmetallhändler führte zunächst eine unauffällige Existenz und etablierte sich als ehrenwertes Mitglied der Lübtheener Gesellschaft. Als bekannt wurde, dass in der Region ein Braunkohletagebau geplant sei, waren Pastörs und seine Frau unter den ersten, die sich in einer

Bürgerinitiative (BI) zusammentaten, um dieses Vorhaben zu verhindern. Zunächst hielt er sich politisch zurück. Allerdings, so berichten ehemalige Mitglieder der BI, begannen Pastörs und andere Mitglieder aus der rechtsextremen Szene, einen Arbeitskreis zu gründen, um maßgeblichen Einfluss auf die politische Strategie der BI zu nehmen. Die NPD schwang sich zunehmend zur Fürsprecherin der Initiative auf, indem sie das Engagement der demokratischen Parteien diskreditierte und in Flugblättern radikale, antiamerikanische und diffamierende Töne anschlug. Lange versuchte der Vorstand, die Unterstützung von rechts außen herunterzuspielen und wand sich um eine Distanzierung. Erst die öffentliche Skandalisierung und der lokale Druck von Bürgermeisterin und anderen Bürger/innen bewirkten ein Umdenken und führten schließlich zum Ausschluss von Pastörs aus der Initiative.

Auch ein zweiter Fall zeigt, wie schwierig der Umgang mit rechtsextremer Unterwanderung ist. Frank Klawitter und Ragnar Dam waren jahrelang kompetente und engagierte Mitglieder beim Technischen Hilfswerk (THW) Greifswald. Vor allem Klawitter galt inner- und außerhalb des THW als versierter Fachmann und eifriger Ehrenamtlicher, der sich rührend um den Nachwuchs kümmerte. Schon 1989 gründete Klawitter die „Greifswalder Nationalsozialisten" und gehört wie Dam zur Führungsriege der rechtsextremen Jugendorganisation „Heimattreue Deutsche Jugend" (HDJ). Obwohl die rechtsextremen Verbindungen seit Jahren bekannt waren, tat sich das THW schwer, beide auszuschließen. Erst der öffentliche Druck beschleunigte das Ausschlussverfahren.

Beide Beispiele belegen, dass Mitgliedschaft bzw. Engagement von Rechtsextremisten in Vereinen, Initiativen oder im gesellschaftlichen Leben eine komplexe Problematik darstellt und Fragen aufwirft. Diese, immer mit Konflikten behaftete Auseinandersetzungen berühren die persönliche, die zwischenmenschliche, aber auch die gesellschaftliche Ebene:

a) Die persönliche Dimension

Mas Miteinander in Vereinen und ähnlich verfassten Organisationen ist nicht nur durch einen Zweck oder gemeinsame Interessen geprägt. Persönlicher Austausch, gemeinsame Erlebnisse und das Teilen von Erfahrungen sind wesentlich für ein positives Vereinsleben. Nicht von ungefähr gelten Vereine als integrative und stabilisierende Bestandteile eines funktionierenden Gemeinwesens. Auch wenn politische Einstellungen oft eine eher untergeordnete und unterschätze Rolle im Vereinsalltag einnimmt, wirft der Verdacht auf Mitgliedschaft in einer rechtsextremen Organisation einen Schatten auf die Beziehungen innerhalb einer Gruppe. Freundschaften, verwandtschaftliche Beziehungen oder berufliche Verbindungen stehen auf dem Prüfstand und erscheinen in einem neuen Licht. Die ersten Reaktionen sind krisentypisch: nicht wahrhaben wollen, leugnen, verdrängen, herunterspielen. Der Vorstand der Bürgerinitiative ordnete zunächst die Mitgliedschaft von Udo Pastörs als Privatangelegenheit und Einzelfall ein. Das THW spielte die Kaderposition von Klawitter und Dam in der rechtsextremen Szene herunter. Persönlich seien sie integer. Beide würden ihre politischen Ansichten nicht im Verein äußern und andere Mitglieder indoktrinieren. Hinter dieser Haltung verbirgt sich oft die nicht unbegründete Furcht, als Denunziant, Nestbeschmutzer oder Spalter dazustehen und selbst in die Rolle des Außenseiters zu geraten.

Nicht zu unterschätzen ist auch die Angst, ins Visier von Rechtsextremisten zu geraten und Ziel rechtsextremer Attacken zu werden. Das Eintreten für Menschenrechte und Demokratie zieht Konsequenzen nach sich, die mitbedacht werden müssen und die Unterstützung von Mitstreiter/innen brauchen.

b) Die soziale Dimension

Meinungsverschiedenheiten und Konflikte gehören zum menschlichen Alltag und sind nicht per se schlecht. Die Auseinandersetzung mit rechtsextremen Fundamentalisten ist allerdings kein normaler Diskurs, in dem es um einen sachlichen Streit und seine Lösung geht. Die in „normalen" Streitigkeiten angestrebte Unterscheidung von personaler und sachlicher Ebene greift hier nicht. Rechtsextremisten haben nicht nur eine Meinung, sie verkörpern ihre Einstellung. Es geht in dieser Auseinandersetzung immer um das „Eingemachte", um die Frage, wie wir miteinander leben, ob wir Freiheit und Individualität oder Diktatur und Ausgrenzung als Grundkomponenten des Zusammenlebens sehen.

Die Strategie der Unterwanderung zielt auch auf die soziale Ebene. Rechtsextremisten bauen auf Anerkennung durch Sympathiegewinn, auf stille oder offene Unterstützung durch Menschen aus dem sozialen Kontext. Je länger rechtsextreme Akteure unwidersprochen mitmischen, umso größer ist die Gefahr, dass die Auseinandersetzungen Unverständnis bei Dritten provozieren und zu Gegenreaktionen führen. Es kommt zu einer gewollten Eskalation und Polarisierung, die sich schnell auf andere Lebensbereiche verlagert. Oft werden Familien, insbesondere die Kinder der Protagonisten, in die Auseinandersetzung hineingezogen. Die schleichende Unterwanderung kann schließlich zu einer Spaltung und zu einer dauerhaften Störung von Beziehungen in Dörfern, Vereinen, aber auch Familien führen. Sie sorgt aber gleichzeitig für Klarheit und kann Impulse und neues Engagement für Demokratie und Freiheit entstehen lassen.

Der Rauswurf von Udo Pastörs aus der Bürgerinitiative führte zunächst zu einer Polarisierung inner- und außerhalb der BI. Manchmal werden diese Maßnahmen auch erst vor Gericht geklärt, wie im Fall des THW. Hier musste die Rechtmäßigkeit eines Ausschlusses gerichtlich geklärt werden. Letztlich aber überwiegen die Vorteile eines konsequenten Vorgehens. Sowohl die BÜRGER-INITIATIVE als auch das THW können sich auf ihre eigentlichen Ziele konzentrieren. Sie werden ihrem eigenen demokratischen Selbstverständnis und ihrer Verantwortung gerecht, als Gesprächspartner wieder ernst genommen und profitierten vom medialen Imagegewinn.

c) Die politische Dimensions

Die Auseinandersetzung mit Rechtsextremisten und deren menschenfeindlichen Einstellungen spielt sich nicht im luftleeren Raum ab. Diese Konflikte erfordern Steh- und Kommunikationsvermögen. Sie polarisieren nicht nur innerhalb eines Vereins, sondern haben Auswirkungen, die weit über den lokalen Kontext hinausgehen und schwer zu kalkulieren sind. Auch der scheinbar unpolitische Vereinszweck schützt nicht vor Vereinnahmung und taugt deshalb nicht für das Tolerieren rechtsextremer Mitglieder. Auch das Argument, dass Vereine eine integrierende und sozialisierende Wirkung auf Rechtsextremisten hätten, greift – leider – nicht. Das Gegenteil ist zu beobachten. Rechtsextremisten werden ihr Engagement früher oder später ideologisch aufladen und im Sinne ihres Kampfes um Köpfe und Räume nutzen. Je indifferenter das Verhalten der übrigen Vereinsmitglieder oder der politischen „Eliten", desto schneller wird es den professionell geschulten Kadern gelingen, Gruppen, Dörfer und Familien zu spalten und demokratische Akteure zu diffamieren und auszugrenzen. Schon heute ist zu konstatieren, dass vor allem in strukturschwachen Regionen die Saat aufgeht und rechtsextreme Kameradschaften und Kader Einfluss auf das gesellschaftliche Klima haben.

Spätestens wenn, wie in Lübtheen und Greifswald, der Konflikt mediale Aufmerksamkeit erlangt, muss um eine klare Positionierung im Sinne der freiheitlich-demokratischen Grundordnung gerungen werden und eine öffentliche Auseinandersetzung stattfinden. Diese Auseinandersetzung wird immer wieder durch zwei Argumentationslinien durchkreuzt. Die erste Argumentation verweist darauf, dass die NPD bzw. die DVU zugelassene und damit demokratische Parteien seien und von daher zu ertragen (= tolerieren) seien. Dieses Argument ist so richtig wie falsch. Zwar sind rechtsextreme Parteien zugelassen und genießen damit den Schutz und die Privilegien des Grund- und Parteiengesetzes. Gleichzeitig sind sie nach strengen Kriterien geprüft und als verfassungsfeindlich eingestuft und also nicht demokratisch. Sie fallen damit nicht in den Toleranzbereich, den ihnen das Grundgesetz und die Verfassungsgerichte zubilligen. Wie im Privaten auch, muss eben nicht alles akzeptiert werden, was nicht verboten ist.

Was ist zu tun?

Auf die Frage, wie mit Unterwanderungsversuchen umzugehen ist, gibt es keine Patentrezepte. Was nicht heißt, dass man dem Treiben von Rechtsextremisten sprach- und tatenlos zusehen muss. Jedoch gilt auch hier, sich zunächst ein genaues Bild von der Situation, den Möglichkeiten und den Folgen zu machen. Es empfiehlt sich, ähnlich nach den in Abschnitt 1 beschriebenen Differenzierungen vorzugehen und zu analysieren. Zur Analyse gehört:

1. *Sich einen Überblick über neonazistische Aktivitäten, Strukturen und Akteure zu verschaffen. Dabei geht es weniger um ein Ausspionieren, sondern um eine realistische Gefahreneinschätzung. Es macht einen Unterschied, ob ich es mit einem Mitläufer oder einer straff organisierten Szene, einem Landtagsabgeordneten oder einer Kaderfrau zu tun habe. Zu fragen wäre zum Beispiel: Handelt es sich in meiner Kommune um eingefleischte Fundamentalisten, geschulte Kader oder eher um unorganisierte Sympathisanten und Mitläufer? Sind diese Mitglieder in einer Gruppe, einer Kameradschaft oder NPD-Gliederung? Welche Rolle spielen sie in der Kommune, im Verein, in der Schule oder eventuell auch überregional? Sind sie durch Aktionen, Gewalttaten schon in Erscheinung getreten?*

   Inzwischen bietet vor allem das Internet gute Möglichkeiten der Informationsgewinnung. Aber auch Mobile Beratungsteams, Sonderdezernate des Staatsschutzes oder antifaschistische Initiativen sollten gefragt und konsultiert werden.

2. *Sich der eigenen Situation vergewissern. Es ist nicht nur wichtig, um die eigenen Möglichkeiten und Grenzen zu wissen, sondern auch die Konsequenzen für sich und sein soziales Umfeld, die Familie, die Arbeitssituation mitzudenken. Es geht aber auch um eine Einschätzung der vorhandenen Ressourcen und Partner, denn diese Konflikte brauchen die Solidarität von*

Gleichgesinnten und die Unterstützung durch demokratische Parteien, Institutionen und Medien. Zu fragen wäre hier: Wo sind meine Stärken, wo sind meine Schwächen? Was bin ich bereit einzusetzen und welche Konsequenzen hat mein Handeln? Wo brauche ich welche Unterstützung? Wie reagiert mein Umfeld? Wer hält zu mir, wer steht mir kritisch gegenüber?

3. *Sich über den Kontext der Auseinandersetzung ein Bild machen, das heißt den gesellschaftlichen Kontext zu bedenken, denn diese Auseinandersetzungen geschehen nicht im luftleeren Raum. Sie haben Auswirkungen auf das Zusammenleben vor Ort, im Verein. Das Thema Rechtsextremismus polarisiert und zieht Aufmerksamkeit auf sich. Es kann das Image einer Gemeinde, einer Gruppe und von Akteuren nachhaltig positiv oder negativ prägen. Es hat auch Auswirkungen auf das Verhalten anderer Menschen, auf das Agieren der rechtsextremen Szene und staatlicher Instanzen. Zu fragen wäre: Wie gelingt es, das Engagement gegen Rechtsextremisten in aktivierende pro-demokratische Aktivitäten umzuwandeln? Welche lokalen Unterstützungsangebote und demokratischen Akteure wären einzubeziehen? Wie können Bündnispartner gewonnen und die politischen und gesellschaftlichen Eliten in der Region sensibilisiert und gewonnen werden? Welche Formen der öffentlichen Auseinandersetzung wären der Situation angemessen?*

a) Verstärkung organisieren

Es ist ratsam, sich diese Fragen nicht nur selber zu stellen und möglichst ehrlich zu beantworten. Inzwischen gibt es bundesweit Angebote, die bei der Analyse und Strategieentwicklung unterstützen, Informationen vermitteln und Verstärkung organisieren. Selbst wenn kein externes Beratungsangebot zur Verfügung steht, sollte im Umfeld nach Verbündeten gesucht und diese eingebunden werden. Insbesondere wenn es sich um Unterwanderungsversuche rechtsextremer Kader handelt, sollten Verantwortliche der betroffenen Organisation und staatliche Stellen sensibilisiert und aktiviert werden. Ohne diese Unterstützung ist eine offensive Auseinandersetzung schwierig und kann schlimmstenfalls zum Punktgewinn für die rechtsextreme Szene werden. Wenn Rechtsextremisten ein Gemeinwesen unterwandern, ist das eine Herausforderung für alle Demokraten. Selbst wenn „nur" die Freiwillige Feuerwehr oder eine kleine Initiative davon betroffen ist, kann die Solidarität aller Vertreter demokratischer Institutionen vor Ort eingefordert werden. Schule, Verwaltung, Polizei, aber auch Parteien, Gewerkschaften, Kirchgemeinden stehen hier in der Pflicht, demokratiezersetzenden Aktivitäten und Protagonisten entgegenzutreten. Im Gegensatz zu autoritär geführten Organisationen und Parteien verlangt so eine

Vernetzungs- und Bündnisarbeit ein hohes Maß an Kommunikations- und Konfliktlösungsbereitschaft. Gleichzeitig sind gemeinsame Aktionen ein Signal der Standfestigkeit, der Solidarität und der Ermutigung für andere.

b) Ressourcen entdecken und Möglichkeiten nutzen

Die Auseinandersetzung mit dem Rechtsextremismus, wird er denn als Problem wahrgenommen, wird gerne an Politik, Justiz und Polizei delegiert. Das ist, vor allem wenn es um strafbare Handlungen wie Gewalt, Bedrohungen oder illegale Konzerte geht, auch wichtig und richtig. Allerdings ersetzen Recht und Gesetz nicht die Auseinandersetzungen im Alltag. Der Verweis auf die Verantwortung staatlicher Instanzen kann die Austragung von Konflikten vor Ort nicht ersetzen, sondern nur flankieren. Vor jeder rechtlichen Maßnahme wie Satzungsänderungen oder Ausschluss von rechtsextremen Mitgliedern muss die offensive Auseinandersetzung nicht nur mit Rechtsextremisten, sondern mit Vereinsmitgliedern und lokalen Verantwortlichen stehen. Dabei muss das Ziel deutlich werden: Es geht nicht um Ausgrenzung, sondern um die Handlungsfähigkeit demokratischer und zivilgesellschaftlicher Organisationen wie Vereine oder Initiativen.

Sind Neonazis heutzutage noch kaum an Äußerlichkeiten erkennbar, so gibt es trotzdem Möglichkeiten und Zeichen, mit wem man es zu tun hat. Gerade in überschaubaren Kommunen, in Dörfern und Kleinstädten kennt man sich, weiß oft, wie der andere denkt und politisch verortet ist. Wenn es um die Mitgliedschaft in Vereinen, Wehren oder Bürgerinitiativen geht, kann man sich mit Hilfe gezielter Fragen und Anforderungen ein Bild über Menschen machen. Die Reaktion auf eine provozierende Bemerkung, wie zum Beispiel: „Ich muss mal wieder nach Berlin-Kreuzberg, weil ich interessante Menschen erleben will", lässt manchmal mehr erkennen als die Unterschrift unter eine NPD-Unvereinbarkeitsklausel in der Vereinssatzung.

c) Juristische Handlungsmöglichkeiten

Dennoch gibt es ein paar Repressionsmöglichkeiten gegenüber Rechtsextremismus im Verein oder einer Institution. Die beste und einfachste Möglichkeit, rechtsextreme Unterwanderung zu verhindern, bleibt die Verweigerung der Mitgliedschaft. Jeder Verein kann eigenständig festlegen und darüber bestimmen, welche Kriterien für eine Mitgliedschaft gelten. „Der Verein kann per Satzung Aufnahmebedingungen festlegen, nachträglich einführen oder ändern.

Auch wenn die Satzung bestimmt, dass jede/r Mitglied werden kann, heißt das keineswegs, dass der Verein jede/n aufnehmen muss", empfehlen die Vereinsexperten Wolfgang Pfeffer und Michael Röcken[2]. Für Satzungsänderungen und den Ausschluss von Mitgliedern ist grundsätzlich die Mitgliederversammlung zuständig, falls nicht die Satzung das einem anderen Vereinsorgan, meistens dem Vorstand, zubilligt. Den Antrag auf Ausschluss kann jedes Mitglied stellen. Dabei genügt ein Brief an den Vorstand.

Denkbar ist etwa das Einfügen einer Unvereinbarkeitsklausel in die Vereinssatzung, die eine gleichzeitige Mitgliedschaft in einer rechtsextremen Organisation – wie beispielsweise der NPD – und in dem eigenen Verein ausschließt. Ein bekanntes Beispiel für einen Sportverein mit einer solchen Unvereinbarkeitsklausel bezogen auf die NPD in der Satzung ist der Fußballverein FC Schalke 04. Ein solcher Satz in der Satzung könnte beispielsweise lauten: „Unvereinbar mit der Mitgliedschaft im Verein ist die Mitgliedschaft in rechtsextremen Parteien oder Organisationen."

Auch die Gründe für einen Ausschluss sollten dementsprechend präzisiert werden. Pfeffer/Röcken schreiben hierzu: „Der Ausschluss aus dem Verein kann unter anderem erfolgen:

■ *bei schwerem Verstoß gegen die Vereinssatzung und bei anderem vereinsschädigendem Verhalten;*

■ *bei Rückstand in der Zahlung der Vereinsbeiträge von mehr als drei Monaten oder der Nichterfüllung sonstiger mitgliedschaftlicher Verpflichtungen gegenüber dem Verein;*

■ *bei Rückstand in der Zahlung der Vereinsbeiträge von mehr als drei Monaten oder der Nichterfüllung sonstiger mitgliedschaftlicher Verpflichtungen gegenüber dem Verein;*

■ *bei Kundgabe rechtsextremer, rassistischer oder fremdenfeindlicher Haltungen innerhalb und außerhalb des Vereins und in der Mitgliedschaft in rechtsextremen Parteien oder Organisationen, wie z. B. der NPD oder DVU."[3]*

---

2   „Im Verein- gegen Vereinnahmung". Eine Handreichung zum Umgang mit rechtsextremen Mitgliedern. Regionale Arbeitstelle für Bildung, Integration und Demokratie (RAA) Mecklenburg-Vorpommern e. V. (Hg.), 2008, S.12. Vgl. auch www.vereinsknowhow.de/kurzinfos/imverein.pdf.

3   Handreichung „Im Verein", S. 20.

Wichtig ist, dass ein Ausschluss rechtstaatlichen Kriterien genügen muss, denn falls es zu einer juristischen Auseinandersetzung kommen sollte, prüfen Gerichte in erster Linie die Einhaltung der Formalien. Das Gericht fragt, ob die Satzung einen Ausschlussgrund vorsieht und ob ein satzungsgemäßes Ausschlussverfahren stattgefunden hat. „Zunächst sind die Regelungen zu beachten, die die Satzung vorgibt. Unerlässlich ist es, dem Mitglied Gelegenheit zur Stellungnahme zu geben. Ohne rechtliches Gehör wäre der Ausschluss aus formalen Gründen anfechtbar."[4]

Auch für das Ausschlussverfahren gelten Regeln:

- *„Der Ausschluss muss als Tagesordnungspunkt bei der Einladung zur Mitgliederversammlung angegeben werden.*

- *Dabei muss namentlich angegeben werden, wer ausgeschlossen werden soll – nicht nur allgemein ‚Ausschluss von Mitgliedern'.*

- *Die Gründe für den Ausschluss müssen der / dem Betroffenen vorher mitgeteilt worden sein.*

- *Wenn der der Ausschluss bereits vorher abgelehnt wurde und sich die Sachlage nicht verändert hat – also keine neuen Vorfälle aufgetreten sind – kann das Ausschlussverfahren nicht wiederholt werden.*

- *Ist der Vorstand für den Ausschluss zuständig, gilt: Er kann keine Vorstandsmitglieder ausschließen, auch wenn die Satzung das erlaubt. Das kann nur die Mitgliederversammlung – genauer gesagt das Organ, das den Vorstand bestellt."*[5]

Problematisch bleibt der nachträgliche Ausschluss. Hier müssen dem Auszuschließenden auf Grundlage der Satzung vereinsschädigendes Verhalten oder eine massive Störung des Vereinslebens nachgewiesen und nach vereinsrechtlichen Grundsätzen der Ausschluss durchgesetzt werden. Auch ein Ausschlussverfahren sollte durch eine offensive Diskussion begleitet werden. Dabei ist darauf zu achten, die Diskussion sach- und nicht personenbezogen zu führen. Rechtsextremisten versuchen in Konflikten, immer auch die persönliche Integrität anzuzweifeln, um damit eine inhaltliche Auseinandersetzung zu vermeiden.

---

4   Handreichung „Im Verein", S. 21.
5   Handreichung „Im Verein", S. 22.

Diese Grundsatzkonflikte lassen sich kaum alleine durchstehen. Es ist kein Zeichen von Schwäche, sich kompetente Partner zu suchen und deren Erfahrungen und Ressourcen einzubinden. Inzwischen gibt es einen großen Pool an Initiativen und Angeboten, die professionelle Unterstützung anbieten. Die Palette reicht von der Recherche über Strategieentwicklung bis zur Konfliktmoderation und Opferberatung.

Vereine werden aber nicht nur mit rechtsextremen Mitgliedschaften konfrontiert. In letzter Zeit mehren sich Mietgesuche oder Sponsoringangebote, die meistens von Menschen kommen, die nicht auf den ersten Blick als Neonazis erkennbar sind. Mit einer Verpflichtungserklärung von Sponsoren oder Mietern von Räumen oder Anlagen kann einer missbräuchlichen Benutzung vorgebeugt werden. So einen Ehrenkodex hat beispielsweise der Landessportbund Mecklenburg-Vorpommern seinen Mitgliedsverbänden empfohlen:

„Der Landessportbund Mecklenburg-Vorpommern e. V. bekennt sich als Teil des demokratischen Gemeinwesens im Land Mecklenburg-Vorpommern ausdrücklich zu Toleranz, Weltoffenheit und Demokratie und wendet sich gegen jede Form von Extremismus und fremdenfeindlicher Gewalt.

Für uns Sportlerinnen und Sportler sind Fairness, internationale Zusammenarbeit, Freundschaft und Völkerverständigung tägliche Praxis. Mit seinen Mitteln und Möglichkeiten fördert darum der Landessportbund Mecklenburg-Vorpommern e. V. zum Wohle seiner Mitglieder und der Bürgerinnen und Bürger des Landes die demokratische Entwicklung des Gemeinwesens.

Wir unterstützen als Sportorganisation eine systematische und offensive Auseinandersetzung mit Extremismus, insbesondere dem Rechtsextremismus.

Der Landessportbund Mecklenburg-Vorpommern e. V. ermuntert seine Mitglieder im Wissen darum, dass zivilgesellschaftliches und lokales Engagement zu sozialer Integration aller Bevölkerungsteile und einer nachhaltigen Entwicklung führt, dazu, sich im Prozess der demokratischen Mitgestaltung und Teilhabe zu engagieren.

Wir solidarisieren uns offen mit den Opfern extremistischer Gewalttaten, insbesondere rechter Gewalt und Fremdenfeindlichkeit, und setzen uns gegen jegliche Form von Diskriminierung ein. "[6]

---

6   Nachzulesen auf der Homepage des Landessportbunds www.lsb-mv.de/up-
    load/15/1179754524_31616_15106.doc, eingesehen am 14.04.2009.

Eine Unterschrift unter eine Verpflichtungserklärung bietet keinen Rundum-schutz gegen unliebsames Engagement. Es kann aber eine Kündigung und öf-fentliche Auseinandersetzung mit Unterwanderungsversuchen unterstützen.

Aber auch andere Möglichkeiten sind denkbar. So zwang der massenhafte Aus-tritt von Mitgliedern einer Freiwilligen Feuerwehr den Bürgermeister als Dienst-herrn, ein rechtsextremes Mitglied auszuschließen, da sonst die Einsatzfähigkeit der Feuerwehr nicht mehr gewährleistet gewesen wäre. Die Kommunalaufsicht bestätigte das Vorgehen und wies den Widerspruch des Neonazis zurück.[7]

Was bleibt?

Die Unterwanderungsstrategie der deutschen Rechtsextremisten ist eine ernst-zunehmende Bedrohung des Zusammenlebens und des gesellschaftlichen Kon-sens, der auf der Gleichwertigkeit und freien Entfaltung jedes Menschen be-ruht. Ein Zurückdrängen demokratie- und menschenfeindlicher Einstellungen ist deshalb Aufgabe aller Demokraten/innen und kann nicht allein Polizei und Justiz, also dem Staat überlassen werden. Couragiertes Auftreten von Demo-kraten braucht aber auch die Unterstützung der dafür zuständigen Institutio-nen. Bürgermeister, Ämter, Polizei und Verfassungsschutz sind eine Ressource, die man nicht außen vor lassen sollte, wenn man sich rechtextremen Aktivi-täten entgegenstellt. Polizei und Verfassungsschutz können wichtige Informa-tionen und Ratschläge geben, wie die Szene vor Ort einzuschätzen ist. Sensible Staatsschützer werden auch Hinweise zur eigenen Sicherheit geben und gege-benenfalls Veranstaltungen und Personen begleiten und schützen.

Beispiele aus Lübtheen und Greifswald, aber auch Erfahrungen an Orten wie Wunsiedel, Schneverdingen oder Pirna zeigen, dass es viele Möglichkeiten gibt, sich den neonazistischen Hegemoniebestrebungen zu widersetzen. Wirkungs-voll und nachhaltig ist dabei immer eine breit angelegte, auf vielen Schultern ruhende öffentliche Auseinandersetzung, die von staatlichen Institutionen und Medien flankiert und eventuell durch externe Partner unterstützt wird. Dafür braucht es Mut, Phantasie und langen Atmen.

---

7   www.spiegel.de/politik/deutschland/0,1518,613725,00.html, eingesehen am 14.04.2009.

Rechtsextreme Fraktionen in Kommunalparlamenten

Petra Schickert[1]

Einleitung

2004 gelang der NPD mit 9,2 % der Stimmen der Einzug in den Sächsischen Landtag und damit ein neuerlicher Wahlerfolg verbunden mit erheblichem Medienrummel um die Partei, deren letzte Erfolge mehr als 30 Jahre zurücklagen. Zwar hatte sich das Ergebnis bereits im Vorfeld angedeutet, dennoch schienen alle mit der neuen Situation überfordert: Politiker demokratischer Parteien verließen Gesprächsrunden und Medienvertreter schalteten ihre Mikrofone ab. Seinerzeit ein Punktsieg für die extreme Rechte. Dabei kam der sächsische Erfolg gerade nicht unerwartet. Uwe Leichsenring, einer der damals neu gewählten Abgeordneten, war bereits seit 1999 NPD-Stadtrat in Königstein, einer Kleinstadt in der Sächsischen Schweiz. Auch sein Freund und Partei-Kamerad Johannes Müller hatte schon fünf Jahre kommunalpolitische Erfahrungen sammeln können. Nachdem er die CDU verlassen hatte, trat er 1999 für die NPD an und wurde Stadt- und Kreisrat in der Sächsischen Schweiz. Obwohl beide ihre Wahlergebnisse seitdem stetig steigerten, wurde die davon ausgehende Gefahr nicht ernst genommen. Aufgrund dieser leider mittlerweile langjährigen Erfahrungen mit rechtsextremen Mandatsträgern in Sachsen beschreibt dieser Artikel, ausgehend von den sächsischen Erfahrungen, Strategien für den Umgang mit dieser kommunalpolitischen Herausforderung.

---

1   Der Artikel entstand unter Mitarbeit von Steffen Richter, AKUBIZ Pirna.

Die Ausgangslage in Sachsen

Zunächst fiel den Demokraten der Umgang mit der neuen Situation im Sächsischen Landtag sichtlich schwer. Inzwischen hat sich einiges geändert: Die Vertreter/innen der demokratischen Parteien sammelten Erfahrungen im Umgang mit den Abgeordneten der NPD und nutzen diese auch. Auf Anträge der NPD-Fraktion reagieren jeweils ein Abgeordneter der Regierungsparteien und ein Abgeordneter der Oppositionsparteien mit dem Ziel, NPD-Anträgen einerseits nicht zuviel Aufmerksamkeit zukommen zu lassen und andererseits den zum Teil versteckten Rassismus zu entlarven. Von den ursprünglich zwölf gewählten NPD-Abgeordneten ist nur noch die Hälfte in der Fraktion. Austritte, Ausschluss und eine Kinderpornografie-Affäre sorgten dafür, dass die Nachrückerliste seit 2008 vollständig ausgeschöpft ist. Aktuell verfügt die NPD über acht Landtagsabgeordnete in Sachsen.

Auf kommunaler Ebene scheint die Auseinandersetzung mit Abgeordneten der extremen Rechten schwieriger zu sein. Hier werden vor allem kommunale Themen wie Abwasser, Straßenbaumaßnahmen und Kinderbetreuung besprochen. Wie lässt sich aber dann das antisemitische, rassistische und menschenverachtende Weltbild dieser Partei vor Ort entlarven? An welchen Stellen wird es überhaupt im kommunalen Kontext deutlich? Hinzu kommt als Problemstellung, dass sich Abgeordnete kommunaler Parlamente insbesondere in Gemeinden und kleinen Städten meist seit Jahren, wenn nicht sogar aus Kindheitstagen kennen, was die Abgrenzung gegenüber dem NPD-Abgeordneten bzw. das Beziehen klarer Position nicht gerade erleichtert.

Dennoch gelang beides beispielsweise im Stadtrat von Pirna im Landkreis Sächsische Schweiz-Osterzgebirge. Hier wurde eine ähnliche Vorgehensweise wie im Landtag zwischen den demokratischen Fraktionen verabredet. Zumeist antwortet Oberbürgermeister Marcus Ulbig (CDU) mit einer klaren demokratischen Position auf Anfragen der beiden NPD-Abgeordneten.

Wenn auch die NPD hinsichtlich ihrer Mitgliederzahlen und Wahlerfolge die bedeutendste rechtsextreme Partei im Freistaat Sachsen ist, dürfen bei der Betrachtung der extremen Rechten auf kommunaler Ebene auch rechtspopulistische (wie die Republikaner, die DVU und die von MdB Henry Nitzsche gegründete Wählervereinigung „Arbeit, Familie, Vaterland") Parteien und Wählervereinigungen nicht außer Acht gelassen werden. In den letzten Jahren haben sich in sächsischen Kommunen vielfältige Formen der Zusammenarbeit in diesem politischen Spektrum etabliert. Einzelpersonen aus diesen Parteien sind nicht selten die Schnittstelle zur rechtsextremistischen NPD oder rechtsextremistischen

Burschenschaften bzw. agieren rassistisch, antisemitisch und menschenverachtend. So kandidierte Henry Nitzsche beispielsweise zu Beginn des Jahres 2009 für das Amt des „Ausländerrückführungsbeauftragten" des Landkreises Bautzen und wurde dabei tatkräftig von den NPD-Kreistagsabgeordneten unterstützt (Quelle: www.npd-sachsen.de/index.php?s=28&aid=321). Einige DSU-Mitglieder kooperieren offen mit der NPD und anderen Rechtsextremisten: Der ehemalige Görlitzer DSU-Stadtrat Jürgen Hösl-Daum hatte mit zwei Neonazis im Sommer 2004 in Boleslawiec (Bunzlau) Plakate geklebt. „Polen und Tschechen, herzlich willkommen in der EU! Unsere Gerichte arbeiten bereits fleißig, denn Mord verjährt nicht!" stand in deutscher Sprache über Bildern vertriebener und getöteter Deutscher nach 1945. Die drei erhielten zehn bzw. acht Monate Haft auf Bewährung wegen Beleidigung der polnischen Nation und Aufstachelung zum Völkerhass (Quelle: Sächsische Zeitung vom 8.4.2006).

Zur strategischen Zielstellung der Zusammenarbeit innerhalb der extremen Rechten schreibt die NPD Chemnitz auf ihrer Internet-Seite anlässlich der Kandidatenaufstellung für die bevorstehenden Kommunalwahlen 2009: „Ob die Rep/DSU unter Stadtrat Martin Kohlmanns Führung ebenfalls flächendeckend antritt, steht im Augenblick noch nicht fest. Die gute Zusammenarbeit des letzten Jahres läßt jedenfalls hoffen, daß, wenn auch getrennt marschiert wird, so doch zumindest im Stadtrat gemeinsam geschlagen wird. Rep/DSU, NPD und Freie. Für unsere Land, für unser Volk, für unsere Stadt und ihre Bürger" (Fehler im Original; Quelle: http://www.chemnitz.npd.de vom 7.3.2009).

Im Ergebnis der Kommunalwahlen 2004 zog die NPD mit 26 gewählten Abgeordneten in zwölf Stadtparlamente und zwei Gemeinderäte in Sachsen. Davon entfielen allein zwölf Mandate auf den Altkreis Sächsische Schweiz. Das ist nicht verwunderlich, da in diesem Landkreis die NPD über gut ausgebaute Strukturen und in ihren Kommunen über gut im Gemeinwesen verankerte, alteingesessene Kandidaten verfügte. Dieser Landkreis spielte auch in der engen Kooperation zwischen der NPD und den so genannten „Freien Kräften" der Neonazi-Szene eine Vorreiterrolle. Über Jahre hatten Mitglieder der seit 2001 verbotenen Skinheads Sächsische Schweiz (SSS) für die NPD Saalveranstaltungen abgesichert, Wahlplakate geklebt, angebracht und bewacht. Dafür wurden später unter anderem verurteilte Straftäter mit Listenplätzen und Mitarbeiterstellen im Sächsischen Landtag belohnt.

Neben der NPD erzielten auch andere Parteien aus dem rechtspopulistischen/rechtsextremen Spektrum bei den Kommunalwahlen 2004 Wahlerfolge, die allerdings längst nicht so bedeutend ausfielen.

In diesem Jahr werden das Europaparlament, der Bundestag, Landtage und in Sachsen auch die Stadt- und Gemeinderäte neu gewählt. Unabhängig von aktuellen Finanzproblemen und Führungsstreitigkeiten in der NPD steht der Einzug der extremen Rechten in weitere Stadt- und Gemeinderäte und damit ihre zunehmende kommunale Verankerung außer Frage. Dies ist spätestens seit den Wahlerfolgen der NPD im Jahr 2008 unbestritten, als sie zum Teil in Fraktionsstärke in alle Kreistage des Freistaates Sachsen einzog.

Wenn es der NPD gelingt, den Prozess der „Normalisierung" ihrer Präsenz in der Politik weiter voranzutreiben und antidemokratische Einstellungen weiter zu verstärken, stellt sich umso mehr die Frage, wie ein Umgang mit rechten Parteien in den kommunalen Parlamenten aussehen kann. Dazu ist es notwendig, die Arbeit dieser Abgeordneten in den vergangenen Jahren zu analysieren und Handlungsmöglichkeiten gegen die extreme Rechte aufzuzeigen.

Anhand konkreter Beispiele aus dem Landkreis Sächsische Schweiz – Osterzgebirge soll im Folgenden die Arbeit rechtsextremer Abgeordneter verdeutlicht werden. Im zweiten Teil geht es um Strategien demokratischer Parteien gegen die extreme Rechte in Parlamenten. Der Landkreis Sächsische Schweiz – Osterzgebirge wurde gewählt, weil dort Vertreter/innen der NPD seit 1999 in kommunalen Parlamenten sitzen. Ausschlaggebend dafür war wohl Uwe Leichsenring. Er wurde im Landkreis geboren und war bereits 1990 stellvertretender NPD-Landesvorsitzender in Sachsen. Leichsenring nutzte seine Stellung als Fahrschullehrer, um für rechte Ideologien zu werben und führte die Partei zu wichtigen Wahlerfolgen. Sein größter Erfolg war der Einzug in den sächsischen Landtag. Im August 2006 starb Uwe Leichsenring bei einem Verkehrsunfall. Obwohl er immer wieder den Nationalsozialismus verherrlichte – so bezeichnete er u. a. das NS-Reich als „Wohlfühldiktatur" (Quelle: www.sueddeutsche.de/politik/85/400867/text/) – kamen zu seiner Beerdigung Hunderte von Menschen, unter ihnen auch ein Lokalpolitiker der SPD. Eine klare Positionierung gegen die extreme Rechte sieht anders aus.

Parlamentarische und außerparlamentarische Arbeit von Abgeordneten der extremen Rechten anhand von Beispielen

Von parlamentarischen Erfolgen der extremen Rechten ist aufgrund der klaren politischen Abgrenzung durch die demokratischen Abgeordneten kaum zu berichten. Dabei ist Katarina Beier und anderen vorbehaltlos zuzustimmen, wenn sie in ihrer Veröffentlichung „Die NPD in den kommunalen Parlamenten Mecklenburg-Vorpommerns" schreiben, dass der Maßstab, an dem sich Erfolg oder Misserfolg der Kommunalpolitik aus Sicht der NPD bemessen lassen soll, ein völlig anderer ist, als der für demokratische Parteien und Wählervereinigungen angelegte. Es geht der NPD nicht unbedingt um erfolgreiche Sachpolitik, sondern vielmehr sind die Parlamente nur Instrumente für einen Systemwechsel in ihrem Sinne. „Die NPD hat nach ihrer eigenen Logik dann erfolgreich agiert, wenn die Arbeit auf der kommunalen Ebene dazu beigetragen hat, die Partei bei überregionalen Wahlen […] besser abschneiden zu lassen und wenn es ihr gelungen ist, Menschen von ihrer Ideologie zu überzeugen. Insofern ist es aus Sicht der NPD völlig unwichtig, wie gut oder schlecht ihre Arbeit nach den Maßstäben der demokratischen Parteien und Wählergemeinschaften ausfällt; es zählt allein, ob es ihr gelingt, aus ihrer Präsenz in den Kommunalparlamenten außerparlamentarisch Profit zu schlagen" (Quelle: Katharina Beier u. a.: Die NPD in den kommunalen Parlamenten Mecklenburg-Vorpommerns. Greifswald 2006: 170).

Die Arbeit von NPD-Abgeordneten kann im ehemaligen Landkreis Sächsische Schweiz in mehreren Kommunalparlamenten beobachtet werden. Die NPD ist in drei Stadträten (Pirna, Sebnitz und Königstein) und zwei Gemeinderäten (Reinhardtsdorf-Schöna und Struppen) vertreten. Mit Ausnahme des Gemeinderats in Reinhardtsdorf-Schöna wird die Arbeit der NPD als „nicht vorhanden" wahrgenommen. Christian Demuth und andere sprechen bezüglich der Quantität schriftlicher Initiativen (Anträge, schriftliche Anfragen) von einer „erheblichen Passivität oder gar Lethargie" und stellen weiter fest, dass parlamentarische Initiativen in Stadt- und Gemeinderäten nur von Abgeordneten ausgingen, die „als alleinige Initiativensteller im Kreistag hervortraten und darüber hinaus als Abgeordnete im Landtag fungieren oder fungiert haben" (Quelle: Christian Demuth u. a.: Die Politik der NPD in den Kommunalvertretungen Sachsens. Hrsg. Vom Kulturbüro Sachsen 2008: 7f.).

Die wenigen Anträge oder Anfragen sind nicht selten fehlerhaft. So stellten die Pirnaer NPD-Stadträte 2005 den Antrag auf Mittelkürzung für das Alternative Kultur- und Bildungszentrum (AKuBiZ e. V.), das überhaupt keine finanziellen Mittel der Stadt bekommt. Da gehört ein Antrag auf Pflege eines Kriegerdenkmals durch die NPD schon zu den „ausgefuchsten" Anträgen. Dass Kommunalpolitik auch gar nicht so einfach ist, verriet der Pirnaer NPD-Stadtrat Mirko Liebscher zwei Jahre nach seinem Amtsantritt dem ARD-Magazin Kontraste: „… da kommt jedes Jahr irgendwas Neues. Da muss man sich wieder da rein fuchsen und da rein fuchsen" (Quelle: http://www.rbb-online.de/_/kontraste/beitrag_jsp/key=rbb_beitrag_3151925.html).

Anders sieht dies in Reinhardtsdorf-Schöna aus. Bei den Kommunalwahlen 2004 erreichte die NPD im Ort 25,2 % der Stimmen. Mit diesem Ergebnis hätte sie drei Sitze im zehnköpfigen Gemeinderat besetzen können. Mit einem solch guten Ergebnis hatte die NPD offensichtlich selbst nicht gerechnet. Sie hatte nur zwei Kandidaten aufgestellt. Der Erfolg war ihr vor allem deshalb beschieden, weil die NPD mit dem örtlichen Klempnermeister Michael Jacobi und dem damaligen Vorsitzenden des Schönaer Heimatvereins Mario Viehrig lokal akzeptierte Kandidaten vorweisen konnte. Beide engagieren sich für ihren Ort und die Selbstständigkeit der Gemeinde. Jacobi spendet für ortsansässige Vereine, besucht ältere Mitbürger/innen zu ihren Geburtstagen, macht sich für dezentrale Abwasserentsorgung stark und ist vor allem ein zuverlässiger und angesehener Klempnermeister. Viehrig hält Kontakt zu den Jugendlichen, engagiert sich für einen neuen Jugendclub und gestaltete Kirmes und Ostersingen aktiv mit. Vielleicht wäre das andere Gesicht der NPD im Ort nie sichtbar geworden, zumal nur wenige Menschen in Reinhardtsdorf-Schöna ein Problem in den hohen Wahlergebnissen der NPD sahen, gäbe es nicht seit den Kommunalwahlen 2004 die Bürgerinitiative „Demokratie anstiften" und einige von außen initiierte Demokratieprojekte. Die Diskussionen darüber im Gemeinderat locken dann doch die beiden NPD-Mandatsträger aus der Reserve.

Bevor einzelne Beispiele näher betrachtet werden sollen, ist voranzustellen, dass nach Aussage des im Frühjahr 2006 neu gewählten Bürgermeisters beide NPD-Gemeinderäte im Vergleich zu den meisten anderen Ratsmitgliedern immer sehr gut vorbereitet zu den Sitzungen erscheinen und dies durch aktive Mitarbeit auch verdeutlichen. Ihre Zielsetzung beschreibt die NPD in ihrem eigenen Publikationsorgan „Klartext" für die Bürgerinnen und Bürger des Ortes folgendermaßen: „Die NPD möchte auf der Grundlage einer guten kommunalen Verankerung den Menschen zeigen, dass wir sehr wohl in der Lage sind, eine sinnvolle und bürgernahe Realpolitik zu betreiben. Wir wissen auch, dass es in Gemeinde- oder Stadträten meist um ganz alltägliche Dinge geht. Insofern stimmt die ‚NPD-Politik' auf Gemeindeebene auch weitgehend mit der Politik der anderen Gemeinderäte überein" (Quelle: Klartext Reinhardtsdorf-Schöna; Ausgabe Februar 2008).

Im März 2007 stellten Jugendliche aus Reinhardtsdorf-Schöna die im Rahmen des Dorfentwicklungsprojekts (siehe www.kulturbuero-sachsen.de) gemeinsam mit Mitarbeiter/innen des Kulturbüro Sachsen e. V. und des Projekts Jugendland erarbeitete Hausordnung für einen neuen Jugendclub im Gemeinderat vor. Der alte Jugendclub war gegen Ende des Jahres 2002 nach mehreren rechtsextremen Vorfällen geschlossen worden. Ein Neubeginn der Jugendarbeit nach demokratischen Grundsätzen und Werten sollte beginnen. Nach Vorstellung der Hausordnung meldete sich NPD-Gemeinderat Viehrig mit der

Anmerkung, „wenn das Wort ‚rechtsextremistisch' durch ‚extremistisch' ersetzt wird, könne auch er damit leben, dann hätte nämlich ein „Toten-Hosen-T-Shirt" auch nichts im Club zu suchen, das wäre schließlich das Gegenstück zu „unserem Thor Steinar" (Quelle: Sächsische Zeitung Pirna vom 23.3.2007). Eine weitere Diskussion bzw. Stellungnahmen demokratischer Vertreter kamen nicht zustande. Dieses Beispiel zeigt einerseits, dass es notwendig ist, das Problem „Rechtsextremismus" seitens der Demokraten genau zu benennen. Eine allgemeine Bezeichnung als „extremistisch" relativiert und verharmlost das Problem und kann letztendlich auch von der NPD mit unterschrieben werden. Andererseits wäre diese Anmerkung des NPD-Gemeinderats eine gute Möglichkeit für Demokraten gewesen, Position zu beziehen. Denn da sagt einer, die Marke „Thor Steinar" ist unsere „nationale Marke". Ein guter Anlass, über rassistische, menschenverachtende Botschaften in Form von Kleidung und Symbolik zu sprechen und darüber zu streiten, ob dies in einem demokratisch orientierten kommunalen Jugendclub einen Platz haben soll.

Im „Klartext" begründet NPD-Gemeinderat Viehrig seine Mitgliedschaft in der NPD mit dem Parteiprogramm, das „Grund genug war", in die Partei einzutreten (Quelle: Klartext Reinhardtsdorf-Schöna, Ausgabe Februar 2008). Auch in den folgenden Ausführungen verweist er darauf, dass die Grundlagen ihrer „Visionen für Deutschland" im Parteiprogramm umrissen seien (ebenda). Obwohl die Beispiele oder auch der empfohlene Blick in das Parteiprogramm der NPD zeigen, wofür die beiden Vertreter der NPD stehen, fällt es der Mehrheit der Gemeinderäte schwer, sich gegen Jacobi und Viehrig zu positionieren. Bis auf den Bürgermeister unterstützt niemand aus der Mehrheitsfraktion „Wählervereinigung 94", zu der auch er gehört, das Engagement der örtlichen Bürgerinitiative, die rechtsextreme Erscheinungen immer wieder thematisiert. Über die Angemessenheit kumpelhaften Umgangs, gemeinsamen Biertrinkens mit den NPD-Räten oder freundlichen Begrüßens nachzudenken, steht gar nicht zur Diskussion. Zu lange kennt man sich schon.

Ein weiteres Problem, vor dem in den kommenden Wochen und Monaten Verwaltungen und demokratische Abgeordnete wieder stehen werden, ist die massive Öffentlichkeitsarbeit der NPD. Besonders im Umfeld von Wahlen versuchte die Partei in der Sächsischen Schweiz in den vergangenen Jahren, mit vielen Informationsständen und einer Materialfülle auf sich aufmerksam zu machen. Ein Wahlprogramm für den Landkreis gab es nicht, dafür Bonbons und Luftballons. Kommen zivilgesellschaftliche Initiativen mit Protestaktionen diesen Ständen zu nahe, werden die Standbetreuer auch schon mal handgreiflich. So auch der Pirnaer NPD-Stadtrat Mirko Liebscher, der am 24. Mai 2008 einer Demonstrantin Flyer aus der Hand schlug (Quelle: attenzione-pirna, Ausgabe Juni 2008). Bei einer demokratischen Partei wäre solch eine Handlung nicht denkbar. Auch hängen die Mitglieder der NPD eine überdurchschnittlich hohe Zahl von Wahlplakaten in solchen Orten auf, wo Plakate demokratischer Parteien eher selten sind, so dass sie das Erscheinungsbild der Orte dominieren können. Es gab einige Orte in der Sächsischen Schweiz, in denen fast ausschließlich NPD-Pappen hingen und sich Tourist/innen und Einwohner/innen deshalb bei Bürgermeister/innen beschwerten. Hervorhebenswert sind dann überparteiliche Initiativen von Vereinen, Gewerkschaften und couragierten Bürger/innen, die andere Botschaften in die Öffentlichkeit senden (siehe Foto Reinhardtsdorf-Schöna).

Ob mit dieser Materialfülle im bevorstehenden Wahlkampf zu rechnen ist, kann angesichts der aktuellen finanziellen Situation der NPD nicht mit Sicherheit gesagt werden. Sicher ist aber, dass kein Verein, kein Jugendclub, keine Initiative Vertreter/innen der NPD zu Wahlforen einladen muss. Bieten Sie dieser Partei kein Podium, um ihre rassistischen, antisemitischen Positionen öffentlich kund zu tun. Versäumen Sie nicht, die Entscheidung, keine NPD-Vertreter/innen einzuladen, zu Beginn einer Veranstaltung zu begründen.

Handlungsmöglichkeiten / Strategien im Umgang mit der extremen Rechten in den Parlamenten

Im ersten Teil des Beitrags wird deutlich: Ein ausschließlicher Blick auf die rechtsextremistische NPD reicht auf kommunaler Ebene nicht aus. Am äußersten rechten Rand der Gesellschaft haben sich in den letzten Jahren Parteien und Wählervereinigungen etabliert, die sich in ähnlicher Weise wie die NPD äußern und diese auch unterstützen.

Auch wenn sich die Vertreter/innen der extremen Rechten nicht unmittelbar in einem kommunalen Parlament rassistisch, antisemitisch oder menschenverachtend äußern, so gehören sie doch einer Partei an oder sind für eine solche angetreten, die für undemokratische Inhalte steht und / oder antidemokratisch agiert. Dies müssen sich Mandatsträger/innen demokratischer Parteien und Wählervereinigungen immer wieder verdeutlichen, eine eigene Position dazu erarbeiten und diese auch vertreten. Sicherheit kann eine Verständigung darüber geben, warum ich denn die Demokratie verteidige. Was erscheint mir persönlich schützenswert an unserer freiheitlich-demokratischen Grundordnung? Was verstehe ich unter Menschenwürde? Gemeinsame Erklärungen des Städte- und Gemeindetages oder von Stadträten sind dabei hilfreich.

Die NPD wäre gern die „Kümmerer-Partei". Sie ist es nicht! Gerüchte über Hausaufgabenhilfe, Freizeitangebote, von NPD-Funktionären aufgeschlossene Turnhallen und ähnliches machen die Runde. Beim genaueren Hinsehen wird deutlich, dass mit diesen Angeboten ausschließlich eigene rechtsextreme Kreise angesprochen und erreicht werden. Wir sollten uns auf unsere Stärken besinnen, die Vor-Ort-Arbeit demokratischer Vereine, Initiativen, Parteien und der Wohlfahrtsverbände nicht selbst klein reden. Das Zusammenstehen aller Demokraten, zunächst die Vergewisserung in der eigenen Partei, in der eigenen Fraktion und dann darüber hinaus, gibt Sicherheit im Auftreten und in der Auseinandersetzung mit der extremen Rechten. Für die Verständigung innerhalb der eigenen Partei können die Seminarangebote des Herbert-Wehner-Bildungswerks, der Friedrich-Ebert-Stiftung, der Sozialdemokratischen Gemeinschaft für Kommunalpolitik (SGK) und lokaler Initiativen genutzt werden. Im Freistaat Sachsen boten beispielsweise nach dem Einzug der NPD in alle Kreistage das Herbert-Wehner-Bildungswerk und die SGK gemeinsam das Seminar „Umgang mit Rechtsextremen in kommunalen Parlamenten" an, um Möglichkeiten des Umgangs mit der NPD zu diskutieren und zu erproben, sowie konkrete Absprachen zu treffen.

Auf Initiative der Fraktionsvorsitzenden der demokratischen Parteien im Landkreis Leipzig entstand eine gemeinsame Erklärung „Zum Umgang mit der Gruppe der NPD im Kreistag des Landkreises Leipzig". In dieser wurde ausgehend von den Zielen der NPD festgestellt, dass es keine Gemeinsamkeiten und keine Übereinstimmung mit den Grundsätzen der demokratischen Fraktionen gibt. In Stadträten kann die Verständigung der Demokraten auch im Ältestenrat erfolgen.

Für Aktivitäten, die aus den Reihen der extremen Rechten organisiert werden und deren menschenverachtenden, neonationalsozialistischen oder antisemitischen Charakter entlarven, sollten Bürgermeister/innen, Stadt- und Gemeinderäte Öffentlichkeit herstellen. So fand beispielsweise in der ostsächsischen Kleinstadt Rothenburg/OL am 21. März 2009 der Wahlkampfauftakt der NPD statt. Unter dem Motto „Ein neues System muss her! Nationaler Sozialismus, jetzt!" warben NPD und „Freie Kräfte" unter anderem mit dem stellvertretenden NPD-Bundesvorsitzenden Jürgen Rieger als Redner und Bands wie „Eugenik", „Blitzkrieg" und „Sturmwehr". Sofort nach bekannt werden der Veranstaltung machte die Bürgermeisterin dies öffentlich und lud zu einer Bürgerversammlung in das Rathaus ein. Im ersten Teil wurde neben der Sicht der Polizei aus zivilgesellschaftlicher Perspektive über Hintergründe der Veranstaltung informiert und an Textbeispielen der auftretenden Bands deren NS-verherrlichende, antisemitische und rassistische Botschaften deutlich gemacht.

Im zweiten Teil besprachen die Bürger/innen gemeinsame Gegenaktivitäten. Sowohl das Engagement der demokratischen Öffentlichkeit als auch das Bemühen um das Sichtbarmachen der Hintergründe wurden medial durch Presse und Fernsehen begleitet und unterstützt. Für den Tag der Veranstaltung luden die Bürgermeisterin und der Pfarrer der Stadtkirche gemeinsam zu einem Friedensgottesdienst ein. Neben der eigenen klaren Positionierung gaben Solidaritätsschreiben der Gewerkschaft, anderer betroffener Orte und des Vorstandsvorsitzenden der Aktion „Gesicht zeigen" Uwe-Karsten Heye den Menschen in Rothenburg das Gefühl, sie stehen nicht allein. Das Engagement der Bürgermeisterin und demokratischer Stadt- und Ortschaftsräte machte vielen im Ort Mut, selbst aktiv zu werden. Sicher haben die Menschen auch in Rothenburg auf ein Verbot der Veranstaltung gehofft und von Seiten der Verwaltung wurden rechtliche Schritte geprüft. Zu keinem Zeitpunkt aber haben sich die Menschen ausschließlich auf staatliches Handeln verlassen. Sie haben die ihnen zur Verfügung stehenden Mittel einer zivilgesellschaftlichen Gegenwehr genutzt und damit deutlich gemacht: Wir wollen keine rechtsextremen Aktivitäten in unserer Stadt!

Es ist nicht empfehlenswert, die Auseinandersetzung mit der extremen Rechten einseitig durch die Änderung von verwaltungsrechtlichen Vorschriften wie Satzungen, Geschäftsordnungen oder Änderungen zum Fraktionsstatus zu führen. Zum einen beschränken damit Demokraten ihre eigenen Möglichkeiten, was häufig auch Auswirkungen auf kleine demokratische Parteien hat. Zum anderen werden Kommunalpolitiker/innen in diesem Zusammenhang immer wieder mit Situationen konfrontiert, die unsere inhaltliche Positionierung erfordern. Diskussionen über Rechtsextremismus in Vereinen, Schulen, Kirchengemeinden, der Freiwilligen Feuerwehr können nicht mit Satzungs- oder Geschäftsordnungsänderungen bestritten werden.

Eine Änderung rechtlicher Grundlagen kann niemals die inhaltliche Auseinandersetzung, die klare Positionierung gegen rassistische, antisemitische und menschenverachtende Meinungen und den Wert gelebter Demokratie in einem Gemeinwesen ersetzen.

Die Parteien der extremen Rechten sind um eine Wahrnehmung als normale Parteien sehr bemüht. Demokratische Abgeordnete sollten durch ihr Handeln diese Normalisierungsbemühungen nicht unterstützen. Im Gegenteil, Abgeordnete der extremen Rechten sind als nicht normale Abgeordnete in den Räten zu isolieren. Dieses Vorgehen muss aber den Wähler/innen deutlich und öffentlich begründet werden, damit sich die rechtsextremen Abgeordneten nicht als zu Unrecht verfolgte Minderheit darstellen können. Jede Art der Zusammenarbeit, jede Zustimmung zu vermeintlich sachlichen Anträgen, auch jeder freundschaftliche Umgang in der Öffentlichkeit senkt die Hemmschwelle, Vertreter/innen der extremen Rechten zu wählen. Um ein weiteres Erstarken der extremen Rechten zu verhindern, ist jegliche politische Zusammenarbeit zu verweigern. NPD-Anträge erhalten von demokratischen Kommunalpolitiker/innen keine Zustimmung. Sie werden nicht totgeschwiegen, sollten aber nach dem Vorbild des Sächsischen Landtages nur kurz behandelt werden. In Pirna findet beispielsweise eine Vorabstimmung zu NPD-Anträgen im Ältestenrat, in dem die NPD nicht vertreten ist, statt, so dass im Stadtrat nur ein Vertreter/in einer demokratischen Partei auf einen solchen Antrag reagiert. Für alle demokratischen Anträge sollte eine demokratische Mehrheit gefunden werden. Die NPD darf nicht zur Mehrheitsbeschafferin werden.

Außerdem muss in den Parlamenten eine klare geschlossene Positionierung zu Initiativen gegen Rechtsextremismus erfolgen, die immer häufiger unter den Diffamierungen der extremen Rechten leiden. Solche Initiativen engagieren sich häufig ehrenamtlich für ein friedliches Zusammenleben in ihren Orten jenseits von Rassismus und Diskriminierung. Sie sind nicht selten Opfer rechter Gewalt. Ihnen gehört die Unterstützung und Solidarität demokratischer Abgeordneter in den kommunalen Parlamenten.

Gedenkstätten und Erinnerungskultur –
Prävention gegen rechtsextremes und
neonazistisches Gedankengut

Thomas Lutz

Einleitung

„Ich hasse Below!" Dieser Satz wurde von einem Angeklagten während eines
Prozesses vor dem Neuruppiner Amtsgericht geäußert. Er offenbart die rechtsextreme Motivation einer Tat, die dort im März 2009 verhandelt wurde. Zwei
Männer im Alter von 20 und 22 Jahren aus Perleberg und Wittstock waren an-
geklagt, in der Nacht zum 5. Juni 2008 in der Gedenkstätte des Todesmarschs
von KZ-Häftlingen im Belower Wald bei Wittstock einen Blumenkübel und das
Eingangstor beschädigt und versucht zu haben, mit einem Vorschlaghammer
ein Fenster in der Gedenkstätte zu demolieren. Da bei einem früheren Brandanschlag 2002 die Fenster zerstört und Brandsätze in das Innere des Museums-
gebäudes geworfen wurden, ist in dem renovierten Gebäude Sicherheitsglas
eingesetzt worden. Es hat dem erneuten Angriff im Jahr 2008 standgehalten.
Die beiden Täter waren erst kurz vor dem Prozess ermittelt worden. Der Jüngere wurde außerdem beschuldigt, am 20. August 2008 den Jüdischen Friedhof in Perleberg geschändet zu haben. Da die Täter bereits Bewährungsstra-
fen erhalten hatten, wurden sie am 19. März 2009 zu Haftstrafen von zehn
und zwölf Monaten verurteilt.

In den Medien wird von Gedenkstätten für die Opfer des NS-Regimes im Zusammenhang mit Rechtsextremismus berichtet, wenn die Stätten beschmiert wurden
oder es Sachbeschädigungen bis hin zu Brandanschlägen gegeben hat.

Das Belower Beispiel zeigt, dass die Gedenkstätten vor rechtsextremen Tätern
geschützt werden müssen. Dazu dienen polizeiliche Präventions- und Verfol-

gungsmaßnahmen, die Verurteilung von Tätern ebenso wie das eindeutige Bekenntnis der Gesellschaft zu ihrem Wirken.

Der rechtsextreme Tathintergrund, der in dem oben zitierten Ausspruch eines Täters zum Ausdruck kommt, zeigt die Wut der Neonazis gegenüber Gedenkstätten für NS-Opfer, werden sie doch als Hemmnis für die Verbreitung rechtsextremer Gesinnung angesehen.

Die inhaltlichen Schwerpunkte, für die Gedenkstätten eintreten, sind das würdige Erinnern an die Opfer der NS-Verbrechen und die Frage nach der historischen Verantwortung. Dies ist Neonazis und Rechtsextremen bis heute ein Dorn im Auge. Der Hinweis auf die NS-Verbrechen erschwert Rechtsextremen ein Anknüpfen an diese ideologischen Vorbilder. Die würdige Darstellung der sehr verschiedenen Opfer ist ein Gegenentwurf zu dem in Deutschland bestehenden rechtsextremen Weltbild der kulturellen Überlegenheit sowie der national und ethnisch begründeten Vorrangstellung.

Gedenkstätten für NS-Opfer

In Deutschland bezeichnet man als Gedenkstätten Einrichtungen, die an historischen Orten bestehen, an denen Verbrechen des NS-Regimes begangen wurden. Das historische Geschehen an diesem Ort wird der Öffentlichkeit mit Hilfe einer Ausstellung nahegebracht. Nach dieser Definition bestehen etwa 100 Einrichtungen in Deutschland. Die Spannbreite der historischen Bezüge reicht von Orten ehemaliger KZ und deren Außenlager, Kriegsgefangenenlager, Gasmordanstalten im Rahmen der NS-„Euthanasie" bis hin zu Gestapo-Kellern und Gefängnissen. Auch an Orten, an denen die Verbrechen geplant wurden, wie dem Haus der Wannsee-Konferenz oder der Stiftung Topographie des Terrors bestehen Dokumentationsorte.

Die Trägerschaft und Größe der Institutionen sind sehr verschieden. Einige sind Bundes- oder Landeseinrichtungen, wie die KZ-Gedenkstätten, andere werden von privaten Vereinen getragen und haben nur einen sehr kleinen Mitarbeiterstab. Eine Übersicht über die Gedenkstätten ist im Internet zu finden: www.gedenkstaetten-uebersicht.de.

Von den Gedenkstätten zu unterscheiden sind die ungezählten Denkmale, Skulpturen, Gedenktafeln, Stolpersteine etc., die Anlässe bieten, sich mit der NS-Geschichte zu befassen, ohne dass es vor Ort eine kontinuierlich arbeitende

Institution gibt. Hierzu sind die vielen Friedhöfe zu zählen, an denen NS-Opfer, Zwangsarbeiter, Ermordete von Todesmärschen und andere nach dem Krieg bestattet wurden. Eine große Anzahl dieser Friedhöfe sind als Kriegsgräberstätten bezeichnet und auch andere Tote, wie deutsche Soldaten, Bombenopfer etc. haben dort ein dauerhaftes Grab gefunden (Das immer noch umfassendste Buch über die Gedenkstätten in Deutschland ist Puvogel 1995-1997, darüber hinaus sind zu zahlreichen Bundesländern und Regionen weitergehende und neuere Publikationen erschienen.)

Gedenkstätten für NS-Opfer in Deutschland unterscheiden sich auf mehrere Weise von anderen Erinnerungsorten für Opfer von Krieg und Gewaltherrschaft:

■ *Die Verfolgung an den Verbrechensorten bildet den Ausgangspunkt der Geschichtsdarstellung. An diesen Orten ist die Geschichte anschaulich und konkret nachzuvollziehen und kann nicht geleugnet werden.*

■ *Die Gedenkstätten erzählen die Geschichte aus der Sicht der Opfer. Sie beschreiben mit Empathie für die Verfolgten deren Schicksal und machen deutlich, wie sehr im Fall des Überlebens ihre Existenz von diesen Erfahrungen geprägt wurde und bis heute ist. Sie beschreiben mit Würde die Menschen, die im Deutschland der NS-Zeit diskriminiert und verfolgt wurden.*

■ *Da an nahezu allen Orten nicht nur eine Gruppe verfolgt wurde, haben sich die Gedenkstätten zur Aufgabe gemacht, neutraler Anwalt für alle Gruppen der NS-Verfolgung zu sein und ihre unterschiedliche Behandlung objektiv darzustellen.*

■ *Die Gruppen der NS-Opfer wurden aus der deutschen Gesellschaft ausgegrenzt oder stammten aus dem Ausland. Die Erinnerung an sie ist von zweifacher Bedeutung:*

1. *Sie tritt dafür ein, die ehemals ausgegrenzten und verfolgten Gruppen in die heutige Gesellschaft zu integrieren – die historische Auseinandersetzung evoziert die Beschäftigung mit aktuellen Bürger- und Menschenrechten, vor allem für gesellschaftliche Randgruppen.*

2. *Gegenüber dem Ausland ermöglicht diese Form der Erinnerung an die NS-Opfer viele Ansätze zur Völkerverständigung zwischen Nationen, die lange Zeit Feinde waren. Diese Versöhnung bietet für die einzelnen Menschen eine große Hilfe, um das ihnen angetane Leid verarbeiten zu können.*

- *Aus dem Nachvollziehen der Situation der Verfolgten ergeben sich Fragen nach der Verantwortung für diese Verbrechen. Wer waren die Täter und wie hat die Organisation der staatlichen Menschenrechtsverletzungen, Kriegsverbrechen und des Völkermordes funktioniert?*

- *Gerade die Hinterfragung des Übergangs von der Demokratie zu der nationalsozialistischen Diktatur führen immer wieder zum Nachdenken über die Verwundbarkeit der Demokratie und die daraus folgende Verantwortung im gesellschaftlichen Zusammenhang und persönlichen Umgang.*

Die Gedenkstätten für NS-Opfer stellen eine Brüskierung rechtsextremer Ideologie dar: Zum ersten zeigen sie unmissverständlich auf, dass zum NS-Regime von Beginn an Unterdrückung, Verfolgung und Massenmord gehören. Zum zweiten gedenken sie der „anderen", der Nichtdeutschen und der aus der deutschen Mehrheitsgesellschaft aufgegrenzten deutschen Opfer. Sie rufen daher ein Eintreten für das Menschen- und Bürgerrecht von Andersseienden und Andersdenkenden hervor. Und zum dritten sind die Gedenkstätten mit der Frage nach den Verantwortlichkeiten für die Verbrechen auch immer Orte der Aufforderung an die demokratische Gesellschaft, sich ihrer Grundwerte zu versichern.

Gerade mit der Abnahme der Möglichkeit, Überlebenden der NS-Zeit persönlich begegnen zu können, werden die historischen Orte zunehmend an Bedeutung gewinnen. Mit Hilfe der dort vorhandenen Geschichtsüberreste und gesammelten schriftlichen Zeugnisse, Fotos und Objekte kann die Geschichte anschaulich vermittelt werden. Dies ist eine Voraussetzung dafür, dass die interessierten Besucher beginnen, sich über die Zusammenhänge von Geschichte und eigener Gegenwart Gedanken zu machen.

Die Bildungsarbeit in Gedenkstätten geht davon aus, dass die Darstellung der nationalsozialistischen Verfolgungsgeschichte so wirkungsmächtig ist, dass sie ein kritisches Nachdenken und im besten Fall die Entwicklung von Handelsoptionen gegen Diskriminierung, sowohl im persönlichen Umfeld als auch durch staatliches Handeln anregen. Gerade mit zunehmendem zeitlichem Abstand von der NS-Geschichte kann ein solches Handeln aber nur durch eine sachliche, offene historische Information und nicht durch moralisierende Appelle, die häufig kontraproduktiv sind, hervorgerufen werden.

Zugleich hat auch diese Aufklärungsarbeit ihre Grenzen. Da vor allem Ausländerfeindlichkeit auf vielfältigen Motivationen beruht und von Rechtsextremen der ideologische Zusammenhang zwischen historischer nationalsozialistischer

Ausgrenzung „nichtarischer" und „volksschädlicher" Menschen und aktueller Ausländerfeindlichkeit nicht gesehen bzw. aktiv geleugnet wird, sind die Möglichkeiten sehr begrenzt, bereits zu ausländerfeindlichem Denken neigende Menschen zum Umdenken zu bewegen

Schändung von Gedenkstätten und deren Schutz

Gedenkstätten für NS-Opfer haben in der Bundesrepublik Deutschland während der ersten Nachkriegsjahrzehnte nicht bestanden oder ein Randdasein ohne gesellschaftliche Aufmerksamkeit gefristet. So waren vor allem jüdische Einrichtungen im Visier der Schändungen mit politischem Hintergrund. Die Hakenkreuzschmierereien an der Kölner Synagoge 1959 und fast 1 000 Folgetaten 1960 haben zu einer Bildungsgegenoffensive geführt. Als Mittel wurden die Landeszentralen für politische Bildung auf- und ausgebaut. In den ab Ende der 1970er-Jahre neu gegründeten Gedenkstätten hat es immer wieder Schmierereien oder Übergriffe gegeben und gibt es bis heute.

Nach der deutschen Einheit wurden die Gedenkstätten – gerade in den neuen Bundesländern – massiv von Neonazis bedroht. Neben dem spektakulären Brandanschlag 1992 auf die Baracke 38 in der Gedenkstätte und Museum Sachsenhausen, in der im KZ-Sachsenhausen zeitweise jüdische Häftlinge untergebracht waren, hat es immer wieder Pöbeleien gegen Gedenkstättenbesucher und Rangeleien von Rechtsextremen gegeben – teilweise auf dem Weg zur Gedenkstätte, teilweise auch in den historischen Orten selbst.

Seit Mitte der 1990er-Jahre ist ein signifikanter Rückgang rechtsextrem motivierter Gesetzesverstöße in Gedenkstätten zu verzeichnen. Jedoch sind vor allem Propagandadelikte, aber auch tätliche Angriffe auf Gedenkstätten immer noch gegeben. Zudem scheinen sich die Aggressionen auf andere, weniger geschützte Ziele verlagert zu haben, wie zum Beispiel jüdische Friedhöfe.

Für diese Entwicklung gibt es drei Ursachen:

1. Eindeutiges zivilgesellschaftliches Bekenntnis zu den Gedenkstätten

Rechtsextreme Übergriffe auf Gedenkstätten benötigen neben anderen Ursachen ein entsprechendes Milieu, in dem die inhaltlichen Anliegen – Gedenken an die Opfer und Eintreten für die heutige gesellschaftliche Anerkennung der damaligen Opfergruppen, Verständigung mit dem Ausland, Frage nach der Täterschaft und demokratische Selbstvergewisserung – abgelehnt oder zumindest angezweifelt werden. Ein klares Bekenntnis von Staat und Gesellschaft, von Politikern und öffentlichen Würdenträgern zu den Gedenkstätten führt zu einer Verkleinerung dieser Basis für rechtsextreme Angriffe.

Vor allem im Gedenkjahr 1995 wurde dieser Wandel sichtbar. Mit großem öffentlichem Aufwand haben die Veranstaltungen anlässlich der Befreiung vom NS-Regime an den historischen Lagerstandorten stattgefunden. Viele Überlebende aus der ganzen Welt wurden eingeladen und von öffentlichen Würdenträgern willkommen geheißen. Eindeutig war auch die politische Bekundung: Es handelt sich um die Befreiung vom Nationalsozialismus und damit um das Ende der in dieser Zeit begangenen Verbrechen! Die Aufmerksamkeit für Gedenkstätten hat in diesem Jahr zu einem Rückgang von Übergriffen auf sie geführt.

Auf Dauer angelegte Handlungskonzepte wie das 1997 gegründete „Aktionsbündnis gegen Gewalt, Rechtsextremismus und Fremdenfeindlichkeit" oder „Tolerantes Brandenburg" in Brandenburg, aber auch viele überregional tätige Bündnisse mit dem Anliegen eines toleranten, auf Diskursivität ausgerichteten, offenen gesellschaftlichen und kulturellen Klimas wirken sich auch positiv auf den Umgang mit Gedenkstätten aus.

Wichtig ist, dass von diesen gesellschaftlichen Bündnissen nach Übergriffen gegen Gedenkstätten sofort reagiert wird. So hat das „Bürgerbündnis gegen Rechtsextremismus Wittstock und Umgebung" am 13. Juni 2008, eine Woche nach dem letzten Anschlag im Belower Wald, zu einer Kundgebung aufgerufen. In Redebeiträgen vom Gedenkstättendirektor über das Bürgerbündnis bis zum CDU-Stadtverordnetenvorsitzenden und einer Bundestagsabgeordneten der Partei „Die Linke" wurde der Anschlag gemeinsam verurteilt. Nur durch Aktionen, die eindeutig Angriffe auf die Stätten des Gedenkens an die NS-Opfer verurteilen, entsteht ein gesellschaftliches Klima, das die Chance bietet, Folgetaten vorzubeugen.

2. Staatliche Maßnahmen gegen rechtsextreme Aufmärsche

Neben dem zivilgesellschaftlichen Engagement sind auch staatliche Maßnahmen von großer Bedeutung. Gerade der gezielte Einsatz von Polizeiverbänden in öffentlichen Räumen und der Verfolgungsdruck gegenüber Rechtsextremen haben dazu geführt, dass Übergriffe auf Gedenkstätten und deren Besucher nachgelassen haben.

In letzter Zeit versuchen Neonazis, in der Nähe von Gedenkstätten von NS-Opfern zu demonstrieren. Vor allem im Zusammenhang mit dem 60. Jahrestag des Kriegsendes und der Fertigstellung des Denkmals für die ermordeten Juden in Berlin gab es 2005 eine intensive Debatte, wie man diesen politischen Provokationen entgegentreten kann. Der geplante NPD-Aufmarsch am Brandenburger Tor hat dann zu raschen Gesetzesinitiativen und als Ergebnis einer Verschärfung von Straf- und Versammlungsgesetzen durch den Bundestag und in Länderparlamenten geführt. Im Bund wurde in § 130 Strafgesetzbuch ein neuer vierter Absatz eingefügt, nach dem sich auch strafbar macht, wer die NS-Herrschaft „verherrlicht, billigt oder rechtfertigt", wenn damit die „Würde der Opfer verletzt" wird (BMJ 2005).

Den Bundesländern bleibt es gegenwärtig überlassen, die Orte zu benennen, an denen mit diesen Begründungen Demonstration verboten werden können. So hat das Berliner Abgeordnetenhaus neben dem Holocaust-Denkmal, das schon durch Bundesrecht abgeschirmt ist, 14 weitere Orte definiert, unter anderem das Jüdische Museum, die Neue Wache, die Gedenkstätten Deutscher Widerstand und Haus der Wannsee-Konferenz sowie die Topographie des Terrors. Auch in Brandenburg wurde ein Gedenkstättenschutzgesetz verabschiedet, das Aufmärsche bei den Gedenkstätten in Sachsenhausen und Ravensbrück verbietet (Gedenkstättenschutzgesetz 2005). In Hamburg wurde mit parteiübergreifender Zustimmung das Versammlungsgesetz so verändert, dass „dem rechten Mob Einhalt" – so die größte Lokalzeitung Hamburger Abendblatt am 24. August 2005 – bei geplanten Versammlungen an Orten der NS-Gewaltherrschaft, vor allem der KZ-Gedenkstätte Neuengamme, geboten werden kann.

Diese Gesetzesänderungen im Laufe des Jahres 2005 wurden und werden kontrovers diskutiert. Oppositionspolitiker haben gefragt, ob Gesetze der richtige Weg seien und man damit wirklich das angestrebte Ziel der Ächtung rechtsextremer Politik erreichen könne. Wissenschaftler wie Richard Stöß wiesen darauf hin, dass rechtsextreme Provokationen an vielen anderen Orten stattfinden könnten. Andere Forscher stellten die Frage, ob damit Orte erster und zweiter Klasse definiert würden. Auch die mit den Gesetzen verbundene Einschränkung der Meinungsfreiheit wurde kritisiert. Robert Leicht brachte seine Meinung am 17.2.2005 in DIE ZEIT auf den Punkt: „Die Demokratie muss fast alles dulden, aber nicht an allen Orten." (siehe DIE ZEIT: „Bannmeilen gegen Nazis" vom 17.2.2005)

3. Neonazistische Strategien gegenüber Gedenkstätten – mögliche Reaktionen

Das verstärkte zivilgesellschaftliche Bekenntnis und der zunehmende staatliche Verfolgungsdruck haben zu einem Rückgang, aber nicht zu einem vollkommenen Ausbleiben von Angriffen auf die Gedenkstätten geführt. Darüber hinaus kann gemutmaßt werden, dass es auch eine veränderte Strategie der Rechtsextremen im Umgang mit Gedenkstätten gibt. So mag den braunen Übeltätern, die vor allem aus lokalen Milieus stammen, das übergeordnete Interesse neonazistischer Organisationen nahe gebracht worden sein, sich nicht mehr durch solche Angriffe ins politische Abseits zu stellen und der Strafverfolgung auszusetzen.

Zugleich gehen die Provokationen an anderen Stätten weiter, die nicht so gut geschützt sind. Vor allem Orte, die nicht eindeutig konnotiert sind, versuchen Rechtsextreme für ihre Propagandazwecke zu instrumentalisieren. Die politische Aussage dieser Aufmärsche soll es sein, deutsche Soldaten des Zweiten Weltkriegs zu Helden zu stilisieren oder ausschließlich an „deutsche" Opfer von Bombenangriffen und Vertreibung ohne Darstellung des Zusammenhangs zu erinnern.

In Wunsiedel wurden Aufmärsche anlässlich des Todestages von Rudolf Heß zu den größten Nazi-Demonstrationen in Deutschland mit bis zu 3.800 Teilnehmenden. Als die Stadt in Oberfranken von den Neonazis für ihre Propaganda ausgewählt worden war, wusste man am Anfang nicht darauf zu reagieren. In der Zwischenzeit hat sich jedoch die Auffassung durchgesetzt, dass man sich mit dem rechtsextremen Tun aktiv auseinandersetzen muss. So haben sich Anfang 2009 134 nordbayerische Gemeinden zu einer „Allianz gegen Rechtsextremismus in der Metropolregion Nürnberg" zusammengeschlossen, um sich gegenseitig über die Aktivitäten der Rechtsextremen zu informieren und Gegenaktionen gemeinsam durchzuführen. Diese abgestimmten Gegenmaßnahmen gehen mittlerweile über Demonstrationen hinaus und betreffen zum Beispiel auch die Verhinderung von Grundstückskäufen durch Rechtsextreme (siehe Süddeutsche Zeitung: „Wir haben ein Problem" vom 20.3.2009).

Ferner haben im südbrandenburgischen Halbe nach der deutschen Einheit bis 2005 nicht nur an Volkstrauertagen Neonaziaufmärsche stattgefunden. Ziel war der dortige Ehrenfriedhof, auf dem viele deutsche Gefallene – Wehrmachtsangehörige, SS-Angehörige, Volkssturmmänner und Hitlerjungen – der letzten großen Kesselschlacht im Zweiten Weltkrieg bestattet sind. Ebenso haben Zwangsarbeiter dort ihre letzte Ruhestätte gefunden. Darüber hinaus wurden Tote aus dem sowjetischen Internierungslager in Ketschendorf auf den Ehrenfriedhof umgebettet. Diese Gemengelage wollten die Rechtsextremen ausnutzen, um einen Mythos der Kesselschlacht als heldenhafte Legende heraufzubeschwören.

Das „Aktionsbündnis gegen Heldengedenken und Naziaufmärsche in Halbe" hat sich vor vielen Jahren gegen diese Aufmärsche zusammengefunden. Das landesweite „Aktionsbündnis gegen Gewalt, Rechtsextremismus und Fremdenfeindlichkeit" in Brandenburg hat zudem seit 2005 die vielfältigen Aktivitäten organisiert. In den Jahren 2005 und 2006 haben mit großem Aufwand organisierte „Tage der Demokraten" verhindert, dass die Rechtsextremen bis zum Friedhof marschieren konnten. Ihre Demonstrationen wurden auf den Bahnhofsbereich begrenzt. Das hat sie dazu veranlasst, kurzfristig nach Seelow in Odernähe auszuweichen, wo sich ein weiterer großer Friedhof für Tote aus den letzten Kampfwochen vor der Befreiung Berlins befindet. Doch die rechten Aufmarschbemühungen wurden massiv von Seelower Bürgern gestört, die den rechtsextremen Aktivisten deutlich machten, dass sie unerwünscht sind.

Nur durch die jahrelange Sensibilisierung gegen rechtsextreme Propaganda, die Umsetzung konkreter Gegenmaßnahmen gegen die rechtsextreme Vereinnahmung der Friedhöfe und die Etablierung von Bündnisstrukturen von zivilgesellschaftlichen Organisationen und staatlichen Stellen ist diese rasche Gegenbewegung von Demokraten in Halbe möglich geworden. Vor zehn Jahren wäre dies höchst wahrscheinlich nicht geschehen.

Großveranstaltungen gegen Naziaufmärsche sind jedoch nicht ständig reproduzierbar. Daher hat eine vom Landtagspräsidenten eingesetzt Arbeitsgruppe eine Reihe von Maßnahmen vorgeschlagen, die rechtsextreme Kundgebungen in Halbe verhindern sollen: Hierzu zählt, den Weg zum Friedhof so umzugestalten, dass es unmöglich ist, dort entlang zu marschieren. Historische Informationen sollen den interessierten Besuchern Argumentationshilfen gegen die rechtsextreme Propaganda bieten. Hierzu zählen eine Open-Air-Ausstellung auf dem Weg zum Friedhof sowie ein verbessertes Informationszentrum, das in Grundzügen bereits seit Jahren als „Denkwerkstatt" unter anderem vom Volksbund Deutsche Kriegsgräberfürsorge in der Stadt betrieben wird. Es wird empfohlen, dass sich zivilgesellschaftliche Gruppen und Institutionen, die in der Region an weiteren historisch relevanten Ereignisorten tätig sind, vernetzen, um bei einem Ausweichen der Rechtsextremen auf andere Orte rasch handeln zu können.

Diese Erfahrungen in Brandenburg zeigen, dass es möglich ist, Propagandadarstellungen von Rechtsextremen ihre Wirkung zu nehmen, auch wenn diese durch das Versammlungsrecht nicht verboten werden können. Dazu ist es notwendig, dass Organisationen und einzelne Bürger ein Problembewusstsein entwickeln, sich in vorhandenen Strukturen zu Demonstrationen gegen braune Aufmärsche zusammenschließen und mit staatlicher Unterstützung gegen diese agieren. Die Basis für das demokratische Handeln kann jedoch nicht ad hoc geschaffen werden. Eine gesellschaftspolitische und kulturelle Grundlage, die nur längerfristig entstehen kann, ist notwendig, um solche gezielten Aktivitäten auf die Beine zu stellen.

Bildungsarbeit mit Rechtsextremen in Gedenkstätten

Neuere Studien weisen darauf hin, dass rechtextreme Denkmuster in der Bundesrepublik nach wie vor weit verbreitet und tief verwurzelt sind (vgl. als Beispiel den jüngsten einschlägigen Bericht Baier, Pfeiffer, Simonson, Rabold 2009). Staat und Gesellschaft fühlen sich häufig damit überfordert und meinen, Gedenkstätten könnten Neonazismus verhindern und durch Besuche der historischen Orte bessere Bürger produzieren. Für diese Auffassung sei als ein Beispiel unter vielen der Innenminister des Landes Sachsen-Anhalt zitiert. Minister Hövelmann hat nach dem Erscheinen der Rechtsextremismus-Studie der Friedrich-Ebert-Stiftung gefordert (Decker et. al. 2008), Besuche in KZ-Gedenkstätten sollten für Schüler wieder zur Pflicht werden. „Für Schüler, denen die Verbrechen der deutschen Geschichte gleichgültig seien, könne die schockartige Konfrontation mit den Tatorten in Auschwitz und Buchenwald nur nützlich sein. (…) den nationalistischen Schreiern unter ihnen gehört die historische Wahrheit zumindest um die Ohren gehauen." (siehe Spiegel-Online: „Innenminister will Schüler zu Besuchen in KZ-Gedenkstätten verpflichten" vom 18.6.2008).

Im Gegensatz zu den markigen Worten, die immer wieder nicht nur von Politikern in der Öffentlichkeit kundgetan werden, warnen Gedenkstättenmitarbeiter vor einer solchen autoritären Pädagogik.

Gerade junge Menschen mit einem geschlossenen rechtsextremen Weltbild können durch erzwungene Aufenthalte in den Gedenkstätten – seien sie durch richterlichen Beschluss angeordnet oder in Schulcurricula verbindlich vorgeschrieben – nicht erreicht werden. Ganz im Gegenteil kann durch das Gruppenerlebnis sogar eine Bestärkung rechtsextremer Gesinnung entstehen.

Die Gedenkstätte Wewelsburg in Paderborn ist wegen des Mythos' als SS-Kultstätte und des Symbols der „Schwarzen Sonne" auf dem Boden im Nordturm der Burg ein Wallfahrtsort für rechte und esoterische Gruppen. Die Gedenkstättenmitarbeiter haben sich sehr intensiv konzeptionell und in praktischen Versuchen damit beschäftigt, wie man rechtsorientierte Gruppen beeinflussen kann. Nach den Worten der stellvertretenden Museumsleiterin Kirsten John-Stucke sind sie zu dem Ergebnis gelangt, dass bei festgefügten rechtsextremen Gruppen Aufklärungsbemühungen nicht fruchten. Der „Wert des Gruppenerlebnisses, den die rechten Gruppen bei der Besichtigung des Nordturms erfahren, [ist] höher einzuschätzen (…) als die Effektivität unserer Versuche, mit den Gruppen pädagogisch zu arbeiten" (in einer E-Mail am 3.3.2009 an den Verfasser).

Bereits in den 1980er-Jahren haben Sozialpädagogen – Pionier war Kurt Senne von der Fachhochschule Esslingen – Gedenkstättenfahrten mit Jugendlichen durchgeführt, die wegen rechtsextrem motivierter Straftaten zu geringen Jugendstrafen verurteilt waren. Im Unterschied zu den üblichen einmaligen und auf wenige Stunden beschränkte Gedenkstättenbesuche betrug dabei die Aufenthaltsdauer für die Jugendlichen in der Gedenkstätte Auschwitz mehrere Tage. Sie haben dort körperliche Arbeiten zum Erhalt der Gedenkstätte verrichtet. Auch war die persönliche Begegnung mit einem Überlebenden des KZ Bestandteil des Programms. Diese Vermittlungsformen sind gerade für bildungsferne Jugendliche, die häufig eher zu rechten Meinungen neigen, durchaus geeignet, ihre politische Meinung zu überdenken.

Abgesehen von der Tatsache, dass der Aufwand für diese Reisen extrem hoch war, unter anderem war je Straffälligem ein Betreuer anwesend, wird der Erfolg solcher Fahrten auch heute immer noch angezweifelt. In dem von Werner Nickolai und Henry Lehmann herausgegebenen Buch „Grenzen der Gedenkstättenpädagogik mit rechten Jugendlichen" (Nickolai, Lehmann 2002) wird eine solche Gedenkstättenfahrt protokolliert. Allein die Frage, ob rechtsextremistische Äußerungen auf dem Gedenkstättengelände der Würde der Opfer angemessen seien, wird hierbei schon skeptisch beurteilt. In seinem Beitrag in diesem Buch vertritt Micha Brumlik die Auffassung, dass solche Bildungsmaßnahmen mit Rechtsextremen sozialpädagogisch und bildungstheoretisch unsinnig seien.

Andere Gedenkstättenpädagogen vertreten die Hoffnung, dass Gespräche an den historischen Orten mit einzelnen Jugendlichen, die zwar nicht rechtsextrem organisiert sind, aber rechtes Gedankengut vertreten, etwas bewegen könnten. Michael Viebig, ein Pädagoge der Gedenkstätte Roter Ochse in Halle, in der hin und wieder junge Straftäter Aufräumarbeiten verrichten, berichtet von solchen positiven Veränderungen bei den Jugendlichen (Abschrift des Interviews mit Michael Viebig vom 11.5.2006 mit dem Verfasser).

Bildungsarbeit mit Rechtsextremen in Gedenkstätten

Nach wie vor spielen die NS-Vergangenheit und der Umgang mit ihr im Nachkriegsdeutschland eine wichtige Rolle. Das ist nicht nur jungen Menschen bewusst. Gerade in den Elternhäusern halten sich viele Vorurteilsstrukturen, die für die Meinungsfindung von jungen Menschen von großer Bedeutung sind. Auch Deutschen mit Migrationshintergrund und in Deutschland lebenden Ausländern ist bewusst, welche Bedeutung diese Geschichte für die demokratische Entwicklung in Deutschland heute hat. Oder im Umkehrschluss: Unter Bildungsaspekten ist festzuhalten, dass eine mangelhafte oder verklärte Aufklärungsarbeit über die NS-Geschichte eine Schlüsselposition bei der Entstehung rechtsextremer Tendenzen besitzt.

Die kontinuierliche und auf eine langfristige Wirkung ausgerichtete Bildungsarbeit in Gedenkstätten stellt eine Form der Prävention dar. Gedenkstätten haben sich zunehmend von Orten einstudierter Rituale – die gerade die antifaschistische Traditionsbildung in der DDR sehr stark begleitet haben – zu offenen Lernorten entwickelt. Die Aura des historischen Ortes, die Tatsache, dass sich die Geschichte an diesen Orten ereignet hat und sehr konkret und biografisch erzählt werden kann, bietet vielfältige Chancen für eine Bildungsarbeit, die eine wichtige Prävention gegen rechtes Gedankengut darstellt. Vor allem diejenigen, die Interessiert sind, aber auch diejenigen, die in ihrer Meinung schwankend sind, können hier gestärkt werden. Die Anschaulichkeit des Ortes kann zu einem ganzheitlichen Lernen führen, indem Kenntnisse, von den Besuchern eigenständig erarbeitet, die emotionale Annäherung an das Geschehene reflektiert.

Sich historische Kenntnis kompetent und engagiert anzueignen hilft, die besseren Argumente gegenüber brauner Propaganda parat zu haben. Nicht nur die passive Rezeption, sondern die aktive Aneignung von Wissen und deren vielfältige Präsentation als Schülervortrag, Theaterstück, bildende Kunst und viele andere Formen eigenständiger Auseinandersetzung sind dabei praktikabel.

Dies ist die Grundlage, um zumindest auf der Wissensebene rechtsextremen Meinungsäußerungen Paroli bieten zu können. Es handelt sich dabei um eine nicht zu unterschätzende Möglichkeit der Prävention – wenn damit auch die vielfältigen Ursachen, die zu rechtsextremen politischen Meinungen und darauf aufbauendem Handeln führen, nicht alle bearbeitet werden können.

Aber gerade mit dem Lernen über die NS-Geschichte und der Empathie für die Situation, in denen sich die Verfolgten befunden haben, werden nicht nur

Fragen nach Werten menschlichen Zusammenlebens, sondern auch nach der Verfassung unserer Gesellschaft hervorgebracht, die Grundlage für eine bewusste Reflexion demokratischer Entwicklung und menschenwürdigen Miteinanders sein können.

Literatur

Aktionsbündnis gegen Gewalt, Rechtsextremismus und Fremdenfeindlichkeit (Hg.): Mittel- und langfristige Perspektiven für den Waldfriedhof Halbe. Abschlussbericht der Expertenkommission, o. O., o. J. (Potsdam 2008).

Baier, Dirk; Pfeiffer, Christian; Simonson, Julia; Rabold, Susann: Jugendliche in Deutschland als Opfer und Täter von Gewalt; Erster Forschungsbericht zum gemeinsamen Forschungsprojekt des Bundesministerium des Innern und des Kriminologischen Forschungsinstituts Niedersachsen e. V. Hannover 2009.

Bundesministerium der Justiz (BMJ): Erweiterte Strafvorschriften im Kampf gegen Rechtsextremismus. Presseerklärung vom 11.3.2005.

Decker, Oliver; Rothe, Katharina; Weissmann, Marliese, Geißler, Norman, Brähler, Elmar: Ein Blick in die Mitte. Zur Entstehung rechtsextremer und demokratischer Einstellungen. Im Auftrag der Friedrich-Ebert-Stiftung. Berlin 2008.

Gedenkstättenschutzgesetz. In: Gesetz- und Verordnungsblatt für das Land Brandenburg, Teil 1, Nr. 12 vom 25. Mai 2005.

Heyl, Matthias: Auf richterliche Anordnung. Rechtsextremisten als unfreiwillige Besucher von KZ-Gedenkstätten. In: Benz, Wolfgang; Distel, Barbara (Hg.): KZ und Nachwelt. Dachauer Hefte 24. Dachau 2008, S. 63-80.

Nickolai, Werner; Lehmann, Henry (Hg.): Grenzen der Gedenkstättenpädagogik mit rechten Jugendlichen. Freiburg im Breisgau 2002.

Puvogel, Ulrike: Gedenkstätten für die Opfer des Nationalsozialismus – Eine Dokumentation, 2 Bde., hrsg. Von der Bundeszentrale für politische Bildung. Bonn 1995 und 1997.

Seferens, Horst; Heyl, Matthias: Chancen und Grenzen historisch-politischer Bildungsarbeit in KZ-Gedenkstätten bei der Auseinandersetzung mit dem Rechtsextremismus. In: Schoeps, Julius H.; Botsch, Gideon; Kopke, Christoph; Rensmann, Lars (Hg.): Rechtsextremismus in Brandenburg. Handbuch für Analyse, Prävention und Intervention. Berlin 2007, S. 376-384.

www.gedenkstaettenforum.de

www.gedenkstätten-uebersicht.de

5

Prävention gegen Rechtsextremismus in der Kommune

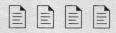

Zivilgesellschaftliche Gegenwehr stärken: Gemeinwesenentwicklung und (Re-) Demokratisierung des öffentlichen Raums

Lorenz Korgel

Kompetente Gemeinwesen in der demokratischen Auseinandersetzung mit Rechtsextremismus

Will ein Gemeinwesen sich kompetent gegen Rechtsextremismus zur Wehr setzen, braucht es so einiges: ein konfliktfähiges zivilgesellschaftliches Bündnis und/ oder ein Fachnetzwerk, eine ressortübergreifende Arbeitsgruppe der Verwaltungen, gemeinwesenorientierte Institutionen, ein Klima der Offenheit und des Dialogs, Sensibilität in den Verwaltungen und in der Bevölkerung für die Schwierigkeiten potenzieller Opfergruppen rechter Gewalt, Leitbilder und Aktionspläne für Demokratie und Partizipation und eine Bürgermeisterin oder einen Bürgermeister, der dies alles öffentlich anerkennt, dabei aber auf ein dominantes Auftreten verzichtet.

Diese Liste ist nicht vollständig und doch zeigt sie eine wesentliche Veränderung im heutigen Verständnis einer angemessenen Auseinandersetzung mit Rechtsextremismus, Rassismus und Antisemitismus auf kommunaler Ebene. Es gibt nicht mehr nur eine Gruppe (etwa Jugendliche) oder eine Strategie (etwa „Zivilgesellschaft gegen Rechts") oder eine verantwortliche Institution (etwa die Schule oder die Verwaltung), die an einer solchen Auseinandersetzung zu beteiligen wäre. Es ist stattdessen ein komplizierter Prozess mehrerer ineinandergreifender Strategien und Herangehensweisen, die dem gesamtgesellschaftlichen Problem Rechtsextremismus entgegen gesetzt werden müssen. Strategien der demokratischen Gemeinwesenentwicklung sind somit gefragt.

Das war nicht immer so. Sehr lange hielten sich die Debatten um die „richtige" Strategie in der Auseinandersetzung mit Rechtsextremismus bei der Frage auf, ob es nun richtig war, den „jugendfixierten Ansatz" der 1990er-Jahre durch eine „zivilgesellschaftliche Orientierung" ab dem Jahr 2001 zu ersetzen. Seither werden Kommentatoren, Wissenschaftler/innen nicht müde, die Begrenztheit zivilgesellschaftlicher Ansätze, also etwa die Beratung und (finanzielle) Unterstützung für Vereine und Initiativen, zu betonen. In der Tat: Die Ursachen des Rechtsextremismus werden durch viele unterschiedliche Faktoren beeinflusst. Ein rein zivilgesellschaftlicher Ansatz würde also in Aussparung von Einflussfaktoren wie zum Beispiel *Familie* oder *Schule* zu kurz greifen.

Zivilgesellschaft stärken – in und mit einem integrierten Konzept

Unterdessen hat in den Programmen, aber vor allem in einzelnen Projekten und Maßnahmen ein Strategiewechsel stattgefunden. Zwar gibt es noch immer Städte und Regionen, in denen rassistische Gewalt verschwiegen wird, in denen isolierte Initiativen kaum in der Lage sind, mit der Benennung von Problemen Gehör zu finden. Überall dort, wo die Auseinandersetzung mit Rechtsextremismus aber ernsthaft betrieben wird, geht es schon längst nicht mehr um rein zivilgesellschaftliche Perspektiven. „Vernetzung" – „Kooperation" – „Synergie" – „Kompetenztransfer" sind stattdessen die Schlagworte für eine Praxis, in der die Grenzen zwischen staatlichen Institutionen, gesellschaftlichen Gruppen und politischen Bewegungen im Fluss sind. Ein Großteil der Einzelmaßnahmen richtet sich an Schulen, verknüpft und öffnet diese mit den Kompetenzen des Gemeinwesens. Wieder andere Ansätze wie die der Mobilen Beratungsteams – zum Teil auch der Opferberatung – arbeiten mit festen Ansprechpartnern in örtlichen Verwaltungen, begleiten Facharbeitskreise von Jugendarbeitern, überlegen gemeinsam mit Polizei und Ordnungsamt, unter welchen Bedingungen sich ganze Gemeinwesen gegen rechtsextreme Gefährdungen wehren können.

Mit anderen Worten: Einen singulären „zivilgesellschaftlichen Ansatz" gibt es nicht mehr. Eine Strategie gegen Rechtsextremismus ist nur noch als integriertes Konzept denkbar, in das Elemente der Sozialarbeit genauso einfließen wie Aspekte der Vernetzung und der Moderation von demokratischen Diskursen. Es geht um die Entwicklung demokratischer Gemeinwesen insgesamt. Das „Projekt Zivilgesellschaft", so begrenzt seine Möglichkeiten auch immer waren, ist heute „nur" ein, wenn auch sehr wichtiger Teil dieser Gesamtstrategie.

Dass eine solche Perspektive und Herangehensweise Sinn macht, erklärt sich unter anderem aus den Strategien des Rechtsextremismus selbst. Rechtsextremisten verfolgen ein „Konzept der Angst". Ihr oftmals martialisches Auftreten, ihre Selbstinszenierung als Kämpfer, ihre Gewalt und Dominanz im öffentlichen Raum sind dabei nur der eine Aspekt. Vor allem inhaltlich setzt der deutsche Rechtsextremismus auf die Angst der Bevölkerung: der Angst vor sozialem Abstieg, der Angst, zu den „Globalisierungsverlierern" zu gehören, der Angst vor Kriminalität etc.

Dieses Konzept der Angst schlägt sich in dem Bestreben nieder, öffentlichen Raum einzunehmen und andererseits im lokalen Alltag des Vereinslebens, an den Stammtischen, bei den Gesprächen am Obststand und bei lokalpolitischen Diskursen mit ihrem rechtsextremen Politikangebot Teil der Normalität im Gemeinwesen zu werden. Gegen das Streben nach „Raumgewinn" setzen demokratische Gemeinwesen Konzepte der (Re-) Demokratisierung des öffentlichen Raums. Gegen das rechtsextreme Streben nach Normalisierung und Akzeptanz setzen sie die Demokratisierung der politischen Kultur.

Eine solche auf das Gemeinwesen bezogene Strategie und Praxis fängt nicht bei Null an. Seit Jahren gibt es erprobte und dokumentierte Praxismodelle, zum Beispiel in Form von lokalen Aktionsplänen, Gemeinwesenprojekten, Partizipationsverfahren, deren Übertragbarkeit möglich ist, sofern man sie nicht als Masterplan missversteht, sondern als Schritte auf dem Weg hin zu einem demokratischen Gemeinwesen begreift. Jedes Gemeinwesen muss seinen eigenen Weg und seine eigenen Möglichkeiten zur Entwicklung einer demokratischen Kultur erforschen. Aus einer Vogelperspektive lassen sich aber bestimmte förderliche Faktoren für eine solche Vorgehensweise herausstellen.

Zehn Faktoren zur Stärkung demokratischer Zivilgesellschaften im Gemeinwesen

1. Die Zivilgesellschaft stärken – ihre „Umwelten" einbeziehen

Ein Nachteil der zurückliegenden Phase der Bundesprogramme zur Auseinandersetzung mit dem Rechtsextremismus mit ihrer zivilgesellschaftlichen Ausrichtung war und ist sicherlich ihre einseitige Konzentration auf das vermeintlich „Zivile". Wie oben bereits erwähnt, handelt es sich dabei um einen verkürzten Blick auf Zivilgesellschaft einerseits, die nur in ihren Schnittmengen mit Staat und Wirtschaft wirklich real zu beschreiben ist, und andererseits auch um eine verengte Problemverortung. Schließlich sind es staatliche Institutionen, die einerseits durch strukturellen Rassismus und andererseits durch eine die Demokratie lähmende Praxis (z. B. in manchen Schulen und Verwaltungen) ihren Beitrag zum Gesamtproblem antidemokratischer Einstellungen und daraus resultierenden Möglichkeiten zum Raumgewinn durch die extreme Rechte beisteuern. Wenn Zivilgesellschaft gestärkt werden soll, müssen ihre „Umwelten" einbezogen werden (Staat, Wirtschaft). Insofern ergibt sich aus der Aufgabe zur Stärkung der Zivilgesellschaft zunächst die Aufgabe eines Gesamtgestaltungsprozesses, an dem in erster Linie staatliche Einrichtungen, kommunale Politik und Verwaltung und lokale Wirtschaft beteiligt sein müssen. Dieser Gestaltungsprozess kann demokratiefördernde Wirkung entfalten, wenn er unter folgenden Bedingungen umgesetzt wird (vgl. Roth 2008):

- *Öffentlichkeit und Transparenz, so dass zwischen unterschiedlichen sozialen Milieus Kommunikation entstehen kann;*

- *eine Konfliktkultur, die über Techniken verfügt, Meinungsverschiedenheiten zu verarbeiten;*

- *Offenheit und Durchlässigkeit, so dass Mängel durch externe Hilfe bearbeitet werden können;*

- *Beteiligung und Anerkennung, um Selbstwirkungserfahrungen zu ermöglichen und politisches Engagement „lohnend" zu machen;*

- *Bürger- und Menschenrechte als Maßstab für die konzeptionelle Ausrichtung und die Formulierung von Projektzielen sowie*

- *ein Höchstmaß an möglicher sozialer Gleichheit.*

> Der Begriff Zivilgesellschaft hat seine Ambivalenzen. Viele Wissenschaftler/innen haben diese erläutert. Vgl. zum Beispiel den Artikel von Roland Roth 2004.

Wirksame kommunale Maßnahmen gegen Rechtsextremismus und zur Stärkung einer demokratischen Zivilgesellschaft können sich nicht nur auf eine Strategie oder eine Zielgruppe konzentrieren. Sobald vielfältige Akteure beteiligt werden, wird es kompliziert. Ohne Plan, ohne Konzept droht der berühmte „Aktionismus", das „bunte Nebeneinander" oder etwas positiver formuliert, das „pragmatische Improvisieren".

2. Das Denken in integrierten Konzepten

Die Zeit des „Herumdokterns" am Problem Rechtsextremismus scheint noch nicht allerorten vorbei zu sein. Zu oft werden vereinzelte Projekte in die Landschaft gesetzt und bewilligt, ohne dass deutlich wäre, welcher strategischen Zielrichtung die Projekte zuzuordnen sind, mit welchen Maßnahmen sie sich ergänzen können und welche Perspektiven für das Projekt bestehen.

Wer dagegen auf eine langfristige Wirkung setzt, der hat einen Plan. Es gibt wie immer keine Patentrezepte, aber inzwischen erprobte Erfahrungen, z. B. in Form von „Lokalen Aktionsplänen" (LAP). Am Anfang eines LAP steht ein Klärungs- und Beteiligungsprozess und am Ende ein Stück Papier, auf dem folgendes kurz und knapp festgehalten werden sollte (vgl. auch Siebert):

■ *Die Problemlage im Gemeinwesen;*

■ *demokratische Grundsätze und Positionierung des Gemeinwesens;*

■ *positive Ressourcen des Gemeinwesens, inklusive einer Aufzählung bereits erfolgreicher Projekte und Alltagspraktiken;*

■ *eine Aufzählung der zu verändernden Problemfaktoren;*

■ *eine Liste von Grundsatz- und konkreten Zielen, die den Problemfaktoren zugeordnet sind;*

■ *ein Katalog von konkreten Maßnahmen, inklusive Zeitplan und*

■ *eine Liste von Qualitätskriterien, an der sich eine eventuelle Mittelvergabe orientieren kann.*

Für den Entwurf des Maßnahmekatalogs ist es wichtig, nicht nur Projekte in der etablierten Zivilgesellschaft anzuregen. Die Perspektive marginalisierter Gruppen, insbesondere potenzieller Opfergruppen rechtsmotivierter Gewalt, muss in der Regel bewusst und planvoll, etwa durch die Einschaltung von Opferberatungsstellen, einbezogen werden. Ebenso ist es ein wertvolles Signal, wenn sich einige der Maßnahmen auf die Veränderung von Verwaltung und sonstiger öffentlicher Institutionen beziehen. Beispiele für solcherlei Maßnahmen sind „Leitbilder für Demokratie", „Diversity-Leitbilder" für Verwaltungen, Schulen, Krankenhäuser oder für ganze Kommunen bzw. entsprechende Betriebsvereinbarungen in städtischen wie privaten Betrieben.

Mit dem „Zehn-Punkte-Aktionsplan" der „Europäische Städte-Koalition gegen Rassismus" und der „Europäische Charta für den Schutz der Menschenrechte in der Stadt" liegen international anerkannte Grundlagen für eine solche menschenrechtsorientierte Leitbildentwicklung kommunaler Gebietskörperschaften vor (vgl. auch Reinfrank).

3. Bürgerbeteiligung ernst nehmen

Für Beteiligung und Partizipation auf lokaler Ebene interessieren sich Rechtsextremisten schon längst. Seien es Einsätze zur Wiederherstellung von Wegen und Plätzen, die Beteiligung an lokalen Diskussionsrunden oder Demonstrationen und Bürgerinitiativen gegen „Kinderschänder" bzw. „Asylanten", Rechtsextremisten streben nach ihrem eigenen Platz in der Kommune und in den örtlichen politischen Gestaltungsprozessen.

Ein angesichts dessen vielleicht nachvollziehbarer Reflex mancher Verwaltungsleitungen ist die Eingrenzung von Handlungsmöglichkeiten. Das trifft aber immer auch die Demokraten, wenn etwa demokratischen (Gegen-)Demonstrationen Steine in den Weg gelegt oder Marktplätze und Stadthallen für alle Parteien und ihre Wahlwerbung gesperrt werden. Kurze Erfolge gegen rechtsextremes Dominanzbestreben sind mit einer solchen Strategie möglich und in manchen Situationen als bewusste erste Intervention vielleicht auch notwendig.

Auf der Website der Mobilen Beratung gegen Rechtsextremismus (MBR) in Berlin lassen sich eine Vielzahl von Materialien bestellen, die die Einhegung rechtsextremer raumgreifender Strategien ermöglichen, ohne demokratische Aktionsräume einzuengen: www.mbr-berlin.de.

Langfristig werden demokratische Gemeinwesen aber nicht darum herumkommen, „eine Partizipationskultur unter demokratischen Vorzeichen zu befördern" (Hülsemann: 28). Eine entsprechende Praxis kann sich nicht auf „Meinungsumfragen" oder Politik-Spiele mit Jugendlichen begrenzen. Stattdessen bedarf es einer grundlegenden Öffnung des Gemeinwesens gegenüber Beteiligungsverfahren, die reale Teilhabe und wirklichen Entscheidungsspielraum für Bürgerinnen und Bürger gewährleisten. Eine Verwaltung kann eine solche Partizipationskultur mit bestimmten strukturell-organisatorischen Maßnahmen unterstützen:

- eine ressortübergreifende Arbeitsgruppe der Verwaltung wird mit Kompetenzen zur Öffnung der Institutionen für Bürgerbeteiligung ausgestattet;

- eine Netzwerkstelle für Demokratie und Partizipation organisiert den Dialog zwischen Verwaltung – Gemeinderat – lokaler Wirtschaft – Zivilgesellschaft;

- in der Verwaltung oder bei der Netzwerkstelle können Bürgerinnen und Bürger ohne Hürden Ideen und Beschwerden vorbringen (niedrigschwelliges Beschwerde- und Ideenmanagment);

- eine qualifizierte Begleitung steht für die Gestaltung kommunaler Veränderungsprozesse zur Verfügung;

- Mitarbeiter von Verwaltungen, Akteure aus der Zivilgesellschaft und der Wirtschaft werden für ihr Engagement ausgezeichnet/ erhalten öffentliche Anerkennung;

- bis zur Selbstorganisation und der politisch-gesellschaftlichen Stärkung (Empowerment) marginalisierter Gruppen werden Fürsprecher/innen systematisch gesucht und einbezogen.

Tipps:

- Simpel, aber stets willkommen: Durch Schirmherrschaften des Bürgermeisters oder der Landrätin können Partizipationsprojekte enorm aufgewertet werden.

- Immer mehr Kommunen nutzen ihre Maßnahmen gegen Rechtsextremismus in ihrer Außendarstellung. Glaubwürdig ist dies aber nur, wenn auch die Probleme nicht verschwiegen werden.

- *Beispiele für Partizipationsprojekte sind dem Artikel von Dietmar Molthagen in diesem Band zu entnehmen.*

- *Zum Thema Bürgerbeteiligung, Partizipationsverfahren etc. gibt es im Internet eine Fülle von Informationen, Überblicke und Angebote. Alles zum Thema erfährt man beispielsweise auf www.buergergesellschaft.de.*

4. Schulen und Kitas als Lernorte für demokratische Praxis gestalten

Die staatliche Institution Schule, insbesondere wenn sie als Ganztagsschule gedacht wird, ist aus einem Gemeinwesenprozess nicht weg zu denken. Im Gegenteil: Die Schule wird in Zukunft zwangsläufig das Integrationszentrum schlechthin darstellen. Dies wird sowohl für Großstädte gelten, in denen Einwanderer an Schulen gemeinsam mit ihren Kindern wichtige sie betreffende Fragen bearbeiten können, als auch ländliche Regionen, wo Standortschließungen und lange Fahrzeiten automatisch zu einer Konzentration von Leistungen, sozialen Diensten und kulturellen Angeboten führen wird. Deswegen ist die Schule auch für die Stärkung der demokratischen Zivilgesellschaft ein wichtiger Partner. Diese Stärkung bezieht sich zum einen auf die Schülerinnen und Schüler selbst. Nur wenn die Schule für sie einen Gestaltungs- und Handlungsspielraum zum demokratischen Lernen bereithält, der ihnen die Gelegenheit bietet, zivilgesellschaftliche Praxis zu üben, besteht überhaupt die Chance, dass junge Menschen wichtige kulturelle und soziale Kompetenzen erlernen. Voraussetzung ist allerdings, dass die Schülerinnen und Schüler auch über reale Entscheidungsspielräume verfügen und Demokratie nicht nur als (Plan-)Spiel nachgeahmt, sondern praktisch erfahren wird.

Eine Schule, in der Demokratie gelernt und gelebt wird, hat früher oder später ein starkes Interesse daran, die sonst separierten Lebenswelten von Schülerinnen und Schülern in den Schulalltag zu integrieren. Kooperationen mit Vereinen und Initiativen, aber vor allem mit der offenen Jugendarbeit und Elterngruppen würden in einem solchen Modell der Schule als Zentrum eines integrierten demokratischen Gemeinwesens eine besondere Rolle spielen. Ebenso sollte es zur Selbstverständlichkeit werden, Fachnetzwerke strukturell, örtlich und inhaltlich im Integrationszentrum Schule anzusiedeln.

Demokratische Praxis und Selbstbestimmung können aber bereits im Kindergarten und in der Jugendarbeit umgesetzt und erprobt werden. Wo Kinder zum Mittagsschlaf gezwungen oder abweichendes Verhalten regelmäßig durch stundenlanges Separieren sanktioniert wird, werden Selbstwertgefühl und Konfliktregelungskompetenz bei Kindern schon früh unterdrückt und gemindert. Wo Kinder und Jugendliche zu Sachverhalten befragt werden, die sie selbst überblicken und bewerten können, entstehen hingegen erste Erfahrungen mit den Grundregeln der Kompromissfindung und der Folgeneinschätzung. Dies beginnt etwa bei einfachen Entscheidungen, welches Spielzeug im Rahmen eines gewissen Budgets gekauft werden soll, und reicht bis hin zu aktivierenden Sozialraumbefragungen wie beispielsweise einer Befragung zur Spielplatzgestaltung oder der Ausstattung eines Jugendclubs durch Kinder bzw. Jugendliche.

Das „Anerkennungsaudit" ist ein praktisches Verfahren zur Entwicklung einer Partizipations- und Anerkennungskultur in pädagogischen Kontexten. Hierin enthalten sind auch Beispiele für Leitziele und Kriterien (vgl. Wenzel). Zum Thema Schule als Lernzentrum im Gemeinwesen vgl. die 10 Thesen von Hartnuss/ Maykus. Zum Stichwort „Kinder- und Jugendbeteiligung" gibt es sehr viele Überblicke im Internet, einfach die Suchmaschinen benutzen. Vgl. auch den Artikel Benedikt Sturzenhecker 2008.

5. Bündnisse als kritisches Korrektiv nutzen

Bürgerbündnisse gegen Rechtsextremismus sind spätestens seit 1990 ein echtes zivilgesellschaftliches Erfolgsmodell. Es gibt sie in einer unüberschaubaren Vielzahl und Form. Völlig unterschiedlich ist ihre Ausrichtung, ihre politische Stoßrichtung und ihr jeweiliges Selbstverständnis. Gleichzeitig sind Bündnisse oft auch fragil, von langen Debatten und Spaltungen gebeutelt und nicht gerade durch eindeutige und sichtbare Erfolge verwöhnt. Nichtsdestotrotz: Ohne eine Bürgerinitiative, ein Aktionsbündnis oder ein Bürgernetzwerk ist eine Gemeinwesenstrategie gegen Rechtsextremismus nicht komplett. Denn vitale zivilgesellschaftliche Bündnisse haben das Potenzial, die Maßnahmen von Politik und Verwaltung kritisch zu begleiten, zügige Interventionen zu initiieren, aber auch langfristige Strategien in Kommunen durchzusetzen.

Fragt man sich, wie die Erfolgsaussichten eines Bündnisses gesteigert werden können, lohnt der Blick auf das Vorgehen erfolgreicher Organisationen: Diese entwickeln ein gemeinsames Leitbild, langfristige Leit- und kurzfristige Handlungsziele, die sich wiederum in konkrete Projekte umsetzen lassen und Erfolgserlebnisse möglich machen. Erfolgreiche Bündnisse suchen sich zudem konkrete Adressaten, an den sie konkrete politische Forderungen richten, sie suchen den Kompromiss zwischen Maximal- und Teilzielen und sie beziehen funktional Akteure ein, die sie zu ihrer Umsetzung brauchen.

Kommunale Verantwortungsträger können entscheiden, ob sie solcherlei Bündnisse als kritische Impulsgeber nutzen. Nicht immer hat es sich bewährt, Bündnisse dazu zu bewegen, sich in eine maximale gesellschaftliche Breite auszudehnen. Denn Bündnisse können nur effizient arbeiten, wenn gemeinsam geteilte Interessen und Ziele im Vordergrund der Arbeit stehen. Sind die Interessen zu heterogen, entsteht die Gefahr von Reibungsverlusten. Nichtsdestotrotz ergeben sich bessere Ergebnisse, wenn entscheidende Schlüsselakteure und Multiplikator/innen in die Bündnis- oder Netzwerkstrukturen eingebunden sind. Dies kann allerdings bedeuten, dass sich Gruppen und Bündnisteile auch produktiv trennen müssen, um wieder Effizienz und politische Wirkung zu entfalten. Ebenso ist auch ein Bündnis nicht automatisch erfolgreich, wenn es sich positive Leitziele im Sinne von „Für Toleranz und Weltoffenheit" setzt. Zu schwammige Statements können die Bündnisarbeit lähmen, verhindern Kontroversen und negieren, dass auch konstruktive Gegnerschaften Potenziale und Engagement mobilisieren können (vgl. Palloks, Steil 2008).

Auch wenn einzelne politische Forderungen unbequem sein mögen, Bürgermeisterinnen und Bürgermeister tun gut daran, dieses Potenzial anzuerkennen und durch öffentliche Wertschätzung für weiteres Engagement zu motivieren.

Alles über erfolgreiche Bündnisgründungen steht in einem Artikel von Grit Hanneforth (vgl. Literaturliste).

6. Kompetenzen in Fachnetzwerken zusammenbringen

Die Einrichtung von Fachnetzwerken ist vielerorts bereits seit Jahren eine Selbstverständlichkeit. Zuweilen mangelt es aber noch an der Verbindlichkeit und Effizienz solcher Runden. Soll sich in Fachnetzwerken ein Mehrwert für die professionelle Praxis ihrer Mitglieder ergeben, ist eine Kultur der Kooperation und Offenheit besonders wichtig. In der Praxis hat es sich gezeigt, dass Netzwerkstrukturen dort erfolgreich arbeiten, wo kontroverse Themen gesucht und

Konflikte zugelassen und konstruktiv bearbeitet werden. Kommunale Verwaltungen können eine solche Konfliktkultur unterstützen, indem sie den Fachnetzwerken Mitarbeiter/innen bzw. Moderator/innen zur Verfügung stellen. Die Aufgaben, vor denen diese Personen und Netzwerke stehen, sind heute beträchtlich. Im Kern handelt es sich dabei um Anforderungen, die die Kompetenzen eines Managements für Organisationen, Prozesse und Veränderungen erfordern. Die entsprechenden „Netzwerkmanager" sollten demnach in der Lage sein, das Netzwerk bei der Entwicklung eines Organisationsmodells zu begleiten. Außerdem kann diese Person in Konflikten vermitteln und die Setzung klarer Ziele befördern. Es liegt auf der Hand, eine solche Netzwerkorganisation in die Verantwortung eines Trägers und/oder einer Person zu geben, der möglichst wenig Eigeninteresse zu unterstellen ist.

Alles über die Bedingungen erfolgreicher und kontinuierlicher Arbeit in Bündnissen und Fachnetzwerken ist in einem Buch von Armin Steil und Kerstin Palloks zu entnehmen (vgl. Literaturliste).

7. Die Interessen von Wirtschaftsunternehmen und -verbänden nutzen

Man muss das originäre Interesse von Wirtschaftsunternehmen an Gewinnmaximierung nicht außer Acht lassen; wenn man feststellt, dass die dafür notwendigen Voraussetzungen des „freundlichen Investitionsklimas" und des „freien Austauschs von Ideen und Waren" auch positiv als „Standortvorteile" in einen Entwicklungsprozess zu einem demokratischen Gemeinwesen zu integrieren sind. Durch Betriebsvereinbarungen, Mitarbeit in Gremien, Betonung von Vielfalt als Chance oder interkulturelle Öffnung gibt es für Wirtschaftsunternehmen eine Vielzahl von Möglichkeiten, innerbetrieblich wie im Gemeinwesen ein demokratisches Klima zu unterstützen. Insbesondere der Einzelhandel ist wegen seiner öffentlich sichtbaren Rolle im Stadtbild ein wichtiges Glied in einer Strategie zur Einführung einer demokratischen Kultur.

Der Handelsverband Berlin/Brandenburg hat in einer gemeinsamen Initiative mit ver.di und dem DGB gezeigt, wie man für ein Klima der Antidiskriminierung werben kann (vgl.www.handeln-statt-wegsehen.de). Eine

Strategie „von unten" ist der Zusammenschluss von Einzelhändlern in einem sozialräumlichen Verbund, die ihrer Initiative ein gemeinsames Label geben, Solidarisierungsaktionen starten und Zivilcourage anerkennen.

8. Integrationspolitik und eine Kultur der Antidiskriminierung mitdenken

Die praktische Bedeutung der Schlagwörter „Toleranz, Zivilcourage, Weltoffenheit" zeigt sich konkret im Gemeinwesen und seinen öffentlichen Räumen. Und sie wird vor allem dort auf die Nagelprobe gestellt, wo Desintegrationserfahrungen bestimmende Realität sind. Gerade dort ist es entscheidend, wie mit Menschen mit Migrationshintergrund umgegangen wird: Sind sie zum Beispiel als Kollegen am Arbeitsplatz, als Geschäftsleute im Kiez, aber vor allem als Menschen und Mitbürger respektiert? Können sie den öffentlichen Raum angstfrei nutzen? Gibt es Teilhabe zum Beispiel am Vereinsleben, an Bildung, an Festlichkeiten etc.? Gibt es ein solidarisches Verhalten der politischen Spitzen in einer Stadt? Das sind Fragen, die sich ein tolerantes und demokratisches Gemeinwesen stellen lassen muss. Bürgerbündnisse, Flüchtlingsinitiativen und Migrantenselbstorganisationen sind Akteure, die diese Fragen stellen, unter Umständen auch den Finger in vorhandene Wunden legen. Ihr kritisches Potenzial kann genutzt werden, wenn auf Seiten der öffentlichen Hand eine Bereitschaft und eine Struktur zu einem Dialog auf gleicher Augenhöhe geschaffen wird.

Aber es geht auch um die Veränderung problematischer Strukturen in den staatlichen Einrichtungen. In vielen Städten interessieren sich Verwaltungen bereits für interkulturelle Öffnung, zielen auf eine Erhöhung des Anteils von Mitarbeitern/innen mit Migrationshintergrund und thematisieren Vielfalt als Gewinn. In vielen Institutionen werden Vereinbarungen und Leitbilder für Demokratie, Respekt und Vielfalt entwickelt. Der Aspekt „Antidiskriminierung" in entsprechenden Vereinbarungen ist dabei erst der Anfang eines Weges hin zu einem integrierten Miteinander.

Maßnahmen dieser Art wurden viel zu lange nur im Kontext von Integrationspolitik betrachtet. Es wird Zeit, sie systematisch auch in Strategien zur Entwicklung einer demokratischen Kultur gegen Rechtsextremismus einzubeziehen.

Mit der Kampagne „Berlin braucht Dich" gelingt es in Berlin, den Anteil von Auszubildenden in der Stadtverwaltung zu erhöhen, siehe:
www.berlin-braucht-dich.de. Einen Überblick über die Möglichkeiten und
Grenzen von „Interkultureller Öffnung" und Diversity-Strategien in öffentlichen und privaten Einrichtungen bietet die Publikation von Hubertus Schröer.

9. Konzepte der (Re-) Demokratisierung öffentlicher Räume/ Strategien gegen „Angsträume"

Ein demokratisches Gemeinwesen lebt von seiner Öffentlichkeit. Wo Gewalt
und Angst starken Einfluss auf das alltägliche Leben haben und lokale Diskurse beschränken, sind zentrale Elemente einer freiheitlichen Demokratie nur
schwerlich umzusetzen. Dies ist möglicherweise eine der fatalsten Wirkungen
der rechtsextremen „Strategie der Angst". Sie lähmt den freien Austausch von
Ideen und Meinungen, sie ist der Feind des demokratischen Dialogs und steht
friedlichen Konfliktregelungen im Wege. Besonders verheerend ist ihre Wirkung auf potenzielle Opfergruppen rechter Gewalt. Die Berichte von Opferberatungsstellen zeigen: Auch wenn möglicherweise nur einzelne rechtsextreme
Übergriffe stattfinden, die gesamte Gruppe kommuniziert diese Erfahrungen
und meidet schließlich kollektiv die „gefährlichen Räume", ganz gleich, ob all-
täglich eine Gefährdung vorliegt oder nicht.

Entsprechend sind rechtsextreme Wortergreifungsstrategien bei öffentlichen Veranstaltungen, rechtsextreme Demonstrationen, rechtsextreme Präsenz und Dominanz im öffentlichen Raum als potenzielle Vertreibung der demokratischen
Zivilgesellschaft zu verstehen. Kommunalpolitik und -verwaltung sollte diese Bedrohung ernst nehmen und sich entsprechend strategisch vorbereiten. Eine wichtige Aufgabe bei der Einschränkung von Angsträumen ist daher die Organisation
von Kommunikation mit dem Ziel der Sensibilisierung. In jedem Sozialraum gibt
es Gewerbetreibende und Nachbarschaften, die sich in eine solche Debatte ein-
beziehen lassen. Besonders günstig ist es, wenn ein Bündnis eine „Patenschaft"
für einen Angstraum übernimmt und in der Folge die zivilen Maßnahmen darin
koordiniert. Zum Beispiel lohnt es sich, wenn Taxifahrer/innen sensibilisiert werden: Ermutigt durch die Innung und die Verwaltung ist es möglich, gemeinsam
mit der Polizei, Mobilen Beratungsteams und Opferberatungsanbieter/innen Not-
fallszenarien zu entwickeln. Oftmals gibt es eine Vielzahl von Akteuren, die sich
zur „Redemokratisierung" von Angsträumen ansprechen lassen, seien es die

Betreiber von Imbissbuden, Bäckereien, Blumengeschäften oder die Wohnungs-wirtschaft. Ein Anfang für Einzelhändler ist beispielsweise das Aushängen von Aufklebern/ Schildern, die Opfern rassitischer Beleidigungen und Opfern rech-ter Gewalt Hilfe im Ladengeschäft anbieten (wie z. B. die Aufkleber der „Aktion Noteingang"). Aber auch die Anbringung von Plakaten, die zu gegenseitigem Respekt im Gemeinwesen aufrufen („Respekt-Verpflichtungen") entfalten eine wichtige symbolische Bedeutung im öffentlichen Raum. Darüber hinaus kann man mit Kunst- und Kulturprojekten am Ort intervenieren und andere Menschen im Rahmen von (Demokratie-)Festen einladen, den Platz wieder für alle Men-schen nutzbar zu machen. Wichtig ist die kommunalpolitische Abstützung die-ser Maßnahmen. Im Grunde geht es auch hier darum, Anerkennungsformen zu schaffen und Solidarität nach Angriffen und Bedrohungen im öffentlichen Raum zu platzieren. Die soziale Ächtung rechtsextremer Handlungen und menschen-feindlichen Denkens ist in der Auseinandersetzung mit Rechtsextremismus mög-licherweise das wirksame Mittel ziviler Gesellschaften.

Mögliche Ziele einer demokratischen Wiederaneignung so genannter „Angstzonen".

■ *Menschen können sich unabhängig von ihrer Weltanschauung, ihres äußeren Erscheinungsbildes und ihrer sexuellen Orientierung frei und gleichberechtigt im öffentlichen Raum bewegen und am gesellschaft-lichen Leben teilhaben.*

■ *Potenzielle Opfergruppen haben in Angsträumen konkrete Ansprech-partner, auf die sie im Notfall zugehen können.*

■ *Das Gemeinwesen zeigt mit Projekten und Events den Anspruch auf eine Öffentlichkeit, die von allen Menschen angstfrei genutzt werden kann.*

■ *In so genannten „Angstzonen" sind wichtige Akteure im Alltag sensi-bilisiert: Nicht nur die Polizei, sondern auch Gewerbetreibende, Taxi-unternehmen, ÖPNV, unter Umständen auch Wohnungswirtschaft, El-tern, Nachbarn.*

■ *Rechtsextreme Akteure stoßen bei dem Versuch, strukturelle Stützpunkte (z. B. Läden, Veranstaltungsräume etc.) zu etablieren, auf Schwierigkeiten durch demokratische Gegenmobilisierung und Ausschöpfung der juri-stischen Möglichkeiten des demokratischen Rechtsstaats.*

10. Qualifizierte Beratung und Begleitung organisieren

Ob es sich um die Erstellung eines Leitbildes, die Gründung eines Bündnisses, die Organisation eines Fachnetzwerks, die Durchführung von Partizipationsprojekten handelt: Fast immer sind Akteure mit unterschiedlichen Interessen, Sichtweisen, Erfahrungen und Kompetenzen auf Kooperation angewiesen, um erfolgreich zu sein. Eine solche Kooperation ergibt sich nicht immer von selbst. Denn die unterschiedlichen Menschen aus staatlichen Institutionen, Parteien, zivilgesellschaftlichen Initiativen und Wirtschaftsunternehmen denken in ihren eigenen Funktionslogiken und verwenden ihre eigenen Begriffe. Oftmals „verstehen" sich diese unterschiedlichen Welten nicht auf Anhieb. Soll es ein kooperatives Miteinander geben, sind professionelle externe Vermittler/innen eine enorme Unterstützung, sofern diese Personen über Kompetenzen und Erfahrungen im Management von Projekten und Veränderungsprozessen verfügen. Hinzu muss die Kenntnis von Dialogmethoden treten und die Bereitschaft, die eigene Rolle immer wieder kritisch zu reflektieren. Eine solche fachkundige Person kann als feste Stabstelle in der Verwaltung angesiedelt oder als Netzwerker/in bei einem freien Träger fungieren. Aber auch Mobile Beratungsteams können dafür in Frage kommen. Sie können mit ihren Moderationstechniken für eine demokratische Diskussionskultur in den Netzwerken sorgen, wo die Dominanz mächtiger Organisationen oder einfach nur die Omnipräsenz der notorischen Vielsprecher – die es in jedem Bündnis gibt – gebremst wird. Ihre dialogische Herangehensweise hilft den lokalen Akteuren bei der Erschließung ihrer eigenen Ressourcen und befähigt sie, diese selbstständig einzusetzen und damit tragfähig zu machen.

Jedes Bundesland richtet so genannte „Beratungsnetzwerke" aus. Nimmt man das Angebot ernst, dann darf man erwarten, dass in jedem Bundesland Beraterinnen und Berater zur Verfügung stehen, die Aushandlungsprozesse in Gemeinwesen, zum Beispiel mit dem Ziel integrierte kommunale Handlungsstrategien zu entwickeln, moderieren und begleiten können. Vgl.: www.kompetent-fuer-demokratie.de.

Literatur

Hanneforth, Grit: Bündnisse gegen Rechtsextremismus gründen. Mobilisierung, Öffentlichkeitsarbeit, Netzwerkbildung. In: Molthagen; Klärner; Korgel; Pauli; Ziegenhagen (Hg.): Gegen Rechtsextremismus, S. 323-339.

Hartnuss, Birger; Maykus, Stephan: Schule als demokratischer Ort und partnerschaftlich orientiertes Lernzentrum im Gemeinwesen. Zehn Thesen zu bürgergesellschaftlichen Entwicklungspotenzialen von (Ganztags-)Schulen. In: Friedrich Verlag (Hg.): LERNENDE SCHULE, Nr. 43/08. Für die Praxis pädagogischer Schulentwicklung S. 7-10.

Hülsemann, Wolfram: Ein systemischer Ansatz zur Gemeinwesenberatung. Besondere Herausforderungen durch rechtsextremes Engagement. In: Stiftung Demokratische Jugend (Hg.): Fach- und Praxisbuch – Demokratiepotenziale im Gemeinwesen. Berlin 2006, S. 25-27.

Molthagen, Dietmar; Klärner, Andreas; Korgel, Lorenz; Pauli, Bettina; Ziegenhagen, Martin (Hg.): Lern- und Arbeitsbuch gegen Rechtsextremismus – Handeln für Demokratie. Bonn 2008.

Palloks, Kerstin; Steil, Armin: Von Blockaden und Bündnissen. Praxismaterialien zur Auseinandersetzung mit Rechtsextremismus im Gemeinwesen. Weinheim 2008.

Reinfrank, Timo: Für eine Kinder- und Menschenrechtsorientierung in der Kommune. In: Schoeps, Julius H.; Botsch, Gideon; Kopke, Christoph; Rensmann, Lars (Hg.): Rechtsextremismus in Brandenburg. Berlin 2007, S. 274-278.

Roth, Roland: Problemskizze: Rechtsextremismus als Herausforderung der Zivilgesellschaft. In: Molthagen; Klärner; Korgel; Pauli; Ziegenhagen (Hg.): Gegen Rechtsextremismus, S. 308-322.

Roth, Roland: Die dunklen Seiten der Zivilgesellschaft. Grenzen einer zivilgesellschaftlichen Fundierung von Demokratie. In: Klein, Ansgar; Kern, Kerstin; Geißel, Brigitte; Berger, Maria (Hg.): Zivilgesellschaft und Sozialkapital. Herausforderungen politischer und sozialer Integration. Wiesbaden 2004, S. 41-64.

Schröer, Hubertus: „Interkulturelle Öffnung und Diversity Management". Konzepte und Handlungsstrategien zur Arbeitsmarktintegration von Migrantinnen und Migranten. In: Zentralstelle für die Weiterbildung im Handwerk e.V. (ZWH) (Hg.): Schriftenreihe IQ, Band I. Düsseldorf 2007.

Siebert, Ingo: Demokratische Kultur in der Kommune stärken – wie geht das? In: Molthagen; Klärner; Korgel; Pauli; Ziegenhagen (Hg.): Gegen Rechtsextremismus, S. 245-257.

Sturzenhecker, Benedikt: Demokratie praktizieren in der Offenen Kinder- und Jugendarbeit. In: Molthagen; Klärner; Korgel; Pauli; Ziegenhagen (Hg.): Gegen Rechtsextremismus, S. 280-292.

Wenzel, Sascha: Wozu ein Anerkennungsaudit? In: Amadeu Antonio Stiftung/ RAA Berlin – Regionale Arbeitsstellen für Bildung, Integration und Demokratie (RAA) e.V. (Hg.): „Ey, du Opfer ...?" Von Ungleichwertigkeit zu Gleichwertigkeit. Berlin 2008, S. 6-10.

Wissen und Handlungskompetenzen erhöhen –
Zur Verzahnung von Regeldiensten und Spezialthemen

Kerstin Palloks

Der Aufruf, die „Regeldienste fit zu machen" für die Auseinandersetzung mit Rechtsextremismus und Fremdenfeindlichkeit, kennzeichnet seit mehreren Jahren das Arbeitsprogramm sowohl von freien Initiativen als auch zunehmend von staatlich geförderten Programmakteuren. Der vorliegende Artikel stellt den Versuch dar, die hinter diesem Auftrag stehenden Ziele und Ansätze nachzuzeichnen. Es werden Unterscheidungen zwischen verschiedenen Ansätzen getroffen und exemplarische Modelle eines Transfers von Spezialwissen aus dem Feld der Rechtsextremismusprävention in die Regelarbeit vorgestellt. Im zweiten Teil des Artikels werden Problemlinien skizziert, die sich in Form typischer Barrieren zwischen Regeldiensten und Spezialist/innen des Themenfelds Rechtsextremismus äußern können. Abschließend werden Überlegungen zur Gestaltung von Qualifizierungen für Mitarbeiter/innen der Regeldienste vorgenommen die helfen sollen, solche Konflikte zu deuten und zu bewältigen.

Transfer von Spezialthemen in die Regelarbeit

Das Anliegen der Themen-Spezialist/innen ist es, die Regeldienste – Schule und Schulsozialarbeit, Jugend(sozial)arbeit und weitere Bereiche der Jugendhilfe – stärker in die Auseinandersetzung mit dem Rechtsextremismus einzubeziehen, diese also nicht allein den eigens dafür eingerichteten „Spezialprojekten" zu überlassen. Nicht nur zivilgesellschaftliche Kräfte, Politik und Medien, sondern gerade auch diejenigen Fachdienste, die allgemeine Bildungs-, Erziehungs-, Versorgungs- und Betreuungsaufträge wahrnehmen, sollen für eine gezieltere

Auseinandersetzung mit Rechtsextremismus gewonnen werden. Es geht hier vor allem um solche Institutionen, die durch ihre kontinuierliche Arbeit Einfluss auf die Sozialisation und die Sozialisationsbedingungen von Kindern und Jugendlichen nehmen können und die in direktem Kontakt zu Familien, zu Elternhäusern stehen.

Einige Ressourcen sind in den letzten 20 Jahren in die Ausarbeitung und Umsetzung solcher Transferkonzepte geflossen. In den 1990er-Jahren begann dies im Rahmen des „Aktionsprogramm gegen Aggression und Gewalt" (AgAG), das einen engen Fokus auf die sozialpädagogische Arbeit mit rechtsextremen Jugendlichen setzte. Es war ein Versuch, mit bzw. durch die Regelstrukturen – hier die offene Jugendarbeit – Ansätze zur personenbezogenen Bearbeitung von Rechtsextremismus zu entwickeln und gelungene Modelle als Spezialisierungen in die Regelarbeit zu integrieren. Hier wurden wichtige Erkenntnisse über die Gelingens- und vor allem die Misslingensbedingungen einer Arbeit mit dieser Klientel gewonnen (vgl. Bohn u. a 1997). Parallel dazu übernahmen es zunächst ehrenamtliche Initiativen, mit der späteren Implementation der Bundesprogramme Entimon und CIVITAS und Xenos auch staatlich geförderte Projekte, die vormals vernachlässigten Bereiche des zivilgesellschaftlichen Sektors, aber auch der allgemeinen Bildungs- und Erziehungsinstitutionen einzubeziehen. Hier stand im Gegensatz zum AgAG nicht die Arbeit mit rechtsextremen Jugendlichen im Vordergrund, sondern eine Stärkung gesellschaftlicher Gegenkräfte zum Rechtsextremismus. Genauer gesagt ging es um eine veränderte Ressourcen- und Aufmerksamkeitsverteilung bei den jugendlichen Zielgruppen und um die Verbesserung des Rüstzeugs, das dem pädagogischen Fachpersonal allgemein zur Thematisierung und Bearbeitung rechtsextremer Phänomene zur Verfügung stand. Nunmehr standen und stehen vermehrt auch Angebote für nicht rechtsextreme Jugendliche und damit die primäre Prävention, die den Einstieg in die rechtsextreme Szene verhindern soll, im Fokus.

Ziel von Transferbemühungen aus dem Feld der Rechtsextremismus-Expertise in das Feld der Regelarbeit ist eine veränderte Relevanzzuschreibung des Themas. Konkret sollen Kenntnisse erweitert und praktische Kompetenzen bei der Bearbeitung und der allgemeinen Prävention vor allem von Vor- und Frühformen rechtsextremer Orientierungen – fremdenfeindliche Ressentiments, Diskriminierungstendenzen, aggressives Verhalten – verbessert werden. Insbesondere der Anspruch primärer Prävention erweitert die Perspektive auf das Themenfeld Rechtsextremismus von einem engeren Sinne (rechtsextrem orientierte Einzelpersonen, rechtsextreme Organisationen und Aktionsformen) hin zur erhöhten Aufmerksamkeit gegenüber der Ausbildung sozialer Kompetenzen und der Einübung demokratischer Verfahren. Die Ziele umschließen demnach die Vermittlung von Wissen zum schnelleren Erkennen rechtsextremer Erscheinungen und weiterführend die Vermittlung von Handlungskompetenzen bei der Prävention. Beides sollte, so der Anspruch, als Querschnittsaufgabe der Regeldienste Berücksichtigung finden.

Zum Verhältnis von Regelangeboten zu Spezialthemen

Das Verhältnis zwischen den Themen-Spezialist/innen und den verschiedenen Arbeitsbereichen der Regeldienste ist nun, wenn es um die Realisierung dieser Ansprüche geht, ein Spezielles: Das Aufgabenspektrum der Regeldienste ist sinnvollerweise breit angelegt, ihre Themen richten sich an positiven Zielbeschreibungen aus, ihre Perspektive ist klientenbezogen und eher ganzheitlich. Demgegenüber liegen Spezialthemen, die sich durch eine konkrete Gegenstandsbestimmung und einen hohen Grad an Spezifizierung auszeichnen zunächst quer zu diesen allgemeinen Ansätzen der Regeldienste: „Die Daueraufgaben von Erziehung und Bildung, also Wert-, Norm- und Wissensvermittlung an die jungen Generationen, sind in hohem Maße in ihrem Zuschnitt gesetzlich geregelt und festen Institutionen übertragen. (…) Ein wichtiges Kennzeichen dieser Strukturen ist ihre multithematische Kompetenz – bei aller vorhandenen Spezialisierung kann doch von einem Sockel an Kompetenzen von Kenntnissen und Fertigkeiten ausgegangen werden, der breit angelegt ist und weit über eine Themenfamilie hinausreicht" (Kohlstruck 2008: 7).

Mögliche Spannungen, die sich aus dieser Perspektivenverschiebung ergeben, gelten im Übrigen nicht nur für das Thema Rechtsextremismus allein, sondern ebenso für andere Themen mit hohem Spezialisierungsgrad, wie beispielsweise die verschiedenen Bereiche der Suchtprävention, der Gesundheitserziehung im Rahmen der AIDS-Prävention oder dem Themenkomplex Ökologie. Regeldienste haben die Aufgabe, solche speziellen Themen mit zu berücksichtigen, können mit ihrem breiten Auftrag aber kaum alle gleichermaßen tief behandeln. Die Aufnahme der Spezialthemen ist abhängig von Ressourcen, aber auch von den verschiedenen Perspektiven und Arbeitsaufträgen, die für die Arbeit mit den Zielgruppen bestehen, sowie den Handlungsformen, die das jeweilige Berufsfeld als konstituierenden Rahmen zur Verfügung stellt.

Interessant ist es, hier nach Analogien zu anderen, ebenfalls spezialisierten Themenfeldern zu suchen. Insbesondere lassen sich hier Parallelen zur Entwicklung der Auseinandersetzung mit der Geschlechtergerechtigkeit erkennen. Dieses begann als Sonderthema der feministischen Arbeit unter der prioritären Betrachtung von Gewalt gegen Frauen und Mädchen. Ihre Bearbeitung fand anfangs außerhalb etablierter Institutionen in autonomen Strukturen und entsprechend hoch spezialisierten Projekten für Mädchen und Frauen statt. Erst später erfolgte eine Annäherung an bzw. eine Verzahnung mit den Strukturen der Regelarbeit. Mittlerweile ist der Ansatz des Gender Mainstreaming als ein Ergebnis dieses Annäherungsprozesses ein integriertes Arbeitsprinzip und hat als solches Eingang in den Anforderungskatalog an die Qualität der sozialen und erzieherischen Angebote gefunden. Es geht nunmehr um eine Sensibilität in Fragen der gerechten Behandlung der Geschlechter *allgemein* (vgl. u. a. Hartwig 2002). Ähnliches lässt sich auch für die Migrationssozialarbeit und den in den 1990er-Jahren begonnenen Prozess der Erhöhung von Integrationskompetenz unter dem Stichwort „Interkulturelle Öffnung der Regeldienste" beobachten.

Übertragen auf das Thema Rechtsextremismus würde der Anspruch einer Verzahnung mit der Regelarbeit also bedeuteten, die Rechtsextremismusprävention zumindest in Bezug auf eine allgemeine Sensibilität gegenüber den Erscheinungsformen des Rechtsextremismus und in Bezug auf die Souveränität beruflichen Handelns vom Status eines Sonderthemas zu befreien und grundlegende Standards der Auseinandersetzung mit dem Rechtsextremismus in die Regeldienste zu integrieren.

In den letzten Jahren hat sich nun eine Vielzahl unterschiedlicher Formate entwickelt, die einen solchen Thementransfer von den spezialisierten Angeboten im Feld der Rechtsextremismusbekämpfung in die Praxis der Regalarbeit gewährleisten können. Es gibt unterschiedliche Möglichkeiten, die beiden Bereiche enger miteinander zu verzahnen – thematisch, aber auch institutionell. Im Folgenden werden einige dieser Ansätze anhand exemplarischer Konzepte vorgestellt.

Ansätze des Transfers

Angebote in Form von Fachvorträgen, Fortbildungen oder Trainings richten sich vor allem an die Institution Schule und an Einrichtungen der Jugendarbeit, zunehmend aber auch an weitere Bereiche der Jugendhilfe wie Regionale Dienste, Familienhelfer/innen, Jugendgerichtshilfe, Erziehungs- und Familienberatungsstellen sowie bereits auch Kindertagesstätten. Die vorhandenen Angebote beziehen sowohl Mitarbeiter/innen ein, die allgemein mit Kindern, Jugendlichen und Familien arbeiten, aber auch solche Fachkräfte, die in der offenen Jugendarbeit speziell mit rechtsextrem orientierten Jugendlichen arbeiten bzw. diese zumindest auch zu ihrer Klientel zählen.

Das Anbieterspektrum im Spezialfeld Rechtsextremismus ist groß. Es sind die Projekte der Sonderprogramme, aber auch anderer Träger, Vereine oder Initiativen, die sich vorrangig der Auseinandersetzung mit Rechtsextremismus und Fremdenfeindlichkeit widmen. Auch die Regeldienste selbst bzw. deren Fortbildungsinstitute sowie Polizei und Verfassungsschutz haben gerade in den letzten Jahren ihre Angebote an Schulungen und Materialien zum Thema deutlich ausgeweitet.

Angebote für Zielgruppen der Regeldienste

Eine lang erprobte Möglichkeit, das Thema Rechtsextremismus in die Regelarbeit vor allem der Schulen und der Jugendarbeit einzuführen, sind jene Angebote, die sich direkt auf die Arbeit mit deren Klientel beziehen (hier vor allem Kinder und Jugendliche). Hier lassen sich zwei Wege beschreiben: Zunächst die klassische Aufklärungsarbeit mit Kindern und Jugendlichen. Dies sind Ansätze, die sich explizit auf Rechtsextremismus und seine Erscheinungsformen und Gefahren beziehen. Dass solche Aufklärungsveranstaltungen nicht mit rechtsextrem orientierten Jugendlichen selbst durchzuführen sind, versteht sich von selbst.

Der zweite mögliche Weg greift die positive Umkehrung der Rechtsextremismusbedrohung auf, indem über Bildung und Training etwa die Vorzüge demokratischer Verfahren oder die Bedeutung von Toleranz vermittelt werden. Solche positiven Zielbestimmungen in der pädagogischen Arbeit sind schon darum gut geeignet, da die Arbeit der Regeldienste sich nicht in Gegnerschaft zu einem Feind oder in Polarisierungen erschöpfen darf (vgl. Palloks/Steil 2008). Es geht primär um Stärkung subjekt- oder gruppenbezogener sozialer Kompetenzen. Diese Primärprävention ist nun ohnehin Aufgabe von Regelangeboten der Schulen und der Jugendarbeit. Dennoch können Angebote von außen unterstützend wirken, wenn zum Beispiel neuere Ansätze der Demokratiepädagogik, der Diversity-Pädagogik oder der Menschenrechtserziehung angewandt werden. Derart gestaltete Projekttage etwa stellen nicht einfach eine Entlastung der Hauptamtlichen dar, sondern vermitteln ihnen Einblicke in neue pädagogische Konzepte und helfen, das methodische Repertoire der Fachkräfte zu erweitern. Worauf bei der pädagogischen Beschäftigung mit jungen Menschen zu diesem Themenkomplex genau zu achten ist, wurde sehr ausführlich und im von der Friedrich-Ebert-Stiftung initiierten Lern- und Arbeitsbuch „Gegen Rechtsextremismus – Handeln für Demokratie" ausgebreitet (vgl. dort u. a. den einführenden Artikel von Gabi Elverich).

Qualifizierungen für Mitarbeiter/innen der Regeldienste

Das Hauptaugenmerk liegt weiterführend bei denjenigen Angeboten, die sich an das pädagogische Personal in den Regeldiensten Schule und Jugendhilfe selbst richten.

1. Allgemeine Konzepte: Mitarbeiter aufklären und schulen

Auch bei der Fortbildung von Mitarbeiter/innen der Regeldienste lassen sich die beiden eben erwähnten Herangehensweisen unterscheiden. Exemplarisch soll hier der klassische Ansatz der Aufklärungsarbeit vorgestellt werden. Auf eine Darstellung der Angebote zur Toleranzerziehung und der Demokratiepädagogik wird hier abgesehen, mehrere Beispiele für diese Arbeitsansätze sind im „Lern- und Arbeitsbuch gegen Rechtsextremismus" der Friedrich-Ebert-Stiftung dargestellt (Molthagen et. al. 2008). Hier geht es um die Vermittlung aller relevanten Aspekte rechtsextremer Erscheinungen – von wissenschaftlichen Definitionen und Ursachenanalysen über Erkennungszeichen der Szenen bis zu Organisationsstrukturen und Agitationsstrategien. Hinter diesem Angebot steht der Gedanke, dass vor dem Handeln das Erkennen und Verstehen, also eine tiefere Kenntnis über beobachtbare Phänomene steht. Diese Informationen bilden quasi die Grundlage der weiteren Verständigung nach der Devise „Wahrnehmen – Deuten – Handeln" (Elverich 2008: 15).

Zielgruppe der Aufklärungsangebote sind überwiegend Lehrer/innen und Fachkräfte aus der Jugend- und Jugendsozialarbeit. Das Setting solcher Angebote ist meist kurzzeitig, phänomenbezogen, zielgruppen- und oft auch regionübergreifend – eben allgemein gehalten. Methodisch erfolgt oft ein klassischer Wissensinput in Form von Vorträgen, die durch Medieneinspielungen ergänzt und durch Diskussionen gerahmt werden.

Weiteres Beispiel in dieser Kategorie sind *Trainingsformate* – wie zum Beispiel das „Argumentationstraining gegen rechte Sprüche" – die sich ebenfalls explizit auf die erlebbaren Aspekte rechtsextremer Phänomene und deren direkte Bearbeitung beziehen. Auch diese Trainings sind oft zielgruppenübergreifend und regional unspezifisch, integrieren aber die Beteiligten direkt in Rollenspielen und anderen Übungen mit deren Themen und Beispielsituationen. Hier geht es um Wissensinput kombiniert mit der *Stärkung situativer Handlungskompetenzen*, in dem Reaktionsformen auf Stammtischparolen oder gängige Vorurteile eingeübt werden. Solche Trainings sind vor allem dann sinnvoll, wenn es um schnelles Reagieren geht in Situationen, in denen nicht ausreichend Zeit für eine intensivere inhaltliche Auseinandersetzung vorhanden ist.

Die Stärken der beiden hier skizzierten Ansätze liegen in ihrer Anschaulichkeit und der kompakten Form. Die Vermittlung der jeweiligen Lerninhalte ist in kurzer Zeit durchführbar und für verschiedene Zielgruppen gleichermaßen geeignet. Sie sind besonders als Einführung in das Thema sehr gut geeignet. Dadurch bleiben sie andererseits zwangsläufig an der Oberfläche, können weniger intensiv auf die Frage der pädagogischen Auseinandersetzung, also auf die Konsequenzen eingehen, die in der weiteren fachlichen Arbeit aus dem Gelernten zu ziehen sind.

2. Spezialisierte Konzepte

Diese Ansätze zielen weiterführend darauf ab, unterstützend bei der Entwicklung von beruflichen Handlungskompetenzen in der Auseinandersetzung mit rechtsextremen, fremdenfeindlichen Tendenzen zu wirken. Es geht um Beratung, Coaching oder Qualifizierungen, die auf bestimmte Zielgruppen oder eingrenzbare Themen spezialisiert sind, sich an spezifischen Strukturen orientieren oder selbst in diese integriert sind. Einzelne der im Folgenden benannten Ansätze sind nunmehr Teil der aktuellen Bundesprogramme „Vielfalt tut gut" und „kompetent.für Demokratie". Insbesondere die Struktur der länderweiten „Beratungsnetzwerke" greift den Anspruch des Thementransfers in die unterschiedlichen gesellschaftlichen Bereiche auf bzw. entwickelt diesen weiter.

Zu diesen Ansätzen zählen die verschiedenen Beratungsangebote insbesondere der *Mobilen Beratungsteams*. Diese richten sich an die verschiedenen Zielgruppen in Jugendarbeit und Schule, aber auch Zivilgesellschaft, Politik und Verwaltungen. Sie sind auf die besonderen Fragen und Bedarfe der jeweiligen Akteursgruppen zugeschnitten. Das methodische Repertoire schließt die klassischen Fortbildungen ein, geht jedoch durch die unterschiedlichen, auch langfristigen Beratungs- und Coachingaufgaben zum Beispiel für die offene Jugendarbeit oder die Kommunalpolitik weit darüber hinaus. Sie sind, auch durch die vorhandenen Ressourcen und das langjährig angesammelte Wissen spezialisiert für eine zielgruppenspezifische und fallbezogene Ansprache und Begleitung von Akteuren in diesem Themenfeld.

Ein interessantes Beispiel für eine Anpassung an bestehende Strukturen stellt der Arbeitsbereich des *Jugendhilfe-Coachs* beim Kulturbüro Sachsen dar. Der entsprechend qualifizierte Mitarbeiter konzentriert sich auf Beratungen zum Themen Rechtsextremismus speziell für die Bereiche der Jugendhilfe: „Die Arbeit des sachsenweit agierenden Jugendhilfecoachs ist als ergänzende Beratungskompetenz der Mobilen Beratungsteams zu verstehen. Der Jugendhilfecoach beschäftigt sich innerhalb laufender Mobiler Beratungsprozesse mit speziellen Aspekten der Jugendhilfe und entwickelt darüber hinaus eigene Projekte bezüglich jugendhilflicher Belange" (http://www.kulturbuero-sachsen.de/team).

Weiterhin gibt es modularisierte Qualifizierungen für besondere Zielgruppen, hier beispielsweise die *Zusatzqualifizierung für die Beratung von Eltern rechtsextrem orientierter Jugendlicher* der Jugendbildungsstätte Lidice-Haus in Bremen. Sie wendet sich vor allem an Fachkräfte aus Jugend- und Sozialarbeit und wurde inhaltlich und methodisch-didaktisch speziell an deren Handlungsfeldern ausgerichtet. Die Fortbildungen bestehen aus mehreren Modulen über je drei Tage. Der konzeptionelle Ansatz der Elternberatung wurde von Andrea Müller und Cornelius Peltz bereits ausführlich vorgestellt und kann daher hier wegfallen (vgl. Müller, Peltz 2008).

Ein weiteres Beispiel hoch spezialisierter Qualifizierungen sind die Angebote des *Violence-Prevention-Networks*. Sie sind speziell für Fachkräfte der Jugendsozialarbeit konzipiert, die mit rechtsextremer Klientel arbeitet. Es besteht hier die Möglichkeit, zu bestimmten Themen Kurse zu belegen (z. B. Gewalt- und Rechtsextremismus, Umgang mit Konflikten; Deeskalations- und Präventionsstrategien, Straftataufarbeitung im Einzeltraining, Recht gegen Rechtsextremismus) oder zu bestimmten Methoden eine Trainerausbildung zu absolvieren (z. B. Mediation, Anti-Gewalt- und Kompetenztraining) und unmittelbare konzeptionelle Unterstützung für die Arbeit vor Ort zu organisieren.

3. Integrierte Konzepte

Andere Modelle sind bei den Institutionen der Regeldienste selbst angesiedelt. Hier sind zunächst die *Fortbildungsinstitutionen* der verschiedenen Berufsgruppen zu nennen. Diese führen begleitende Qualifizierungen zu verschiedenen Themenbereichen für die jeweiligen Mitarbeiter/innen (Lehrer/innen oder Sozialpädagog/innen und Sozialarbeiter/innen) durch. In der Regel arbeiten diese Institutionen länderweit, wie zum Beispiel das Landesinstitut für Schule und Medien (LISUM) oder das Sozialpädagogische Fortbildungsinstitut Berlin-Brandenburg (SFBB) als gemeinsame Institutionen der überörtlichen Fortbildung für Berlin und Brandenburg.

Beispielhaft ist weiterhin das Projekt „Standpunkte-Lehrer/innen", das vor acht Jahren als Kooperationsprojekt zwischen dem LISUM, der RAA Berlin und der Friedrich-Ebert-Stiftung entstand. Berliner Lehrer/innen werden hier zu Multiplikator/innen ausgebildet, die als besonders qualifizierte Fachpersonen von Schülern, Lehrern und Eltern bei rechtsextremen Vorfällen zu Rate gezogen werden können. Darüber hinaus unterstützen die Standpunkte-Lehrer/innen Demokratisierungsprozesse an den Schulen. Die Stärke dieser Konzeption ist, dass die Arbeit nicht von externen Fachkräften geleistet wird, sondern intern koordiniert und durchgeführt werden kann. „Lehrer kennen die Nöte ihrer Kollegen am besten, sie sind vom Fach und mit den Beziehungsgeflechten und Problemen vor Ort vertraut." (Vgl. http://www.geschichtslehrerverband-berlin. de/standpunkte-projekt.htm). Die ausgebildeten Lehrer/innen fungieren einerseits als Multiplikator/innen, indem sie ihre Kolleg/innen methodisch und inhaltlich weiterbilden, andererseits qualifizieren sie sich selbst begleitend und halten so Anschluss an aktuelle Entwicklungen im Themenfeld.

4. Ergänzungsstrukturen zu den Regeldiensten

Schließlich lassen sich Angebote unterscheiden, die sich als eigenständige Struktur in Ergänzung bestehender Regelangebote etabliert haben. Hier sind zum einen die oben genannten Mobilen Beratungen sowie die Netzwerkstellen und Opferberatungen zu nennen. Sie übernehmen selbst regulär und verlässlich die Arbeit mit bestimmten Zielgruppen unter dem thematischen Vorzeichen der Bearbeitung von Rechtsextremismus und Fremdenfeindlichkeit bzw. von deren Folgen. Sie füllen eine Lücke im bestehenden Regelangebot, in dem sie sich auf die Beratung von Zielgruppen beziehen, die nicht durch Regelangebote im Thema versorgt werden (z. B. auch Kommunalpolitiker und Unternehmen, Verbände und zivilgesellschaftliche Initiativen) oder sich auf einen Arbeitsbereich fokussieren, der ein hoch spezialisiertes Fachwissens erfordert, das andere Angebote bislang nicht vorhalten (z. B. Beratung und Begleitung von Opfern rechtsextremer Gewalt mit Mehrfachtraumatisierungen).

Davon lassen sich Ansätze unterscheiden, die sich *innerhalb* bestehender Regelstrukturen herauskristallisiert haben. Diese ergänzen die etablierten Angebote um Arbeitsbereiche, die ein spezielles Setting erfordern. Als Beispiel sei hier das Beratungsangebot „Elterninitiative gegen rechts" und sein Partnerprojekt „(R)auswege" in Rheinland-Pfalz genannt. Die Elternberatung wurde durch das frühere Bundesprogramm Entimon angeschoben, ist aber direkt beim Landesjugendamt angesiedelt und damit Teil seiner Struktur. Auch dieses Projekt bietet thematisch zugeschnittene Fortbildungen für Fachkolleg/innen an, in erster Linie aber stellt es Eltern und Angehörigen von Jugendlichen, die in den Einflussbereich rechtsextremer Gruppierungen geraten, qualifizierte Beratung und Unterstützung zur Seite. Das Jugendamt unterhält eigene allgemeine Erziehungs- und Familienberatungsstellen, die Elternberatung zum Themenbereich Rechtsextremismus stellt hier demnach einen eigenständigen Aufgabenbereich dar.

Nicht zu vergessen sind diejenigen Institutionen, zu deren Aufgabenbereichen die Aufbereitung wissenschaftlicher Analysen und/oder journalistischer Recherchen zu Rechtsextremismus und Fremdenfeindlichkeit für den Transfer in die Praxis gehört. Diese Institutionen – Fachstellen, Institute und Informationszentren – sind wichtige Impulsgeber für die Praxis. Sie sammeln Analysen zum Thema, systematisieren Rechercheergebnisse und machen diese für die unterschiedlichen Praxisbereiche zugänglich. Zu diesen Transferstellen gehören die Bundes- und Landeszentralen für politische Bildung und die Informationsstellen wie zum Beispiel der Informations- und Dokumentationsdienst Anti-Rassismus (IDA) oder die Arbeitsstelle Rechtsextremismus und Gewalt des Vereins Arbeit und Leben Braunschweig (ARUG), die Arbeitsansätze vorstellen und Materialien zur Verfügung stellen. Rechercheprojekte wie das Antifaschistische Pressearchiv in Berlin (apabiz) halten aktuelle Informationen zum Thema Rechtsextremismus vor. Schließlich sind wissenschaftliche Institute wie die Arbeits- und Forschungsstelle Rechtsextremismus und Fremdenfeindlichkeit des Deutschen Jugendinstitutes (DJI), die Arbeitsstelle Jugendgewalt und Rechtsextremismus des Zentrum für Antisemitismusforschung (ZfA) an der TU-Berlin und die Arbeitsstelle Neonazismus der FH-Düsseldorf zu nennen, die wissenschaftliche Forschungserkenntnisse aufbereiten oder selbst Analysen verfertigen. Von diesen Stellen gehen vor allem auch kritische Impulse zur Reflexion der Praxis in der Auseinandersetzung mit Rechtsextremismus und Fremdenfeindlichkeit aus.

Transfer-Barrieren und ihre (Be-)Deutung

Die Angebotsvielfalt ist durchaus beachtlich und lässt kaum Zweifel daran, dass eine solide Basis für den Transfer von Wissen und Kompetenzen aus dem Feld der Spezialisten in die Regelarbeit gelegt ist. Neben unbestrittenen Erfolgen dieser Verzahnung ist an den Schnittstellen, an denen Vertreter beider Akteursgruppen aufeinander treffen, mitunter aber auch deutliches Knirschen zu vernehmen. Während die externen Angebote für Jugendliche, also die Zielgruppen der Regeldienste, meist sehr gut angenommen werden und unumstritten sind, berichten Kolleg/innen bei denjenigen Angeboten, die sich an die Mitarbeiter/innen der Regeldienste selbst richten, auch von anderen Erfahrungen. Auf der Ebene von Eindrücken, die bei Fachtagen, Konferenzen und Gesprächen mit Projektmitarbeiter/innen gesammelt wurden, lassen sich Unzufriedenheiten mit der Akzeptanz von Angeboten bei Regeldiensten vernehmen. Moniert werden geringe Teilnehmerzahlen etwa bei Fortbildungsangeboten, fehlendes Interesse bei Schlüsselpersonen oder ganzen Institutionen oder Reaktionen, die auf generelle Vorbehalte gegenüber der Bedeutung des Themas Rechtsextremismus schließen lassen, bis hin zu expliziter Ablehnung der Angebote.

Tatsächlich werden ausreichend Einzelbeispiele angeführt, die eine unbefriedigende Handhabung von Situationen erkennen lassen, in denen das Fachpersonal der Regeldienste mit rechtsextremen Erscheinungen konfrontiert ist. Etwa wenn Lehrer die Eltern eines Schülers nicht informieren, wenn dieser rechtsextreme Parolen in die Hefte seiner Mitschüler schreibt oder diese wiederholt rassistisch beleidigt, wohl aber, wenn er auf der Schultoilette beim Rauchen erwischt wird. Oder wenn Eltern rechtsextrem orientierter Jugendlicher in Beratungsstellen mit der Begründung fehlender Zuständigkeit weggeschickt werden. Bei Beispielen dieser Art handelt es sich nun eher um Fälle, bei denen generell ein unzureichendes Verständnis der Arbeitsaufträge bzw. deren adäquater Umsetzung vermutet werden muss. Für Generalisierungen sind diese Fälle aber ebenso wenig geeignet wie als hinreichende Erklärung für die oben benannten Transferprobleme.

Wenn für den Normalfall davon ausgegangen wird, dass die anvisierten Fachpersonen kompetent in der Ausführung ihrer jeweiligen Arbeitsaufträge sind und sie dieselben demokratischen Werte vertreten wie die Themen-Spezialisten, müsste es für solche Barrieren andere beschreibbare Ursachen geben. Zunächst ist eine mögliche Ursache in den unterschiedlich weiten Perspektiven der beiden Akteursgruppen zu suchen: Ein spezielles Thema wie das Problemfeld Rechtsextremismus kann, wenn seine prioritäre und explizite Bearbeitung eingefordert wird, in diesem Sinne tatsächlich als thematische Engführung und damit als quer liegend zu Aufträgen bzw. den Arbeitsansätzen zum Beispiel der Jugendhilfe verstanden werden. „Letztlich besteht der Auftrag von Schule sowie der Kinder- und Jugendförderung nicht darin, sich auf einzelne, bestimmte Themen zu konzentrieren, sondern die Persönlichkeitsentwicklung ihrer Klientel insgesamt zu fördern. (…) Zu konstatieren bleibt vor diesem Hintergrund die Spannung zwischen einem ganzheitlichen Herangehen und einer monothematischen Perspektive" (Kohlstruck 2008: 8).

Wie lässt sich diese Spannung näher beschreiben und was folgt daraus?[1] Bezogen auf die Arbeit einer Erziehungs- und Familienberatungsstelle würde dies beispielsweise bedeuten, dass deren Beratungsangebote für Eltern auf die Ver-

---

1   Die folgenden Fallbeispiele stammen aus Redebeiträgen einer Fachtagung und aus Kooperationsgesprächen zwischen einem Projekt zur Beratung von Eltern rechtsextremer Jugendlicher und dem Jugendamt bzw. mit dem Leitungspersonal von Erziehungs- und Familienberatungsstellen.

mittlung *allgemeiner* Erziehungskompetenzen bzw. der Reflexion von familialen Beziehungen fokussieren müssen – auch bei der Behandlung von Problemfällen wie der Auseinandersetzung mit Familien rechtsextremer Jugendlicher. Der Leiter einer Berliner Erziehungs- und Familienberatungsstelle beschreibt dies wie folgt (Fallbeispiel I):

„Wir reden jetzt von Eltern, die im Vorfeld einer solchen Entwicklung die Beratungsstelle aufsuchen, die uns sagen: Wir kriegen das irgendwie mit, dass da was läuft. Der hat die rechten Parolen und die Zeichen in seinem Zimmer, aber er oder sie ist nicht in einer festen oder verbindlichen Struktur angekommen. Möglicherweise überrascht Sie das, aber für die Erziehungsberatungsstelle ist das im Grunde ein Thema, ich sag es mal etwas zugespitzt, wie alle anderen auch, die in dieser Entwicklungsphase vorkommen können. Das heißt, unser Zugang ist gerade nicht, das inhaltlich über die Ideologieseite anzusprechen, sondern über das, was da an Familiendynamik passiert" (Zeddies: 2009).

Auch bei der Frage, wie mit Eltern umzugehen ist, die sich selbst in der Beratung als rechtsextrem zu erkennen geben, hat zunächst die Bearbeitung derjenigen Problembereiche Vorrang, die an die Handlungsaufträge der Klientin und damit den eigentlichen Beratungsauftrag gekoppelt sind (Fallbeispiel II):

„Eltern kommen mit ganz anderen Themen, z. B. mit dem Problem Unterhaltszahlungen, und ich höre dann rechtsradikale Thesen von diesen Eltern. Dazu möchte ich zwei Dinge sagen: Das eine ist: Wie kann ich als Pädagoge oder Psychologe landen mit dem, was ich tue? Und das setzt immer voraus, dass mein Gegenüber etwas hören will, ein Anliegen hat. Nur dann habe ich eine Chance, damit zu landen. Und das zweite Thema dazu ist: Was ist eigentlich meine eigene Haltung dazu? Und an der Stelle, die Sie gerade beschreiben, geht es für mich um meine Haltung, denn da werde ich ja nicht um einen Kommentar gebeten, der therapeutischer Art wäre, sondern da liegt eine Provokation oder ein Austesten im Raum. Und mir ist wichtig, dass meine Position im Grunde dabei so ähnlich ist, wie ich sie eben für Eltern beschrieben habe: Ich lehne sie als Mensch nicht ab. Ich nehme das, was sie mir als Problem geschildert haben, unverändert ernst. Aber die Meinung, die mir gegenüber ausgedrückt wird, kann ich überhaupt nicht gutheißen, die lehne ich ab. Manchmal verabschieden wir uns dann mit so einem Satz voneinander, manchmal weiß die Mutter oder der Vater, dass sie mit so einer Haltung bei mir nicht landen kann. Manchmal stört oder unterbricht es eine Arbeitsbeziehung. Manchmal aber auch nicht. Aber, was ich bisher nicht erlebt habe, ist, dass da ein Dialog über die Haltung in Gang käme, weil ich bisher auch nicht erlebt habe, dass Eltern das wollen" (R. Zeddies).

Diese fachlichen Begründungen für eine implizite Bearbeitungsweise des Problems bei den Jugendlichen, ebenso wie die Art der Auseinandersetzung mit rechtsextremen Eltern sind nachvollziehbar und gemessen am Auftrag der Beratungsstelle konsistent. Erfahrungsgemäß stößt diese Prioritätensetzung aber bei den Themen-Spezialisten nicht selten auf Widerspruch bzw. löst Kritik aus. Typische Interpretationen sind: „Man verweigert sich hier der expliziten Ansprache des Phänomens, auch einer konsequenten eigenen Positionierung und wird mit der gewählten impliziten Bearbeitungsweise den Anforderungen nicht gerecht. Insgesamt zieht man sich doch eher aus der Affäre, tut eben nicht genug."

Ein Festhalten an der im Fallbeispiel I verdeutlichten Prioritätensetzung, nämlich der ganzheitlichen Bearbeitungsperspektive mit Blick auf die Familiendynamik, würde somit nicht als der fachspezifischen Bearbeitungslogik geschuldete Herangehensweise akzeptiert, sondern als Defizit der persönlichen Haltung des Mitarbeiters gegenüber dem Thema Rechtsextremismus gewertet werden. Gleiches gilt für den Umgang mit der offensichtlichen Selbstpräsentation der Eltern im Fallbeispiel II. Potenziell infrage gestellt würde neben der persönlichen Haltung auch das berufliche Selbstverständnis und damit Aspekte der generellen fachlichen Kompetenz.

Von Seiten der Regeldienste können wiederum Transferbemühungen, die auf vorrangige und explizite Ansprache und Bearbeitung des Rechtsextremismus-Problems als angemessene Intervention bestehen, nur als unzulässiger Eingriff in ihre Arbeit gewertet werden. Verstärkt werden mögliche Abwehrreaktionen zusätzlich, wenn diese Ansprüche von Akteuren formuliert werden, die zwar hoch spezialisiert im Rechtsextremismus-Thema sind, aber die Handlungsformen der jeweiligen Berufsgruppen und deren fachliche Grundlegung nicht kennen bzw. deren Gültigkeit nicht anerkennen.

Tatsächlich geht es im zweiten Fallbeispiel nicht um eine persönliche Haltung – der Mitarbeiter behält sich vor, eine Selbstpositionierung in Abwägung der Belastbarkeit der Beratungsbeziehung sowie des Beratungsauftrags durchaus auch zurückzustellen. Es gibt für den differenzierten Umgang mit solchen Situationen also eine plausible fachliche Begründung. Auch die Entscheidung für eine *implizite* und ganzheitliche Bearbeitung der Problemlagen beim Jugendlichen im ersten Fallbeispiel ist dem spezifischen Arbeitsansatz einer Familienberatungsstelle geschuldet. Die notwendige Priorität dieser impliziten Ansätze in der allgemeinen Erziehungsberatung soll durch ein drittes Beispiel veranschaulicht werden (Fallbeispiel III): Die Leiterin einer Erziehungs- und Familienberatungsstelle berichtet von einer jungen Frau, die wegen verschiedener psychosozialer Problemlagen in die Beratung kommt. Diese junge Frau hat einen

Lebensgefährten, der nach Einschätzung der Beraterin deutlich als rechtsextrem erkennbar ist. Die Mitarbeiterin der Beratungsstelle beschreibt im Folgenden, dass sie – obgleich sie diese Situation sehr wohl erkennt – ihre Aufgabe nicht darin sieht, sich zu diesem Mann und seiner Haltung zu positionieren bzw. eine direkte Intervention zu dieser Tatsache einzuleiten. Vielmehr diagnostiziert sie im Laufe der Beratungsgespräche ein deutliches Autonomiedefizit der jungen Frau, die dazu neigt, sich in ihren sozialen Beziehungen generell von vermeintlich starken Personen abhängig zu machen. Die Beraterin sieht ihre primäre Aufgabe nun zunächst darin, dieses Autonomiedefizit gemeinsam mit der jungen Frau zu bearbeiten. Die Aufarbeitung dieses Grunddefizits begreift sie als Basis aller weiteren Interventionen, da für sie die psychosoziale Entlastung der jungen Frau und die Entwicklung ihres Selbstkonzepts im Vordergrund stehen müssen. Die Möglichkeit, die junge Frau unmittelbar und fordernd mit der Ablehnung ihres Lebenspartners – besser seiner offenkundigen Einstellungen – zu konfrontieren bzw. daraus eine direkte Intervention abzuleiten, hält sie vor dem Hintergrund der eingeschätzten Problemlage und der professionellen Beziehung für fachlich unangemessen und strategisch unklug.

Die Beispiele verdeutlichen die Spannung zwischen Ansprüchen der Themen-Spezialisten und denen der jeweiligen Regeldienste. „Die Angehörigen der jeweiligen historisch ausdifferenzierten Professionen sind Spezialisten zur Konstruktion von ‚Spezialwahrheiten', von spezifischen Wahrheitsausschnitten, eben jenen, über die kompetent zu entscheiden man geschult ist" (Soeffner: 251). *Die gesellschaftliche Aufgabenzuweisung* der jeweiligen Profession ist also entscheidend für die Problemdeutung und die Ausbildung von Verfahrenswissen zur Intervention. Der gesellschaftliche Auftrag der Rechtsextremismus-Experten ist vorrangig die Bekämpfung eines gesamtgesellschaftlichen Problems. Folgerichtig ist die Sicht auf seine Repräsentanten bzw. auf seine Repräsentationsformen die auf einen politischen Feind. Die Arbeitsansätze können nur im konsequenten Thematisieren, Positionieren, Abgrenzen und Bekämpfen liegen. Der gesellschaftliche Auftrag der Regeldienste, in diesem Beispiel der Beratungsangebote des Jugendamtes, ist demgegenüber die Stärkung personenbezogener Kompetenzen als Beitrag zum gelingenderen Leben. Die Mitarbeiter/innen betrachten Repräsentanten wie Repräsentationsformen des Rechtsextremismus in der Beratung – ebenso folgerichtig – als individuelle Fälle mit komplexen Problemhintergründen. Rechtsextreme Orientierung von Jugendlichen beispielsweise kann aus dieser Perspektive nur als ein Symptom, als Ausdruck tiefer gehender Prozesse gesehen werden. Ansatz der Bearbeitung müssen die eigenen Ressourcen der Klienten sein, die zur Bewältigung ihrer Lebensprobleme zur Verfügung stehen. Im Fall der Erziehungs- und Familienberatung liegen diese wiederum vorrangig in der Familie – in der Reflexion von Erziehungsstilen, der Qualität von Beziehungen, der Verdeutlichung von Familiendynamiken. Die gesellschaftliche Aufgabenzuweisung an die jeweilige Akteursgruppe bestimmt also die soziale Perspektive auf das Phänomen, die spezifischen Wissensformen und die Interventionskonzepte, die zu seiner Bearbeitung zur Verfügung stehen.

Für die Themen-Spezialisten, von denen Transferangebote ausgehen, ist es unabdingbar, die zu bearbeitenden Phänomene auch aus der Perspektive der jeweiligen Arbeitspraxis zu betrachten. Bei den Bemühungen, das Thema Rechtsextremismus stärker in die Regalarbeit zu integrieren, müssen die Handlungsrahmen der jeweiligen Berufsfelder beachtet und einbezogen werden. Es ist wichtig, mögliche Barrieren und Ablehnungsreaktionen in diesem Sinne zu verstehen und diesen vorzubeugen. Solche Angebote dürfen nicht im Tonfall einer Unterstellung mangelnder Professionalität erfolgen, sondern sollten als Zugewinn und Ergänzung der beruflichen Handlungsfähigkeit erkennbar sein. Die Achtung der Autonomie der jeweiligen Handlungspraxis spielt dabei eine große Rolle – dazu gehört auch die Akzeptanz der Entscheidung zwischen impliziter und expliziter Problembearbeitung.

Über eine Ausdehnung beruflicher Handlungsspielräume lässt sich nun fallbezogen immer diskutieren und dies sollte zweifellos auch erfolgen. Scheitern wird aber, wer sich unsensibel gegenüber der Verschiedenheit von Arbeitsaufträgen und Adressat/innen eines Angebots zeigt oder gar darauf besteht, diese zugunsten eigener Prioritätensetzungen außer Kraft setzen zu wollen. Zum Anspruch des Transfers gehört die Vorüberlegung, was genau in welchem Fall und mit welcher Begründung mehr, anders oder besser gemacht werden sollte, welches Wissen tatsächlich für welche Handlungsfelder relevant ist und welche Konsequenzen für die Arbeitspraxis sich daraus ableiten könnten. Es ist Aufgabe der Anbieter, die Transferinhalte in einer Wiese aufzubereiten, dass sie für die verschiedenen Berufsfelder kompatibel werden.

Diese Überlegungen laden dazu ein, die vorhandenen Formen der Ansprache und Vermittlung in Anbetracht der beschriebenen Anforderungen zu spezifizieren und konzeptionell weiter auszuarbeiten.

Überlegungen zur Gestaltung von Thementransfer

Das Verhältnis von Spezialisierung und Ganzheitlichkeit in der Regelarbeit trifft nun in der Jugendhilfe eine bereits seit längerem geführte Debatte: „Für soziale Fachkräfte ist das Gebot der Ganzheitlichkeit in der Problemerkennung bedeutsam, auch wenn Hilfekonzepte immer Prioritäten verlangen und Handlungskonzepte klarer Zielbenennungen bedürfen. SozialpädagogInnen können als Fachkräfte für das Allgemeine Zusammenhänge in der Problembearbeitung berücksichtigen, ohne auf eigenes Spezialwissen verzichten zu müssen. Diese Erkenntnis, die sich in der Diskussion um Schlüsselqualifikationen für Sozialberufe niederschlägt, deutet auf die Notwendigkeit der Zusammenführung von Spezialwissen und grundlegende Allgemeinkompetenzen hin. Sie vermittelt die Herausforderung an die Jugendhilfe, Qualifikationsprofile von Mitarbeiter/innen jenseits vom Spezialistentum einzufordern, ohne den Anspruch auf Spezialwissen auch aus angrenzenden Disziplinen einzuschränken" (Hartwig 2002: 964). Anders gesagt: Auch ganzheitlich arbeitende Ansätze profitieren punktuell vom Spezialwissen. Die Herausforderung besteht darin, das Verhältnis richtig auszutarieren.

Ein interessantes Beispiel für eine solche Integration von Spezialwissen in die Regelarbeit ist die oben bereits genannte „Zusatzausbildung Elternberatung" des Lidice-Hauses in Bremen. Sie richtet sich an Professionelle, die im Bereich der Beratung von Eltern und Familien tätig sind, an Jugendarbeiter und allgemein an Akteure, die im Themenfeld Rechtsextremismus Beratung anbieten. Es geht hier um eine Einspeisung von Spezialwissen und -fertigkeiten in bestehende Angebote. Den Bedarf beschreiben die Autor/innen wie folgt: „Wo Eltern an Fachkräfte geraten, die tatsächlich über große Beratungskompetenzen verfügen, da fehlen diesen dann aber fast durchweg ausreichende Kenntnisse über rechtsextreme Entwicklungen, um ‚zu verstehen, worum es eigentlich geht.' Und umgekehrt fehlt Fachkräften mit Kenntnissen und Zugängen zum rechtsextremistischen Spektrum meist entsprechendes Beratungs-Know-how, vor allem für den Umgang mit den meist extrem schwierigen Kommunikationssituationen in den betroffenen Familien" (Dwertmann et al. 2007: 70).

Interessant ist hier vor allem die Annäherung der verschiedenen Perspektiven auf dasselbe Phänomen. Vermittelt werden neben Kenntnissen über Erscheinungsweisen und Bedeutung rechtsextremer Erlebniskultur und deren politischer Aufladung auch grundlegende Kompetenzen in Beratung – speziell Kompetenzen im Umgang mit massiv belasteten innerfamiliären Interaktionsmustern (ebenda: 71). Methodisch werden Wissensinput, Trainingseinheiten zu Beratungssituationen und Möglichkeiten des kollegialen Austauschs kombiniert. Dieses Beispiel zeigt, dass adäquate Angebote sich nicht in der Information über Rechtsextremismus im Allgemeinen erschöpfen, sondern diese um wichtige Fragen der berufsspezifischen Bearbeitungsweisen erweitern. Ausgangspunkt können – abhängig vom Kenntnisstand – Informationen über die Phänomenologie des Rechtsextremismus sowie über rechtliche Fragen (z. B.

verbotene Symbole und indizierte Musik) bilden. Dabei sollte berücksichtigt werden, dass es nicht ausschließlich um das Erkennen rechtsextremer Erscheinungen gehen kann, sondern vor allem darum, in welchen Kontexten diese wie bearbeitet werden können. Für die Schule beispielsweise darf die Vermittlung der rechtlichen Grundlagen nicht den Rückzug aus der Verantwortung einer pädagogischen Auseinandersetzung befördern. Es geht weiterhin nicht darum, im Vorfeld zu definieren, welche Umgangsweise stets richtig oder falsch ist. Vielmehr sollten Personen und Teams dabei unterstützt werden, für sich konstruktiv über mögliche Positionen und Umgehensweisen zu diskutieren und eigene Strategien zu entwickeln, die für sie in der alltäglichen Arbeit praktikabel sind. Spezialisierte Fortbildungen agieren somit nicht losgelöst vom beruflichen Erfahrungshorizont der Teilnehmer/innen. Strategien zum Umgang mit rechtsextremen Erscheinungsformen werden nicht vorgesetzt, sondern im Team erarbeitet. Methodisch bietet sich eine Kombination aus Wissensvermittlung, Praxisübungen und Erfahrungsaustausch an. Die Angebote enthalten also verschiedene Zielebenen: Vergrößern der Wissensbasis, Erweiterung beruflicher Handlungskompetenzen und Ermöglichung von Erfahrungstransfer.

Aus diesen Überlegungen lassen sich verschiedene Punkte ableiten, die bei der Planung von Angeboten berücksichtigt werden können:

- *Bedarfe und Interessen der Zielgruppen durch Bedarfserhebungen eruieren.*

- *Aufträge und Arbeitsansätze der jeweiligen Profession sowie die Elemente des Handlungsrahmens vergegenwärtigen (z. B. Dauer der Kontakte und Art der Beziehung zu den Klient/innen der Regelarbeit).*

- *Klären, wie sich die Bearbeitung von Rechtsextremismus zu den originären Aufträgen und Zielen der jeweiligen Berufsgruppen verhält. (Dazu gehört auch die Frage, was die jeweilige Disziplin in diesem Feld bereits leistet, ohne dies explizit unter dem Label „Kampf gegen Rechtsextremismus" zu tun.)*

- *Operationalisieren des weiten Themenkomplexes Rechtsextremismus in handhabbare Ausschnitte, orientiert an den Zielgruppen, Aufträgen und Handlungsformen der Profession sowie an der jeweiligen Problemlage mit Rechtsextremismus vor Ort.*

- *Herausarbeiten derjenigen Wissensinhalte, die somit als Erweiterung des Fachwissens der jeweiligen Profession beigetragen werden sollten.*

- *Erstellen einer methodisch-didaktischen Konzeption, durch die Wissen in Handlungskompetenz transferiert werden kann.*

Fazit

Der Austausch von Rechtsextremismus-Expert/innen und Mitarbeiter/innen der Regeldienste der letzten Jahre hat vorzeigbare Erfolge erbracht. Nicht zuletzt ist zu bemerken, dass in vielen Bereichen das Anfangsstadium längst überwunden scheint, in dem es notwendig war, Akteure zunächst grundsätzlich für eine aufmerksame Beobachtung rechtsextremer Phänomene zu sensibilisieren. Zukünftig wird es nun darauf ankommen, weiterführende Konzepte zu entwickeln, die zielgerichteter die berufsspezifischen Kompetenzen von Fachpersonal erweitern können. Es käme darauf an, für die unterschiedlichen Akteursgruppen, die auf ihre je fachspezifische Weise mit Eltern, Familien und deren Kindern in Berührung kommen, auch spezifische, eben auf die jeweiligen Zugänge zugeschnittene Fortbildungsangebote vorzuhalten. Das gilt für die Auswahl der Fortbildungsinhalte ebenso wie für die methodisch-didaktische Umsetzung. Mit diesen Angeboten sollte eine Unterstützungsleistung offeriert und signalisiert werden, dass die Problembestimmungen und Bedarfe der Fachkräfte zum Ausgangspunkt einer gemeinsamen Arbeit gemacht werden. Das langfristige Ziel von Bemühungen um Wissens- und Kompetenztransfer bleibt die Förderung der Auseinandersetzung mit dem Phänomen Rechtsextremismus in den verschiedenen beruflichen Handlungsfeldern.

Gleichzeitig sollte die Erwartung an das Anwachsen der themenbezogenen Kompetenzen in den Regeldiensten nicht übertrieben werden. Das Ziel, die allgemeine Aufmerksamkeitsschwelle gegenüber rechtsextremen Phänomenen zu erhöhen und gezielt Handlungskompetenzen zu erweitern, bedeutet nicht, gleichzeitig alle Mitarbeiter/innen dieser Dienste zu Expert/innen im Rechtsextremismusfeld machen zu können. Bestimmte Problemstellungen sind für eine Bearbeitung unter den Rahmenbedingungen der Regeldienste auch gar nicht geeignet. Die grundsätzliche Unterscheidung zwischen Themenspezialist/innen und allgemeinen Diensten bleibt darum auch in Zukunft sinnvoll, vor allem wenn es gelingt, den gegenseitigen Austausch fruchtbar und konstruktiv zu gestalten.

Literatur

Bohn, I.; Kreft, D.; Segel, G. (Hg.): Kommunale Gewaltprävention. Das Aktionsprogramm gegen Aggression und Gewalt AgAG. Eine Handreichung für die Praxis. Band 5. Münster 1977.

Dwertmann, Anne; Krafeld, Franz Josef; Müller, Andrea; Peltz, Cornelius: „Rechte Jugendliche – ratlose Eltern. Ein vernachlässigtes Aufgabenfeld von Jugendarbeit. In: Deutsche Jugend, 55. Jg. 2007, H. 2, S. 70–77.

Elverich, Gabi: Hinweise für den pädagogischen Umgang mit dem Thema Rechtsextremismus. In: Molthagen; Klärner, Korgel; Pauli; Ziegenhagen (Hg.): Gegen Rechtsextremismus, S. 14-23.

Hartwig, Luise: „Spezialisierung versus Entspezialisierung". In: Schröder, Wolfgang; Struck, Norbert; Wolff, Mechthild (Hg.): „Handbuch Kinder- und Jugendhilfe". Weinheim und München 2002, S. 959–970.

Kohlstruck, Michael: Pädagogische Arbeit mit rechtsextremistisch gefährdeten Jugendlichen aus wissenschaftlicher Sicht. Ein Forschungsüberblick auf 20 Jahre. (Vortrag beim Fachtag des Violence Prevention Network e. V. am 18./19. Dezember 2008 in Berlin), Berlin 2008.

Molthagen, Dietmar; Klärner, Andreas; Korgel, Lorenz; Pauli, Bettina; Ziegenhagen, Martin (Hg.): Gegen Rechtsextremismus – Handeln für Demokratie. Lern- und Arbeitsbuch gegen Rechtsextremismus. Bonn 2008

Müller, Andrea; Peltz, Cornelius: Rechte Jugendliche – ratlose Eltern. Beratung von Eltern und Angehörigen rechtsextremer Jugendlicher. In: Molthagen; Klärner; Korgel; Pauli; Ziegenhagen (Hg.): Gegen Rechtsextremismus, S. 381–394.

Palloks, Kerstin; Steil, Armin: Von Blockaden und Bündnissen. Praxismaterialien zur Auseinandersetzung mit Rechtsextremismus im Gemeinwesen. Weinheim und München 2008.

Soeffner, Hans-Georg: Auslegung des Alltags – Der Alltag der Auslegung. Zur wissenssoziologischen Konzeption einer sozialwissenschaftlichen Hermeneutik. Konstanz 2004.

Zeddies, Reiner: Die Perspektive der Erziehungs- und Familienberatungsstelle. In: „Gemeinsam gegen Rechtsextremismus", Broschüre des Projekts „ElternStärken". Berlin 2009.

Rechtsextremismus und interkulturelle Konflikte in der Einwanderungsgesellschaft

Alexander Häusler

Kampfzone Kommune

Schon vor zehn Jahren verkündete der NPD-Vorsitzende Udo Vogt in einer Festschrift zum fünfunddreißigjährigen Parteijubiläum die besondere Bedeutung kommunalen Engagements und der Orientierung auf Bürgernähe. Seitdem die NPD auf ihrem Bundesparteitag 1998 das so genannte „Drei-Säulen-Konzept" verabschiedete, wurde diese Orientierung breiter bekannt: „Kampf um die Straße", „Kampf um die Köpfe" und „Kampf um die Wähler" lautete die Devise, später erweitert durch den „Kampf um den organisierten Willen". Seither ist partei- wie organisationsübergreifend ein verstärkter Trend zur kommunalen Einflussnahme auf verschiedenen Ebenen festzustellen. Neben dem Bestreben nach parteipolitischem Einfluss ist eine Orientierung auf die zivilgesellschaftliche Alltagssphäre festzustellen. Eine der Strategien der Rechtsextremen besteht beispielsweise in der Gründung kommunaler „Bürgerinitiativen". „Schöner wohnen in Ueckermünde" heißt etwa eine Initiative in der Kleinstadt von Mecklenburg-Vorpommern, die aus der neonazistischen Szene entstanden ist. Mit Flugblatt-Überschriften wie „Heute sind Sie tolerant und morgen fremd im eigenen Land" machen dort die Neonazis als Bürgerinitiative Front gegen den Umzug einer Unterkunft für Asylbewerber in das Stadtzentrum. *Bürgerinitiative Ausländerstopp* nennt sich in München eine NPD-Tarnliste, die den Einzug in den Stadtrat errungen hat; *Bürgerbewegung pro NRW* heißt hingegen eine neue Wahlpartei der extremen Rechten in Nordrhein-Westfalen. Gezielt greifen die Aktivisten lokale Themen, berechtigte Fragen, aber auch Ängste vor „Überfremdung" und Sorgen vieler Bürger und Bürgerinnen zur Entwicklung in ihren Städten oder Stadtteilen auf, um im vorpolitischen Raum Einfluss auf den Lebensalltag unter völkisch-nationalistischen Prämissen zu erlangen. Schon an diesen wenigen Beispielen wird deutlich: Die extreme Rechte erhebt dabei die multikulturelle Gesellschaft zu ihrem zentralem Feindbild (vgl. Häusler 2006).

Modernisierung von Rechtsaußen

Die propagandistischen Aktivitäten der extremen Rechten sind gegenwärtig gekennzeichnet von einem antiislamischen Populismus, der mit völkisch-rassistischen Parolen aufgeladen wird. In ganz Europa findet ein solcher antiislamischer Populismus Eingang in die Propaganda der extremen Rechten. Dabei sind die rassistischen Kampagnen gegen die Einwanderungsgesellschaften Europas von kulturellen und religiösen Deutungen und Zuschreibungen geprägt – der Rassismus erfährt hierbei durch eine Kulturalisierung eine propagandistische Modernisierung, indem er sich in populistischer Manier auf das mehrheitsfähige Angstthema „Islamismus" fokussiert. Eine derartige Verknüpfung von Rassismus und Islamfeindlichkeit illustriert etwa die Propaganda des belgischen *Vlaams Belang (VB)*, dessen Fraktionsvorsitzender Filip Dewinter bekundete: „Die Multikultur ist das Trojanische Pferd des Islams. Die Masseneinwanderung hat dazu geführt, dass unsere europäische Identität und Zivilisation in Bedrängnis gekommen ist. Die Multikultur hat dazu geführt, dass wir nicht mehr die Kühnheit haben um stolz auf unserer eigenen völkischen Identität und kulturellen Eigenart zu sein."

Instrumentalisierung von Moscheebaukonflikten

„Moscheen mit Minarett sind deutliche Zeichen von kultureller Landnahme einer dem deutschen Kulturraum wesensfremden Religion", heißt es in einem Positionspapier der „Republikaner". „Michel statt Moschee: Keine orientalische Machtsymbolik in unserer Stadt", plakatierte die DVU anlässlich der Wahl zur Hamburger Bürgerschaft. In Nordrhein-Westfalen lautet eine Kampagne des *NPD*-Landesverbandes: „Deutsche wehrt euch – Gegen Überfremdung, Islamisierung und Ausländerkriminalität!" Unter dem Namen *Bürgerbewegung pro NRW/pro Köln* tritt dort sogar eine neue Wahlpartei der extremen Rechten in Erscheinung, die Anti-Moscheebau-Kampagnen in den Mittelpunkt ihrer Propaganda gerückt hat. In der neurechten Wochenzeitung *Junge Freiheit* betont der Vorsitzende dieser Bewegung, der Rechtsanwalt Markus Beisicht, den Sinn solcher Kampagnen: „Gerade in Großstädten kann man damit punkten! Wir haben die Marktlücke besetzt, und es ist uns der Einbruch in Schichten gelungen, die wir sonst nicht erreicht hätten."

Auf europäischer Ebene gründeten Vertreter verschiedener Rechtsaußenparteien im Januar 2008 in Antwerpen ein Bündnis „Städte gegen Islamisierung" und veranstalteten Ende September 2008 einen so genannten „Anti-Islamisierungkongress" in Köln, der jedoch von massiven Protesten der Kölner Bürger/innen erheblich behindert wurde. Kampagnen gegen Moscheebau sind aber trotz dieses Misserfolgs des „Anti-Islamisierungskongresses" eine öffentlichkeitswirksame Projektionsfläche zum Schüren von Ressentiments und Ängsten vor angeblicher „Überfremdung", da in den kommunalen Auseinandersetzungen um Moscheebauten tiefer liegende Ängste und Problemlagen sichtbar werden. Dabei nutzt die extreme Rechte weit verbreitete Vorurteile gegenüber Muslimen sowie auch reale Probleme wie Fundamentalismus und Integrationsdefizite dazu, sie rassistisch zu kanalisieren: „Dem Multikulturalismus vor Ort entgegentreten", so benennt die stellvertretende Fraktionsvorsitzende von *pro Köln*, die Rechtsanwältin Judith Wolter in der NPD-Zeitschrift *Deutsche Stimme* die politische Stoßrichtung ihrer Bewegung (Wolter 2003).

Einfallstor: Kulturalisierter Rassismus

Die extreme Rechte verknüpft propagandistisch reale Problemlagen und gesellschaftspolitische Defizite mit rassistischen, nationalistischen und völkischen Handlungsoptionen. Dabei zieht sie ihre Stärke aus der Schwäche und der defizitären Wahrnehmbarkeit demokratischer Repräsentation und Partizipation: Je weniger aktive demokratische Gestaltungsmöglichkeiten – auch und besonders im kommunalen und alltäglichen Lebensumfeld – wahrnehmbar sind und je mehr sozialer Druck und ökonomische Fremdbestimmung den Lebensalltag prägen, desto einfacher sind autoritäre Politikangebote zu vermitteln. Hierbei kommt eine komplizierte inhaltliche Gemengelage in populistisch zugespitzter und pauschalisierender Form zum Ausdruck: Debatten um Integrationsdefizite werden verquickt mit Fragen zu religiös und politisch aufgeladenem Fundamentalismus sowie mit ethnisch-kulturellen Untergangsszenarien („islamistische Landnahme"; „die Deutschen sterben aus", etc.). So sind etwa Debatten um Zuwanderung oder um den Islam selten von großer Sachlichkeit geprägt. Von der Inszenierung eines Feindbildes Islam muss dann gesprochen werden, wenn der Islam pauschal als eine gewaltförmige und archaische „Ausländerreligion" dargestellt wird, für die es in den europäischen Gesellschaften angeblich keinen Platz gibt. Die rassistische Komponente derartiger Feindbilder

kommt dadurch zum Ausdruck, dass die Glaubensfrage pauschal mit der Zu-
wanderungsfrage und dem politischen Fundamentalismus verknüpft wird: Zugewanderte = Islam = Islamismus, so die dabei bemühte Analogie, die von aus-
grenzenden Zuschreibungen geprägt ist.

Das rassistische Feindbild Islam dient zugleich als Projektionsfläche verfehlter
Integrationspolitik. Denn in den öffentlichen Auseinandersetzungen um Moscheebauten werden zugleich die Konfliktfelder unserer Einwanderungsgesellschaft sichtbar. Von den über drei Millionen als Muslime definierten hier
lebenden Gläubigen, zu denen landläufig auch die ca. 600 000 Aleviten mit-
gezählt werden, hat der größte Teil einen Migrationshintergrund. Ausgeklam-
mert wird in Debatten hingegen zumeist, dass es auch eine steigende Anzahl
herkunftsdeutscher Muslime gibt. Die ca. 2 600 Moscheen in Deutschland sind
zum größten Teil selbst angemietete Räumlichkeiten, die meist unscheinbar
in Hinterhöfen errichtet worden sind. Aktuell sind gerade mal etwa 150 Moscheen durch Kuppeln und Minarette äußerlich erkennbar. Betreut werden diese Gebetsräume durch Vereine, die zum größten Teil den muslimischen Verbänden zugehörig sind, die wiederum den Koordinierungsrat der Muslime in
Deutschland bilden. Nicht nur die Öffentlichkeitsarbeit und mangelnde Transparenz der muslimischen Vereine und Verbände, sondern auch in einigen Organisationen auftretende religiös überformte gesellschaftspolitische Ansichten
bieten zum Teil berechtigten Anlass zur Kritik.

Doch diese Vereine pauschal zum Sündenbock verfehlter Integration zu erklären, hieße Ursache und Wirkung zu vertauschen. Denn diese Moscheevereine
fungierten hierzulande lange Zeit als Ersatz für eine verfehlte – genauer gesagt
nicht existente – staatliche Integrationspolitik. Sie waren soziale Anlaufstelle für
Zugewanderte muslimischen Glaubens, die hier als „ausländische Arbeitskräfte"
ein weitgehend entrechtetes und sozial deklassiertes Dasein führten, lebten sie
doch in einer Gesellschaft mit einem Blut-und-Boden-Staatsbürgerschaftsver-
ständnis, die noch bis in die 1990er-Jahre hinein offiziell leugnete, überhaupt
eine Einwanderungsgesellschaft zu sein. Hinzu kommen strukturelle Benachtei-
ligungen wie etwa das fehlende kommunale Wahlrecht für Migranten, die zum
Teil bereits seit mehren Jahrzehnten in Deutschland leben. Noch heute haben
beispielsweise in Deutschland lebende Türken als Nicht-EU-Bürger keine Möglichkeit, an der Kommunalwahl teilzunehmen (vgl. Keltek 2008: 279 f.).

Aufgrund der hohen Bedeutung des kulturellen Rassismus in der rechtsextremen Propaganda einerseits und der Herausforderungen einer konstruktiven
Gestaltung des Zusammenlebens in kultureller Vielfalt andererseits sind hand-
lungsübergreifende Strategien notwendig, die kommunales Engagement ge-

gen die extreme Rechte mit dem Ausbau einer demokratischen und auf Vielfältigkeit orientierten, multikulturellen Stadt- bzw. Gemeindekultur sowie einer auf Partizipation ausgerichteten Integrationspolitik verknüpfen.

Handlungsmöglichkeiten

Im Umgang mit rechtsextremen Interventionen im öffentlichen Raum gibt es keinen allgemeingültigen Masterplan. Es erweist sich oftmals sogar als kontraproduktiv, über die Köpfe der beteiligten kommunalen Akteure hinweg Maßnahmen aus allgemeinen „Handlungskatalogen" auf spezielle Problemlagen ohne Berücksichtigung regionaler Spezifika zu übertragen. Allerdings hat sich die Berücksichtigung bestimmter Aspekte im Umgang mit rechtsextremer Infiltration gegen das multikulturelle Miteinander bewährt. Die zunehmende propagandistische Konzentration von Rechtaußen auf einen kulturalisierten Rassismus, der das Religiöse als öffentlichkeitswirksamen Steigbügel zu nutzen bestrebt ist, nötigt zu einer Veränderung des Blickwinkels auf die Demokratie gefährdende Wirkungsmächtigkeit dieser Kampagnen.

Eine erfolgreiche Gesamtstrategie gegen Rassismus und Rechtsextremismus kommt dabei nicht umhin, neben der Isolierung extrem rechter Kräfte und Einstellungsmuster weitere Fragestellungen mit einzubeziehen und sich den gesellschaftlichen Anforderungen einer Einwanderungsgesellschaft unter der Prämisse gleichberechtigten Miteinanders zu stellen.

Zur Entwicklung offensiver Handlungsstrategien sollen die folgenden Stichpunkte dienlich sein:

1. Präventive Aufklärung

Rechtsextremismus muss von Politik und Gesellschaft offensiv als Herausforderung angenommen werden. Zur Entwicklung einer Handlungsstrategie gegen Rechts ist eine profunde Kenntnis der rechten Organisationsstrukturen, der propagandistischen Inhalte, der Akteure der extremen Rechten vor Ort und von deren Netzwerken Voraussetzung. Es ist ratsam, dass die politischen Entscheidungsträger, die demokratisch orientierten Fraktionen, die Sachgebietsleiter der kommunalen Verwaltung sowie Vertreterinnen und Vertreter der Fachöffentlichkeit zunächst interne Informationsveranstaltungen durchführen, bevor sie auf breiterer Ebene runde Tische, Bürgergespräche oder öffentliche Informationsveranstaltungen initiieren.

Dies erfordert, Informationen zusammenzutragen und aufzubereiten über:

- *die Aktivistinnen und Aktivisten, ihre Ziele und Methoden vor Ort;*

- *die politische Verortung der Aktiven im Netzwerk der extremen Rechten;*

- *die politischen (Wahlkampf-)Ambitionen der Gruppierungen;*

- *den Inhalt der Propaganda;*

- *deren Propagandamittel (Flyer, Internet, Infostände, Unterschriften-sammlungen etc.).*

Präventive Aufklärung ist notwendig zur:

- *Unterbindung lokaler Verwurzelung der extremen Rechten;*

- *Unterbindung rassistischer Kanalisierung lokaler Problemlagen;*

- *Isolierung demagogischer Akteure aus dem demokratischen Dialog.*

Durch eine vorbeugende und offensive Strategie der Aufklärung kann die lokale Etablierung extrem rechter Gruppierungen erschwert oder gar unterbunden werden.

Dies beinhaltet:

- *die Bereitstellung von Aufklärungsmaterial gegen die Propaganda der extremen Rechten;*

- *die Informierung der lokalen Medien;*

- *eine sachgerechte, klientelorientierte und aufsuchende Informationspolitik über das Problem Rechtsextremismus.*

Beispielhaft für eine fundierte antifaschistische Archiv- und Bildungsarbeit ist das antifaschistische Pressearchiv und Bildungszentrum Berlin e. V. (apabiz).

2. Politische Bündnisse gegen die extreme Rechte fördern

Kommunen, die eine offensive Handlungsstrategie gegen Rechts entwickeln wollen, sollten dazu einen Ratsbeschluss herbeiführen, der von allen demokratischen Parteien mitgetragen wird und eine Signalwirkung für das politische Klima in der Kommune hat. Wichtig sind Moderatoren, die Kontakte zwischen Politik, Verwaltung und den verschiedensten zivilgesellschaftlichen Gruppierungen eines lokalen Netzwerks knüpfen können. Geeignet dazu sind Personen des öffentlichen Lebens, die zwischen ganz unterschiedlich ausgerichteten Parteien und Gruppierungen vermitteln können. Demokratische Netzwerke sollten die gesellschaftliche Vielfalt berücksichtigen, eine Stärkung demokratischer Willensbildung anstreben und gemeinsam langfristig wirksame Handlungsansätze entwickeln.

Oftmals wird die Auseinandersetzung mit Rechtsextremismus an die Politik delegiert. Eine lebendige Demokratie, die in der Lage ist, Gestaltungsspielräume des Rechtsextremismus nachhaltig einzuengen, wird jedoch in erster Linie durch die aktive Beteiligung der Bürgerinnen und Bürger geschaffen, die in ihr leben. Politik und Verwaltung kommt hierbei eine Anregungsfunktion zu. Ihre Aufgabe ist es, Rahmenbedingungen so zu gestalten, dass Menschen sich zur Förderung eines gleichberechtigten Miteinanders zusammenschließen und in das lokale Gemeinwesen einmischen und beteiligen können. Bei der Entwicklung wirkungsvoller Maßnahmen gegen rechtspopulistische und rechtsextremistische Aktivitäten kommt zivilgesellschaftlichen Netzwerken, lokalen Gruppen und Initiativen vor Ort eine besondere Bedeutung zu. Die entschiedene Positionierung gegen Rechts ist dabei nur die eine Seite der Medaille: Zugleich sollten kommunale Bündnisse für Demokratie und Toleranz geschaffen werden, in denen auch Vertreter von Zuwanderervereinigungen eine aktive Rolle spielen, um multikulturelles Engagement öffentlich positiv erfahrbar zu machen und im Alltagsleben zu verankern.

Hierzu kann etwa das „Kommunale Bündnis für Demokratie und Toleranz" in Oberhausen unter aktiver Mitwirkung des kommunalen Migrationsrats als nachhaltig wirkungsvolles Praxisbeispiel dienen (vgl. Telli 2008: 288). Zur Handlungsorientierung kann das vom Menschenrechtsbüro Nürnberg erstellte Handlungsprogramm dienen (vgl. Menschenrechtsbüro 2009).

3. Multikulturelles Engagement von unten stärken

Die kommunalen Integrations- und Migrationsräte sind wichtig für die interkulturelle Kommunikation. Zugleich muss allerdings kritisch reflektiert werden, dass die Zusammensetzung der meisten kommunalen Migrations- oder

„Ausländer"-Beiräte bei weitem nicht die real existierende Vielfalt der Zu-
wanderercommunities widerspiegeln, da sie sich meist aus Vertreter/innen der
etablierten Zuwanderervereinigungen zusammensetzen, von denen die muslimischen Verbände türkischstämmiger Communities den prozentual größten
Einfluss haben. Die meisten hier lebenden muslimischen Gläubigen – nahezu
80 % – sind hingegen nicht in diesen Verbänden organisiert und damit wei-
testgehend unterrepräsentiert in solchen kommunalen Gremien. Daher sollte
den unterschiedlichen kommunalen Migrantenselbstorganisationen (MSO) sowie den multikulturell und multiethnisch ausgerichteten Selbstorganisationen
verstärkte Aufmerksamkeit zukommen. Sie spielen bei kulturellen, sozialen
und auch bildungspolitischen Integrationsmaßnahmen eine erhebliche Rolle,
die meist viel zu wenig öffentliche Anerkennung erfährt.

Als positives Beispiel für die Stärkung der Selbsthilfepotenziale und Vernetzung zugewanderter Eltern kann das „Elternnetzwerk NRW" herangezogen
werden. Dieses Netzwerk entstand aus dem Anspruch, neue Formen der Unterstützung und der Partizipation zugewanderter Eltern zu entwickeln, um so
die Bildungschancen der Kinder mit Zuwanderungsgeschichte zu verbessern.
Als ersten Schritt dazu wurde 2004 in Essen ein „Eltern-Kongress" veranstaltet, bei dem 1 432 Menschen mit verschiedenem religiösen und kulturellen
Hintergrund teilnahmen und woraus das Elternnetzwerk entstand. Eine Untersuchung dieses Netzwerks kommt zu dem Ergebnis, dass Förderung von
Kompetenz und gesellschaftliche Anerkennung bedeutende Schritte zur Verfestigung von Selbsthilfe darstellen (Fischer u. a. 2007). Eine Kommune, die
offensiv und aktiv die demokratische Gemeindekultur stärken will, braucht
ein breites und vielfältiges zivilgesellschaftliches demokratisch-interkulturelles
Engagement und muss dieses auch stärken. Umgekehrt brauchen MSO sowie antirassistisch und interkulturell orientierte zivilgesellschaftliche Gruppen
mehr Unterstützung durch die Kommune sowie Kooperationen mit öffentlichen und kommunalen Einrichtungen wie ethnischen Vereinen, Bürgerhäu-
sern und Nachbarschaftsheimen, Volkshochschulen, Kirchengemeinden, Schulen oder Jugendclubs.

Solche Kooperationen und Förderungen sind notwendig, um:

- *zivilgesellschaftliches interkulturelles Engagement zu fördern;*

- *bereits aktive Gruppierungen und Initiativen zu stärken;*

- *interkulturelle Netzwerke in den Stadtteilen aufbauen zu können;*

- *ethnischen Selbsthilfepotentialen öffentliche Anerkennung zu geben und*

- *integrationsfeindlichen Segregationstendenzen eine Politik der gemeinsamen Anerkennung und Verantwortlichkeit durch die Bereitstellung von interkulturellen Gestaltungsmöglichkeiten entgegenzusetzen.*

Als Förderkritierium für interkulturelle Projekte sollte die aktive Mitwirkung von MSO und sonstigen Interessenvertretungen Zugewanderter Berücksichtigung finden.

4. Demokratische und multikulturelle Identifikationsangebote schaffen

Positive Beispiele gelungener Integration lassen sich im lokalpolitischen Kontext gut herausstellen: im Rahmen einer interkulturellen Woche, bei Veranstaltungen, in Medien und Veröffentlichungen, über stadtteilbezogene Internetportale etc. Zuwanderung soll dabei als gesellschaftliche Normalität und Bereicherung im lokalen Geschehen begreifbar gemacht werden, die für kulturelle und wirtschaftliche Entwicklung unabdingbar ist.

- Gestaltungsmöglichkeiten hierzu sind etwa:

- *interdisziplinäre Arbeitskreise, stadtteilorientierte Projekte und „Runde Tische" zum interkulturellen Austausch;*

- *Formulierung eines kommunalen Leitbilds für ein multikulturelles Miteinander;*

- *Beitritt zur „Städtekoalition gegen Rassismus" (s. u.);*

- *Unterstützung von antirassistischer Bildungsarbeit in den Schulen (s. u.);*

- *Einführung von interkulturellen Stadtteilfesten;*

- *öffentliche Herausstellung positiver Potentiale lokaler Migrationsgeschichte und aktueller Zuwanderung durch Ausstellungen und Veröffentlichungen von Biografien.*

Als Praxisbeispiel für antirassistische Bildungsarbeit in den Schulen kann die Initiative „Schule ohne Rassismus – Schule mit Courage" als größtes bundesweites Schulnetzwerk mit fast 600 beteiligten Schulen angeführt werden. Dort führen Schüler/innen unterstützt von Lehrer/innen regelmäßig eine Vielzahl von Aktivitäten gegen jede Form der Diskriminierung, insbesondere gegen Rassismus, durch.

Um ein diskriminierungsfreies Klima zu fördern, sind alle Ressourcen für die Herstellung eines multikulturellen demokratischen Wir-Gefühls zu nutzen. Als Vorbild hierzu kann die im Jahr 2004 von der UNESCO initiierte „Städtekoalition gegen Rassismus" dienen: „Die Idee basiert auf der Erkenntnis, dass Diskriminierung und Ausgrenzung nur vor Ort entgegnet werden kann. Die UNESCO kooperiert mit einzelnen Städten in regionalen Netzen, um geeignete Strategien zur Rassismusbekämpfung zu entwickeln, die den Vorteil haben, an die Verhältnisse vor Ort ideal angepasst zu sein. Verantwortung für die Initiative in Europa hat die Stadt Nürnberg übernommen. In Nürnberg fiel am 10. Dezember 2004 der Startschuss für das Städtenetzwerk ,European Coalition of Cities Against Racism' (ECCAR)" (UNESCO 2008).

5. Integrationspolitik aktiv gestalten

Die kommunale Integrationspolitik ist von zentraler Bedeutung für das friedliche Zusammenleben in einer multiethnischen Kommune. Einer Politik, die Integration von Zugewanderten als Querschnittsaufgabe versteht, kommt eine herausragende Bedeutung in der Bekämpfung des Rechtsextremismus zu. Denn eine nachhaltige Integrationspolitik ist ein zentrales Mittel zur Vorbeugung gegen rassistische Hetze. Ein Verständnis von Integration sollte sich dabei an vier Ebenen orientieren, an denen der Stand und die Entwicklung der Integration gemessen werden sollten:

- *Strukturelle Integration: Beteiligung an den Kerninstitutionen der Aufnahmegesellschaft (Wirtschaft und Arbeitsmarkt, Bildungs- und Qualifizierungssysteme, Wohnungsmarkt und politische Gemeinschaft).*

- *Kulturelle Integration: Teilnahme am kulturellen Leben und der kulturellen Vielfalt der Aufnahmegesellschaft. Förderung beiderseitiger Lern- und Sozialisationsprozesse seitens Aufnahmegesellschaft und Zugewanderter; Förderung des interkulturellen Dialogs sowie der Ermöglichung gleichberechtigten Zugangs zu kulturellen Angeboten.*

- *Soziale Integration: Förderung sozialer Entfaltungsmöglichkeiten für die Zugewanderten und ihre Familien; Maßnahmen zum gleichberechtigten Zugang zu sozialen Einrichtungen; gezielte Förderung zivilgesellschaftlichen Engagements von Zugewanderten; Maßnahmen für den sozialen Frieden und sozialen Austausch zwischen angestammten und zugewanderten Bevölkerungsteilen.*

- *Identifikatorische Integration: Vermittlung eines Zugehörigkeitsgefühls als subjektive Ebene der Integration. Hilfestellungen und Maßnahmen für persönlichen Zugehörigkeits- und Identifikationsempfindungen der Zugewanderten zur Aufnahmegesellschaft bzw. zu der Stadt und der Region, in der sie leben. Hierzu können zum Beispiel „Willkommens"-Präsente sowie persönliche Begrüßungen seitens kommunaler Amtsträger bei der Durchführung der Einbürgerungsformalitäten als wertschätzender symbolischer Akt dienlich sein. Als Orientierungshilfe hierzu können die unterschiedlichen kommunalen „Begrüßungspakete" für Neuzuwanderer herangezogen werden, die auch zum Maßnahmenkatalog von Förderprogrammen für kommunale Integrationsprojekte gehören (vgl. Kompetenzzentrum für Integration 2007).*

Integration kann weder verordnet noch abgeschlossen werden, sondern ist vielmehr als ein fortwährendes gemeinsames Ringen um ein akzeptables gesellschaftliches Miteinander zu begreifen und zu praktizieren (vgl. Häusler 2006b: 11). Umso wichtiger, dass Integration von kommunaler Politik, Verwaltung und Zivilgesellschaft als Aufgabe erkannt worden ist und in konkreten Maßnahmen sichtbar wird, dass man sich gemeinsam über ein interkulturelles Zusammenleben verständigt.

Hierzu können Aufarbeitungen lokaler Migrationsgeschichte und das Aufzeigen kultureller Vielfalt wertvolle Hilfe geben. Als gut gemachtes Beispiel kann eine solche Aufarbeitung für die Stadt Berlin dienen (vgl. Kleff / Seidel 2008).

6. Koordinierung und Vernetzung der Handlungsebenen

Eine nachhaltige Etablierung integrationspolitischer Maßnahmen beginnt mit der Bedarfs- und Potentialanalyse. Lokale Handlungsfelder, bisher bestehende Defizite und Potenziale müssen bewertet werden (vgl. Häusler 2006b).

Mittlerweile gehört die Forderung, Integration als politische und verwaltungstechnische Querschnittaufgabe zu betreiben, zum politischen Allgemeingut. Eine Möglichkeit zur effektiven Umsetzung dieses allgemein proklamierten Anliegens ergibt sich jedoch erst durch die Etablierung politischer und verwaltungstechnischer Steuerungsmöglichkeiten. Hierzu ist die Einrichtung einer Koordinierungsstelle für integrationspolitische Angelegenheiten mit operativer Gestaltungsmöglichkeit Voraussetzung. Eine Netzwerkorientierung und Konzentration auf bürgerschaftliche Partizipation ist hierbei zwingend erforderlich, um Tendenzen zur Verbürokratisierung von zivilgesellschaftlichem Engagement vorzubeugen. Einsteigende Orientierungshilfe für praxisnahe kommunalpolitische Förder- und Steuerungsmöglichkeiten bürgerschaftlichen Engagements bieten Handbücher zur Kommunalpolitik (vgl. Schmidt-Kuner/dos Santos Herrmann 2004). Zur Veranschaulichung kommunaler integrationspolitischer Maßnahmemöglichkeiten kann ein Blick in ausgewertete Konzepte und Modellprojekte Orientierung geben (vgl. Barwig/Davy 2004; Bertelsmann Stiftung o. J.), Grundlagen vermitteln Handbücher für die kommunale Integrationsarbeit (vgl. MGSFF NRW 2004; Schader Stiftung 2005). Wissenschaftliche Qualifizierungsmöglichkeiten bieten neue Studienangebote wie beispielsweise der neue Masterstudiengang „Integration und Interkulturalität" an der pädagogischen Hochschule Schwäbisch Gmünd (vgl. IDW 2009).

Des weiteren muss dieses Handlungsfeld verknüpft werden mit Maßnahmen zur sozialen und ökonomischen Integration. Hierbei können Sozialraumanalysen und eine sozialräumlich ausgerichtete Förderung von Selbsthilfepotentialen wertvolle Beiträge leisten. Als positives Praxisbeispiel hierzu kann etwa die Quartiersarbeit der Entwicklungsgesellschaft Duisburg dienen, deren Fokus auf der Stabilisierung benachteiligter Stadtteile durch die Konzentration auf die Förderung von Hilfe zur Selbsthilfe liegt (vgl. EG DU). Eine Vernetzung von gezielten integrationspolitischen Maßnahmen mit sozialräumlich orientierten Maßnahmen gegen Interventionsversuche von Rechtsaußen hat sich hierbei als notwendig erwiesen, da hierdurch unterbunden werden kann, dass die extreme Rechte politische Leerstellen besetzen kann.

7. Interkulturelle Konflikte und „Angst-Themen" offensiv diskutieren

Eine Einflussmöglichkeit erhält die extreme Rechte dort, wo sie unwidersprochen agieren kann. Die Zustimmung zu einem multikulturellen Miteinander bedarf daher einer entschiedenen Positionierung gegen rassistische Infiltration im kommunalpolitischen Alltag (vgl. dos Santos Herrmann 2008).

Integrationspolitische Themen, Probleme und Konfliktfelder müssen dabei offen, sachlich und jenseits von populistischen Zuspitzungen und multikultureller Verklärung angesprochen und bearbeitet werden. Hierzu gehören auch kritische Fragen zum Zusammenleben mit Muslimen, zum Islam und zu Moscheebauvorhaben. Einer solchen Aufgabe hat sich etwa die Info- und Bildungsstelle gegen Rechtsextremismus der Stadt Köln in Form einer Tagung zum Thema „Feindbild Islam" gestellt (vgl. Häusler/Killguss 2008).

Bei der Auseinandersetzung mit integrationspolitischen Fragen ist das politische Klima in einer Kommune von entscheidender Bedeutung. Eine Förde-

rung des friedlichen Klimas im kommunalen Alltag und Schutz vor rechtspopulistischer Einflussnahme beinhaltet beispielsweise die Organisation eines öffentlichen Dialogs bei einem anstehenden Moscheebauprojekt seitens des Bürgermeisters. Als erfolgreiches Praxisbeispiel kann hierbei die Arbeit für eine interkulturelle Begegnungsstätte beim Moscheebauprojekt in Duisburg-Marxloh herangezogen werden (vgl. Özmal 2008).

Eine wirksame Auseinandersetzung mit rechtspopulistischer Instrumentalisierung interkultureller Konfliktthemen beinhaltet:

■ *konstruktive Kritik an integrationspolitischen Fehlentwicklungen unter aktiver Einbeziehung von Interessensgruppen von Zugewanderten;*

■ *offensive Auseinandersetzung mit lokalen Konfliktthemen, damit sie gar nicht erst von rechtsextremen Akteuren rassistisch aufgeladen werden können;*

■ *Auseinandersetzung mit Fundamentalismus, Rassismus und Antisemitismus in den Einwanderungscommunities;*

■ *offensive politische Auseinandersetzung über die extreme Rechte statt Diskussion mit ihr.*

Ein gelungenes Beispiel für eine solche Auseinandersetzung stellt die Broschüre „Jugendkulturen zwischen Islam und Islamismus – Lifestyle, Medien und Musik" des Vereins „Schule ohne Rassismus" dar. Sie liefert wichtige Informationen zu einer widersprüchlichen Jugendszene und setzt sich in innovativer Form mit fundamentalistischen Tendenzen bei jungen Menschen mit Migrationshintergrund auseinander und zeigt demokratische Perspektiven auf (Schule ohne Rassismus 2009).

Als wirkungsvolles Praxisbeispiel für eine aktive, sozialräumlich orientierte, bündnisorientierte und gesellschaftlich etablierte Integrationsarbeit seitens kommunalpolitischer Gremien kann die Arbeit des Migrationsrats der Stadt Oberhausen herangezogen werden (vgl. Telli 2008).

8. Kritischer Blick auf die politische Mitte

Auch wenn in zunehmendem Maße in Politik und Medien die Erkenntnis Einzug gehalten hat, dass Rechtsextremismus kein Phänomen allein der „politischen Ränder" ist, hat das viel bemühte Schlagwort vom „Problem der Mitte" bislang noch wenig praktische Berücksichtigung gefunden. Die zunehmende propagandistische Konzentration von der extremen Rechten auf einen kulturalisierten Rassismus, der das Religiöse öffentlichkeitswirksam als Propagandafolie benutzt, nötigt zu einer offensiven Auseinandersetzung mit einem solchen Kulturkampf von Rechts. Eine erfolgreiche antirassistische Gegenstrategie kommt daher nicht umhin, neben der Isolierung extrem rechter Kräfte und Einstellungsmuster soziale und ökonomische Verwerfungen im gesellschaftlichen Machtzentrum einer kritischen Reflektion zu unterwerfen. Politisch muss zugleich deutlich gegen einen ethnisierenden Populismus und für kulturelle Vielfalt Stellung bezogen werden. Hierzu ist auf kommunaler Ebene ein deutliches Bekenntnis für ein respektvolles interkulturelles Zusammenleben erforderlich. Die Erstellung kommunaler Leitbilder zur Integration können dafür Hilfe und Orientierung geben. Die öffentliche Verankerung eines solchen Bekenntnisses und dessen nachhaltige Wirksamkeit erwachsen allerdings erst aus der Etablierung einer aktiven zivilgesellschaftlichen Netzwerkarbeit, die der politischen Unterstützung und dem Ausbau von sozialen Entfaltungsmöglichkeiten bedarf. Dazu muss sich den integrationspolitischen Anforderungen einer Einwanderungsgesellschaft unter der Prämisse eines gleichberechtigten und respektvollen Miteinanders offensiv gestellt werden.

Der Beitrag fußt auf Vorarbeiten, die ich gemeinsam mit Adelheid Schmitz und Hans-Peter Killguss erstellt habe (s. Literaturverzeichnis).

Literatur

Antifaschistisches Pressearchiv und Bildungszentrum Berlin e.V (apabiz), unter: http://www.apabiz.de/.

Barwig, Klaus J.; Davy, Ulrike (Hg.): Auf dem Weg zur Rechtsgleichheit? Konzepte und Grenzen einer Politik der Integration von Einwanderern. Baden-Baden 2004.

Bertelsmann Stiftung (Hg.): Kommunale Integrationspolitik erfolgreich gestalten. Daten, Beispiele, Erfolgsfaktoren, o. J. (Download unter: http://www.wegweiser-kommune.de/themenkonzepte/integration/download/pdf/Kommunale_Integrationspolitik_erfolgreich_gestalten.pdf).

Entwicklungsgesellschaft Duisburg mbH (EG DU) (http://www.eg-du.de/).

Fischer, Veronika; Krumpholz, Doris; Schmitz, Adelheid; Patocs, Csilla: Stärkung der Selbsthilfepotenziale und Vernetzung zugewanderter Eltern. Eine Untersuchung des Elternnetzwerks NRW unter besonderer Berücksichtigung des Fortbildungsbedarfs. 2007 (Download unter: http://soz-kult.fh-duesseldorf.de/groups/material.fb6/forschung/ForschungsprojektElternnetzwerk/bericht_elternnetzwerk.pdf).

Häusler, Alexander (Hg.): Rechtspopulismus als „Bürgerbewegung". Kampagnen gegen Islam und Moscheebau und kommunale Gegenstrategien. Wiesbaden 2008.

Häusler, Alexander: „MultiKulti" als Bedrohungsszenario in Medien der extremen Rechten. In: Butterwegge, Christoph; Hentges, Gudrun (Hg.): Massenmedien, Migration und Integration. Herausforderung für Journalismus und politische Bildung. Opladen 2006, S. 109–128.

Häusler, Alexander: Kommunales Integrationskonzept Oberhausen. In: Stadt Oberhausen (Hg.): Beiträge zur Stadtentwicklung, Nr. 86/2007. Oberhausen 2006b (Download unter http://www.oberhausen.de/downloads/KIKO_mitEinleger_download.pdf).

Häusler, Alexander; Killguss, Hans-Peter (Hg.): Feindbild Islam. Rechtspopulistische Kulturalisierung des Politischen. Dokumentation zur Fachtagung vom 13. September 2008 (Beiträge und Materialien der Info- und Bildungsstelle gegen Rechtsextremismus). Köln 2008.

Informationsdienst Wissenschaft (IDW): Vielfalt erfolgreich gestalten: Neuer Masterstudiengang „Integration und Interkulturalität" startet zum Wintersemester 2009/2010. Pressemitteilung 2009 (Download unter http://idw-online.de/pages/de/news308339).

Keltek, Tayfun: Aktivitäten der kommunalen Migrantenvertretungen in den Städten Nordrhein-Westfalens. In: Häusler (Hg.): Rechtspopulismus, S. 279–284.

Kleff, Sanem; Seidel, Eberhard: Stadt der Vielfalt. Das Entstehen des neuen Berlin durch Migration. Berlin 2008.

Ministerium für Gesundheit, Soziales, Frauen und Familie des Landes Nordrhein-Westfalen (MGSFF NRW): Integrationsarbeit – effektiv organisiert. Ein Handbuch für Kommunen. Düsseldorf 2004 (Download unter: http://www.vielfalt-als-chance.de/data/downloads/webseiten/21_Ein_Handbuch_f_Kommunen-Integrationsarbeit_effektiv_organisiert.pdf).

Özmal, Leyla: Kommunikation und zivilgesellschaftliches Engagement am Beispiel des Projekts „Begegnungsstätte in der Moschee" in Duisburg-Marxloh. In: Häusler (Hg.): Rechtspopulismus, S. 224–231.

Kompetenzzentrum für Integration des Regierungsbezirks Arnsberg: Förderkonzept. Innovation in der kommunalen Integrationsarbeit – eine Förderung durch das Land NRW (KOMM-IN NRW) (Download unter: http://www.lum.nrw.de/Termine/PDF/KOMM-IN_NRW/Foerderkonzept_15_01_2007.pdf).

Menschenrechtsbüro der Stadt Nürnberg (Hg.): Allianz gegen Rechtsextremismus in der Metropolregion Nürnberg. 2009 (Download unter: http://www.schule-ohne-rassismus.org/fileadmin/pdf/rex-handlungsprogramm.pdf).

dos Santos Herrmann, Susana: Umgang mit PRO KÖLN im Stadtrat. In: Häusler, Alexander, a. a. O., 2008, S. 258–266.

Schader Stiftung (Hg.): Zuwanderer in der Stadt. Empfehlungen zur stadträumlichen Integrationspolitik. Darmstadt 2005.

Schmidt-Kuner, Hannah; dos Santos Herrmann, Susana: Bürgerschaft und Management – Politik in den Kommunen. Ein Praxisbuch für moderne Kommunalpolitik. Schrift der Bundes-SGK e. V., 2004.

Schmitz, Adelheid; Häusler, Alexander: Aktiv für eine vielfältige, soziale und demokratische Stadt – kommunale Strategien gegen die extreme Rechte. In: Häusler (Hg.): Rechtspopulismus, S. 241–257.

Schule ohne Rassismus – Schule mit Courage (http://www.schule-ohne-rassismus. org).

Schule ohne Rassismus – Schule mit Courage (Hg.): Jugendkulturen zwischen Islam und Islamismus – Lifestyle, Medien und Musik. 2009 (Download unter http://www. schule-ohne-rassismus.org/fileadmin/pdf/bestellformular%202008-09-1.pdf).

Telli, Ercan: Integrationspolitik und Aktivitäten gegen Rechtspopulismus und Rechtsextremismus in Oberhausen: Beispiele aus der Praxis. In: Häusler (Hg.): Rechtspopulismus, S. 285–290.

UNESCO: Städtekoalition gegen Rassismus. 2008 (http://unesco.de/staedtekoalition.html?&L=0).

Wolter, Judith: Dem Multikulturalismus vor Ort entgegentreten. In: Deutsche Stimme, Nr. 1/2003.

Rechts - extre
Jugendaktionsta
Rechtsextremi...u

...onn...

Kommunale Demokratieförderung durch Partizipation

Dietmar Molthagen

Einleitung

Klagen über Politikverdrossenheit haben mittlerweile einen festen Platz in politischen Debatten eingenommen. Wann immer die Wahlbeteiligung wieder gesunken ist, eine Meinungsumfrage verbreitete Kritik am demokratischen System ergibt oder gesunkene Mitgliederzahlen in Parteien, Gewerkschaften oder politischen Vereinen gemeldet werden, wird Politikverdrossenheit diagnostiziert. Schuld daran sind entweder die „unfähigen" Politiker oder die „undankbaren" Bürger, gern auch die „schlechten" Medien oder schlicht der „individualistische" Zeitgeist.

Es ist fraglos zutreffend, dass die aktive Teilhabe am politischen Leben der Republik, beispielsweise durch die Beteiligung an einer Wahl, in den vergangenen Jahrzehnten stetig zurückgegangen ist. So konnte beispielsweise die Partei des Ministerpräsidenten von Sachsen-Anhalt bei einer Wahlbeteiligung von 44,4 % nur die Stimmen von gut 15 % der Wahlberechtigten auf sich vereinigen. In Deutschland wie in Westeuropa insgesamt beobachten wir seit den 1970er-Jahren einen Rückgang der Wahlbeteiligung bei nationalen Wahlen von 10 bis 20 % (IDEA 2002). Untersuchungen von Nichtwählern zeigen, dass insbesondere Menschen mit geringer formaler Bildung und nicht zuletzt jüngere Wähler/innen der Urne fernbleiben (Kersting 2004). Ob dieses Fernbleiben nun mit Politikverdrossenheit oder anderen Faktoren zu begründen ist, sei an dieser Stelle dahingestellt. Fakt ist jedoch eine Beteiligungskrise der Demokratie.

Zu dieser Beteiligungskrise kommen weitere Probleme hinzu: Dass die Entwicklungen der Globalisierung zu einem Verlust von Steuerungsmöglichkeiten nationaler Politik und damit zu einer Kompetenzkrise demokratischer Regierungen geführt hat, ist sattsam bekannt. Daneben besteht auch eine Vertrauenskrise. Studien belegen einen Vertrauensverlust gegenüber politischen Institutionen und teilweise gegenüber der Demokratie insgesamt. So ist das Vertrauen in politische Parteien oder die Bundesregierung in entsprechenden Umfragen sehr gering ausgeprägt und liegt weit unterhalb des Vertrauens in (nicht durch Wahlen legitimierte) Institutionen wie die Justiz oder die Polizei (Embacher 2009; Decker, Brähler 2006: 70). Zusätzlich steht neben dem beruhigen Befund einer Studie im Auftrag der Friedrich-Ebert-Stiftung aus dem Jahr 2006, nach dem weit über 90 % der Befragten in Ost- und Westdeutschland die Demokratie gut heißen, der weniger beruhigende Umstand, dass die politische Praxis der deutschen Demokratie nur noch bei gut der Hälfte der West- und gut einem Viertel der Ostdeutschen Zustimmung findet (Decker, Brähler 2006: 72). Hinzu kommt, dass auch Menschen aus der „Mitte der Gesellschaft" Unkenntnis über die Funktionsweisen der Demokratie aufweisen (Decker et al. 2008).

Vertrauensverlust in „die Politik", Parteienverdrossenheit und abnehmende Beteiligung an politischen Prozessen sind immer auch eine Infragestellung der Demokratie insgesamt. Und diese gegenwärtigen Krisensymptome der Demokratie in Deutschland nutzen antidemokratische Bewegungen für ihre Zwecke aus. Rechtsextreme Parteien und Organisationen verunglimpfen demokratische Parteien als „Systemparteien", skizzieren in ihrer Propaganda eine Gesellschaft im Würgegriff von Parteieliten und versprechen vermeintlich bessere Entscheidungen in einem autokratischen System. Im Ergebnis wollen Rechtsextremisten die Abschaffung der parlamentarischen Demokratie und eine monokulturelle Gesellschaft. Der damalige NPD-Abgeordnete im sächsischen Landtag, Uwe Leichenring, gab dies in einem FAZ-Interview auch offen zu: „Natürlich sind wir verfassungsfeindlich. Wir wollen eine andere Gesellschaftsordnung" (FAZ vom 21.9.2004).

Umgekehrt gilt aber auch, dass gelebte Demokratie und ein aktives Gemeinwesen vorbeugend gegenüber rechtsextremer Propaganda wirken. Denn die Erfahrung politischer Beteiligung steigert das subjektive Vertrauen in die Möglichkeit der Einflussnahme auf politische Entscheidungsprozesse (Pateman 1970). Demokratieförderung ist daher immer auch ein Baustein im Kampf gegen Rechtsextremismus. Da die konkretesten Möglichkeiten für politische Teilhabe auf kommunaler Ebene liegen, bietet sich die Kommune als Ort für das Ausprobieren neuer politischer Mitbestimmungsformen an.

Dieser Artikel will nicht die Ursachen von Politikverdrossenheit aufklären, sondern vielmehr anhand einiger Beispiele zeigen, wie die (Wieder-)Einbeziehung von Bürger/innen in kommunale politische Prozesse aussehen kann. Der Schlüssel dazu sind zeitlich begrenzte Beteiligungsverfahren zu möglichst konkreten kommunalen Fragen. Anhand von vier Beispielen aus der Arbeit der Friedrich-Ebert-Stiftung (FES) werden verschiedene Partizipationsformen vorgestellt – und zur Nachahmung empfohlen.

Was ist Partizipation?

Partizipation meint zunächst einfach Beteiligung. Politisch gesprochen: Bürger/innen sollen an Entwicklungs- und Entscheidungsprozessen beteiligt werden, die sie angehen, und dabei die Möglichkeit der Mitwirkung erhalten. Da solche Erfahrungen politischer Wirksamkeit am ehesten dort gelingen, wo die Entscheidungswege noch nicht zu lang sind und die Betroffenheit der Bürger/innen vergleichsweise unmittelbar ist, eignen sich kommunale Prozesse besonders für Partizipation. Zu beachten ist dabei, dass Partizipation die repräsentative Demokratie nicht ersetzen, sondern ergänzen soll. Selbst die Möglichkeit, parlamentarische Entscheidungen durch einen Volksentscheid zu korrigieren, bleibt auf die Umsetzung des Entscheids im Gesetzgebungsprozess wiederum durch die parlamentarischen Institutionen angewiesen. Partizipationsverfahren sollten also nicht gegen die gewählten und damit demokratisch legitimierten Gremien durchgeführt werden, sondern mit ihnen. Etwa im Vorfeld einer konkreten politischen Entscheidung oder im Zuge eines kommunalen Entwicklungsprozesses können Partizipationsverfahren die Perspektive der Bürger/innen hörbar machen – Politikberatung aus Sicht des Bürgers.

Partizipationsverfahren sind zudem selbst demokratische Prozesse, die eine Gruppe durchlebt. In den Verfahren muss von einer heterogenen Gruppe, in der verschiedene Interessen zusammen kommen, in begrenzter Zeit ein Ergebnis erzielt werden, über das durch Information, Diskurs, Abstimmung ein Konsens erzielt werden muss. Das spiegelt politische Entscheidungsprozesse in der Demokratie wider und führt dazu, dass Bürger/innen die Komplexität demokratischer Entscheidungsfindung selbst erleben. Dies kann zu einem Abbau von Politik(er)verdrossenheit führen, wie ein Teilnehmer einer Bürgerkonferenz bestätigte. Nach der Konferenz sagte er, es habe ihm zwar Spaß gemacht, sei aber auch anstrengend gewesen. Er habe erkannt, wie schwierig es sei, Politik zu machen und schloss mit den Worten: „Ich möchte niemals Politiker werden."

Zu unterscheiden sind mehrere Typen von Partizipation: Es gibt zum einen kontinuierlich bzw. punktuell arbeitende Verfahren, zum anderen eher beratende oder eher entscheidende.

	kontinuierlich (Beispiele)	punktuell (Beispiele)
tendenziell beratend	■ Internetbasierte Bürgerbefragung ■ Deliberatives Poll ■ Webforum	■ Bürgerkonferenz ■ Zukunftskonferenz ■ Open Space-Konferenz
tendenziell entscheidend	■ Referendum ■ Volksbegehren ■ Orts-, Senioren, Jugend-, Ausländerbeiräte ■ Kinder- und Jugendparlament	■ (Jugend-)Planungszelle ■ Mediation ■ Bürgerhaushalt ■ RTSC (Real Time Strategic Change)

(vgl. Kersting 2008, 28 – ergänzt vom Autor)

Die FES verfügt über Erfahrung in der Durchführung punktueller Partizipationsverfahren, wovon einige im Folgenden dargestellt werden. Kontinuierliche Verfahren stellen hohe Anforderungen an Organisation und Begleitung des Prozesses ebenso wie an die Teilnehmenden. In der Praxis eröffnen eher punktuelle Verfahren potenziell allen Bürger/innen eine Teilnahme, da sowohl die zeitlichen Kapazitäten wie auch die individuelle Motivation zu einem langen Verfahren erfahrungsgemäß nicht sehr ausgeprägt sind.

Grundsätze von Partizipationsverfahren

Partizipation ist eine Methode, noch nicht die Lösung eines Problems. Kommunale Partizipationsverfahren können und sollen nicht die bereits vorhandenen politischen Beteiligungsmöglichkeiten der Bürger/innen ersetzen. Zudem gibt es kein gerechteres und demokratischeres Instrument als das allgemeine Wahlrecht, was die Grundlage der freiheitlich-demokratischen Grundordnung der Bundesrepublik Deutschland darstellt. Es ist außerdem zu berücksichtigen, dass die individuellen Voraussetzungen für eine Teilnahme an Partizipationsverfahren höchst unterschiedlich sind. Hinzu kommen spezifische Dynamiken, vor allem gruppendynamische Prozesse bei den Teilnehmenden, die wiederum zu

Hierarchiebildung, Wortführerschaft und/oder hoher Risikobereitschaft bei den unterbreiteten Vorschlägen führen können (Kersting 2008: 18 f.; Molthagen 2006: 73 ff.). Eine unreflektierte Durchführung von Partizipationsverfahren kann daher unter Gesichtspunkten der Demokratieförderung sogar kontraproduktiv wirken.

Partizipationsverfahren sind also kein Königsweg und können parlamentarische Prozesse nicht ersetzen. Vielmehr ist es im Sinne der Demokratieförderung Aufgabe von Partizipationsverfahren, Bürger/innen an kommunalpolitischen Meinungsbildungsprozessen zu beteiligen und positive Erfahrungen mit Mitbestimmungsmöglichkeiten in der Demokratie zu ermöglichen. Denn politische Einstellungen ändern sich am ehesten durch Erfahrungswissen. Dies könnte dann im Idealfall dazu führen, dass Bürger/innen zur erstmaligen oder wieder neuen Wahrnehmung politischer Rechte – wie das aktive und auch das passive Wahlrecht – und Mitarbeit in etablierten demokratischen Institutionen – wie etwa Parteien – motiviert werden. Die Praxis zeigt, dass diese Hoffnung nicht übertrieben ist. So führte beispielsweise (neben anderen Faktoren) eine Zukunftskonferenz der Friedrich-Ebert-Stiftung bei einem Teilnehmer zur Kandidatur bei den kommenden Kommunalwahlen. Ein Teilnehmer einer kommunalen Bürgerkonferenz arbeitete anschließend beim kommunalen Runden Tisch gegen Rechtsextremismus mit.

Um Partizipation in der geschilderten Weise durchzuführen, sind bestimmte Grundregeln zu beachten:

1. Es bestehen Realisierungschancen für die Vorschläge der Bürger/innen

Wenn man möchte, dass sich Bürger/innen an kommunalen Entscheidungsprozessen beteiligen, muss man ihnen auch Gestaltungsspielräume einräumen und darf „Bürgerbeteiligung" nicht als basisdemokratisches Feigenblatt missbrauchen. Insofern hat der Veranstalter eines Verfahrens die Verantwortung, im Vorfeld mit Politik und Verwaltung zu klären, welche Bereitschaft zur Umsetzung der Ergebnisse besteht und welche Handlungsspielräume etwa in Form eines Budgets, Mitbestimmung bei einer anstehenden Entscheidung oder anderes eingeräumt werden. In Gera wurde von Stadt und FES eine Bürgerkonferenz im Zusammenhang mit der Entwicklung eines Stadtprogramms zur Auseinandersetzung mit dem Rechtsextremismus durchgeführt. Und einige im Bürgervotum genannten Punkte sind dann auch in das Programm eingegangen.

2. Die Möglichkeit zur Teilnahme muss allen Bürger/innen offen gestanden haben

Partizipationsverfahren müssen prinzipiell offen sein. Zumindest potenziell muss allen Bürger/innen die Teilnahme offen gestanden haben, wie etwa bei einer Zufallsziehung aus den Melderegistern bei einer Bürgerkonferenz oder Planungszelle. Eine exklusive Teilnahme nur bestimmter Kreise beschädigt die Gemeinwohlorientierung. Zumindest eine Bewerbung der Veranstaltung in den örtlichen Medien mit dem klaren Hinweis, dass jede/r sich beteiligen kann, sollte erfolgen. De facto wird es ohnehin so sein, dass sich engagierte Bürger/innen überproportional beteiligen. Deshalb sollte der Veranstalter erwägen, gezielt bestimmte Personengruppen zur Teilnahme einzuladen, die erfahrungsgemäß in kommunalen Prozessen unterrepräsentiert sind. Im Zusammenhang mit einer Auseinandersetzung mit dem Rechtsextremismus sind das oft die potenziellen Opfergruppen rechtsextremer Gewalt, die einzubinden sich aber unbedingt empfiehlt.

3. Veranstalter und Moderatoren sind neutral und gewährleisten Transparenz

Selbstverständlich dürfen weder der Veranstalter eines Partizipationsverfahrens noch etwaige Moderator/innen ein bestimmtes Ergebnis beabsichtigen. Allerdings ist der Einfluss des Veranstalters nur in der Theorie vollkommen auszuschließen. Durch die Auswahl von Ort und Zeitpunkt des Verfahrens, dem zur Verfügung gestellten Material, ggf. eingeladenen Referent/innen u. a. nimmt der Veranstalter zwangsläufig Einfluss auf das Verfahren. Deshalb muss im Interesse der Neutralität Transparenz über das Verfahren hergestellt werden. Informationen über im Vorfeld getätigte Entscheidungen müssen der Gruppe gegenüber erläutert werden. Konkret bedeutet dies beispielsweise, den Teilnehmer/innen zu erklären, warum bestimmte Personen für eine Expertenanhörung ausgewählt worden sind und Informationen zu den Referent/innen zur Verfügung zu stellen.

4. Die Gruppe handelt selbstbestimmt und eigenverantwortlich

Innerhalb des Verfahrens müssen die Teilnehmenden selbstbestimmt und unbeeinflusst arbeiten können. Zur Autonomie der Teilnehmenden gehört auch, dass sie in der Verantwortung stehen, über Fragen selbst zu entscheiden. Gerade zufällig zusammengestellte und nur über einen kurzen Zeitraum arbeitende Gruppen neigen dazu, Vorgaben des Veranstalters oder der Moderator/innen anzunehmen. Zumindest muss der Gruppe immer wieder angeboten werden, den gesetzten Rahmen nach ihren Wünschen zu verändern. Ein Bei-

spiel: In einer Bürgerkonferenz zum Thema Stammzellenforschung hatte die Gruppe durchgesetzt, an jedem Veranstaltungstag eine zeitlang ohne externe Moderation und die damals vorhandene wissenschaftliche Begleitung zu arbeiten – ein Beispiel für das gewachsene Selbstbewusstsein der Teilnehmenden (Burow, Künnemuth 2004: 123).

5. Es besteht die Möglichkeit zur vielseitigen Information und zum Austausch

Zum selbstbestimmten Arbeiten gehören Informationsmöglichkeiten. Aufgrund unterschiedlich vorhandenen technischen Vorkenntnissen und dem in Gruppen unterschiedlichen Grad der medienkritischen Auseinandersetzung mit Informationen sollten verschiedene Medien (Bücher, Zeitungen, Filmausschnitte, Websites) angeboten werden, damit die Teilnehmer/innen ein ihnen vertrautes Medium zur Informationsgewinnung auswählen können. Selbstverständlich muss das Informationsangebot zudem die inhaltliche Bandbreite des zu bearbeitenden Themas abdecken. Zum Austausch der Meinungen muss ausreichend Raum vorhanden sein. Da zudem die Erfahrungen mit Gruppendiskussionen bei den Teilnehmenden in der Regel unterschiedlich ausgeprägt sind, sollte zwischen Plenums- und Arbeitsgruppenphasen gewechselt bzw. stillere Teilnehmer/innen gezielt eingebunden werden.

6. Demokratische Grundregeln werden angewandt: Gleichberechtigung, Diskussion, Abstimmung, Minderheitenvotum, etc.

Während des Verfahrens müssen basisdemokratische Grundregeln gelten und zur Anwendung kommen. Bestehende Hierarchien unter den Teilnehmern sollten für die Dauer des Verfahrens ausgeblendet werden. Entscheidungsfindungen werden durch Diskussionen herbeigeführt, ggf. mit anschließenden Abstimmungen, wenn ein Konsens nicht herstellbar ist. Bei besonders strittigen Entscheidungen ist die Aufnahme eines Minderheitenvotums der überstimmten Fraktion zu erwägen. Diese sind sogar notwendig, wenn das Ergebnis ein Konsensprodukt sein soll, das alle mittragen können.

7. Es wird ein sichtbares Produkt erstellt, das publiziert wird

Das Ziel eines Endprodukts hat zwei Vorteile: Zum einen erhöht es die Verbindlichkeit der Mitarbeit, da die Teilnehmenden wissen, dass bis zu einem bestimmten Termin ein Schriftstück oder ähnliches vorliegen muss. Zum anderen eröffnet ein Produkt die Möglichkeit, das Ergebnis des Verfahrens anschließend weiter zu verbreiten, etwa indem man es in kommunalen Gremien diskutiert, in der lokalen Zeitung veröffentlicht, Vereinen, Gewerkschaften und Kirchen zur weiteren Beschäftigung mit dem Thema anbietet. Wird in einem Verfahren kein sichtbares Ergebnis produziert, empfiehlt sich eine Dokumentation, die die Arbeitsergebnisse schriftlich festhält.

8. Das Ergebnis wird mit Vertreter/innen der Politik diskutiert

Verfolgt man das Ziel, mit Partizipation einen Beitrag zur Demokratieförderung zu leisten, muss als letzter Schritt das Ergebnis eines Verfahrens mit den gewählten Politiker/innen der Kommune diskutiert werden. Es empfiehlt sich, diesen letzten Schritt von Anfang an in den Vorbereitungen zu berücksichtigen und etwa bereits einen Termin für die Diskussion der Arbeitsergebnisse im Stadtrat zu vereinbaren.

Partizipationsmethoden

Im Folgenden werden vier Partizipationsmethoden vorgestellt, die von der FES durchgeführt werden. Interessenten an diesen Angeboten können Ansprechpartner/innen auf der Internetseite www.fes.de/rechtsextremismus finden.

Methode 1: Die Bürgerkonferenz

Die Grundidee: Eine zufällig ausgewählte Gruppe von Bürger/innen erarbeitet eigenständig eine Handlungsempfehlung für die Politik, das „Bürgervotum". Dadurch erfolgt Politikberatung einmal nicht durch bezahlte Expert/innen, sondern durch den demokratischen Souverän – Bürgerinnen und Bürger. Außerdem können Gruppen von Nicht-Fachleuten erstaunlich hochwertige Beratungsleistungen erbringen, wie Untersuchungen von James Surowiecki belegen (Surowiecki 2005).

Eine Bürgerkonferenz dient erstens der Partizipation von Bürger/innen, weil diese an der politischen Meinungsbildung zu einer Frage beteiligt werden und ihre Stimme mit dem Bürgervotum in die Debatte eingeht. Sie dient zweitens aber auch der politischen Bildung, weil die Teilnehmenden sich in ein Thema einarbeiten müssen und dabei ein tieferes Verständnis sowohl des Themas als auch von politischen Prozessen gewinnen. Drittens ist sie eine Übung in Demokratie, denn es muss eine individuelle und kollektive Meinungsbildung erfolgen und anschließend durch Diskussionen in begrenzter Zeit ein Konsens in der heterogenen Gruppe gefunden werden.

Die Durchführung

Eine Bürgerkonferenz (ausführlich zu dieser Methode: Molthagen 2006) sollte in enger Abstimmung mit der kommunalen Politik durchgeführt werden, im Idealfall als direkte Kooperation. Bewährt hat sich zudem die Übernahme der Schirmherrschaft durch den Oberbürgermeister, wie im Fall der Stadt Gera geschehen.

Die Teilnehmer/innen werden zufällig aus den Einwohnermelderegistern ausgewählt und schriftlich zur Bürgerkonferenz eingeladen. Eine erste Herausforderung besteht somit darin, die Arbeitsfähigkeit einer sehr heterogenen Gruppe, die ein solches Auswahlverfahren ergibt, herzustellen. Nicht zuletzt aus diesem Grund empfiehlt sich die Zusammenarbeit mit Moderator/innen, die über Erfahrung mit komplexen Gruppenprozessen verfügen.

Im Verlauf der Konferenz müssen die Teilnehmenden ihre Vorkenntnisse zum Thema einbringen können, aber auch die Möglichkeit zur tiefergehenden Information zum Thema erhalten. Dies erfolgt durch die Bereitstellung von Informationsmaterial sowie durch eine öffentliche Expert/innenbefragung, die bewusst Ähnlichkeit zu einer Ausschussanhörung im Parlament aufweist. Im Verlauf einer Bürgerkonferenz lässt sich beobachten, wie durch die intensive Beschäftigung mit einem Thema vorgefertigte Meinungen hinterfragt werden – beispielsweise die Ansicht, Rechtsextremismus sei allein eine Folge ökonomischer Perspektivlosigkeit bei Jugendlichen.

Das sich entwickelnde eigene Urteil der Gruppe über das Konferenzthema und die Empfehlungen zu seiner politischen Bearbeitung mündet in ein gemeinsam in der Gruppe verfasstes Papier – das Bürgervotum. Das Votum soll ein Konsensprodukt sein, das am Ende alle Teilnehmer/innen unterschreiben. Anschließend wird es mit Politikvertreter/innen diskutiert und veröffentlicht. Die FES wählte dabei das Verfahren, das Bürgervotum im Rahmen einer Pressekonferenz mit der Möglichkeit zu Nachfragen und Diskussion einem Schirmherrn aus der Politik zu übergeben.

Um Enttäuschungen bei den Teilnehmenden vorzubeugen, da niemals alle Forderungen im Bürgervotum anschließend umgesetzt werden, sollte der Veranstalter schon im Verlauf der Bürgerkonferenz darauf hinweisen, wie politische Entscheidungsprozesse verlaufen, welche Folgen der Bürgerkonferenz realistischerweise zu erwarten sind und welche nicht. Die FES hat zudem in Nachtreffen sechs bis zwölf Monate später die Teilnehmenden noch einmal eingeladen und dabei die persönlichen und politisch-öffentlichen Ergebnisse der Bürgerkonferenz zusammentragen lassen.

Fazit

Bürgerkonferenzen eigenen sich, um Bürger/innen an kommunalen Meinungsbildungsprozessen zu beteiligen. Die Stimme des Wählers und Souveräns wird durch sie hörbar gemacht. Zudem erreicht sie aufgrund des Zufallsprinzips Bürger/innen, die in aller Regel nicht zu den ohnehin aktiven Personen zählen. Sie eröffnet den Teilnehmenden Erfahrungen mit der Komplexität politischer Entscheidungen und Mitbestimmungsmöglichkeiten. Im Kleinen der Bürgerkonferenz werden demokratische Prozesse vollzogen, indem die Bürger/innen verschiedene Interessen bedenken, Sachzwänge berücksichtigen und durch Diskussionen und Abstimmungen einen tragfähigen Konsens in der heterogenen Gruppe herstellen müssen. „Die Bürgerkonferenz ist ein Beispiel für gelebte Demokratie, die politikwirksam wird", fasst es Geras Oberbürgermeister Dr. Norbert Vornehm, Schirmherr einer Bürgerkonferenz der FES zur Auseinandersetzung mit dem Rechtsextremismus in seiner Stadt, zusammen (Ostthüringische Zeitung vom 5.11.2007).

Methode 2: Die Zukunftskonferenz

Die Grundidee: Die Zukunftskonferenz ist eine Methode, mit der in einem arbeitsteiligen Diskussionsverfahren eine gemeinsame Vision entwickelt und daraus abgeleitet konkrete Projekte geplant und Verantwortlichkeiten für die Umsetzung festgelegt werden (Weisbord, Janoff 2001). Nicht Probleme und Konflikte stehen im Mittelpunkt, sondern das Suchen nach einer gemeinsamen Basis und die Ausrichtung auf die Zukunft. An Zukunftskonferenzen sollen sich Vertreter/innen möglichst aller Bereiche eines Gemeinwesens beteiligen. Eine Zukunftskonferenz eignet sich als Methode der beteiligungsorientierten Planung für die Entwicklung eines kommunalen Leitbilds, die Strategienentwicklung unter vergleichsweise breiter Beteiligung und für die Mobilisierung von Engagement. Eine verwandte Methode ist die Zukunftswerkstatt, die nach einem ähnlichen Verfahren abläuft (BpB 2006: 47 ff.).

Die Durchführung

Zukunftskonferenzen eignen sich für Gruppengrößen zwischen 50 und 100 Personen (ausführlich zu dieser Methode: BpB 2006: 74 ff.). Ein Grundprinzip von Zukunftskonferenzen besteht darin, Vertreter/innen aller vom Thema betroffenen Interessengruppen zusammenkommen zu lassen. Neben Vertreterinnen und Vertretern von Kommunalpolitik und -verwaltung also auch Vertreter/innen von Vereinen, Gewerkschaften, Kirchen, Jugendgruppen, Migrantenverbänden, Kulturschaffende, etc. und nicht zuletzt „normale" Bürger/innen. Während der Konferenz sind dann aber alle Anwesenden als gleichberechtigte Teilnehmer/innen dabei. Die breite Beteiligung hat den Sinn, möglichst viele Perspektiven und Sichtweisen zu versammeln, das wechselseitige Lernen zu steigern und sicherzustellen, dass nach der Zukunftskonferenz viele an der Umsetzung der vereinbarten Maßnahmen mitarbeiten.

Wichtig ist, dass eine Zukunftskonferenz sowohl in Abstimmung oder Kooperation mit der Kommune organisiert als auch von den Bürgerinnen und Bürgern vor Ort getragen wird. Zwei bis drei Monate vor der eigentlichen Zukunftskonferenz sollten daher einige Vorbereitungstreffen unter Einbindung von Schlüsselakteuren stattfinden, bei denen Themenschwerpunkte, Ort und Zeitplan gemeinsam festlegt werden. An den drei Tagen (ein Wochenende) der Zukunftskonferenz selbst werden in fünf Schritten in wechselnden Diskussionsrunden und Gruppengrößen eine Analyse der Vergangenheit, die Betrachtung der Gegenwart und ein gemeinsamer Entwurf der Zukunft erarbeitet. Diese Schritte sind:

- *Blick in die Vergangenheit*

- *Erkundung der Gegenwart*

- *Vision: Entwurf von Idealszenarien für die Zukunft*

- *Konsens herstellen – eine gemeinsame Plattform finden*

- *Maßnahmen planen*

Sinnvoll ist es, sowohl die erarbeitete Zukunftsvision als auch die vorgeschlagenen Maßnahmen schriftlich festzuhalten. Ein solches Abschlussdokument sollte den Konsens der anwesenden Personen widerspiegeln und von allen unterzeichnet werden, was den politischen Diskurs vor Ort sicherlich beeinflussen wird. Wenn kein Abschlussdokument realisiert werden kann, empfiehlt sich eine Dokumentation der Zukunftskonferenz, die die Ergebnisse zusammenfasst und eingegangene Zusagen schriftlich fixiert. Ein wichtiger Unterschied zur Bürgerkonferenz besteht darin, dass die in einer Zukunftskonferenz vereinbarten Maßnahmen von den Teilnehmenden selbst umgesetzt werden sollen. Es ist somit eine höhere Verbindlichkeit nötig, dafür sind die Mobilisierungserfolge erfahrungsgemäß langanhaltender.

Wie schon bei der Bürgerkonferenz sollte eine Zukunftskonferenz in Zusammenarbeit mit in dieser Methodik erfahrenen Moderator/innen durchgeführt werden. Eine Zukunftskonferenz benötigt einige Materialien: Für die Arbeitsgruppen müssen Pinnwände, Flipcharts und Schreibgerät in ausreichender Zahl zur Verfügung stehen, zudem braucht man Räumlichkeiten von ausreichender Größe, die Arbeitsgruppenphasen ermöglichen und in denen man anschließend Arbeitsergebnisse ausstellen kann.

Auch bei Zukunftskonferenzen sind Nachtreffen bzw. Folgekonferenzen sechs bis zwölf Monate später empfehlenswert, da diese begonnene Prozesse wieder neu beleben können. Zu einer Zukunftskonferenz der FES und der Stadt Rheinsberg (Brandenburg) hat es mittlerweile drei Folgekonferenzen gegeben und sichtbare Ergebnisse wie die Einrichtung eines Bürgerbusses sowie ein Bürgertreff zur Diskussion über das Thema Rechtsextremismus.

Fazit

Die Zukunftskonferenz bietet einer großen Anzahl von Personen die Möglichkeit, sich an einem Planungsprozess der kommunalen Zukunft zu beteiligen. Die oftmals von Bürger/innen eingeforderte Beteiligung an politischen Entscheidungsprozessen ist damit eingelöst. Zugleich ermöglicht die Methode das Entstehen neuer Netzwerke. Bei der Zukunftskonferenz in Rheinsberg bemerkten etliche Teilnehmer/innen, dass sie trotz der relativ geringen Größe des Orts bei der Zukunftskonferenz neue Kontakte aufbauen konnten. Die dabei entstandenen Projektgruppen, die an einzelnen entwickelten Vorhaben weiterarbeiten wollten, haben mehrere Monate bis Jahre gearbeitet und damit auch neue Strukturen für kommunales Engagement geschaffen.

Gleichzeitig bietet die Zukunftskonferenz unabhängig von ihrem inhaltlichen Ergebnis die Möglichkeit, demokratische Arbeitsformen einzuüben. So erleben die Teilnehmenden eigenverantwortliches und weitgehend selbst gesteuertes Arbeiten in der Gruppe, sie lernen den Dialog als Werkzeug zur Durchsetzung von Interessen kennen und übernehmen Verantwortung für die eigene Wahrnehmung, das eigene Handeln und die Arbeit an gemeinsamen Zielen in einer heterogenen Gruppe.

Methode 3: Die Jugendagenda

Die Grundidee: Jugendliche erarbeiten unter Anleitung, aber selbstorganisiert eigene Vorschläge für ein Thema ihres eigenen oder kommunalen Interesses. Die FES hat beispielsweise mehrfach eine Jugendagenda zur Auseinandersetzung mit dem Rechtsextremismus in der Schule entwickeln lassen. Wichtig ist dabei, den Jugendlichen zu vermitteln, dass sie zumindest auch Vorschläge erarbeiten, die sie selbst an ihrer Schule, in ihrem Jugendclub oder ähnliches umsetzen können. Eine Delegierung jeglicher Verantwortung an andere (Schulleitung, Jugendamt, Bürgermeister, etc.) soll dadurch verhindert werden.

Die Durchführung

In einer Halbtagsveranstaltung erarbeiten in einem ersten Arbeitsschritt Jugendliche in Workshops eigenständig Forderungen zur Bearbeitung des gestellten Themas. Die Lehrer/innen sind von den Workshops explizit ausgenommen, die Workshops sollten jedoch von pädagogisch erfahrenen Moderator/innen angeleitet werden. Es sollte zudem jedem Workshop ein/e erwachsene Expert/in zur Seite gestellt werden, damit im Arbeitsprozess auftretende Fragen direkt geklärt werden können.

Je nach Vorkenntnissen zum Thema der Jugendagenda könnte ein einleitender Impuls im Plenum sinnvoll sein. Bei der Bearbeitung des Themas Rechtsextremismus hat sich dies als sinnvoll erwiesen, wobei darauf zu achten ist, das die/der Referent/in in jugendgemäßer Art Informationen vermittelt.

Die in den Workshops erarbeiteten Forderungen werden in einem zweiten Schritt von den Arbeitsgruppen im Plenum vorgestellt, dort diskutiert und wie in einem parlamentarischen Verfahren abgestimmt. Daraus entsteht eine Schüleragenda, die im dritten Schritt direkt im Anschluss oder in einer späteren Veranstaltung mit Vertreten der entsprechenden Ebene, also Bürgermeister, Stadtverordnete oder auch Schulleitung diskutiert wird. Im Fall der Jugendagenda zum schulischen Umgang mit Rechtsextremismus hat die FES die Agenda an die zuständigen Bildungspolitikerinnen und -politiker versandt und mit einzelnen Fachpolitiker/innen diskutiert.

Wird dieser dritte Schritt einer Diskussion der Agenda in eine spätere Veranstaltung verlegt, empfiehlt es sich, nach der Plenumsphase in den Workshop-Gruppen die Erfahrungen im Plenum den Moderator/innen der Workshops zu reflektieren. Dabei ist besonders wichtig, mit den Jugendlichen zu erarbeiten, dass sie gerade Erfahrungen mit einem parlamentarischen Verfahren gesammelt haben.

Fazit

Die Erarbeitung einer Jugendagenda hat den Lerneffekt, dass Jugendliche Verfahrensformen der parlamentarischen Demokratie kennen lernen: Erarbeitung von Positionen in der Gruppe, Vorstellung der eigenen Ideen im Plenum, das Werben um Abstimmungsmehrheiten, die Erfahrung von Sieg und Niederlage bei Mehrheitsentscheidungen.

Eine Veranstaltung zur Erarbeitung einer Jugendagenda ist vergleichsweise einfach und kostengünstig zu organisieren und eignet sich daher als Auftakt zu einem partizipativen Prozess.

Methode 4: Die Planungszelle / Jugendplanungszelle

Die Grundidee: Die Planungszelle wurde von Prof. Peter Dienel entwickelt und ist in Deutschland bereits vielfach angewendet worden (Dienel 2002). Ähnlich der Bürgerkonferenz erarbeiten in einer Planungszelle zufällig ausgewählte Bürger/innen in einem Informations- und Diskussionsverfahren Empfehlungen zu einer konkreten Frage. Der Unterschied besteht darin, dass Planungszellen nur im Auftrag einberufen werden, um ein konkretes Problem zu lösen oder eine Frage zu

klären. Im Idealfall beauftragen kommunale Institutionen eine Planungszelle, um zu einer Frage die Empfehlung der Bürger/innen zu ermitteln.

Die FES hat davon ausgehend ein speziell auf Jugendliche zugeschnittenes
Format „Jugendplanungszelle" entwickelt (ausführliche Beschreibung: Mitmischen! 2004 und im Internet unter http://www.fes.de/themen/jugend/
themen_jugendplanungszelle).

Durchführung

Eine Jugendplanungszelle findet innerhalb von vier bis fünf Tagen statt und eignet
sich somit gut für Projektwochen an Schulen oder in Jugendgruppen. Hinzu kommen eine interne Vorbereitungsphase für den Veranstalter von ca. sechs Wochen
und die abschließende Übergabe und Diskussion der erarbeiteten Vorschläge.

Während der Jugendplanungszelle werden Jugendliche zu Experten in einem
bestimmten Thema. Zielpunkt der Jugendplanungszelle ist die Erstellung eines
Gutachtens zum vereinbarten Thema. Demzufolge besteht die Hauptaufgabe
der Jugendlichen darin, Grundlagen für die Erstellung des Gutachtens zusammenzutragen. Das heißt:

1. *Informationen sammeln,*

2. *diese analysieren und diskutieren,*

3. *die Ergebnisse der Analyse und Diskussion bewerten,*

4. *Veränderungsvorschläge erarbeiten.*

Die größte Herausforderung bei der Durchführung dieser Methode besteht da-
rin, einen Auftraggeber zu finden und einen möglichst konkreten Arbeitsauf-
trag an die Jugendplanungszelle zu formulieren. Dabei sind nicht allein kom-
munale Institutionen als Auftraggeber denkbar, sondern auch Bildungsträger.
In letzterem Fall ist auch eine eigenständige Entwicklung des Themas durch die
Jugendlichen denkbar, was im Rahmen der Vorbereitung erfolgen kann. Die
Praxis zeigt aber: Ohne die prinzipielle Unterstützung von Stadtverwaltung und
Stadtrat kann die Jugendplanungszelle zwar stattfinden, die Chancen auf eine
Wahrnehmung und Umsetzung des entstehenden Gutachtens sind dann aber
äußerst gering. Den Jugendlichen gegenüber muss – wie den Teilnehmenden

an einer Bürgerkonferenz – von Anfang an deutlich gemacht werden, dass es keine Garantie für die vollständige Umsetzung der im Gutachten festgehaltenen Vorschläge geben kann.

Jugendplanungszellen wurden durchgeführt unter anderem zu den Themen Jugendbeteiligung, Stadtentwicklung, Schülerzeitung oder Jugendfreizeiteinrichtungen. Die Durchführung empfiehlt sich für Jugendliche ab Klassenstufe 9. Die Zufallsauswahl der Teilnehmenden ist bei einer Jugendplanungszelle nicht sinnvoll. Vielmehr sollte eine bestehende Gruppe mit der Aufgabe betraut werden. Generell empfiehlt es sich, mit der Gruppe den klassischen Lernraum Schule zu verlassen, um – im doppelten Sinne – den Jugendlichen neue, andere Denk-Räume zu eröffnen.

Die Jugendplanungszelle wird in allen drei Phasen von zwei bis drei Moderator/innen geleitet, die sich als Begleiter der Jugendlichen verstehen und mit pädagogischen und methodischen Grundlagen der Arbeit mit Jugendlichen vertraut sein sollten. Die FES verfügt über einen Pool von möglichen Moderator/innen.

Fazit

Die Jugendplanungszelle ist eine thematisch vielfältig einsetzbare Methode, die junge Menschen dabei unterstützt, ihre Interessen und Vorstellungen zu Themen, die sie selbst betreffen, zu formulieren und diese dann wirksam in ihren Lebensräumen zu vertreten. Der Auftraggeber erhält innovative und jugendgerechte Lösungsvorschläge für kommunale Probleme und Entscheidungssituationen.

Die Jugendplanungszelle versteht sich auch als Bildungsprojekt. Das Gutachten entsteht aufgrund von verschiedenen Bildungsprozessen bei den Jugendlichen und dokumentiert die intensive Auseinandersetzung der Jugendlichen mit dem Thema. Zudem werden Jugendliche im Rahmen des Projekts mit den Grundlagen kommunaler Politik vertraut gemacht. Gleichzeitig zeigen die Jugendlichen ihrer Kommune, dass sie mit fundierten Kenntnissen und Vorschlägen konstruktiv zu politischen Entscheidungsprozessen beitragen können.

Weitere Methoden

Es gibt neben den hier skizzierten zahlreiche weitere Partizipationsmethoden, die sich für eine kommunale Demokratieentwicklung eignen. Ein weit verbreitetes Instrument ist der „Bürgerhaushalt". Vereinfacht gesagt ist dies ein Verfahren, das die Bürger umfassend über Haushaltsplanungen in der Kommune informiert und ihnen Mitsprachemöglichkeiten einräumt (für nähere Informationen vgl. Holtkamp 2008). Einen Überblick über zahlreiche Methoden wie Open Space-Konferenzen, World Café und anderes bietet eine Broschüre der Bundeszentrale für politische Bildung (BpB 2006).

Partizipation als Weg zu einer starken Demokratie

Die skizzierten Partizipationsverfahren sind eine gute Möglichkeit, politische Beteiligung in der Kommune zu fördern und positive Erfahrungen mit demokratischen Mitbestimmungsmöglichkeiten zu eröffnen. Nicht jede Methode aber passt zu jedem Ziel und was erreicht werden soll und kann, muss jeweils im Vorfeld mit der kommunalen Politik geklärt werden. Denn wie erwähnt sollen Partizipationsverfahren die bestehenden kommunalpolitischen Mitwirkungsmöglichkeiten und die demokratisch legitimierten Gremien ergänzen, nicht ersetzen.

Wenn sich aber den Bürger/innen Mitwirkung an kommunalen Meinungsbildungs- und Entscheidungsprozessen eröffnen, profitieren davon Kommune und Bürger/innen gleichermaßen. Ideen, Kreativität und die Motivation der Bürger/innen wird für die Kommune nutzbar gemacht. Umgekehrt lernen die Bürger/innen politische Prozesse praktisch kennen und machen die Erfahrung, dass ihre Meinung zählt und Engagement etwas bewirkt. So werden im Kleinen der Kommune Erfahrungen gemacht, die Politikverdrossenheit insgesamt abbauen helfen und eine positive Grundhaltung gegenüber der Demokratie fördern – der Staatsform, die Mitsprachemöglichkeiten der Bürger/innen will und braucht. So wird auch im Großen Demokratie stabilisiert und ein wichtiger Beitrag dafür geleistet, dass die anti-demokratische rechtsextreme Bewegung keine weiteren Erfolge erzielen kann.

Literatur

Bundeszentrale für politische Bildung (Hg.): Großgruppenveranstaltungen in der politischen Bildung. Bonn 2006.

Burow, Olaf-Axel; Pauli, Bettina: Von der Expertenzentrierung zur Weisheit der Vielen. Die Bürgerkonferenz als Instrument partizipativer Politikberatung. In: Friedrich-Ebert-Stiftung, Forum Berlin (Hg.): Die Ursachen von Rechtsextremismus und mögliche Gegenstrategien der Politik. Dokumentation einer Bürgerkonferenz. Berlin 2006, S. 33–58.

Burow, Olaf-Axel; Kühnemuth, Kathrin: Brauchen Wissenschaft und Politik Bürgerberatung? Möglichkeiten und Grenzen der Bürgerkonferenz. In: Tannert, Christof; Widmann, Peter (Hg.): Stammzellen im Diskurs. Ein lese- und Arbeitsbuch zu einer Bürgerkonferenz. München 2004, S. 117–129.

Decker, Oliver; Brähler, Elmar: Vom Rand zur Mitte. Rechtsextreme Einstellungen und ihre Einflussfaktoren in Deutschland. Hrsg. von der Friedrich-Ebert-Stiftung, Forum Berlin. Berlin 2006.

Decker, Oliver; Rothe, Katharina; Weißmann, Marliese, Geißler, Norman; Brähler, Elmar: Ein Blick in die Mitte. Zur Entstehung rechtsextremer und demokratischer Einstellungen. Hrsg. von der Friedrich-Ebert-Stiftung, Forum Berlin. Berlin 2008.

Dienel, Peter C.: Die Planungszelle. Der Bürger als Chance. 5. Aufl. Wiesbaden 2002.

Embacher, Serge: Demokratie! Nein danke? Demokratieverdruss in Deutschland. Bonn 2009.

Holtkamp, Lars: Bürgerhaushalt. In: Norbert Kersting (Hg.): Politische Beteiligung. Einführung in dialogorientierte Instrumente politischer und gesellschaftlicher Partizipation. Wiesbaden 2008, S. 222–235.

IDEA (International Institute for Democracy and Electoral Assistance): Voter Turnout from 1945 to 1997. A Global Report on Participation. Stockholm 2002.

Kersting, Norbert: Innovative Partizipation: Legitimation, Machtkontrolle und Transformation. In: Ders. (Hg.): Politische Beteiligung. Einführung in dialogorientierte Instrumente politischer und gesellschaftlicher Partizipation. Wiesbaden 2008, S. 11–39.

Kersting, Norbert: Nichtwähler. Diagnose und Therapieversuche. In: Zeitschrift für Politikwissenschaft 2/2004, S. 403–427.

Mitmischen! Jugendplanungszelle. Eine Projektbeschreibung. Hrsg. von der Friedrich-Ebert-Stiftung. Büro Dresden. Dresden 2004.

Molthagen, Dietmar: Es gibt nichts Gutes, außer man tut es. Organisation und Durchführung der Bürgerkonferenz zum Thema Rechtsextremismus. In: Friedrich-Ebert-Stiftung, Forum Berlin (Hg.): Die Ursachen von Rechtsextremismus und mögliche Gegenstrategien der Politik. Dokumentation einer Bürgerkonferenz. Berlin 2006, S. 59–76.

Surowiecki, James: Die Weisheit der Vielen. München 2005.

Pateman, Carole: Participation and Democratic Theory. London 1970.

Weisbord, Marvin; Janoff, Sandra: Future Search – Die Zukunftskonferenz. Wie Organisationen zu Zielsetzungen und gemeinsamen Handeln finden. Stuttgart 2001.

Mittelbeschaffung für kommunale Projekte und Initiativen gegen Rechtsextremismus

Timo Reinfrank

Zusammenfassung

Wer Geld für Projekte gegen rechte Gewalt sammelt, muss erst einmal lokale Verbündete auf das Problem aufmerksam machen und nicht gleich nach dem Staat, der lokalen Politik und ihren Geldern rufen. Zuerst sollten eigene Ressourcen und die der Mitstreiter/innen mobilisiert werden. Fundraising, die strukturierte Beschaffung von Mitteln für zivilgesellschaftliche Initiativen, ist dabei mittlerweile zu einem Zauberwort geworden. Es geht darum, planvoll zu handeln und anhand einer systematischen Analyse der zur Verfügung stehenden Ressourcen vorzugehen. Erst wenn das Projekt und seine Partner gut aufgestellt und die Ziele klar benannt sind, ist es Zeit, sich nach geeigneten Förderinstrumenten für die Projektarbeit umzuschauen und die Mittelbeschaffung schrittweise zu planen und durchzuführen. Beispielsweise durch die gezielte Einbindung von ehrenamtlichen und prominenten Unterstützern, das Einwerben von Spenden, einen Antrag an eine Stiftung, die Stadt oder bei einem Landes- bzw. Bundesprogramm gegen Rechtsextremismus. Wer dauerhaft auf Mittel angewiesen ist, sollte das „Danke sagen" nicht vergessen. Für eine nachhaltige Veränderung des demokratischen Klimas in der Kommune bedarf es jedoch langfristiger Instrumente, die noch im Aufbau sind. Eines dieser neuen Instrumente ist das abschließend vorgestellte Modell von Bürgerstiftungen für demokratische Kultur.

Morgens um halb acht in Brandenburg

Es ist morgens um halb acht in einer kleineren Stadt in Brandenburg. Die gefühlte Zeit beim Aufstehen nach dem Blick nach draußen, es ist noch dunkel, ist eher halb sieben. Schnell ist die Kaffeemaschine angeschmissen und dann geht es im Jogginganzug zum Bäcker um die Ecke, kurz Brötchen holen. Doch das gestaltet sich heute Morgen erfreulicher als sonst. Das Sortiment ist erweitert worden. Neben dem normalen Angebot gibt es nun wieder die leckeren selbstgebackenen Brötchen, die nach der Wende 1990 spurlos aus der Bäckerei verschwunden waren. Die Wiederkehr der Brötchen ist bereits Gesprächsthema der ebenfalls Brötchen kaufenden Nachbarn mit dem Bäcker. Sie sind wieder da und haben einen neuen Namen: „Demokratiebrötchen", gebacken mit biologisch angebautem Weizen. Sie sind 20 Cent teurer als die maschinell gefertigten Brötchen, wobei davon 10 Cent von der Bäckerei gespendet werden. Sie gehen an den Kulturverein der Stadt, der sich entschlossen hat, eine Kampagne für demokratische Kultur – gegen Ausgrenzung im Ort zu machen und dafür Geld und Aufmerksamkeit braucht. Seit fast einem Jahr werden in der Jugenddisko an der Hauptstraße immer wieder Mädchen und Jungen von Neonazis angemacht. Nun trauen sich die örtlichen Jugendlichen nicht mehr, Tanzen zu gehen.

Den Besitzer des Clubs stört das nicht, weil seit einem halben Jahr Jugendliche aus ganz Brandenburg in seine Disko kommen, auch sein Sohn hat in der Naziclique neue Freunde gefunden. Die Tochter der Vorsitzenden des Kulturvereins ist jetzt auch mit einem Neonazi zusammen, nur ihr Sohn und fast alle aus seiner Klasse trauen sich abends nicht mehr auszugehen. Die Vorsitzende des Kulturvereins hat die Bürgermeisterin um Hilfe gebeten, aber die weigerte sich, mit dem Diskobetreiber über dieses Problem zu sprechen. Die Disko läuft gut und auch der Imbiss nebenan macht viel mehr Umsatz als früher. So hat die Vorsitzende das Thema im Kulturverein zur Sprache gebracht und gemerkt, dass ihr Sohn und seine Mitschüler/innen mit dem Problem in der Stadt nicht alleine sind. Schnell wurde klar, dass etwas passieren muss, woraufhin der Kulturverein die Idee einer Kampagne für demokratische Kultur in der Stadt entwickelte. Die Mitglieder des Vereins wollen darauf aufmerksam machen, dass sich ihre Söhne und Töchter von den Nazis bedroht fühlen und Angst haben. Sie wollen, dass die Bürgermeisterin sich des Themas annimmt und klar macht, dass Menschen, die andere Menschen bedrohen, in dieser Stadt nichts zu suchen haben. Da jedoch absehbar ist, dass der Clubbetreiber die Nazis nicht rausschmeißen will, sucht der Kulturverein nach einer Alternative für die Jugendlichen, wo sie tanzen können und keine Angst vor Pöbeleien und Schlägen haben müssen.

Friendraising kommt vor Fundraising

Viele Freundinnen und Freunde hat der Kulturverein eingeladen, um zu überlegen, wie sie auf das Problem aufmerksam machen können. Und über die Frage, wie ein Ort zum Tanzen für alle nicht-rechtsextremen Jugendlichen geschaffen werden kann. Nicht wenige sind gekommen. Der SPD-Landtagsabgeordnete und ehemalige Minister eröffnet das Treffen und grüßt vom Ministerpräsidenten, der leider nicht kommen kann. Schnell ist ein Ort gefunden, der zum Tanzen geeignet wäre – der leerstehende, nicht mehr genutzte alte Wasserturm der Stadt. Die Stadt möchte ihn schon lange an den Kulturverein gegen die Erstattung der Betriebskosten abgeben. Zusätzlich werden noch Mittel zur Renovierung benötigt. Ein Antrag an die Stadt ist die erste Idee, aber da die Oberbürgermeisterin dem ganzen nicht wohlwollend gegenüber steht, einigen sich die Anwesenden darauf, erst einmal selbst Geld für die Nutzbarmachung des Wasserturms zu sammeln. Sie wollen dadurch zeigen, dass sie nicht immer nur auf die Stadt angewiesen sind. Bei der Sammelaktion soll nicht nur Geld gesammelt werden, sondern auch alle anderen Dinge, die der Tanzclub gebrauchen könnte. So werden verschiedenen Ideen geboren, die alle dazu beitragen, auf verschiedene und kreative Weise Geld und andere Sachen für den Club zu sammeln. Die Brötchenidee ist nur eine davon. Der Buchladen der Stadt will beispielsweise eine Lesung mit prominenten Autoren aus Berlin machen und dann das Eintrittsgeld und weitere Spenden an den Kulturverein für die Jugenddisko übergeben. Der einzige Bioladen der Stadt will die Schokoladensorte „Bunter Pfeffer" mit einem ausführlichen Beipackzettel „Bunte Gesellschaft" ebenfalls zugunsten des Clubs verkaufen. Alle Ideen haben gemeinsam, dass sie die Bürgerinnen und Bürger der Stadt über die Bedrohung durch die Nazis informieren und sie zum Diskutieren ermutigen wollen. Wenn die verschiedenen Sammelaktionen gut ankommen, so haben sich der lokale Sparkassenchef, die Buchladenbesitzerin und einige Unternehmer der Stadt verständigt, wollen sie das restliche Geld für den Club aufbringen.

Fundraising und lokales Bürgerengagement

Dieses Beispiel ist nicht fiktiv. So oder so ähnlich haben alle Projekte, die sich dauerhaft und erfolgreich in der Arbeit gegen Rechtsextremismus engagieren, angefangen. Ihnen allen ist gemeinsam, dass es ihnen gelungen ist, eine große Anzahl von Menschen hinter ihrem Vorhaben zu versammeln und längerfristig auch die so genannten Schlüsselpersonen aus der Kommune wie den/die Bürgermeister/in, den/die Tourismusbeauftragte/n oder den/die Schulleiter/in in ihre Projekte einzubinden. Am Anfang jedes Projekts gilt es, möglichst viele Bürgerinnen und Bürger hinter die eigene Problemwahrnehmung des Rechtsextremismus zu versammeln bzw. sie für das Problem überhaupt zu sensibilisieren. Gerade im Kampf gegen Rechtsextremismus ist dies besonders wichtig, aber erfahrungsgemäß auch besonders schwierig. Zwar müsste das Engagement im Interesse aller Beteiligten sein, doch diese Selbstverständlichkeit gibt es nicht. Diejenigen, die sich für die Verteidigung demokratischer Werte engagieren, erhalten nach einer Phase des Abwartens und Zögerns zumeist im ersten Schritt verbale Anerkennung für ihre Arbeit und ihren Mut, doch Geld erst dann, wenn es einen größeren lokalen Konsens gibt. Dieses lokale Kapital und der Rückhalt in der Kommune sind auch entscheidend, wenn es später an anderer Stelle zur Entscheidung kommt, ob weitere Mittel in ein Projekt fließen sollen oder nicht. Gerade für große Unternehmen vor Ort ist die lokale Akzeptanz für ein Engagement entscheidend. Dicke Bretter müssen gebohrt werden, jedoch liegt gerade im lokalen Bezug die große Chance für viele Projekte, sich im kommunalen Kontext unentbehrlich zu machen.

Fundraising und strategische Planung

In der Literatur wird Fundraising (wörtlich übersetzt: Geldbeschaffung) als der Weg beschrieben, systematisch Gelder und andere Mittel aus unterschiedlichen Quellen für die eigene Arbeit einzuwerben. Dies können zum einen öffentliche Mittel der Kommune, des Landes, des Bundes oder der Europäischen Union sein. Zum anderen kommen nichtöffentliche Mittel wie (Sach-)Spenden, Bußgelder oder Stiftungsmittel, aber auch Einnahmen aus Sponsoring und Veranstaltungen in Frage. In einigen Bundesländern stehen Initiativen noch weitere Einnahmequellen zur Verfügung, wie die Bußgelder der Finanz- und Hauptzollämter, die Konzessionsabgaben aus dem Spielbankbetrieb und den staatlichen Lotteriegesellschaften. Fundraising geht dabei über reine Geldbeschaffung hinaus, denn es eröffnet auch Potenziale anderer Art, wie das professionelle Erbringen von Dienstleistungen oder eine breite Basis an ehrenamtlich Engagierten. Hier soll von einem solchen erweiterten Fundraisingverständnis ausgegangen werden, das Fundraising als gesellschaftliche „Beziehungsarbeit" im Sinne einer vielfältigen Öffentlichkeitsarbeit und als Entwicklungsaufgabe für Projekte und Initiativen versteht. Für ein strategisch geplantes Fundraising, das sich auf realistische Erfolgserwartungen stützt, müssen die Besonderheiten der Arbeit gegen Rechtsextremismus berücksichtigt werden, wie die zum Teil fehlende gesellschaftliche Akzeptanz gegenüber einer Problematisierung rechtsextremer Aktivitäten oder die häufige Abwehr der lokalen Amtsträger, die durch die Erwähnung rechtsextremer Vorfälle gleich einen Imageschaden für ihre Stadt befürchten.

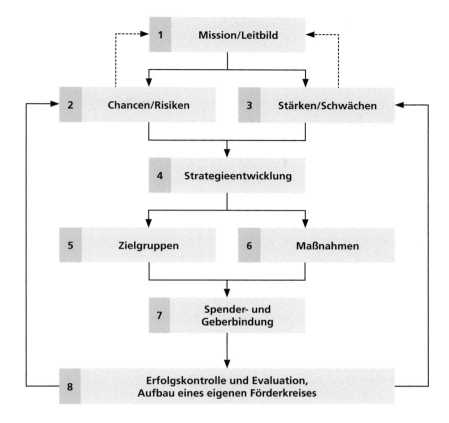

Das größte Hindernis für die Geldbeschaffung jedoch ist zumeist die Initiative oder Organisation selbst. Wichtig ist vor allem, dass sich alle Beteiligten vor der Ansprache von potentiellen Unterstützern auf ein klares Ziel festlegen und das dieses auch von allen, die an dem Projekt bzw. in der Organisation mitarbeiten, geteilt wird. Ist dieses Ziel von allen akzeptiert, sollte es auch einheitlich nach außen kommuniziert werden. Wichtig ist dabei, dass es keine Hierarchien in der Kommunikation gibt. Glaubwürdigkeit ist die wichtigste Voraussetzung für Fundraising und diese erfüllt eine Initiative nur, wenn alle Mitglieder mit derselben Sprache nach außen sprechen. Zudem müssen hinsichtlich der Verwendung der eingeworbenen Mittel klare und realistische Vorstellungen vorhanden sein. Auch muss geklärt werden, wie viele Mittel für jeden Schritt gebraucht werden, wer die Mittel verwaltet bzw. anlegt und zu welchem Zeitpunkt sie benötigt werden.

Organisation- und Umweltanalyse

Bevor der eigentliche Fundraisingprozess beginnt, sollten sich die Organisationen über die eigenen Ressourcen und Möglichkeiten verständigen. Ein verbreitetes Mittel dafür ist die so genannte SWOT-Analyse. Diese Analyse ist eine Methode, um die Stärken, Schwächen, Chancen und Risiken einer Organisation herauszuarbeiten. Der Begriff lässt sich aus den englischen Entsprechungen der vier Merkmale ableiten: Stärken (Strengths), Schwächen (Weaknesses), Chancen (Opportunities) und Risiken (Threats). Bei der SWOT-Analyse wird die Ermittlung der Stärken und Schwächen als interne Analyse bezeichnet, da sie das interne Umfeld einer Organisation beleuchtet (Organisationsanalyse). Die Auswertung der Chancen und Risiken hingegen behandelt externe Faktoren, da sie einen Vergleich zu anderen Organisationen herstellen. Deswegen wird hierbei auch von einer Umweltanalyse gesprochen. Die Ergebnisse möglicher Strategieoptionen aus der Organisationsanalyse und Umweltanalyse können mittels einer Matrix dargestellt werden. Daraufhin findet eine Verknüpfung sowie Verdichtung der Vision mit den Strategieoptionen und eine Ableitung der strategischen Möglichkeiten statt. Hierzu wird gezielt nach folgenden Kombinationen gesucht: Welche Stärken passen zu welchen Chancen? Wie können Schwächen zu Stärken entwickelt werden? Es können durchaus mehrere Stärken zur Realisierung einer Chance eingesetzt werden. Auf Grundlage dieser Kombinationen werden dann passende Strategien entwickelt und aufeinander abgestimmt. Hierbei handelt es sich um den anspruchsvollsten Teil des Vorgehens. Gleichzeitig bildet es aber auch die Grundlage der Fundraisingplanung der Organisation. Daneben erfordert erfolgreiches Fundraising selbstverständlich auch Kenntnisse über Aktivitäten anderer geldsammelnder Organisationen, ebenso wie über die tatsächlich vorhandenen Spenden- und Sponsoringkapazitäten der Region. Die unterschiedlichen Ressourcen und die verschiedenen Ansätze machen eine Ausdifferenzierung der Fundraisingstrategien notwendig. Neun potenzielle Strategien können dabei in Betracht gezogen und individuell kombiniert werden.

Neun erfolgreiche Instrumente des Fundraising

Das klassische Mittel des Fundraising ist der *Spendenbrief* (1) an Privatpersonen oder Unternehmen. Für größere Organisationen wird dieses Mittel allerdings nur durch die Masse von preisgünstig produzierten Briefen zum Erfolg. Für kleinere und lokale Initiativen erfüllt der Spendenbrief vor allem seinen Zweck, wenn er sehr persönlich, möglichst von einer dem Empfänger bekannten oder lokal prominenten Personen geschrieben ist. Je individueller der Brief ist, umso mehr fühlt sich der

Empfänger verpflichtet, auf ihn zu reagieren. Ein Brief allein motiviert jedoch meistens noch nicht zur Spende. Deswegen sollte die Verschickung gut begleitet werden, beispielsweise durch eine telefonische und/oder persönliche Nachfrage, die ebenfalls gut vor- und nachbereitet werden muss. Eine gute Begleitung eines Spendenbriefs ist ein parallel erscheinender Artikel über die Arbeit der Initiative in der lokalen Zeitung, auf den dann im Brief oder im Gespräch verwiesen werden kann. Ein Spendenbrief an national oder international tätige Unternehmen ist erfahrungsgemäß meist wenig Erfolg versprechend. Mit einem Spendenbrief konkurrieren Projekte um Gelder, die die Unternehmen in der Regel zur Standortpflege einsetzen. Außerdem haben regionale Vertretungen großer Unternehmen in der Regel keinen Einfluss auf die Spenden- und Sponsoringaktivitäten des Gesamtunternehmens.

Ein anderer Fall ist die Zusammenarbeit mit einem regionalen Unternehmen, zumeist in Form von *Sponsoring* (2). Für die Spenden- und Sponsorenanfrage bei lokalen Unternehmen eignet sich ein klar definiertes Projekt, bei dem die Unternehmen zudem deutlich erkennen sollten, welchen klaren Nutzen sie aus der Beteiligung ziehen können. Deshalb werden im besten Fall die zu fördernden Projekte mit den Unternehmen zusammen entwickelt. Gute Kooperationspartner sind die stark lokal verwurzelten Unternehmen, wie beispielsweise lokale Versicherungsvertretungen, Sparkassen und der lokale Mittelstand. Sie sollten in jedem Fall persönlich angesprochen werden. Zudem gilt es beim Sponsoring darauf zu achten, dass eine bestimmte finanzielle Grenze nicht überschritten wird, weil die Initiative sonst umsatzsteuerpflichtig wird. Daher bietet es sich an, ein Sponsoring mit dem zuständigen Finanzamt im Vorfeld zu prüfen, damit es hinterher keine bösen Überraschungen gibt.

Maßnahmen: Mittelbeschaffung

1.) *Spendenbriefe*

2.) *Sponsoring und/oder*

3.) *Corporate Citizenship*

4.) *Aufbau eines eigenen Förderkreises*

5.) *Einwerben von Bußgeldern*

6.) *Verkauf eigener Leistungen*

7.) *Anträge bei Förderprogramme gegen Rechtsextremismus und*

8.) *Stiftungen*

9.) *Einwerben von Mitteln im Internet*

Ein relativ neuer Trend in der Zusammenarbeit mit Unternehmen ist das so genannte *Corporate Citizenship* (3). Corporate Citizenship bezeichnet das bürgerschaftliche Engagement von Unternehmen. Das Unternehmen wird der Idee nach zum „guten Bürger", der sich aktiv für eine demokratische Zivilgesellschaft engagiert. Unternehmen können sich über die verschiedensten Formen engagieren: Über Unternehmensspenden von Geld oder Sachmitteln, das kostenlose Überlassen von Leistungen, Produkten oder Logistik, über so genanntes Sozialsponsoring, das Unternehmen neue Kommunikationskanäle und gemeinnützigen Organisationen neue Finanzierungswege eröffnet, oder zweckgebundenes Marketing, wo beim Kauf eines Produkts damit geworben wird, dass das Unternehmen einen Teil des Gewinns einer Organisation als „Spende" zukommen lässt. Ein bekanntes Beispiel ist die Spendenaktion der Brauerei Bitburger für die Umweltschutzorganisation World Wide Fund For Nature (WWF). Weitere Formen sind das durch das Unternehmen geförderte Arbeitnehmerengagement, wo Mitarbeiterinnen und Mitarbeiter in und außerhalb der Arbeitszeit gemeinnützige Organisationen unterstützen. In der Projektarbeit gegen Rechtextremismus sind es vor allem mittelständische Unternehmen, die das Engagement ihrer Mitarbeiterinnen und Mitarbeiter fördern.

Eine sehr Erfolg versprechende Maßnahme für Initiativen, die sich gegen Rechtsextremismus engagieren, ist der *Aufbau eines eigenen Förderkreises* (4). Hier kann die Initiative zuerst alle Freundinnen und Freunde einer Organisation versammeln, ohne sich selbst ständig über bestimmte Schritte oder Ansichten rechtfertigen zu müssen. Da dies in der Regel ein ehrenvolles Amt ist, können über die Mitgliedschaft in einem Förderkreis auch lokale Unternehmen, Persönlichkeiten, Journalisten und, sofern gewünscht, auch Politiker/innen angesprochen werden. Ein Förderkreis eignet sich ausgezeichnet für einen langfristigen Kontaktaufbau und eine kontinuierliche Lobbyarbeit, auch anlässlich aktueller gesellschaftlicher Ereignisse. Er ist der Beginn einer nachhaltigen Fundraisingstrategie.

Eine ebenfalls erfolgreiche Methode, die relativ schnell und mit absehbarem Aufwand innerhalb von einem Jahr Fundraisingerfolge ermöglicht, ist das *Einwerben von Bußgeldern* (5). Dazu muss sich die Initiative, zumeist als gemeinnütziger Verein, beim jeweiligen Oberlandesgericht registrieren lassen und dann gezielt Staatsanwälte, Richter und Justizpfleger/innen mit der Bitte um Bußgeldzuweisungen ansprechen. Die Ansprache sollte ebenfalls, wie bei der Ansprache von Privatpersonen oder Unternehmen, persönlich erfolgen und telefonisch begleitet sein.

Weitere Möglichkeiten zum Fundraising ist der Bereich *Eigene Leistungen* (6), die verkauft werden können, wie beispielsweise das Angebot von Seminaren oder der Verkauf von Kuchen auf dem Weihnachtsmarkt.

Längerfristige Fundraisinginstrumente, wie beispielsweise das Erbschaftsmarketing oder das Einwerben von Großspenden, sollten in der Planung des Fundraising erst einmal hinten angestellt werden, da sie gerade kleinere und jüngere Organisationen schnell überfordern. Wesentlich wichtiger zum Aufbau eines eigenständigen Fundraisingprofils ist eine Reihe von begleitenden Aktivitäten zur Öffentlichkeitsarbeit. Im Folgenden wird aufgrund ihrer großen Bedeutung für die Arbeit gegen Rechtsextremismus noch auf drei weitere Möglichkeiten zur Mittelbeschaffung eingegangen: die staatlichen *Förderprogramme gegen Rechtsextremismus* (7), die Finanzierung durch *Stiftungen* (8) und das Einwerben von Mitteln im *Internet* (9).

Staatliche Fördermittel gegen Rechtsextremismus

Fundraising zur Einwerbung von nichtstaatlichen Mitteln ist nur im begrenzten Maß eine Alternative zur staatlichen Förderung. In der Öffentlichkeit ist das Bild entstanden, Initiativen und Projekte, so genannte Nonprofit-Organisationen, würden ihre Ausgaben größtenteils durch Spenden bestreiten. Ein internationaler Vergleich durch die Johns Hopkins University hat ergeben, dass die Haupteinnahmequelle der wirtschaftliche Geschäftsbetrieb und die öffentliche Hand sind. In den USA werden 13 %, in Deutschland nur 3 % der Ausgaben von Nonprofit-Organisationen mit Spenden bestritten. Projekte für demokratische Kultur benötigen daher nach wie vor eine gesicherte Grundfinanzierung durch staatliche Mittel und finanzkräftige Stiftungen.

In fast allen Bundesländern gibt es mittlerweile eigene Programme gegen Rechtsextremismus – für Demokratie und Toleranz. Meistens haben sie einen besonderen thematischen Schwerpunkt, wie zum Beispiel Schule und Jugendliche. Da sie in der Regel beim Jugendministerium des jeweiligen Landes angesiedelt sind, können meistens die lokalen Jugendämter Informationen und Hilfe bei der Antragstellung anbieten. In einigen Fällen sind die Programme auch beim jeweiligen Migrationsbeauftragten angesiedelt. Die meisten Bundes- und Länderförderungen sind jedoch nur für modellhafte Projekte konzipiert, die verschiedene Ansätze ausprobieren und neue Methoden entwickeln sollen. Dabei steht die Finanzierung jedes Jahr auf dem Prüfstand und erschwert eine mittel- bis langfristige Planung. Gerade lokale Initiativen sollten daher darauf zielen, sich dauerhaft über eine kommunale Regelfinanzierung mit eigenem Haushaltstitel im Stadthaushalt abzusichern. Dies ist besonders dann möglich, wenn die Aufgabe von vielen Bürgerinnen und Bürgern als dauerhaft sinnvoll angesehen wird.

Zwei Bundesprogramme sind beim Bundesministerium für Familie, Senioren, Frauen und Jugend angesiedelt. Das Programm „Vielfalt tut gut. Jugend für Vielfalt, Toleranz und Demokratie" (Jahresbudget: 19 Mio. €) richtet sich hauptsächlich an Kinder- und Jugendliche, insbesondere an „rechtsextrem gefährdete" junge Menschen. Weitere Zielgruppen sind unter anderem Eltern, Lehrerinnen und Lehrer sowie pädagogische Fachkräfte. Der Schwerpunkt liegt zum einen im pädagogisch-präventiven Bereich. Dies geschieht, indem Lokale Aktionspläne (LAP) eingerichtet werden, die demokratische Strukturen vor Ort festigen sollen. Diese LAP können nur über die kommunalen Strukturen beantragt werden, die dann Mittel in Höhe von bis zu 100.000 Euro jährlich an zivilgesellschaftliche Träger weitergeben sollen. Zum anderen werden gezielt Modellprojekte gefördert, die neue Ideen und Methoden zur Stärkung von Vielfalt, Toleranz und Demokratie entwickeln. Wiederum gilt, dass die Zuwendungen endlich sind und eine Regelförderung für Rechtsextremismusprojekte aus den Bundesmitteln nicht möglich ist.

Das zweite Programm „Kompetent für Demokratie – Beratungsnetzwerke gegen Rechtsextremismus" (Jahresbudget 5 Mio. €) fördert den Aufbau von landesweiten Beratungsnetzwerken zur fachkompetenten Beratung bei rechtsextrem motivierten Vorfällen in jedem Bundesland. Der Schwerpunkt liegt auf einer interventionsbezogenen Beratung von Bürger/innen und öffentlichen Stellen wie Kommunen, Schulen und anderen Einrichtungen und Organisationen. Dieser Beratungsstruktur steht in der Regel ein „Interventionsfonds" zur Verfügung, aus dem Mittel für kleinteilige lokale Prozesse beantragt werden können.

Zudem sind beim Bundesministerium für Arbeit und Soziales zwei Programme aufgelegt worden: das Bundesprogramm „XENOS – Integration und Vielfalt" (Jahresbudget 70 Mio. €) verfolgt das Ziel, präventive und nachhaltige Aktivitäten zum Abbau von Fremdenfeindlichkeit und Rassismus zu fördern. Dabei geht es vor allem um Maßnahmen gegen Ausgrenzung und Diskriminierung auf dem Arbeitsmarkt und in der Gesellschaft in den Bereichen Betrieb, Verwaltung, Ausbildung, Schule und Qualifizierung in Deutschland und im europäischen Kontext. Mit der 2009 eingerichteten zusätzlichen Säule des Programms „XENOS – Ausstieg zum Einstieg" (Jahresbudget 1,75 Mio. €) unterstützt das Bundesministerium den Ausstieg Jugendlicher aus dem Rechtsextremismus. Das Programm richtet sich an Initiativen, Projekte und Vereine, die neue Ideen entwickeln, wie der Ausstieg aus der rechten Szene mit dem Einstieg in Ausbildung, Qualifizierung und Arbeit flankiert werden kann.

Stiftungen als Partner

Stiftungen sind in der Arbeit gegen Rechtsextremismus ein interessanter Partner. Zudem wird ihre Rolle immer bedeutender, da sie relativ unabhängig von staatlichen Programmen und Themenkonjunkturen fördern können. Bei Stiftungen bewerben sich viele Initiativen meistens nur um eine (Ko-)Finanzierung zu bestehenden Projekten. Ein grundlegender Fehler. Da Stiftungen in der Regel eigene Vorstellungen und Förderprogramme haben und die meisten Projekte nicht im Kontext der Stiftungsprogramme entwickelt worden sind, verspricht eine solche Antragstellung wenig oder zumindest weniger Erfolg. Wer Interesse an einer Finanzierung durch eine Stiftung hat, sollte die Gestaltungswünsche von Stiftungen und ihr Interesse an Innovationen und neuen Methoden ernst nehmen. Stiftungen sollten daher in ihrer Fördertätigkeit eher mit dem Förderverhalten der privaten Wirtschaft verglichen werden. In jedem Fall investieren sie lieber in neue Projekte als in bereits bestehende.

In der Arbeit gegen Rechtsextremismus können drei Typen von Stiftungen unterschieden werden: Zum ersten gibt es Stiftungen, die vor allem auf Anträge reagieren und diese im Rahmen ihrer Programme, Leitlinien und Stiftungsschwerpunkte entscheiden. Dazu gehören zum Beispiel die Jugendstiftungen größerer Unternehmen, wie beispielsweise die RWE-Jugendstiftung, die Jugendstiftungen der Länder, wie zum Beispiel die Jugendstiftung Baden-Württemberg oder die Stiftung Demokratische Jugend für die neuen Bundesländer sowie auch die Stiftung Erinnerung, Verantwortung, Zukunft (EVZ). Ähnlich wie eine dieser Stiftungen verhält sich auch das Förderprogramm der Aktion Mensch, die mit ihrer Förderaktion dieGesellschafter.de kleine und kurzfristige Initiativprojekte bezuschusst. Sie fördert Projekte, die durch ehrenamtliches Engagement getragen werden, mit bis zu 4.000 Euro. Der zweite Stiftungstyp zeichnet sich vor allem durch seine Kooperations- und Kommunikationsmöglichkeiten aus. Dazu gehören vor allem die operativen und die parteinahen Stiftungen, wie die Friedrich-Ebert-Stiftung. Sie können als Kooperationspartner für Veranstaltungen und Seminare auftreten, aber fördern nicht durch Zuwendungen. Eine Symbiose aus dem ersten und zweiten Stiftungstyp bilden Stiftungen, die sich im umfassenden Sinne als Entwicklungshelfer und Unterstützer für Projekte und Initiativen für demokratische Kultur begreifen, dazu gehören beispielsweise die Amadeu Antonio Stiftung und die Freudenberg Stiftung.

Geld sammeln im Internet

Ein neuer Fundraisingtrend, der auch für Projekte gegen Rechtsextremismus an Bedeutung gewinnt, ist das Spendensammeln im Internet. Spendenportale wie Betterplace.org geben die im Internet gesammelten Spenden vollständig an Projekte und Initiativen weiter. Sie bieten Hilfewilligen eine große Auswahl auch an kleinen, unbekannten Projekten. Was wie eine neue Betrugsmasche im Internet klingt, ist Teil einer über Monate gewachsenen, modernen Art des Fundraising, die nicht zuletzt durch den Wahlkampf des US-Präsidentschafts-kandidaten Obama noch an Dynamik gewonnen hat. Weitere Angebote wie Helpedia.de, Netzwirken.net, Helpdirect.org oder Spendenportal.de stellen eine direkte Verbindung zwischen einzelnen Initiativen bzw. ihren eingestellten Projekten und meist privaten Spender/innen am Computer her. Dieser besonders lebendige „Marktplatz für soziale Projekte" unterscheidet sich von breit angelegten Spendenaufrufen großer Organisationen. Kleine und kleinste Spenden von ein paar Euro werden hier gesammelt. Diese Art des Spendensammelns funktioniert nach dem Prinzip: „Je kleiner und kleinteiliger die Projekte sind, desto befriedigender ist das Spenden." Im Jahr 2008 haben 3 000 Spender 200 Projekte mit rund einer Viertel Million Euro über Betterplace unterstützt. Missbrauch soll verhindert werden, indem durch Berichte über Projekte – ob von anreisenden Besuchern vor Ort oder in Blogs – ein sich selbst regulierendes Bewertungssystem entstehen soll.

Bürgerstiftungen als Agenturen für die Zivilgesellschaft

Schon seit mehreren Jahren gibt es die Diskussion, wie das Engagement gegen Rechtsextremismus in dauerhaftere Formen gebracht werden kann und ob es Alternativen zu den häufigen Spendenaufrufen, Förderanträgen und der zum Teil schwierigen Kooperationssuche mit Unternehmen gibt. In dieser Situation haben mehrere Initiativen das US-amerikanische Modell der Bürgerstiftung für sich entdeckt. Eine Bürgerstiftung ist dabei zunächst nicht mehr und nicht weniger als ein Zusammenschluss mit Gemeinnützigkeitsbindung zur zweckgebundenen Kapitalsammlung – sei es Sozial-, Human- oder Finanzkapital. Dass diese Idee in den letzten Jahren auch in Deutschland so populär geworden ist, hat mehrere Ursachen. Sinkende Staatseinnahmen und zugleich steigendes, äußerst ungleich verteiltes Privatvermögen sind nur zwei davon. Auch die viel besprochene Politikverdrossenheit als Zeichen nachlassenden Vertrauens in die staatliche Handlungsfähigkeit zur Lösung sozialer Probleme begünstigen neue

Formen politischer Praxis. Und als Reaktion auf die weltweite Globalisierung ist der Lokalbezug immer wichtiger geworden.

Der Idee nach nehmen die Menschen in einer Bürgerstiftung ihre Angelegenheiten selbst in die Hand. In jeder Stadt und Region gibt es Probleme, die die Lebensqualität beeinträchtigen. Es ist Aufgabe aller Einwohner, sich diesen Herausforderungen zu stellen und gemeinsam Lösungen zu entwickeln. Eine solche Perspektive ermöglichen Stiftungen, in denen die Verteidigung demokratischer Grundwerte ein zentraler Arbeitsschwerpunkt darstellt und die auf eine bestimmte Region oder Stadt begrenzt sind. Die Bürgerstiftungen setzen aktiv demokratische Grundprinzipien um: Menschenrechte und Minderheitenschutz, Gleichwertigkeit und Chancengleichheit sowie die Anerkennung der Vielfalt von Kulturen und Lebensstilen sind für sie zentral – oder sollten es zumindest sein.

In der Praxis ist die Bürgerstiftung eine Art Sammelbecken, Umschlagplatz und Koordinierungsstelle einerseits von Kräften wie Geld, Zeit oder Ideen und andererseits von Bedürfnissen, vor allem dem nach der Verbesserung von sozialen, kulturellen und politischen Missständen in der Kommune. Ebenso ist die Bürgerstiftung aktiv daran beteiligt, soziales und kulturelles Engagement sowie Partizipation in der Stadt oder Region zu fördern; sie stärkt eine demokratische Zivilgesellschaft. Die Bürgerstiftung regt die Menschen zum Stiften und zum gemeinnützigen Engagement in ihrer Region an und bietet ihnen sinnvolle Zwecke und Zielprojekte, in die sie investieren können. In diesem Sinne ist die Bürgerstiftung eine Dienstleistungsagentur für Personen, die sich gerne in ihrer Stadt oder Region ehrenamtlich engagieren wollen. Als unabhängige zivilgesellschaftliche Organisation kann eine Stiftung die Interessen der verschiedenen Gruppen in der Kommune gegenüber der lokalen Regierung vertreten. Sie kann Innovation fördern, soziale Missstände thematisieren und zur Demokratisierung der lokalen Kultur beitragen. Dementsprechend kann die Bürgerstiftung auch die Arbeit einer Initiative gegen Rechtsextremismus auf einer breiteren gesellschaftlichen und präventiven Basis fortführen.

Amadeu Antonio Stiftung (Hg.): Fundraising für demokratische Kultur. Mittelbeschaffung für zivilgesellschaftliche Initiativen (http://www.amadeu-antonio-stiftung.de/w/files/pdfs/fundrasising.pdf).

BMFSFJ / Bundesprogramm „VIELFALT TUT GUT. Jugend für Vielfalt, Toleranz und Demokratie" (Hg.): Fundraising in der Praxis. Eine Anwendungshilfe für Projekte im Bundesprogramm „VIELFALT TUT GUT" (http://www.vielfalt-tut-gut.de/vielfalt_tut_gut/content/e4458/e5526/PraxishilfeFundraising.pdf).

Fundraising Akademie (Hg.): Fundraising – Handbuch für Grundlagen, Strategien und Instrumente. 3. Aufl. Wiesbaden 2006.

Haibach, Marita: Fundraising, Spenden, Sponsoring, Stiftungen in der Praxis. 3. Auflage. Frankfurt/Main, New York 2006.

Miteinander e. V., Service- und Informationsstelle (Hg.): Damit der Rubel rollt. Finanzielle Fördermöglichkeiten für Initiativen und Kleinprojekte. Broschüre, 2. Auflage. Magdeburg 2004.

FASCHISMUS IST KEINE MEINUNG
SONDERN EIN VERBRECHEN

STOPPEN WIR GEMEINSAM DIE NAZIS!

Kommt alle zur
GEGENKUNDGEBUNG
Sa, 15. November 2008
um 11 Uhr am Marienplatz

BÜNDNIS GEGEN NAZIAUFMÄRSCHE

Die Autorinnen und Autoren

Uwe Berlit,
Richter am Bundesverwaltungsgericht

Prof. Dr. jur., Richter am Bundesverwaltungsgericht, geboren 1956 in Hannover. Uwe Berlit studierte Rechtswissenschaften an der Universität Hannover und arbeitete anschließend bis 1991 am Verwaltungsgericht Hannover und zwischenzeitlich als wissenschaftlicher Mitarbeiter beim Bundesverfassungsgericht.

Nach einer Abordnung an die Universität Hannover (1991 bis 1993) war er rund ein Jahr als Berater der SPD-Bundestagsfraktion für die Arbeitsgruppe Verfassungsreform tätig. Nach einer kurzen Tätigkeit als wiss. Mitarbeiter am Niedersächsischen Staatsgerichtshof wurde er im Jahr seiner Promotion (1994) zum Richter am Oberverwaltungsgericht ernannt. Im Juli 2002 begann seine Tätigkeit als Richter am Bundesverwaltungsgericht. Seit 2001 ist Uwe Berlit außerdem Honorarprofessor an der Universität Hannover und seit 2004 an der Universität Leipzig.

Lutz Brockmann,
Bürgermeister von Verden (Aller)

Lutz Herr Brockmann wuchs in Verden und der Ortschaft Eitze auf. Als Diplom-Geograph mit Schwerpunkt „Stadt- und Regionalentwicklung" arbeitete er zwölf Jahre als Umweltbeauftragter in der Gemeinde Dörverden. Sein Weg in die Kommunalpolitik begann 1981 mit der Wahl in den Ortsrat Eitze. 1986 folgte die Wahl als damals jüngstes Ratsmitglied. Dem Verwaltungsausschuss der Stadt Verden gehört er seit 1996 an. Von 1998 bis zu seinem Amtsantritt als Bürgermeister 2004 war er Vorsitzender der SPD-Ratsfraktion.

Jan Buschbom,
Violence Prevention Network

Mitbegründer von Violence Prevention Network, Historiker, Publizist und wissenschaftlicher Berater in den Themenfeldern Rechtsextremismus, Islamismus, Radikalisierungswege, Jugend- und Subkulturen, Grenzen und Möglichkeiten von Prävenn und Intervention.

Annika Eckel,
Mobile Beratung gegen Rechtsextremismus Berlin" (MBR)

Jahrgang 1974, Mitarbeiterin der Mobilen Beratung gegen Rechtsextremismus Berlin (MBR). Zuvor implementierte sie maßgeblich das Projekt „[moskito] – Netzwerkstelle gegen Fremdenfeindlichkeit und Rechtsextremismus" in Berlin Pankow und arbeite dort vier Jahre. Sie studierte Sozialwissenschaften in Göttingen und Berlin.

Neben ihrer Beratungstätigkeit im Bezirk Berlin-Lichtenberg sind ihre Arbeitsschwerpunkte Demokratieentwicklung und Rechtsextremismus im urbanen Raum, Umgang mit rechtsextremer Infrastruktur im öffentlichen Raum sowie Umgang mit parlamentarischem Rechtsextremismus. Sie ist Mitglied der Redaktion der jährlich erscheinenden Publikation „Berliner Zustände. Ein Schattenbericht über Rechtsextremismus, Rassismus und Antisemitismus", herausgeben vom apabiz e. V. und der MBR.

Alexander Häusler,
Arbeitsstelle Neonazismus der FH Düsseldorf

Sozialwissenschaftler und wissenschaftlicher Mitarbeiter der Arbeitsstelle Neonazismus /

Forschungsschwerpunkt Rechtsextremismus der Fachhochschule Düsseldorf.

Aktuelle Veröffentlichungen: Alexander Häusler (Hg.): Rechtspopulismus als „Bürgerbewegung". Kampagnen gegen Islam und Moscheebau und kommunale Gegenstrategien. Wiesbaden 2008; Alexander Häusler; Hans-Peter Killguss (Hg.): Feindbild Islam. Rechtspopulistische Kulturalisierung des Politischen. Dokumentation zur Fachtagung vom 13. September 2008. Köln 2008. Alexander Häusler: Kommunales Integrationskonzept Oberhausen. In: Stadt Oberhausen (Hg.): Beiträge zur Stadtentwicklung, Nr. 86. Oberhausen 2007.

Helmut Heitmann,
Violence Prevention Network

Mitbegründer von Violence Prevention Network, Dipl. Pädagoge und Supervisor, Beteiligung an verschiedenen Bundesprogrammen zum Thema Rechtsextremismus, Gewalt und Fremdenfeindlichkeit. Langjährige Tätigkeit in der Bildungsarbeit und in Präventionsprojekten.

Frank Jansen,
Journalist und Reporter beim
Tagesspiegel, Berlin

Frank Jansen, Jahrgang 1959, wuchs in Nordrhein-Westfalen auf und studierte ab 1983 Politikwissenschaften in Wuppertal und an der FU Berlin. Seit 1988 arbeitet Frank Jansen beim Berliner Tagesspiegel, ab 1990 als Redakteur, bis 1995 als Korrespondent in Frankfurt / Oder und seit 2001 als Reporter. Seit 1990 beschäftigt er sich mit den Themen Rechtsextremismus und Rassismus, insbesondere mit dem Schicksal von Opfern rechtsextremer Gewalttaten sowie den Strukturen der rechtsextremen Szene. Außerdem zählen seit den Anschlägen vom 11. September 2001 die Auseinandersetzung mit Islamismus und Terrorismus zu seinen Arbeitsschwerpunkten.

Für seine Berichterstattung über rechtsextreme Umtriebe und Straftaten hat Frank Jansen bislang zehn Auszeichnungen bekommen, darunter im Jahr 2001 das Bundesverdienstkreuz aus der Hand des damaligen Bundespräsidenten Johannes Rau.

Heike Kleffner,
Mobile Beratung für Opfer rechter Gewalt
in Sachsen-Anhalt

Heike Kleffner ist Journalistin und publiziert regelmäßig über das Thema Rechtsextremismus. Seit 2004 leitet sie die Mobile Beratung für Opfer rechter Gewalt in Sachsen-Anhalt in Trägerschaft des Vereins Miteinander e.V. Die Mobile Opferberatung unterstützt und berät Betroffene rassistischer, rechter und antisemitischer Gewalttaten dabei jeweils vor Ort, parteilich im Sinne der Betroffenen, vertraulich, kostenlos und auf Wunsch auch anonym. Darüber hinaus organisiert das Projekt Veranstaltungen und Fortbildungen zum Thema und informiert in einem regelmäßigen Newsletter mit Schwerpunktthemen über Angriffe, Strafprozesse, Initiativen und die Aktivitäten der extremen Rechten in Sachsen-Anhalt (www.mobile-opferberatung.de).

Bianca Klose,
Mobile Beratung gegen Rechtsextremismus
Berlin (MBR)

Jahrgang 1973, Geschäftsführerin des Vereins für demokratische Kultur in Berlin e.V. und seit Juli 2001 Leiterin der MBR. Sie studierte Politologie / Soziologie und Germanistik auf Gymnasiales Lehramt. Ihre Arbeitsschwerpunkte bei der MBR sind Rechtextremismus in Berlin (Strukturen, Strategien, Erscheinungsformen), Demokratieentwicklung, Umgang mit rechtsextremer Infrastruktur im öffentlichen Raum sowie mit rechtsextremen Anmietungsversuchen von Veranstaltungsräumen. Im Rahmen ihrer Beratungstätigkeit im Bezirk Treptow-Köpenick entwickelte sie Qualitätskriterien für den Umgang mit rechtsextrem orientierten Jugendlichen in der Jugendarbeit sowie Handlungsstrategien und für eine nachhaltige Auseinandersetzung mit Angsträumen und rechtsextremen Erscheinungen im öffentlichen Raum.

Jüngste Publikation: MBR und VDK e.V. (Hg.): Handlungs-Räume. Umgang mit rechts-

extremen Anmietungsversuchen öffentlich-rechtlicher Veranstaltungsräume. Berlin
2008.

Reinhard Koch,
Leiter der Arbeitsstelle Rechtsextremismus
und Gewalt (ARUG) Braunschweig

Diplom-Pädagoge, seit 1980 Pädagogischer
Mitarbeiter bei der Bildungsvereinigung Arbeit und Leben Niedersachsen Ost gGmbH
und seit 1999 Leiter der ARUG (Arbeitsstelle
Rechtsextremismus und Gewalt) in Braunschweig. In dieser Eigenschaft ist er Pro-
jektleiter in den verschiedenen Bundes- und
Landesprogrammen, außerdem Lehrbeauf-
tragter an der Universität Hannover / Institut für Berufspädagogik und Erwachsenenbildung und an der HAWK Hildesheim. Reinhard
Koch hat diverse Publikationen zu den Bereichen Rechtsextremismus und Gewaltprävention verfasst.

Timm Köhler,
freier Trainer

MA, Jahrgang 1972, arbeitete von 2001
bis 2007 bei der Mobilen Beratung gegen
Rechtsextremismus Berlin (MBR). Derzeit frei-
berufliche Tätigkeit mit Fokus auf Rechtsextremismus in Osteuropa, Handlungsoptionen
im kommunalen und schulischen Kontext sowie Projektarbeit.

Veröffentlichungen: MBR (Hg.): Handlungs-
räume. Umgang mit rechtsextremen Anmietungsversuchen von öffentlich-rechtlichen
Veranstaltungsräumen. Berlin 2008, sowie
ders., Katrin Reimer: Gegenargumente zu
rechtsextremen Parolen. In: Dietmar Molthagen et al. (Hg.): Lern- und Arbeitsbuch gegen
Rechtsextremismus – Handeln für Demokratie. Bonn 2008, S. 68–85.

Lorenz Korgel,
Koordinator des Berliner Beratungsnetzwerks

Politikwissenschaftler, arbeitet für den Inte-
grationsbeauftragten des Berliner Senats.
Seine Tätigkeitsschwerpunkte sind die Ko-

ordination des Berliner Beratungsnetzwerks
und die Weiterentwicklung der Berliner Lan-
deskonzeption gegen Rechtsextremismus.
Vorher koordinierte er mehrere Jahre für die
RAA Berlin e.V. das Netzwerk der „Mobilen
Beratungsteams" in Ostdeutschland.

Jüngste Veröffentlichungen: Molthagen,
Dietmar; Klärner, Andreas; Korgel, Lorenz;
Pauli, Bettina; Ziegenhagen, Martin (Hg.):
Lern- und Arbeitsbuch gegen Rechtsextremis-
mus – Handeln für Demokratie. Bonn 2008;
Homogene Vielfalt – Wie „gefährlich" ist die
Ausdifferenzierung rechtsextremer Szenen in
Deutschland? In: M. Möllers; R. van Ooyen
(Hg.): Jahrbuch Öffentliche Sicherheit. 2007,
S. 113–120.

Martin Langebach,
Soziologe und Sozialpädagoge

Jahrgang 1970, Soziologe (MA) und Dipl.
Sozialpädagoge, Referent des Vereins „Argumente und Kultur gegen Rechts e.V." und
Promotionsstipendiat der Friedrich-Ebert-Stiftung an der Heinrich-Heine-Universität Düsseldorf. Arbeitsschwerpunkt u. a. Rechtsextremismus sowie speziell Rechtsextremismus
und Jugend(kulturen). Unter dem Pseudonym
Christian Dornbusch veröffentlichte er zuletzt
mit Jan Raabe und David Begrich „Rechts-
Rock – Made in Sachsen-Anhalt" (2007) und
gab mit Fabian Virchow den Sammelband heraus: „88 Fragen und Antworten zur NPD.
Weltanschauung, Strategie und Auftreten einer Rechtspartei – und was Demokraten dagegen tun können".

Olaf Lobermeier,
proVal – Gesellschaft für sozialwissenschaftliche Analyse, Beratung und
Evaluation

Dr. Olaf Lobermeier ist Gesellschafter von
proVal. Die Gesellschaft proVal entwickelt
in enger Kooperation mit Experten aus
Wissenschaft und Praxis professionelle Lösungen für die Umsetzung von Evaluationsvorhaben, die Verbesserung von Kooperationsbeziehungen und die Erschließung neuer
Wissensgebiete.

Ein Schwerpunkt ihrer Tätigkeit ist die Evaluation von Projekten und Programmen in den Themenfeldern Rechtsextremismus, Fremdenfeindlichkeit und Antisemitismus. In diesem Zusammenhang setzen sie auf erprobte und innovative Verfahren, um die Weiterentwicklung von Programmen, Projekten und Einzelmaßnahmen zu unterstützen. So helfen sie Projekten mit innovativen Netzwerkanalysen bei der Optimierung ihrer Kommunikationsstrukturen und Informationsflüsse und beraten diese in Zielworkshops bei der Festlegung realistischer Ziele und Maßnahmen.

Thomas Lutz,
Stiftung Topographie des Terrors

geboren 1957 in Darmstadt, hat in Marburg Geschichte, Politische Wissenschaft und Sport studiert und das Zweite Staatsexamen für das Lehramt an höheren Schulen in Bensheim abgelegt.

Anstelle des Ersatzdienstes hat er 1983 für die Aktion Sühnezeichen Friedensdienste e.V. (ASF) Besuchergruppen in der Gedenkstätte Auschwitz-Birkenau betreut. Seit 1984 hat er das Gedenkstättenreferat für die ASF aufgebaut, das u. a. regelmäßig Seminare durchführt, Öffentlichkeitsarbeit betreibt und durch eine individuelle Beratungstätigkeiten die Arbeit von Gedenkstätten koordiniert, mit Schwerpunkt der Anerkennung und Dokumentation der NS-Opfer. In gleicher Funktion ist er seit 1993 für die Stiftung Topographie des Terrors in Berlin tätig.

Dennis Miller,
Verwaltung des Niedersächsischen Landtags

Dr. jur. Dennis Miller ist Beamter des Landes Niedersachsen und war in den Jahren 2007 und 2008 im Niedersächsischen Ministerium für Inneres, Sport und Integration als Referent in der Verfassungsschutzabteilung tätig. Er war dort u. a. für den Bereich der Immobiliengeschäfte mit rechtsextremistischem Hintergrund zuständig. Der in diesem Band abgedruckte Beitrag entstand im Rahmen der dienstlichen Verwendung. Anfang 2009 wurde Dr. Miller zur Landtagsverwaltung (Gesetzgebungs- und Beratungsdienst) abgeordnet.

Dietmar Molthagen,
Friedrich-Ebert-Stiftung

Jahrgang 1974, Dr. phil., leitet seit 2005 das Projekt „Auseinandersetzung mit dem Rechtsextremismus" im Forum Berlin der Friedrich-Ebert-Stiftung. Im Rahmen des Projekts werden öffentliche Diskussionsveranstaltungen durchgeführt, Studien erstellt, die die Politik wissenschaftsbasiert beraten, Modellprojekte der politischen Bildung durchgeführt und Materialien für die politische Bildungsarbeit erarbeitet. Daneben ist er im gesamten Bundesgebiet als Referent und Seminarleiter zu Aspekten des Rechtsextremismus und möglichen Gegenstrategien tätig.

Dietmar Molthagen studierte Geschichte, Politik und Ev. Theologie an den Universitäten Hamburg und Leicester (GB) und promovierte im Fach Geschichte an der Universität Hamburg.

Karl-Georg Ohse,
Leiter des Regionalzentrums für demokratische Kultur Westmecklenburg

Jahrgang 1962, Stukkateur, Diplom-Sozialpädagoge (FH) und Mediator.

Arbeitete von 2001 bis 2005 als Berater des Mobilen Beratungsteams für demokratische Kultur Mecklenburg-Vorpommern (mbt mv) im Regionalbüro Schwerin und von 2005 bis 2007 als Koordinator des mbt der Regionalen Arbeitsstelle für Bildung, Integration und Demokratie Mecklenburg-Vorpommern (RAA MV). Seit August 2007 ist er Leiter des Regionalzentrums für demokratische Kultur Westmecklenburg.

Kerstin Palloks,
ebb: Evaluation – Beratung – Bildung

Sozialwissenschaftlerin, arbeitet freiberuflich in den Bereichen Praxisforschung und Evaluation. Sie ist weiterhin als Projektberaterin in den Feldern Arbeitsmarktintegration, Jugendarbeit und Jugendbildung, Gewaltprävention und Rechtsextremismus tätig. Kerstin Palloks unterstützt u. a. das „Netzwerk für Demokratie und Toleranz Lichtenberg" und arbeitet im Projekt „ElternStärken" (Beratung von Eltern rechtsextrem orientierter Jugendlicher) des Berliner Trägers pad e. V.

Kontakt: Kerstin Palloks, ebb: Evaluation – Beratung – Bildung, www.beratungskiste.de

Jan Raabe,
Argumente & Kultur gegen Rechts e.V.

Jahrgang 1965, Dipl. Sozialpädagoge, tätig in der Jugendarbeit, Referent beim Verein Argumente & Kultur gegen Rechts e.V., Themenschwerpunkt: extreme rechte (Jugend-) Kultur(en) und militanter Neonazismus. Mit Christian Dorbusch gab er den Sammelband „RechtsRock. Bestandsaufnahme und Gegenstrategien" (2002) heraus und veröffentlichte zuletzt mit Dornbusch und David Begrich „RechtsRock – Made in Sachsen-Anhalt" (2007).

Timo Reinfrank,
Amadeu-Antonio-Stiftung

Jahrgang 1973, Diplom-Politologe und Stiftungskoordinator der Amadeu-Antonio-Stiftung. Er berät zivilgesellschaftliche Initiativen und Non-Profit-Organisationen im Bereich kommunale Auseinandersetzung mit Rechtsextremismus sowie Organisationsentwicklung, Fundraising und Vernetzung und lehrt als Dozent für Strategisches Fundraising an der Internationalen Fachhochschule für Exekutives Management, Berlin. Seit 2006 ist er Vorsitzender des Vereins für demokratische Kultur in Berlin e. V.

Sven Richwin,
Rechtsanwalt

Sven Richwin, Jahrgang 1971, ist von seiner Berliner Kanzlei aus überregional als Rechtsanwalt tätig. Die Schwerpunkte seiner Arbeit liegen im Zivilrecht und Öffentlichen Recht, dort insbesondere beim Thema Versammlungsrecht.

Als juristischer Berater der Mobilen Beratung gegen Rechtsextremismus Berlin (MBR) hat er u. a. an der Veröffentlichung „Handlungs-Räume. Umgang mit rechtsextremen Anmietungsversuchen von öffentlich-rechtlichen Veranstaltungsräumen" mitgewirkt, die 2008 von der MBR herausgegeben worden ist. Nebenberuflich engagiert sich Sven Richwin im Republikanischen Anwältinnen- und Anwälteverein (RAV).

Petra Schickert,
Kulturbüro Sachsen e.V.

Diplom-Sozialpädagogin (FH), seit 2001 Mitarbeiterin im Kulturbüro Sachsen e. V. Das Kulturbüro Sachsen e.V. berät seit 2001 lokale Vereine, Jugendinitiativen, Kirchgemeinden, Netzwerke, Firmen sowie Kommunalpolitik- und -verwaltung in Sachsen mit dem Ziel, rechtsextremistischen Strukturen eine aktive demokratische Zivilgesellschaft entgegenzusetzen und damit Rechtsextremismus, Alltagsrassismus und Antisemitismus zu bekämpfen. Die Projekte erarbeiten Methoden und Inhalte, die bürgerschaftliches Engagement und konkretes Handlungswissen gegen Rechtsextremismus stärken und so demokratische Alltagskultur in sächsischen Kommunen und Landkreisen verankern.

Heiko Schreckenberg,
mobim – Mobile Beratung gegen Rechtsextremismus in Münster

Jahrgang 1981, Diplom-Pädagoge und Mitarbeiter in der „Mobilen Beratung gegen Rechtsextremismus, für Demokratie" (mobim) im Geschichtsort Villa ten Hompel, Münster (Westfalen).

Albrecht Schröter,
Oberbürgermeister von Jena

Dr. theol., geboren 1955 in Halle / Saale. Nach einer Ausbildung zum Krankenpfleger studierte Albrecht Schröter Theologie in Halle, wo er nach seinem Examen einige Jahre als wissenschaftlicher Mitarbeiter tätig war. 1984 kam er nach Jena, wo er dreizehn Jahre als Pfarrer sowie als Gründer und ehrenamtlicher Leiter der Diakonie-Sozialstation wirkte. Von 2000 bis 2006 war Albrecht Schröter Dezernent für Soziales und Kultur der Stadt Jena und gründete in dieser Zeit die Kulturstiftung Jena. Seit 2006 ist Albrecht Schröter direkt gewählter Oberbürgermeister Jenas. Daneben ist er Vizepräsident des Thüringer Städte- und Gemeindebundes.

Als aktives Mitglied der Oppositionsbewegung in der DDR zählte er 1989 zu den Mitbegründern des Demokratischen Aufbruchs (DA). 1990 trat er in die SPD ein, wo er heute u. a. Mitglied im Thüringer Landesvorstand ist.

Rainer Strobl,
proVal – Gesellschaft für sozialwissenschaftliche Analyse, Beratung und Evaluation

Dr. Rainer Strobl ist Gründer und Gesellschafter von proVal. Die Gesellschaft proVal entwickelt in enger Kooperation mit Experten aus Wissenschaft und Praxis professionelle Lösungen für die Umsetzung von Evaluationsvorhaben, die Verbesserung von Kooperationsbeziehungen und die Erschließung neuer Wissensgebiete.

Ein Schwerpunkt ihrer Tätigkeit ist die Evaluation von Projekten und Programmen in den Themenfeldern Rechtsextremismus, Fremdenfeindlichkeit und Antisemitismus. In diesem Zusammenhang setzen sie auf erprobte und innovative Verfahren, um die Weiterentwicklung von Programmen, Projekten und Einzelmaßnahmen zu unterstützen. So helfen sie Projekten mit innovativen Netzwerkanalysen bei der Optimierung ihrer Kommunikationsstrukturen und Informationsflüsse und beraten diese in Zielworkshops bei der Festlegung realistischer Ziele und Maßnahmen.

Michael Sturm,
mobim – Mobile Beratung gegen Rechtsextremismus in Münster

Jahrgang 1972, Historiker. Mitarbeiter der „Mobilen Beratung im Regierungsbezirk Münster. Gegen Rechtsextremismus, für Demokratie" (mobim) im Geschichtsort Villa ten Hompel, Münster (Westfalen).

Kontaktadressen

Keine der hier angeführten Listen kann Anspruch auf Vollständigkeit erheben. Dennoch soll deswegen nicht auf die Nennung von Kontaktadressen verzichtet werden. Wir bitten daher um Verständnis für die hier getroffene Auswahl. Insbesondere die Vielzahl der regionalen Projekte zur Auseinandersetzung mit dem Rechtsextremismus macht jeglichen Versuch einer umfassenden Aufzählung unmöglich. Daher beschränkt sich die entsprechende Auflistung auf Projekte, deren Mitarbeiter/innen an diesem Handbuch mitgewirkt haben.

Es gibt in jedem Bundesland Ansprechpartner/innen für Anfragen zum Thema Rechtsextremismus, die auf der Seite www.kompetent-fuer-demokratie.de angegeben werden. In zahlreichen Bundesländern gibt es zudem Mobile Beratungsteams für die Auseinandersetzung mit dem Rechtsextremismus. Einen Überblick darüber gibt beispielsweise die Website www.mbr-berlin.de/Links/Partner_und_andere_Projekte.

Einen guten Überblick über regional sowie bundesweit aktive Initiativen bietet www.mut-gegen-rechte-gewalt.de/service/links-gegen-rechts.

Überregionale Projekte und Initiativen

Amadeu-Antonio-Stiftung
Linienstr. 139
10115 Berlin
Tel.: 030 / 24 08 86 10
E-Mail: info@amadeu-antonio-stiftung.de
www.amadeu-antonio-stiftung.de

Anne Frank Zentrum e. V.
Rosenthaler Str. 39
10178 Berlin
Tel.: 030 / 2 88 86 56-00
E-Mail: zentrum@annefrank.de
www.annefrank.de

apabiz
Antifaschistisches Pressearchiv und Bildungszentrum Berlin e. V.
Lausitzer Str. 10
10999 Berlin
Tel.: 030 / 6 11 62 49
E-Mail: mail@apabiz.de
www.apabiz.de

Bundeszentrale für politische Bildung
Adenauerallee 86
53113 Bonn
Tel.: 0228 / 9 95 15-0 (Zentrale)
E-Mail: info@bpb.de
www.bpb.de

Exit Deutschland (Aussteigerprogramm)
Tel.: 0900 / 12 31 23 88
E-Mail: info@exit-deutschland.de
www.exit-deutschland.de

Gegen Vergessen – Für Demokratie e.V.
Stauffenbergstr. 13–14
10785 Berlin
Tel.: 030 / 26 39 78-3
E-Mail: info@gegen-vergessen.de
www.gegen-vergessen.de

Gesicht Zeigen! e. V.
Aktion weltoffenes Deutschland e.V.
Koppenstr. 93
10243 Berlin
Tel.: 030 / 30 30 80 80
E-Mail: kontakt@gesichtzeigen.de
www.gesicht-zeigen.de

„Mach meinen Kumpel nicht an!" e. V.
Verein gegen Ausländerfeindlichkeit und
Rassismus
Hans-Böckler-Str. 39
40476 Düsseldorf
Tel.: 0211 / 43 01-1 93
E-Mail: info@gelbehand.de
www.gelbehand.de

Netzwerk für Demokratie und Courage
Schützenplatz 14
01067 Dresden
Tel.: 0351 / 4 81 00 60
E-Mail: info@netzwerk-courage.de
www.netzwerk-courage.de

Schule ohne Rassismus – Schule mit Courage
Ahornstr. 5
10787 Berlin
Tel.: 030 / 2 14 58 60
E-Mail: schule@aktioncourage.org
www.schule-ohne-rassismus.org

Regionale Projekte und Einrichtungen

Arbeitstelle Rechtsextremismus und Gewalt (ARuG)
Bildungsvereinigung Arbeit und
Leben Niedersachsen OST gGmbh
Tel.: 0531 / 1 23 36-42
E-Mail: info@arug.de
www.arug.de

Argumente+Kultur
Postfach 1145
21301 Lüneburg
E-Mail: argumentationshilfe@gmx.de

Berliner Beratungsnetzwerk
Koordinierungsstelle
Der Beauftragte des Berliner Senats für
Integration und Migration
Potsdamer Str. 65
10785 Berlin
Tel. 030/ 90 17-23 29
www.berliner-beratungsnetzwerk.de

Kulturbüro Sachsen e. V.
Bautzner Str. 45
01099 Dresden
Tel.: 0351 / 2 72 14 90
E-Mail:
buero@kulturbuero-sachsen.de
www.kulturbuero-sachsen.de

Mobile Beratung gegen Rechtsextremismus in Berlin (MBR)
Chausseestr. 29
10115 Berlin
Tel.: 030 / 24 94 54 30
E-Mail: info@mbr-berlin.de
www.mbr-berlin.de

(Eine Übersicht über mobile Beratungsteams im Bundesgebiet bietet die Homepage des entsprechenden Bundesprogramms www.kompetent-fuer-demokratie.de)

Mobile Beratung für Opfer rechter Gewalt Sachsen-Anhalt
c/o Miteinander e. V.
Erich-Weinert-Str. 30
39104 Magdeburg
Tel.: 0391 / 5 44 67 10
E-Mail: opferberatung.mitte@
miteinander-ev.de
www.mobile-opferberatung.de
(Auf dieser Homepage finden sich auch Kontaktadressen von Beratungsstellen für Opfer rechter Gewalt in anderen Bundesländern)

Mobiles Beratungsteam für den Regierungsbezirk Dresden
Gartenstr. 13
01796 Pirna
Tel.: 035 01 / 58 22 89
E-Mail: mbt.pirna@kulturbuero-sachsen.de

mobim
Mobile Beratung im Regierungsbezirk
Münster gegen Rechtsextremismus, für
Demokratie
Geschichtsort Villa ten Hompel
Kaiser-Wilhelm-Ring 28
48145 Münster
Tel.: 0251 / 4 92-71 09
E-Mail: kontakt@mobim.info

pad e. V. Geschäftsstelle
Kastanienallee 55
12627 Berlin
Tel.: 030 / 93 55 40 40
E-Mail: info@padev.de
www.padev.de

**Regionalzentrum für demokratische
Kultur Westmecklenburg**
Alexandrinenplatz 7
19288 Ludwigslust
Tel.: 038 74 / 5 70 22-0
E-Mail: westmecklenburg@raa-mv.de

Stiftung Topographie des Terrors
Stresemannstr. 111
10963 Berlin
Tel.: 030/25 45 09-0
E-Mail: info@topographie.de
www.topographie.de

Violence Prevention Network e. V.
Ernst-Reuter-Haus
Straße des 17. Juni 112
10623 Berlin
Tel.: 030 / 91 70 54 64
E-Mail:
post@violence-prevention-network.de
www.violence-prevention-network.de

Wissenschaftliche Einrichtungen:

Arbeitsstelle Neonazismus
Fachhochschule Düsseldorf
Universitätsstr. 1; Geb. 24.21
40225 Düsseldorf
E-Mail: forena@fh-duesseldorf.de

Deutsches Jugendinstitut
Arbeits- und Forschungsstelle Rechtsextremismus und Fremdenfeindlichkeit
Franckeplatz 1, Haus 12/13
06110 Halle
Tel.: 0345 / 6 81 78-0
www.dji.de/1_rechts

Fritz Bauer Institut
Studien- und Dokumentationszentrum zur
Geschichte und Wirkung des Holocaust
Grüneburgplatz 1
60323 Frankfurt am Main
Tel.: 069 / 79 83 22–40
E-Mail: info@fritz-bauer-institut.de
www.fritz-bauer-institut.de

**Institut für interdisziplinäre Konflikt-
und Gewaltforschung (IKG)**
Universität Bielefeld
Universitätsstr. 25
33615 Bielefeld
E-Mail: ikg@uni-bielefeld.de
www.uni-bielefeld.de/ikg/

**Landesinstitut für Schule und
Medien (LISUM) Berlin-Brandenburg**
Struveweg
14974 Ludwigsfelde
Tel.: 033 78 / 2 09-0
www.lisum.berlin-brandenburg.de

proVal
Gesellschaft für sozialwissenschaftliche
Analyse – Beratung – Evaluation
Hildesheimer Straße 265–267
30519 Hannover
Tel.: 0511 / 7 12 94-20
E-Mail: info@proval-services.de
www.proval-services.de

**Wissenschaftliche Einrichtungen
Zentrum für Antisemitismusforschung**
der TU Berlin
Ernst-Reuter-Platz 7
10587 Berlin
Tel. 030/ 314 25 851
http://www.tu-berlin.de/~zfa

**Selbständige Abteilung für medizi-
nische Psychologie und medizinische
Soziologie der Universität Leipzig**
Philipp-Rosenthal-Str. 55
04105 Leipzig
Tel.: 0341 / 97 188-00
http://medpsy.uniklinikum-leipzig.de

www.mut-gegen-rechte-gewalt.de:
Internetportal zum Thema Rechtsextremismus mit vielen weiteren Links, getragen von der Amadeu-Antonio-Stiftung und
dem Stern

www.netz-gegen-nazis.de
Informations- und Diskussionsportal, getra-
gen von der Amadeu-Antonio-Stiftung und
DIE ZEIT

www.endstation-rechts.de
Informationsportal mit bundesweiten Mel-
dungen und einem Schwerpunkt auf
Mecklenburg-Vorpommern

www.redok.de
eher wissenschaftlich orientiertes
Informationsportal

**www.vielfalt-tut-gut.de und
www.kompetent-fuer-demokratie.de**
Informationen über die aktuellen Bundes-
programme gegen Rechtsextremismus des
Bundesministeriums für Familie, Senioren,
Frauen und Jugend

www.xenos-de.de
Informationen über das Bundesprogramm
Xenos im Bundesministerium für Arbeit und
Soziales

www.respectabel.de
Internetportal des Berliner Landespro-
gramms gegen Rechtsextremismus mit
der Möglichkeit, einen Pressespiegel zum
Thema zu abonnieren

www.bpb.de/rechtsextremismus
Themenportal der Bundeszentrale für
politische Bildung

www.fes.de/rechtsextremismus
Themenportal der Friedrich-Ebert-Stiftung mit bundesweiter Veranstaltungs-
übersicht und Materialliste inkl. Download-
Möglichkeit

Die Arbeit der Friedrich-Ebert-Stiftung zur Auseinandersetzung mit dem Rechtsextremismus

Ziele der weltweiten Arbeit der Friedrich-Ebert-Stiftung

Die Friedrich-Ebert-Stiftung (FES) wurde 1925 als politisches Vermächtnis des ersten demokratisch gewählten deutschen Reichspräsidenten Friedrich Ebert gegründet. Als eine gemeinnützige, private, kulturelle Institution ist sie den Ideen und Grundwerten der sozialen Demokratie verpflichtet. Die FES leistet Beiträge zur sozialen Demokratie

- *durch politische Bildung, die ihre Grundwerte stärkt,*

- *durch die Förderung junger Wissenschaftler, die ihr verpflichtet sind,*

- *durch öffentliche Dialoge, die ihr politisch die Wege ebnen,*

- *durch Entwicklungszusammenarbeit, die globaler Gerechtigkeit dient,*

- *durch Forschung und Politikberatung, die ihre Grundlagen erforschen und vermitteln, und*

- *durch Brücken internationaler Kooperation, die zum Aufbau weltweiter Demokratie beitragen.*

Größere Niederlassungen der Stiftung befinden sich in Bonn und Berlin. Daneben gibt es deutschlandweit Landes- und Regionalbüros sowie über 100 Einsatzorte im Ausland. Nähere Informationen zur FES finden Sie im Internet unter www.fes.de.

Die regionale Arbeit zur Auseinandersetzung mit dem Rechtsextremismus

Die Beschäftigung mit Erscheinungsformen des Rechtsextremismus und möglichen Gegenstrategien zählt seit Jahren zu den Arbeitsschwerpunkten der

Friedrich-Ebert-Stiftung. In ihren Landesbüros veranstaltet die FES regelmäßig politische Bildungsseminare, öffentliche Diskussionen sowie Fachtagungen zum Themenfeld Rechtsextremismus. Gerade weil – wie in den Aufsätzen dieses Handbuchs beschrieben – die Auseinandersetzung mit dem Rechtsextremismus lokalspezifisch geführt werden muss, ist dieser dezentrale Ansatz wichtig und richtig.

Als Beispiele für die regionale Auseinandersetzung mit dem Rechtsextremismus seien die Ausstellungen der FES zu Erscheinungsformen des Rechtsextremismus in Bayern, Nordrhein-Westfalen, Schleswig-Holstein / Hamburg sowie über Opfer rechter Gewalt genannt. Außerdem bietet die FES in Ostdeutschland ein spezielles Seminarprogramm „Hilfen zum Handeln" an, das dezentral Kompetenztrainings für die Auseinandersetzung mit dem Rechtsextremismus durchführt. Informationen zu sämtlichen Angeboten der FES zum Thema bietet die Website www.fes.de/rechtsextremismus.

Das Projekt „Auseinandersetzung mit dem Rechtsextremismus"

Zusätzlich zu ihrer regionalen Arbeit hat die FES 2005 ein zentrales Themenprojekt „Auseinandersetzung mit dem Rechtsextremismus" im Forum Berlin gegründet. Aufgabe dieses Projekts ist es,

■ *einen kontinuierlichen öffentlichen Diskurs über Rechtsextremismus auf bundespolitischer Ebene zu führen – unabhängig von den medialen Konjunkturen des Themas,*

■ *Studien herauszugeben, die neue wissenschaftliche Erkenntnisse in die Debatte einbringen und die Politik in ihrer Arbeit zu beraten,*

■ *Materialien für die praktische Auseinandersetzung mit dem Rechtsextremismus herauszugeben – wie etwa das vorliegende Kommunal-Handbuch,*

■ *Modellprojekte der politischen Bildung durchzuführen, um neue Methoden zu erproben und neue Zielgruppen für die Beschäftigung mit dem Thema Rechtsextremismus zu gewinnen,*

■ *in diesem Themenfeld aktive Personen und Initiativen untereinander sowie mit Politik, Verwaltung und Wissenschaft vernetzen.*

Im Rahmen des Projekts werden regelmäßig Konferenzen und Fachgespräche durchgeführt und Publikationen veröffentlicht. Einen Überblick über die Aktivitäten des zentralen Projekts bietet ebenfalls das Internetportal www.fes.de/rechtsextremismus. Auf dieser Website finden sich bundesweit sämtliche Veranstaltungen sowie alle Materialien der Friedrich-Ebert-Stiftung zum Thema Rechtsextremismus mit der Möglichkeit zum kostenlosen Download.

Im Verständnis der Friedrich-Ebert-Stiftung gehören die Auseinandersetzung mit dem Rechtsextremismus und die Förderung von Demokratie und einem menschenrechtsorientierten Miteinander untrennbar zusammen. Neben dem generellen Ziel der FES, soziale Demokratie in Deutschland und weltweit zu fördern, gibt es spezielle Angebote der Demokratieförderung. So arbeitet die Stiftung regelmäßig mit partizipativen Veranstaltungsformaten wie Zukunftskonferenz, Open Space, Bürgerkonferenz o.a. Dabei machen Teilnehmer/innen Erfahrungen mit Mitbestimmung, Selbstverantwortung und politischer Willensbildung – erleben also Demokratie ganz praktisch (siehe hierzu den entsprechenden Artikel in diesem Handbuch). Für Jugendliche gibt es spezielle Angebote wie etwa das „Planspiel Kommunalpolitik", in dem Jugendliche Kommunalpolitik kennen lernen und selbst erproben (www.fes.de/forumpug).

Publikationen der FES zur Auseinandersetzung mit dem Rechtsextremismus (Auswahl)

Molthagen, Dietmar; Klärner, Andreas; Korgel, Lorenz; Pauli, Bettina; Ziegenhagen, Martin (Hg.): Lern- und Arbeitsbuch gegen Rechtsextremismus – Handeln für Demokratie. Bonn 2008.

Decker, Oliver; Rothe, Katharina; Weißmann, Marliese, Geißler, Norman/ Brähler, Elmar: Ein Blick in die Mitte. Zur Entstehung rechtsextremer und demokratischer Einstellungen. Hrsg. von der Friedrich-Ebert-Stiftung, Forum Berlin. Berlin 2008.

Decker, Oliver; Brähler, Elmar: Bewegung in der Mitte. Rechtsextreme Einstellungen in Deutschland 2008 mit einem Vergleich von 2002 bis 2008 und der Bundesländer. Hrsg. von der Friedrich-Ebert-Stiftung, Forum Berlin. Berlin 2008.

Langenbacher, Nora; Molthagen, Dietmar: Rechtsextremismus? Nicht mit mir! Grundwissen und Handwerkszeug für Demokratie. Hrsg. von der Friedrich-Ebert-Stiftung, Forum Berlin. Berlin 2008.

Friedrich-Ebert-Stiftung, Politische Akademie (Hg.): Demokratie stärken – Rechtsextremismus bekämpfen – NRW für Toleranz und Menschlichkeit. Bonn 2008.

Richard Stöss: Rechtsextremismus im Wandel. Hrsg. von der Friedrich-Ebert-Stiftung. 2. Auflage, Berlin 2007.

Hafeneger, Benno; Schönfelder, Sven: Politische Strategien gegen die extreme Rechte in Parlamenten. Folgen für kommunale Politik und lokale Demokratie. Hrsg. von der Friedrich-Ebert-Stiftung, Forum Berlin. Berlin 2007.

Ludger Klein: Die Demokratie braucht die Zivilgesellschaft. Plädoyer für eine integrierte Strategie gegen Rechtsradikalismus und Fremdenfeindlichkeit. Hrsg. von der Friedrich-Ebert-Stiftung. Bonn 2007.

Friedrich-Ebert-Stiftung, Forum Berlin (Hg.): Der Aufstand der Zuständigen. Was kann der Rechtsstaate gegen Rechtsextremismus tun? Berlin 2007.

Decker, Oliver; Brähler, Elmar: Vom Rand zur Mitte. Rechtsextreme Einstellungen und ihre Einflussfaktoren in Deutschland. Hrsg. von der Friedrich-Ebert-Stiftung, Forum Berlin. Berlin 2006.

Friedrich-Ebert-Stiftung, Forum Berlin (Hg.): Die Ursachen von Rechtsextremismus und mögliche Gegenstrategien der Politik. Dokumentation einer Bürgerkonferenz. Berlin 2006.

Grumke, Thomas; Klärner, Andreas: Rechtsextremismus, die soziale Frage und Globalisierungskritik. Eine vergleichende Studie zu Deutschland und Großbritannien seit 1990. Hrsg. von der Friedrich-Ebert-Stiftung, Forum Berlin. Berlin 2006.

Kontakt:

FRIEDRICH EBERT STIFTUNG

Projekt Auseinandersetzung mit dem Rechtsextremismus

Forum Berlin

Hiroshimastraße 17
10785 Berlin
Tel. 030/ 269 35 - 73 09
Fax 030/ 269 35 - 92 40
Mail forum.rex@fes.de